古典文獻研究輯刊

五 編

潘美月・杜潔祥 主編

第 10 冊

《新序》校證（上）

陳 茂 仁 著

國家圖書館出版品預行編目資料

《新序》校證（上）／陳茂仁著 -- 初版 -- 台北縣永和市：花
木蘭文化出版社，2007〔民 96〕

序 52+ 目 2+224 面；19×26 公分
（古典文獻研究輯刊 五編；第 10 冊）
ISBN：978-986-6831-45-4（全套精裝）
ISBN：978-986-6831-55-3（精裝）
1. 新序　2. 研究考訂
122.47　　　　　　　　　　　　　　　96017436

ISBN - 978-986-6831-55-3

9 789866 831553

古典文獻研究輯刊
五 編　第 十 冊　　　　　ISBN：978-986-6831-55-3

《新序》校證（上）

作　　者　陳茂仁
主　　編　潘美月　杜潔祥
企劃出版　北京大學文化資源研究中心
出　　版　花木蘭文化出版社
發 行 所　花木蘭文化出版社
發 行 人　高小娟
聯絡地址　台北縣永和市中正路五九五號七樓之三
　　　　　電話：02-2923-1455／傳真：02-2923-1452
電子信箱　sut81518@ms59.hinet.net
初　　版　2007 年 9 月
定　　價　五編 30 冊（精裝）新台幣 46,500 元　　　版權所有・請勿翻印

《新序》校證（上）

陳茂仁　著

作者簡介

陳茂仁，民國五十七年生，臺灣省嘉義縣人，國立中正大學文學博士。

先後曾任國立嘉義農專、國立中正大學兼任講師，國立臺東師範學院語文教育學系及屏東師範學院語文教育學系專任助理教授。現任教於國立嘉義大學中國文學系。

先生專攻校讎、文字及詩歌吟唱，著作有《亢倉子校證》、《王士源亢倉子研究》、《古典詩歌初階》、《小品文選讀》、《大學文選》（合編）。學位論文有《楚帛書研究》（碩論）及《新序校證》（博論）。另有期刊論文〈白居易「格詩」意涵試探〉等二十餘篇及研討會論文〈楚帛書〈宜忌篇〉釋讀〉等十餘篇。

提　　要

　　劉向《新序》，網羅先秦至漢世舊聞，掇其正義美辭，足資法戒者，以類相從，冀采援古例今，以收匡正時弊，藉行王道，使歸仁義道德而達大治之效。高似孫《子略‧新序說苑》云：「先秦古書，甫脫燼劫，一入向筆，采擷不遺，至其正紀綱、迪教化、辨邪正、黜異端，以為漢規監者，盡在此書，茲《說苑》、《新序》之旨也。」此說或嫌溢美，唯道劉向編撰《新序》之旨，卻深中其意，如《漢書‧劉向傳》所言，《新序》之作，為「言得失，陳法戒」，「以助觀覽，補遺闕」，欲為治政者之諫戒。觀是書，不外欲君正其身、寬惠養民、省刑薄斂、任賢使能、去讒放邪佞也，要之一本歸之於儒家。

　　歷來讎校《新序》者鮮，載錄全書以校者又寡，雖如此，前賢創獲猶多。筆者因以前賢所得為基，以北京圖書館藏宋刻本《新序》為底本，對校以元、明、清刊刻、手鈔等十二種異本，參校以明、清四種異本，並蒐羅清儒至近人之相關讎校十七種，取資翻檢之古籍、古注、類書等三百餘種。首起「昔者舜自耕稼陶漁而躬孝友」，末至「主父偃之謀也」，自首至尾，全文校勘而不割棄。

　　《新序》一書，迭經朝代更替、變竄，殷謬失紀，所在多有，語謂校書如掃葉，旋掃隨生，《新序》雖經前賢研覆諟正，然滄海遺珠，理所不免。筆者雅好是書，歷經數年披尋，刺取舊文，披討群籍，於前賢之所校定，擇善而從，補苴前說，或疑難舉正，或校文字與句讀之訛謬，或慮文意之確適，並就各本版式、字體、序跋、牌記、刻工……等，擬定《新序》版本源流表，以明其版本傳衍之跡，合書而成百餘萬言《新序校證》，冀復《新序》之本貌。

　　筆者素本鮭蛦之知，欲探江海鴻鵠之為物，自是以管窺豹，唯本愚者千慮必有一得之效，故為此書，尚冀　諸賢大家有以教正，是所深望也。

目　　錄

《新序》校證自序

　　劉向，楚元王交之四世孫，原名更生，字子政，後更名向。生於昭帝元鳳二年（西元前 79 年），歷事宣、元、成三帝，卒於成帝綏和元年（西元前 8 年），年七十二（劉向之生平、學術，前賢已具研之，此不贅。可參錢穆《漢劉向、歆父子年譜》台灣商務印書館）。

　　劉向適處漢代由宣帝之中興，步入哀、平衰亡之過渡。武帝即位，傾全力征伐匈奴，其「外事四夷之功，內盛耳目之好，徵發煩數，百姓貧耗，窮民犯法，酷吏擊斷，姦軌不勝。」（《漢書・刑法志》），將前代之畜積，消耗殆盡，業已國窮民疲，「兵凋民勞，百姓空虛，道殣相望，檻車相屬，寇盜滿山，天下動搖。」（《新序・善謀下》「孝武皇帝時，大行王恢數言擊匈奴之便」章）及其末年，悔征伐事，進知休養生息，乃下詔曰：「方今之務，在於力農。」（《漢書・食貨志上》），至昭帝時，「流民稍還，田野益闢，頗有畜積。宣帝即位，用吏多選賢良，百姓安土，歲數豐穰。」（《漢書・食貨志上》），宣帝雖知任賢使能，唯於本始二年及神爵二年，先後攻伐匈奴、西羌，人力、軍費之支出甚鉅。元帝初元元年，「珠崖又反，發兵擊之，諸縣更叛，連年不定，（中略）暴師曾未一年，兵出不踰千里，費四十餘萬萬，大司農錢盡，迺以少府禁錢續之。」（《漢書・賈捐之傳》），軍費如是之鉅，以至府庫空虛、民窮財竭。雖如此，居上位者，又「爭為奢侈，轉轉益甚，臣下亦相放效。」且「廄馬食粟將萬匹」，「東宮之費亦不可勝計」，「今民大飢而死，死又不葬，為犬豬（所）食。人至相食，而廄馬食粟，苦其大肥，氣盛怒至，乃日步作之。」且武帝「又多取好女至數千人，以填後宮」，昭帝幼弱，不知禮正，「妄多臧金錢財物，鳥獸魚鱉牛馬皮豹生禽，凡百九十物，盡瘞臧之，又皆以後宮女置於園陵」。至孝宣皇帝，「群臣亦隨故事」，「諸侯妻妾或至數百人，豪富吏民畜歌者至數十人，是以內多怨女，外多曠夫。及眾庶葬埋，皆虛地上以實地下。」（並見《漢書・貢禹傳》），

「黃門名倡丙彊,景武之屬富顯於世,貴戚五侯定陵、富平外戚之家,淫侈過度。」（《漢書‧禮樂志》）,上位者豪侈如是,軍費又鉅,平民百姓稅賦之重,自是不言自喻矣。

劉向雖貴為皇裔,嘗獻祕書,以謂鑄黃金可成。上令典尚方鑄作事,不驗,以之下吏,吏以劉向鑄偽黃金,繫當死,唯上奇其才,及其兄安民上書以入國戶半,方得踰冬減死罪,元帝初元元年,患苦外戚許、史在位放縱,而中書宦官弘恭、石顯弄權(《漢書‧弘恭》、〈石顯傳〉),心欲復漢嗣掌權之柄,數諫上,雖遭囹圄,然終不改其志,以災異上封事,請放遠邪佞,期能力振劉氏政權。史稱:

「成帝即位,顯等伏辜,更生乃復進用,更名向。向以故九卿,召拜為中郎,使領護三輔都水,數奏封事,遷光祿大夫,是時,帝元舅陽平侯王鳳為大將軍,秉政倚太后,專國權,兄弟七人皆封為列侯。時數有大異,向以為外戚貴盛,鳳兄弟用事之咎,而上方精於詩書觀古史,詔向領校中五經祕書。向見《尚書‧洪範》箕子為武王陳五行陰陽休咎之應,向乃集合上古以來歷春秋六國至秦漢符瑞災異之記,推跡行事,連傳禍福,著其占驗,比類相從,各有條目,凡十一篇,號曰《洪範五行傳論》,奏之。天子心知向精忠,故為鳳兄弟起此論也,然終不能奪王氏權。」

「向睹俗彌奢淫,而趙、衛之屬起微賤,踰禮制。向以為王教由內及外,自近者始。故採取《詩》、《書》所載賢妃貞婦,興國顯家可法則,及孽嬖亂亡者,序次為《列女傳》,凡八篇,以戒天子。及采傳記行事,著《新序》、《說苑》凡五十篇奏之。數上疏言得失,陳法戒。書數十上,以助觀覽,補遺闕。上雖不能盡用,然內嘉其言,常嗟歎之。」

「時上無繼嗣,政由王氏出,災異寖甚。向雅奇陳湯智謀,與相親友,獨謂湯曰:『災異如此,而外家日盛,其漸必危劉氏。吾幸得同姓末屬,累世蒙漢厚恩,身為宗室遺老,歷事三主。上以我先帝舊臣,每進見常加優禮,吾而不言,孰當言者?』向遂上封事極諫,曰:『(中略)歷上古至秦漢,外戚僭貴未有如王氏者也。雖周皇甫、秦穰侯、漢武安、呂、霍、上官之屬,皆不及也。物盛必有非常之變先見,為其人微象。(中略)事勢不兩大,王氏與劉氏亦且不並立,如下有泰山之安,則上有累卵之危。陛下為人子孫,守持宗廟,而令國祚移於外親,降為皂隸,縱不為身,奈宗廟何?』」(並見《漢書‧劉向傳》)。劉向生處劉氏政權衰頹,外戚、宦官漸次擅權之時,其以一己之力,不畏身死而力抗之,實屬難能,然終非其力所可更易。

《新序》作者,自漢以後大抵將之歸於劉向而無異議。唯《史記‧商君列傳》司馬貞〈索隱〉云:「《新序》是劉歆所撰。」司馬貞之言,未知何據?今審劉歆於成帝

「河平中受詔與父向領校祕書」(《漢書‧劉歆傳》),則《新序》之編纂,劉歆亦可能參與其事,唯歷代〈經籍志〉、〈藝文志〉,均將是書歸於其父劉向,則《史記‧商君書列傳》司馬貞〈索隱〉言撰於劉歆,「歆」或當為「向」之誤。加以宋本《說苑》有劉向奏上之〈敘錄〉云:「所校中書《說苑雜事》及臣向書民間書誣,校讎其事類眾多,章句相溷,或上下謬亂,難分別次序,除去與《新序》復重者,其餘者淺薄不中義理,別集以為百家,後令以類相從,一一條別篇目,更以造新事十餘萬言以上,號曰《新苑》。」是知司馬貞言《新序》為劉歆所撰,當非。再審《漢書‧劉向傳》云:「向以為王教由內及外,自近者始。故採取《詩》、《書》所載賢妃貞婦,興國顯家可法則,及孽嬖亂亡者,序次為《列女傳》,凡八篇,以戒天子。及采傳記行事,著《新序》、《說苑》凡五十篇奏之。」及《漢書‧藝文志第十》、《隋書‧經籍志三》〈注〉、《舊唐書‧經籍志下》〈注〉等言《新序》為劉向所序、或撰。(《新唐書‧藝文志三》云:「劉向《新序》三十卷。」《宋史‧藝文志四》云:「劉向《新序》十卷。」均未明言其著或撰或序,然審其對它書之記載,登載之形式正與《新序》同,依此準之,則二書並視《新序》為劉向所撰)。於《新序‧雜事四》卷末有「臣向愚以鴻範傳推之」云云,知《新序》之成書與劉向關係密切。唯為劉向所序?所撰?所著?所作?眾說紛紜,莫衷一是,益呈百家齦齦之勢。末學未臻,試論如次:

其一、言著、作或撰者,如:

《漢書‧劉向傳》云:「及采傳記行事,著《新序》、《說苑》,凡五十篇奏之。」

《漢書‧趙尹韓張兩王傳》〈注〉引張晏云:「劉向作《新序》。」

《魏書‧太宗明元帝紀》云:「帝禮愛儒生,好覽史傳,以劉向所撰《新序》、《說苑》於經典正義,多有所關。」

《晉書‧陸喜傳》云:「劉向省《新語》而作《新序》,桓譚詠《新序》而作《新論》。」

《隋書‧經籍志三》云:「《新序》三十卷。」〈注〉云:「錄一卷,劉向撰。」

《舊唐書‧經籍志下》云:「《新序》三十卷。」〈注〉云:「劉向撰。」

其二、言序者,如:

《漢書‧藝文志第十》云:「劉向所序六十七篇。」〈注〉云:「《新序》、《說苑》、《世說》、《列女傳頌圖》也。」

《新序‧曾鞏序》云:「蓋向之序此書。」

上舉,「著」實即「作」即「撰」也,其義一。羅根澤〈新序說苑列女傳不作始於劉向考〉云:「劉向於《說苑》、《列女傳》皆曰『校』,然則二書,劉向時已有成書,已有定名,故劉向得讀而校之,非其作始劉向,毫無疑義。惟《新序》一書,〈敘

錄〉久佚，無從考證。然〈說苑敘錄〉言『除去與《新序》復重者』云云，則《新序》亦當時已成之書，非自劉向撰著。」又云：「檢〈諸子略‧儒家〉載，『劉向所序六十七篇，揚雄所序三十八篇』……。言入揚雄一家，不言入劉向一家，則劉向所序六十七篇，爲《七略》所原有。《七略》於他家皆直書某某幾篇，於下注明作者，無『所序』二字。此獨曰『劉向所序』，明此爲劉向就舊書所重新編次，與他書爲某人撰著者異。劉向〈敘錄〉於《說苑》曰：『以類相從，一一條別篇目。』於《列女傳》曰：『種類相從爲七篇。』知此等書爲當時所固有，以其次序凌亂，故劉向又爲之整理排次。……而冠以『所序』二字，明爲劉向所序次，而非劉向所撰著也。」（見《古史辨》第四冊），張心澂《僞書通考‧子部‧儒家》云：「『某某所序』即今所謂『某某編輯』，如《說苑》有由向增入者，可云『某某編撰』。唐長孫無忌撰《隋書‧經籍志》，於《新序》、《說苑》、《列女傳》三書皆云『劉向撰』，後世因之，宋曾鞏序《新序》曰：『向之序此書』，序《說苑》曰：『劉向所序。』是也。曰『撰』曰『著』者非。」

審上所述，羅根澤主張劉向時《新序》業已成書，非劉向所撰，而爲其所序次；張心澂則主序、撰（著）有別，以劉向序爲是，而其所謂序，即「編輯」之意。愚審《新序》一書，如羅、張二氏所言，確非劉向所自撰，檢覆原文，其與先秦古籍相涉頗繁，或全襲舊籍之辭，或採擷其意，或簡述其事，或更略其字，或參合多書之辭。左先生松超《說苑集證‧說苑集證自敘》中檢《說苑》采《晏子春秋》文者三十七章，以證《說苑》之非出自劉向自著。是也。今觀《漢書‧劉向傳》，知今本《新序》、《說苑》之成書相同，則《新序》非劉向自著，比之《說苑》，亦已明矣。今檢《新序》源自《韓詩外傳》文者，即有二十八章（見附錄一），皆《韓詩外傳》之舊，明《新序》非劉向所自著矣！由是知羅、張二氏之說確有其可信者，唯二說亦容商榷。羅氏檢〈諸子略‧儒家〉載此獨曰「劉向所序」，明其爲就舊書所重新編次爲是，然以〈說苑敘錄〉言「除去與《新序》復重者」，以《新序》爲其時已成之書，而斷非劉向所撰著者則未爲全得，蓋《新序》之成書，爲劉向編次於《說苑》之前，審《漢書‧劉向傳》云：「采傳記行事，著《新序》、《說苑》凡五十篇奏之。」將《新序》列於《說苑》之前，明其成書在前，故〈說苑敘錄〉方有「除去與《新序》復重者」云云，加以〈劉向傳〉云「向以爲王教由內及外，自近者始，故採取詩書所載賢妃貞婦，興國顯家可法則，及孽嬖亂亡者，序次爲《列女傳》，凡八篇以戒天子。及采傳記行事，著《新序》、《說苑》，凡五十篇奏之」，故《新序》或舊已有是書，然非全本，或章句相溷、或上下謬亂、或章際差次，難釐其序，故向雜采傳記行事，重爲董理。又《新序‧雜事》卷四

末有「臣向愚以《鴻範傳》推之」之語，益知劉向之於《新序》，非純爲序次耳。是書經劉向采傳記行事，撮意近者，以類繫聚而成，驟視似非劉向之言，然細忖之，於其雜采類聚之餘，自有其義法以別擇之，且於各章文末，劉向或附以評論，則劉向於雜采傳記行事之餘，又自有所增益，實劉向已賦予新意矣。以其據舊書重爲序次，自定義法以擇之，且又有所增益，則於序次之外，尚有撰著之實，故《新序》一書，以劉向「序撰」爲是。余嘉錫《四庫提要辨證・新序》已微有此意，然余氏仍以《新序》爲劉向所「序」稱之。至如張氏以前人之說爲論，斷言《新序》爲向所序，「曰『撰』曰『著』者非」，說未必可从。

劉向《新序》，網羅先秦及於漢世舊聞，掇其正義美辭，足資法戒者，以類相從，冀采援古例今，以收匡正時弊，藉行王道，使歸仁義道德而達大治之效。高似孫《子略・新序說苑》云：「先秦古書，甫脫燼劫，一入向筆，采擷不遺，至其正紀綱、迪教化、辨邪正、黜異端，以爲漢規監者，盡在此書，茲《說苑》、《新序》之旨也。」此說或嫌溢美，唯道劉向編撰《新序》之旨，卻深中其意，如《漢書・劉向傳》所言，《新序》之作，爲言得失，陳法戒，以助皇帝觀覽，引爲諫戒者。觀是書，知與劉向所處際遇關連甚密，《新序》思想亦因之以成，深究之，不外爲欲君正其身、寬惠養民、省刑薄斂、任賢使能、去讒放邪佞也，要之一本歸之於儒家。向書爲後人指訾者，莫過於書中歷史人物、事件之錯置，劉知幾《史通・雜說篇》云：「觀劉向對成帝稱武宣事，世傳失實，事具《風俗通》。其言可謂明鑒者矣。及自造《洪範五行傳》及《新序》、《說苑》、《列女傳》、《神仙》諸傳，而皆廣陳虛事，多構僞辭，非其識不周而材不足，蓋以世人多可欺故也。嗚呼！後生可畏，何代無人，而輒輕忽若斯者哉！夫傳聞失眞，書生失實，蓋事有不獲己，人所不免也。至於故造異說，以惑後來，則過之尤甚者矣。」而黃震《黃氏日抄》云：「鴻鵠六翮之喻，《新序》以爲固桑告晉平公，《說苑》以爲古乘告趙簡子；不屑扶君之事，《新序》以爲虎會事趙簡子，《說苑》以爲隨會事晉文侯；君不能致士之說，《新序》以爲大夫對衛相，《說苑》以爲田饒對齊相；宗衛解衣就鼎以諫佛肸之說，《新序》以爲田卑，《說苑》以爲田基。是二書定於一人，而自爲異同。……劉向自以爲去其複重而尚若是，何哉？」再如《四庫全書總目提要》引葉大慶《考古質疑》，其云：「摘其昭奚恤對秦使者一條所稱司馬子反在奚恤前二百二十年，葉公子高、令尹子西，在奚恤前一百三十年，均非同時之人，又摘其誤以孟子論好色、好勇爲對梁惠王，皆切中其失。」及至近人梁榮茂先生〈劉向與新序之著作問題〉，其云：「凡類此者（茂仁案：指上文所引《四庫提要》

及黃氏之言），或係舛誤或傳聞之說，而向失檢或無法自定者也。」（《孔孟月刊》九卷十期），觀前此之指摘，或有其理，然《新序》之所成書，主為「言得失，陳法戒」、「以助觀覽，補遺闕」（《漢書‧劉向傳》）之用，主基於皇帝閱後之效用，故以意為主。且是書雜采傳記行事，以故事形態為之，既為故事，則人、事、物，必變動不居，及至寫定，其與史實或有差池，倘以史書之標準繩之，求其人、事、物合於歷史事實，豈非過苛？知此，則《新序》中人物、事件之錯置，實非劉向不審，亦非如劉知幾所言故意為之以欺世人，實成書立意性質不同故爾，明乎此，則《新序》之「誤」，殆亦「不誤」也。朱一新《無邪堂答問》四〈注〉云：「諸子書發攄己意，往往借古事以申其說，年歲舛謬、事實顛倒，皆所不計，或且虛造故事，如巢許洗耳掛瓢之類，乃借以譏戰國攘奪之風，並非事實，故史公於許由事深致疑詞，莊生所謂寓言十九也。後世為詞章者亦多此體，至劉子政作《新序》、《說苑》，冀以感悟時君，取足達意而止，亦不復計事實之舛誤，蓋文章體製不同，議論之文源出於子，自成一家，不妨有此，若紀事之文，出於史，考證之文出於經，則固不得如此也。』」此言得之矣！余嘉錫《四庫提要辨證》亦云：「夫一書有一書之宗旨，向固儒者，其書亦儒家者流，但求其合乎儒術，無悖於義理足矣。至於其中事蹟，皆采自古書，苟可以發明其意，雖有違失，固所不廢。」說亦得之也。《新序》人、事、物或有舛亂，前賢點之，蓋其宜也，唯審劉向著述之體，書中或有差池，理所固宜，未可據史實以訾之、辨黑白以點之也。朱一新、金嘉錫二氏蓋得其著述之體，明辨其所以矣！至若《新序》、《說苑》二書複重處，或與〈說苑敘錄〉所載「除去與《新序》復重者」未合，唯細忖之，或亦如史遷聞疑傳疑，事難的據，欲使兩存者（《史記‧刺客列傳‧聶政》司馬貞〈索隱〉）同工耳！

　　《新序》之著錄，前代多有，今檢歷代史志、公藏、私藏及其他書籍見載者（見附錄二），知《新序》之卷數，唐以前皆為三十卷，宋以後為十卷，《宋史》所載與曾鞏校書〈序〉云「今可見者十篇」合，然唐以前、宋以後，其訛差二十卷。晁公武《郡齋讀書志》十云：「皇朝曾鞏子固，在館中日校正其訛舛，而綴緝其放逸，久之，《新序》始復全。」晁氏之言實值商榷，今檢古〈注〉、類書，已發現為數眾多之《新序》逸篇，晁氏言《新序》經曾鞏綴緝放逸後即復全，實非。審《四庫全書總目‧子部‧儒家類》云：「蓋〈藝文志〉所載，據唐時全本為言；鞏所校錄，則宋初殘闕之本也。」此言得之，唐以前《新序》三十卷，迄宋以後僅存十卷，審諸逸篇，訛差二十卷實亡逸矣。

據史志及公、私著錄，《新序》之版本，計有：

宋代：北宋本（十一行行二十字）、南宋初杭本（茂仁案：與上者名異實同，說詳下）、宋本（茂仁案：當指明顧大有舊藏之宋本，即何焯據校之本）。

元代：元刊本（十一行行十八字，茂仁案：疑即後代著錄之明刊黑口十一行十八字本，亦即嘉靖三十八年楊美益刻本之所源，說詳下）。

明代：內府本、漢魏叢書本、嘉靖丁未何良俊（仿宋、重刊宋）刊本、明袁宏道本、正德五年庚午楚藩（正心書院）刊本、四部叢刊本（明翻宋本）、劉氏二書本、明初刊大字本、明嘉靖十四年楚藩崇本書院本、廣漢魏叢書本（何允中本）、鍾惺評本（茂仁案：即祕書九種本）、嘉靖三十八年楊美益刊本、明刻本（黑口十一行十八字本、黑口十行十九字本、白口十行十八字本）、楊州府本、楚府本（茂仁案：即楚府崇本書院本）、蜀府本、新序旁注評林。

清代：子書百家本（湖北崇文書局本）、鐵華館本（影宋刊本、仿宋刊本）、清同治四川敘府翻刻漢魏叢書本、增訂漢魏叢書本（王謨本）。

日本：享保二十年尚古堂刊本（茂仁案：據明程榮校本刊）、文政尚古堂刊本。

今除顧大有舊藏宋本、明內府刊本、袁宏道本、楊州本、蜀府本等未見館藏，及明正德五年庚午楚藩（正心書院）刊本、新序旁注評林（坊刻本）、清同治四川敘府翻刻漢魏叢書本、新序旁注評林、新序校注存藏大陸，難以取校外，餘悉入斠。

除上列版本外，尚有明刊黑口十一行十八字本、明天一閣本（即明刊白口十行十八字本）、明刊黑口十行本、百家類纂節選本（明沈津輯）、漢魏叢書選（明張邦翼節選）、漢魏六朝別解選（手鈔本，明葉紹泰編）、陳用光本、群書治要本（日本鎌倉時代手稿殘本）、享保二十年江府錦山堂刊本（據明程榮本校刊）、日本嵩山房刊本、摛藻堂四庫薈要本、四庫全書精華本、天保三年江都尚古堂補刻江府錦山堂刊本、藝文書局主人漢魏遺書（清藝文書局主人增訂，清光緒甲午（二十年），湖南藝文書局刊巾箱本）、諸子文粹本、龍溪精舍本、四部叢刊本、四庫善本叢書子部（民國四庫善本叢書館輯）、藝文館本、商務館本（萬有文庫本、人人文庫本、國學叢書本）、廣文書局諸子薈要本、世界書局景程榮本、吉林大學景漢魏叢書本、岳麓書社諸子文粹排印本、上海古籍諸子百家叢書本等。今試依時代先後，略述版本源流如次（各版本書影，見附錄三）：

新序十卷　宋刻本

半葉十一行，行二十字，注雙行，白口，黑魚尾，左右雙欄。前有信陽王氏四部堂識版刻硃印溫公訓子語一紙、曾鞏〈序〉、〈目錄〉，卷耑題「陽朔元年二月癸卯

護左都水使者光祿大夫臣劉向上」。卷一末有錢謙益手書題記，云：「舊本《新序》、《說苑》卷首開列陽朔鴻嘉厶年厶月，具官臣劉向上一行，此古人脩書經進之體式，今本先將此行削去，古今人識見相越及鑱刻之佳惡，一閱而辨者可也。辛丑夏五謙益題。」卷十末首列黃丕烈跋語二則，次列金錫爵跋語一則，後又列黃丕烈跋語一則，其一云：「余於乾隆乙卯閏月，借顧澗薲傳錄何校宋本《新序》臨寫一過，知宋本實有佳處，義門所校，得其真矣！繼於四月十四日書，船友鄭輔義攜一宋本來，留閱信宿，校首冊三卷，開卷第二行有曾鞏地與姓名一行，何校未及增入，未知何所校之宋本云何也？何校原本在澗薲堂兄抱沖處，係陽山顧大有所藏，顧之前，藏於憩橋巷李氏，余所見宋本，第一卷末有東澗跋，何校未之及，知非一本，每葉幾行，每行幾字，彼此相類，而所校又與刻本間有異，未知何故？余愛之甚，惜需直八十金，故以樣本還之，不及窺厥全豹，大為恨事，自後書友來，來必曰：『此書為物主攜往他處，將不久留於江南境矣！何如其直得之乎？』余遂究所從來，云是太倉王氏物渠與畢秋颿制府本友善，宋刻善本亦嘗歸之，故本地不售，將往楚中求售，如售去，家中宋本皆盡往矣。余艷其宋本之多，屬書友更攜他書借閱，書友允吾請，至冬季，果以北宋小字本《列子》來，需直六十金，余喜異書之沓至，後更勝於前，不復計錢物之多寡，以白鏹八十餘金并得之，是時余方承被火災，後為治家計，最急省他費購書，室人交徧讁，我亦置若罔聞而已，今屆移家月餘，諸事稍定，倩工裝池，分為五冊，書中有板刻印溫公訓子語一紙，為信陽王氏四部堂識，足見藏書家珍重之意，因裱托置諸卷端，俾垂永久。裝畢，追述得書顛末，并著宋本或有異同校者不無譌誤，是在目見，而又心細方盡讀書之能事爾。時嘉慶元年六月望日，書於王洗馬巷新居之小千頃堂，棘人黃丕烈識。」其二云：「嘉慶辛酉秋九月望後一日，觀書於東城蔣氏，見有宋刻本《新序》，為陽山顧大有所藏，方悟何校所據即此本矣。初見時，覺板刻字形與余所收似不甚異，及借歸參閱，乃知前所云所校又與刻本間有殊異者，皆顧本有以亂之也，即如卷九中，『是後桓公信壞德衰』，衍一德字；『殷夏之滅也』，譌湯為夏字；『張子房之謀也』，句下脫『楚雖無彊，《漢》、《史》作楚唯無彊』小註十一字【此在卷十中】，其誤迻出，他遇宋諱，如殷、如竟、如完、如構皆未缺筆，每葉上填大小字數，下注刻工姓名，皆與余本異。行款悉同，而字形活變，不能斬方，彼此相較，真如優孟衣冠矣，始知宋刻本一翻雕而神氣已失，不必在異代也。則此本之可貴，逾勝於初得時。書友之索重直，若有先知者耶？蕘圃氏又識。」其三云：「嘉慶庚午十一月，借居陶陶室，蕘圃先生出示宋槧諸書，皆見所未見，而此本尚不與焉，他日予得蔣氏宋本《新序》，急乞假以校讀之，知蕘圃已先於辛酉年據校矣，以此本為初刻，蔣本為覆刻，審定之確，無是過其記異同。

曰衍、曰脫，亦道其實，曰誤，予以爲正不誤也，惟湯夏當別記，不應改本文，而莪圃墨守初刻必以不同初刻者即爲誤，予未敢信，跋而還之，陶陶室先後得二宋本，陶集取名其室，并及。嘉興金錫爵記。」其四云：「蔣本《新序》，余定爲覆刻者，前跋已詳之，頃蠻庭金君從蔣氏購歸，與余攤書對讀，知兩書實出兩刻，如『信壞德衰』，蔣本擠一德字，文理爲順於原本，則衍矣！茲又隨手勘及，如『盈海者矣』，蔣本『者』作『內』，此原本作『者』，朱筆校改『內』字，是又據後出之本改之也，以余所見所聞，如高〈注〉《戰國策》、歐陽忞《輿地廣記》、劉向《古列女傳》同一宋本而皆各有異世，非一刻即文非一例，在各存其眞可耳，《國策》、《輿地廣記》、《列女傳》余寶其一，而此外藏於他所者，或得諸聞，或得諸見，不能爲兩美之合，亦造物有以使之然也，蠻庭先後來吳中，而皆獲至精之本以去，可謂識寶者，而以余訂交，如蠻庭談書，又得一良友，寒齋數日之敘，百宋一廛中添一段佳話，他日攤書對讀圖成，豈異長毋相忘冊邪！【此五硯樓事】并誌於此，以告後之讀是書者。庚午季多五日宿雨初霽丕烈書。」此書卷五「孔子北之山戎氏」章，「山戎」合書作「岌」；卷八「宋閔公臣長萬」章，「趍君（臣）之難」，他本或作「君」，或作「臣」，此本君、臣合書作「𦣻」，檢各本並未如是作，未發現據其翻刻者。此書蓋始刻於北宋，成刻於南宋，說詳下。

劉向新序十卷　明刊黑口十一行本

　　半葉十一行，行十八字，注雙行，黑口，雙黑魚尾，四周雙欄。前有〈劉向新序目錄〉、曾鞏〈序〉。國家圖書館題爲明刊黑口十一行本，竊審此書，卷八至卷十「漢六年」章前半，與他卷文字不一，疑原爲殘缺，後取他本（《劉氏二書》明嘉靖己未楊美益刊本）覆刻，觀他卷文字，率皆流麗之趙孟頫體，審雕版字體之發展，元末至明初（洪武至正德），版刻字體流行趙孟頫體，及至嘉靖，始出現橫細豎粗嚴整之字體，故筆者疑心此本乃元刊本配補明刊本。《增訂四庫簡明目錄標注·續錄》云：「元刊本，半葉十一行，行十八字，〈目錄〉在〈序〉前。」清莫友芝《邵亭知見傳本書目》云：「《新序》十卷，漢劉向撰。（中略）元刊本每頁二十二行，行十八字，〈目錄〉在〈序〉前。」二書並載元刊本，觀所著錄行款、〈目錄〉、〈序〉之相關次序並與此本合，唯今公、私館藏未見「元刊本」也，諸所著錄元刊本者，竊疑即指此明刊黑口十一行本言，唯此本未見刻工名及版刻相關年代資料以資佐證，足令人憾。審此本與明嘉靖三十八年楊美益刊本，於版式、行款、字形部件結體、及各文字之相關位置幾如出一轍，雖字形不同（一爲流麗之趙孟頫體，一爲明嘉靖流

行之嚴整字體），由是審知，楊美益刊本爲據此刊本而來。又此本卷四「梁大夫有宋就者」章，避宋高宗名諱構字，缺字改題「太上御名」，審愚據以爲底本之宋刊本，及鐵華館校宋本並不如是作，知此本所據以爲校刊者爲另一宋本。

新序十卷　明嘉靖乙未楚府崇本書院刊本

半葉十行，行十九字，注雙行，黑口，無魚尾，四周雙欄。前有〈劉向新序目錄〉、曾鞏〈序〉。此本後有民國 67 年台北中國子學名著集成編印基金會景本（收入《中國子學名著集成・珍本初編・儒家子部二七）。審此本卷二「楚人有獻魚楚王者」章，「棄之又惜」，此本「棄」作「弃」；卷三「梁惠王謂孟子曰」章，「當是時」，此本無「當」字；卷四「梁大夫有宋就者」章，避宋高宗名諱構字，缺字改題「太上御名」，餘例不勝枚舉，又卷一名作「劉向新序卷第一」、篇名作「雜事第一」，餘類推，無卷崇題，並與明刊黑口十一行本同，知此蓋參其校刊者。

劉向新序十卷　明刊黑口十行本

半葉十行，行十九字，注雙行，黑口，無魚尾，四周雙欄。前有〈劉向新序目錄〉、曾鞏〈序〉。此本缺卷三頁 2，與明嘉靖乙未楚府崇本書院刊本爲同一版刻所印。

劉向新序十卷　明嘉靖丁未華亭何良俊刊新序說苑合刻本

半葉十行，行二十字，注雙行，白口，黑魚尾，左右雙欄。前有〈重刻說苑新序序〉、〈劉向新序目錄〉、曾鞏〈序〉，唯曾鞏〈序〉未完，後〈說苑序〉麗附於此。審此本〈目錄〉、序次名稱、版心書名卷次著錄、頁次位置並與明嘉靖乙未楚府崇本書院刊本同，又卷一「楚共王有疾」章，「朝聞道，夕死可矣」，明刊黑口十一行本（愚謂即元刊本）奪「夕」字，此本奪「道」字，審其前刻本，唯明嘉靖乙未楚府崇本書院刊本與此同，知此本校刊當參之也。

新序十卷　明嘉靖己未楊美益劉氏二書刊本

半葉十一行，行十八字，注雙行，黑口，雙黑魚尾，四周雙欄。前有〈劉向新序目錄〉、曾鞏〈序〉。書後有〈刻劉氏二書後序〉、劉向〈說苑敘錄〉、孔天胤〈跋〉，並黑魚尾。疑此爲覆明刊黑口十一行本而刻。以二書行款相同，版心著錄、〈目錄〉、卷次文字之相關筆畫，及版刻、避諱文字皆同。如卷一「昔者舜自耕稼陶漁而躬孝

友」章,「篤」並作「蔦」、「沈」並作「沈」。「孫叔敖爲嬰兒之時」章,「叔」並作「叔」。「昔者周舍事趙簡子」章,「隨」並作「隨」;卷四「梁大夫有宋就者」章,「構」字避宋高宗名諱不書,並改題「太上御名」。類此者多,於全書文字神韻尤近。又卷一「楚共王有疾」章,「朝聞道,夕死可矣」,明刊黑口十一行本(愚謂即元刊本)奪「夕」字,此本奪「道」字,知此本校刊當別有所參,審其前刻本,唯楚府本及何良俊本與之同,知此本校刊,當另參諸二本也。

劉向新序十卷　明刊白口十行本

半葉十行,行十八字,注雙行,花口,無魚尾,左右雙欄。前有〈劉向新序目錄序〉(先載曾鞏〈序〉,後〈目錄〉)。國家圖書館著錄爲白口,當非。一本附近人葉德輝手書〈題記〉,云:「明范氏天一閣所刻書,皆九行十八字,獨此劉向《新序》、《說苑》二書爲十行十八字,似別有依據,然細按之,亦與明人他刻本無異,遠不如宋本之文句多完全處也。顧湘舟《沆彙刻書目》,列范氏天一閣刻奇書二十種,此二書即在其內,范氏爲明代大藏書家,中多宋元祕笈,乃讀此刻書,無一本於宋刻,此與明季毛晉汲古閣刻書薇同,余嘗恨毛氏刻書不以家藏宋本翻刻,又不據善本校勘,今乃知明人刻書大都如此,非僅毛氏也,范刻諸書雖不佳而流傳絕少,近閣書散出,宋元舊抄本多爲京師滬上書怙搜括一空,此乃殘剩之冊,缺葉尤多,吾亦收藏及之,聊以存明人版本之一種耳。二書明時尙有楚藩本、何良俊本、程榮《漢魏叢書本》中以程本爲佳,吾并有之,則此不足貴矣。丁巳初夏小滿節葉德輝題記。」知此本即明范氏天一閣刊本。審此本卷一「楚共王有疾」章,「於以開後世」,此本「開」作「聞」,審其前刻本,唯何良俊本與之同;又卷三「燕易王時」章,「卑身厚幣」,此本「幣」作「弊」,審其前刻本,唯明刊黑口十一行本(愚謂即元刊本)、楊美益本與之同;又卷三「樂毅使人獻書燕王」章,「墮先生之明」,此本「墮」作「墮」,其前刻本,唯楚府本與之同。又此本卷一名作「劉向新序卷第一」、篇名作「雜事第一」,餘類推,無卷崇題,並與明刊黑口十一行本、楚府本、何良俊本、楊美益本同,是知此本校刊,當參之四本也。卷一「魏文侯與士大夫坐」章,「文侯大怒」,此五本並奪「大」字,卷三「梁惠王謂孟子曰」章,「當是時」,此五本並奪「當」字,並其明證。

新序十卷　明天一閣刊本

半葉十行,行十八字,注雙行,花口,無魚尾,左右雙欄。前有〈劉向新序目

錄序〉（先載曾鞏〈序〉，後〈目錄〉）。葉德輝手書明刊白口十行本〈題記〉，云該本即明范氏天一閣叢書本，竊兩相覆勘，知二本確爲同一版印，葉說是也，又〈題記〉云明范氏天一閣叢書本《新序》缺葉甚多，今檢中央研究院傅斯年圖書館館藏天一閣本，卷中奪頁如次：卷四頁 3、頁 9；卷五頁 1、頁 2；卷九頁 6、頁 15；卷十頁 6、頁 8。所缺頁，已鈔配頁補之，間有爛頁亦己手鈔補足。卷五所鈔配頁頁 1，卷嵩題「漢沛郡劉向撰」，他卷完足者並無此嵩題，蓋鈔補者，據他本鈔錄，失之不審而過錄也，又卷九頁 15 鈔配頁與頁 16 中間麗附《乾坤鑿度》卷上頁 4，蓋裝池失檢所致。左先生松超《說苑集證·說苑集證自敘》云：「劉向《說苑》二十卷四冊《天一閣叢書》本（中略）又卷四闕第二第三兩頁，羼入《新序》卷四第 31 頁。現藏中央研究院歷史語言研究所傅斯年圖書館。」竊檢此刊本《新序》卷四僅至頁 16，且未麗附《說苑》之文。此本即明刊白口十行本，說見上。

百家類纂　新序節選本　明沈津輯　莊嚴文化事業有限公司景浙江圖書館藏明隆慶元年含山縣儒學刻本

　　半葉十一行，行二十二字，花口，白魚尾，左右雙欄。觀是書前有沈津〈百家類纂凡例總敘〉、〈百家類纂目錄〉。於《新序》選本前有〈新序說苑題辭〉。卷嵩題「百家類纂卷之七」、「儒家類　新序」，分作二行寫。審卷一「昔者舜自耕稼陶漁而躬孝友」章，「沈猶氏」，此本「沈」作「沈」，卷二「昔者燕相得罪於君」章，「四體不蔽」，此本「體」作「躰」，審前此諸本，唯楊美益如是作，知此蓋參之校刊者。

新序十卷　明萬曆程榮漢魏叢書刊本

　　半葉九行，行二十字，注雙行，花口，白魚尾，左右雙欄。前有曾鞏〈新序敘〉、〈新序目錄〉。卷嵩題「（漢）沛郡劉向著」、「（明）新安程榮校」，分作二行寫。此本後有民國 14 年上海商務印書館景本（據許素菲《劉向新序研究》補，下簡稱「據許氏補」）、民國 50 年臺灣世界書局四部刊要景本（民國 59 年再版）、民國 63 年台灣新興書局景本（收入《筆記小說大觀》三編）、民國 81 年大陸吉林大學景本。審世界書局四部刊要景本及新興書局景本，每頁並作上、下二欄編排，餘悉與程榮刊本同；吉林大學景本，頁作上、中、下三欄編排，析程榮本三個半葉爲一欄，每欄二十七行，行二十字，注雙行，無版心，四周單欄，並有界欄，餘悉與程榮刊本同，唯此本雖據明程榮刊本景印，然文字間有異同，如卷九「楚使黃歇於秦」章，云：「王

又割濮歷【史作磨】之北」，世界書局景《漢魏叢書》本「北」作「比」，非是，吉林大學景《漢魏叢書》本作「北」，即其比，今故宮博物院圖書文獻館館藏《漢魏叢書》本作「北」。審卷三「樂毅爲昭王謀」章，「齊閔王已死」，此本「閔王」作「閔公」；同卷「齊人鄒陽客游於梁」章，「藉荊軻首」，此本「藉」作「籍」；卷五「荊人卞和得玉璞而獻之」章，「子獨何哭之悲也」，此本「獨」作「刑」。前此諸本唯何良俊本並與之同，是知此本校刊當參之何良俊本也。

新序十卷　明末武林何氏漢魏叢書刊本配補清刊本

半葉九行，行二十字，注雙行，花口，白魚尾，左右雙欄。前有曾鞏〈新序敘〉、〈新序目錄〉。卷一卷耑題「（漢）沛郡劉向著　翁立環閱」，他卷並無此耑題。此蓋程榮《漢魏叢書》本之派生也。

新序十卷　明鍾惺金閶擁萬堂刊祕書九種本

半葉九行，各章首行二十五字，次行以下低一格書寫，行二十四字，無注，花口，無魚尾，四周單欄。前有曾鞏〈新序敘〉、〈新序目錄〉。卷耑題「（漢）沛郡劉向著」、「（明）竟陵鍾　惺評」，分作二行寫。審前此諸本，卷耑題唯程榮本「（漢）沛郡劉向著」、「（明）新安程榮校」，分作二行寫，與此同。又卷一「楚共王有疾」章，「猶愈沒身不寤者也」，此本「寤」作「寤」，又同卷「昔者周舍事趙簡子」章，「吾未嘗聞吾過也」，此本下「吾」字作「君」；卷四「梁嘗有疑獄」章，「牆薄則亟壞」，此本「壞」作「壤」。審前此諸本，唯程榮本與之同，是知祕書本校刊當參之程榮本也。

漢魏叢書選　新序節選本　明張邦翼編萬曆戊午刊本

半葉九行，行二十字，注一行，花口，黑魚尾，四周單欄。卷耑題「漢沛郡劉向著」。觀此節選本，爲卷中選章，章中選句，故有全章照錄，亦有爲一章中數句者。觀是書鈔前有張邦翼〈刻漢魏叢書鈔序〉，云：「余丁未治粟浦口，是年以讀禮歸。友人王參軍遺余漢魏叢書」云云，次有〈漢魏叢書鈔總目〉。再審其行款、版式，悉與程榮《漢魏叢書》符合，知此爲其派生也。

漢魏六朝別解選　新序選本　明葉紹泰編　明崇禎壬午手鈔本

半葉九行，行二十五字，無匡線、欄線，版心書「劉子新序」，下書頁碼。首行

上書「〈雜事〉節錄」，下書「西漢劉向子政」，餘類推。是書僅節錄〈雜事〉四則、〈節士〉二則、〈義勇〉三則，並於該三篇節錄文末，附以案語，聊抒感懷。觀其書名，蓋亦漢魏叢書之派生。

新序十卷　明刊本　陳用光校

半葉九行，行二十字，注雙行，花口，白魚尾，左右雙欄。首頁有陳乃乾手書〈題記〉、次頁曾鞏〈新序敘〉（〈敘〉後有陳乃乾手書「陳簡莊先生用朱筆，黃蕘圃先生用墨筆。癸亥三月十一日錄訖。」）、〈新序目錄〉。卷一卷端題「（漢）沛郡劉向著　新城陳用光校」，他卷並無此卷端題。書後附王謨跋一則，此書上有黃丕烈墨筆校語及陳鱣朱筆校語，並為陳乃乾所過錄，〈題記〉云：「韻齋攜示陳仲魚、黃蕘圃兩先生手校何允中本《新序》，首尾殘闕，分訂四冊，謂是吾鄉費敬庵物，索直六十圓，留閱兩日，遂校于此本上，時《南陵縣志》、《徐闇公年譜》皆未脫稿，又為朱氏校刻樹聲館集寫官厲氏日夕敦迫，偷閒錄此，殊艸艸也。癸亥三月十一日海寧陳乃乾。」此〈題記〉後接文云：「原本書，昔為改裝時截短，朱校有缺損至兩字者，暇時當勘補之。」書中黃丕烈所據與為校之北宋本，蓋即今筆者所據以為底本者，觀其校語僅明文字之出入耳，觀陳鱣校語，蓋參之盧文弨《群書拾補》，溢出者少，恐百不及一，率皆盧氏之見。審此本，行款、版式、字體悉同明萬曆何允中《漢魏叢書》本，且於〈新序目錄〉，二本卷次名並作「卷一」，程榮刊本作「卷第一」；二本僅卷一有卷端題，且作一行寫，與程榮刊本之各卷並有卷端題，且作二行寫，異。是知此本為據明萬曆何允中《漢魏叢書》本校刊者。

劉向新序十卷　日本享保二十年東京書林嵩山房刊本，日本金華平玄仲訓點

半葉九行，行二十字，注雙行，花口，白魚尾，四周單欄。前有〈新序敘〉、〈新序目錄〉，卷端題「（漢）沛郡劉向著」、「（明）新安程榮校」，分作二行寫。知此本為據明程榮本刊印者。

新序十卷　欽定四庫全書薈要本

半葉八行，行二十一字，注雙行，花口，黑魚尾，四周雙欄。於書首頁載「臣王杰詳校」、「詳校官員外郎臣潘紹觀」，分作二行寫。次有〈新序目錄〉、紀昀等上奏乾隆校上《新序》文、曾鞏〈原序〉。卷端題「欽定四庫全書薈要卷一萬一百九十一子部」、「（漢）劉向撰」，分作二行寫，其端題卷次，依卷而增，如《新序》卷二，

即爲「欽定四庫全書薈要卷一萬一百九十二子部」，餘類推之。此書爲乾隆四十一年
四月所校上，次卷三、卷五、卷八、卷十末，並有校勘記若干條。卷三、卷五、卷
十末俱有「總校官庶吉士臣侍朝」、「校對官中書臣王家賓」、「謄錄監生臣陸肇修」
等校對、謄錄官名人名，分作三行寫，他卷並無。此本後有民國 77 年世界書局景摛
藻堂欽定四庫全書薈要本（收入《景印摛藻堂欽定四庫全書薈要》子部儒家類第二
冊）。審此本卷次名作「新序卷一」，餘類推；卷六「齊景公飲酒而樂」章，「晏子朝
服以至」，此本「以」作「而」；卷七「紂作炮烙之刑」章，「無辜而死」，此本「辜」
作「辠」，同卷「原憲居魯」章，「原憲曳杖拖履」，此本「履」作「屨」。前此諸本
唯祕書本並與之同，是知此本校刊當參之也。

新序十卷　欽定四庫全書本

　　半葉八行，行二十一字，注雙行，花口，黑魚尾，四周雙欄。於書首頁載「詳
校官侍讀學士臣沈咸熙」、「編修臣程嘉謨覆勘」、「總校官進士臣朱鈐」、「校對官主
事臣陳墉」、「謄錄監生臣黃臣鵠」，分作五行寫。次有紀昀等上奏乾隆校上《新序》
之〈題要〉、無〈目錄〉、亦無曾鞏〈序〉。卷端題「欽定四庫全書」、「（漢）劉向撰」，
分作二行寫。卷四首頁載「詳校官侍讀學士臣沈咸熙」、「編修臣程嘉謨覆勘」、「總
校官進士臣朱鈐」、「校對官主事臣陳文樞」、「謄錄監生臣鄒世俊」，分作五行寫。卷
六及卷九首頁並載「詳校官侍讀學士臣沈咸熙」、「編修臣程嘉謨覆勘」、「總校官進
士臣朱鈐」、「校對官編修臣汪墉」、「謄錄監生臣何清寧」，並分作五行寫。此書於乾
隆四十六年九月所校上，各卷末並無校勘記。此本後有民國 72 年台灣商務印書館景
本，民國 84 年北京國際文化出版公司景欽定四庫全書本（收入《四庫全書精華》第
二十一冊）。此本奏上於乾隆之時間，較四庫全書薈要本晚五年五個月，按理，此本
校刊當據該本爲之，唯審四庫全書薈要本，於卷三、卷五、卷八、卷十等卷末並附
有校勘記，且於正文直改，然此本並無，是知所據非彼，觀其文字，所據當亦參之
祕書本，與四庫全書薈要本同。

增訂漢魏叢書　新序　清王謨編　清乾隆五十六年金谿王氏刊本

　　此本後有清光緒二年紅杏山房重刊增訂漢魏叢書本、光緒六年三餘堂重刊增
訂漢魏叢書本、清宣統三年上海大通書局石印三餘堂本、民國 4 年蜀南盧樹聃修
補光緒二年刊本（上據許氏補）。民國 72 年台北大化書局景本，審此本雖爲增訂
漢魏叢書者，然於《新序》卻非一仍程榮漢魏叢書本之舊，乃易以據景明陳用光

校本爲之,半葉九行,行二十字,注雙行,花口,白魚尾,左右雙欄。前有〈新序敘〉,無〈目錄〉。

劉向新序纂註 武井驥著 日本文政壬午（五年）長沼源賴氏天籟館刊本

　　半葉九行,行十九字,注雙行,花口,黑魚尾,四周單欄。是書前有日人源賴繩〈劉向新序纂註序〉、曾鞏〈新序敘〉、〈新序目錄〉。卷耑題「日本　長沼　武井驥纂註」。書末附校此書者人名,次有〈附考〉,載自《四庫全書提要目錄》,最末附武井驥跋語一則。此本後有民國 70 年台灣廣文書局景本。審日本於《新序》刊本,大抵以程榮刊本爲主,如日本享保二十年東京書林嵩山房刊本、天保三年補刻江都尚古堂刊本（據日本廣常人世《新序》補）等並是,餘未之見。今觀此本字體,極似程榮刊本,唯審此本於〈新序目錄〉後,書「目錄終」三字,下〈注〉云:「舊本無此三字,今以廣漢魏叢書本補。」廣漢魏叢書本,即何允中增訂漢魏叢書本之異名,是知何允中本亦其參校之列,唯審程榮本〈新序目錄〉後有「新序目錄終」五字,武井驥所據之底本卻無,後方據何允中本加入,顯然其所據底本非程榮本,則其所據者爲享保二十年東京書林嵩山房刊本也。

新序十卷 清光緒紀元夏月湖北崇文書局刊子書百家本

　　半葉十二行,行二十四字,注雙行,黑口,雙黑魚尾,四周雙欄。前有曾鞏〈新序敘〉,無〈目錄〉,卷耑題「（漢）沛郡劉向撰」。此本後有民國元年鄂（湖北省）官書處重刊本、民國 8 年上海掃葉山房百子全書石印本（據許氏補）、民國 52 年台北古今文化出版社景本、民國 82 年長沙岳麓書社排印本。於台灣國家圖書館館藏有清同治年間湖北崇文書局刊子書百種本,觀其行款、版式、字體,知與清光緒元年刻本爲同一版印,今清光緒刻本,於封面頁下扉頁有墨版印「光緒紀元夏月湖北崇文書局開雕」一紙,而國家圖書館館藏清同治年間湖北崇文書局刊本則無,是知國家圖書館著錄之「清同治」子書百種本,當爲「清光緒」之誤。觀此本卷耑題,知亦程榮漢魏叢書本之派生。

新序旁證十卷 清不著撰人 清同光間著者手稿本

　　半葉八行,行二十四字,注雙行,無界欄。該書爲手稿本,奪卷、奪頁甚多,全書無〈序〉、〈目錄〉,《新序》原文缺卷三、卷四,著者以〈逸篇〉爲卷三,補《新序》原文卷三之缺。該〈逸篇〉乃過錄盧文弨《群書拾補》所輯《新序》逸文。全

書卷二、卷五、卷六、卷七、卷九、卷十卷耑並題「（漢）沛郡劉向撰」。全書卷一缺頁1、頁2、頁4至頁11（缺該卷第一章、第三章至第十章）；卷二缺頁14以後（缺該卷第一五章至二○章）；卷三、卷四《新序》原文從缺；卷八缺頁1（缺該卷第一章）。觀全書行款、卷耑題文字書寫之相關位置，知此爲據清光緒元年湖北崇文書局刊子書百家本爲底本鈔錄者。

新序十卷　臺灣藝文印書館百部叢書集成景清光緒癸未蔣鳳藻鐵華館叢書刊本

　　半葉十三行，行二十三字，注雙行，黑口，雙黑魚尾，左右雙欄。前有曾鞏〈序〉、〈目錄〉，卷耑題「陽朔元年二月癸卯護左都水使者光祿大夫臣劉向上」，各卷並如是作，唯卷四卷耑題爲「陽朔九年二月癸卯護左都水使者光祿大夫臣劉向上」。各頁左半頁欄線外左下方，並有篆書「鐵華館寀定善本」七字。書後有吳門徐元圃刻蔣子遵跋語二則，其一云：「康熙庚寅，借義門師校正本對勘師本，乃從憩橋巷李氏借得陽山顧大有舊藏宋槧本按定也。七月八日杲記。」其二云：「康熙丁酉六月，得傳是樓宋本，錄牧翁題識，復改定十餘字。杲又記。」再次有篆文「光緒癸未以蔣子遵校本繕錄上版，臘月訖工。」此本後有民國25年上海商務印書館叢書集成初編景本，末附王謨跋一則。又有民國54年台灣商務印書館萬有文庫薈要景本，此景本封面，台灣商務印書館著錄爲「陳用光校」，觀此本行款、版式、字體，知爲據清蔣鳳藻鐵華館叢書本景印者（半葉十三行，行二十三字），非陳用光校本（半葉九行，行二十字），商務印書館蓋誤植也。其後民國54年臺灣藝文印書館百部叢書集成景本，此景本，首頁有據選以爲影印之印記一紙，書末附《欽定四庫全書總目‧新序提要》（半葉九行，行二十一字，花口，無魚尾，左右雙欄）、余嘉錫〈四庫提要辨證〉（半葉十四行，行三十五字，注雙行，黑口，黑魚尾，四周單欄，無界行）、胡玉縉〈四庫提要補正〉（半葉十行，行二十九字，黑口，黑魚尾，四周單欄），餘悉與原本同。後又有民國64年台灣商務印書館人人文庫景本，悉與民國25年上海商務印書館叢書集成初編景本同。又有民國74年台北新文豐出版社景本，此景本省略版心，作上、中、下三欄編排，合三個半葉爲一欄（每欄共三十九行），餘悉與原本同。

新序十卷　清光緒甲午（二十年）湖南藝文書局漢魏遺書校刊本（收入漢魏遺書子餘之四）

　　半葉十行，行二十字，注雙行，花口，黑魚尾，左右雙欄。前有〈新序敍〉，無〈目錄〉，卷耑題「（漢）沛郡劉向撰」，卷十末附王謨跋一則。觀其卷名、卷次名、卷耑題，與子書百家本同，知其當參之而校刊也。

新序十卷 臺灣藝文印書館百部叢書集成景鄭龍勳龍谿精舍據鐵華館本校刊

　　半葉十行，行二十一字，注雙行，花口，黑魚尾，左右雙欄。首頁載「丁巳仲夏月」、「新序」、「左孝同署」，分作三行寫。次頁版印「潮陽鄭氏用鐵華館宋本校刊」一紙，再次錄〈欽定四庫全書提要〉、曾鞏〈新序〉、〈目錄〉。卷耑題「陽朔元年二月癸卯護左都水使者光祿大夫臣劉向上」，各卷並如是作，唯卷四卷耑題爲「陽朔九年二月癸卯護左都水使者光祿大夫臣劉向上」，與鐵華館本同。各頁版心下方並載「龍谿精舍校刊」六字。卷十末載「廣陵邱義卿、紹周監刻」、「揚州周楚江刊刻」，分作二行寫。後有北京中國書店景本。觀此本雖據鐵華館本校刊，唯校勘不精，竄亂所在多有。

新序十卷 四部叢刊本

　　半葉十一行，行十八字，注雙行，黑口，雙黑魚尾，四周雙欄。前有〈劉向新序目錄〉、曾鞏〈序〉。是本有民國 8 年上海商務印書館四部叢刊景明翻宋本、民國 18 年四部叢刊重景印本、民國 25 年四部叢刊縮印本（上三本據許氏補）、民國 21 年上海涵芬樓景江南圖書館藏明嘉靖翻宋本、民國 54 年台灣商務印書館據上海商務印書館縮印長沙葉氏藏徐氏仿宋本（即今見臺灣商務印書館四部叢刊景上海涵芬樓借江南圖書館藏明嘉靖翻宋本景印本）。觀此本行款、版式、字體，悉與明嘉靖己未楊美益刊《劉氏二書》本同，知爲據此而景印。

新序十卷 臺灣藝文印書館景本

　　半葉十一行，行十八字，注雙行，黑口，雙黑魚尾，四周雙欄。首頁「新序」、「四庫善本叢書子部」，分作二行寫，次頁「藝文印書館影印」一紙，再次頁〈劉向新序目錄〉、曾鞏〈序〉。此景本有民國 53 年印及 56 年印。觀此本行款、版式、字體，悉與明嘉靖己未楊美益刊《劉氏二書》本同，知爲據此而景印。

新序十卷 台灣廣文書局諸子薈要本

　　半葉十二行，行二十四字，注雙行，黑口，雙黑魚尾，四周雙欄。前有曾鞏〈新序敘〉，無〈目錄〉，卷耑題「（漢）沛郡劉向撰」。觀此本行款、字體，知爲據清光緒紀元夏月湖北崇文書局刊子書百家本景印者。

　　新序十卷　台灣黎明文化事業公司百子全書本（收入《百子全書》第四冊）

　　半葉十二行，行二十四字，注雙行，黑口，雙黑魚尾，四周雙欄。前有曾鞏〈新

序敘〉，無〈目錄〉，卷耑題「（漢）沛郡劉向撰」。觀此本行款、文字書寫相關位置，與廣文書局諸子薈要本同，且廣文書局將《新序》與《鹽鐵論》二書合輯爲一冊，今觀民國 85 年黎明文化事業公司所印百子全書，亦如是編排，顯據廣文書局諸子薈要本排印。雖爲排印本，其版匡、版心、行款、界欄，悉如雕版格式，即文字亦以電腦細明體爲之，甚似明代版雕，蓋求其似古也。

新序十卷　上海古籍出版社諸子百家叢書本

此書作上、下二欄編排，每欄二十二行，行十八字，注雙行，無版心，四周單欄，並有界欄。前有〈劉向新序目錄〉、曾鞏〈序〉，觀此本上、下欄之編排，及行款、字體，知爲據四部叢刊本《新序》所作者。

諸子文粹　新序節選　清李寶淦

此本編纂於光緒二十三年，民國 6 年刊，後有 1993 年大陸岳麓書社排印本。以民國六年之刊本未之見，大陸岳麓書社之本爲簡體排印，是以後附書影不列此本。今依《新序》各版本源流，謹列表稿如次頁：

　　古籍歷經鈔刊，脫、衍、誤、倒所在多有，自來從事校讎之學者，爲解此謬誤，運用於校讎之法，歸結其例，多寡不一，然細綜之，不外有四，即：本校法、對校法、他校法、理校法，坊間論及校讎之事，大抵不離此四者言，今亦一本此法，以爲研究之用。審歷來研究《新序》者，大抵以明翻宋本或校宋本（專指鐵華館本《新序》言）或明刊本爲底本，大陸《新序譯注》作者李華年云（茂仁案：往來書信）：「據王重民先生《中國善本書提要》，至少現在公家大圖書館藏書中尚未見《新序》宋本。」此言恐失之，於今館藏亦可見宋本《新序》。《增訂四庫簡明目錄標注·新序》上云：「（上略）黃丕烈有北宋刊本（十一行，行二十字）、蔣寅坊有宋刊本（下略）。」《北京圖書館館藏善本書目》中即有宋本《新序》，其著錄云：「新序十卷，漢劉向撰。宋刻本。錢謙益、黃丕烈、金錫爵跋，五冊，十一行二十字，白口，左右雙邊。」北京圖書館藏此本《新序》，即《增訂四庫簡明目錄標注》中黃丕烈之北宋本《新序》（黃丕烈《戰國策札記·秦策四》云：「唯予家所有北宋刻本《新序》未誤。」即指此本，及上引《蕘圃藏書題識》、《楹書隅錄》，並視此本爲北宋本），唯跋語或三人或一人之異，今審北京圖書館藏宋本《新序》，並無錢謙益跋語，然於卷一末有其手書題記四行。於卷十末，有黃丕烈手書跋語二則，接及金錫爵跋語一則，最末爲黃丕烈跋語一則。上引二者版本著錄，於跋語有此差異，蓋金氏乃於《增訂四庫簡明目錄標注》著錄完後，方爲此書作跋，此無可疑。今致疑惑者，乃一著錄爲北宋本、一著錄爲宋刻本，究以何者爲確？不有論證，難得其眞，今試論之，冀能得一切近之說法。

　　審此本《新序》中之避諱字，獨見缺筆避諱，餘改（代）字、留空或改題今上御名者皆未見及。今書中凡見「匡」、「恆」、「桓」等皇帝名諱必缺筆避諱，而宋太祖之父名諱「弘殷」，或避或不避，祖父名諱「敬」不避，而「驚」避。宋英宗之嫌名「樹」「署」皆避。今審此書欽宗以上皇帝名諱僅英宗「曙」避兩音（樹、署皆避），與清周廣業《經史避名彙考》卷二〇案語，言宋版書「單名避兩音者，惟英、徽二帝」（見頁 27 右半）合若符應。又南宋高宗名諱「構」，見於卷四不避，卷九則全避。高宗以下有見及皇帝名諱者皆不避，如南宋第二任皇帝名諱「眘（慎之古字）」，見曾鞏〈序〉，云：「要在慎取之而已。」卷一「昔者舜自耕稼陶漁而躬孝友」章，云：「公慎氏有妻而淫，慎潰氏奢侈驕佚。」又云：「公慎氏出其妻，慎潰氏踰境而徙。」卷三「樂毅使人獻書燕王」章，〈注〉云：「慎庶孽。」卷五「秦昭王問孫卿曰」章，云：「公慎氏出其妻，慎潰氏踰境而走。」又「孔子侍坐於季孫」章，云：「可不慎乎！」又「孔子侍坐於季孫」章，云：「不慎其前。」卷七「紂作炮烙之刑」章，云：「予慎無辜。」卷九「秦趙戰於長平」章，云：「王慎勿與。」「慎」字並不避諱。

審於避諱嚴制下，各該朝或爲避免出現大量避諱字，是以皇帝名諱趨以偏奇之字爲之，宋孝宗之名「眘」，或即其然，「愼」之不避，似亦其宜。審此，疑此本成刻於高宗之世。又審此本爲刻工洪茂及洪新二人所刻，於卷六頁1、頁2版心下方有「洪茂」刻工名，頁3至頁5有「洪新」刻工名。卷十頁1至頁12有「洪新」刻工名。審此，知此本始曾鞏〈序〉，及至卷六頁2爲刻工洪茂所刻，自卷六頁3至全書竟爲刻工洪新所刻。又高宗名諱「構」，見於卷四不避（僅「梁大夫有宋就者」章出現一次），見於卷九全避（「楚使黃歇於秦」章出現一次、「秦、趙戰於長平」章出現二一次），審雕版一事，非刻工徒手就版，須先由書手將文稿依行款書於紙上，再由刻工將紙覆於版上，始行刊刻。今見卷四「構」字不避，顯是書手書寫及洪茂刊雕時，宋高宗仍未登基，而洪新刻至卷九（「構」字避諱）時，趙構或已登基，故避其名諱（或者其時趙構並未登基，而於洪新完刻前，趙構方登基，而以卷九「構」字出現二二次，數量龐大，故洪新知所回改避之，亦未可知）。即此，筆者疑此本《新序》爲書手寫於北宋，且當亦有部份刻於北宋，而成刻於南宋高宗之時，即疑此本始刻於北宋而成刻於宋南渡後趙構登基之後。今審宋世歷代皇帝，始太祖匡胤，接及太宗匡義、眞宗恆、仁宗禎、英宗曙、神宗頊、哲宗煦、徽宗佶、欽宗桓、高宗構（下略），今「弘殷」或避或不避，以天子七廟觀之，此本《新序》若刻於北宋欽宗及南宋高宗之際，上推七任皇帝，太祖之父及祖父之名諱早已入祧廟而可不避其諱了（《經史避名彙考》卷二一云：「凡遇宋諸廟諱，輒缺其點畫，……而殷敬等字，已祧不諱。」見頁29右半）

另審於此本《新序》刻工「洪茂」、「洪新」，今檢上海古籍出版社《古籍宋元刊工姓名索引》，刊載洪茂、洪新爲南宋初期杭州地區名工，二人並同刻宋紹興刊《白氏六帖事類集》，洪茂更參與宋紹興九年紹興府刊單疏本《毛詩正義》。於《古籍宋元刊工姓名索引·編例》云：「所有標明『地區良工』或『補版工』等字樣者，均係專家所加。」名工之位又高於良工，顯見洪茂、洪新爲其時著名刻工，又是書著錄二人並刻「宋杭州本《新序》」（見該書頁150、151），與此本所見刻工名同。至此，北京圖書館館藏之宋本《新序》，蓋可確定爲「宋杭州本」，即《藏園群書經眼錄》所著錄「南宋初杭本正宗」者。其刊刻年代，《蕘圃藏書題識》、《楹書隅錄》、《增訂四庫簡明目錄標注》並著錄此本爲北宋本，蓋有其特見，唯此本不全爲北宋刻本，而北京圖書館著錄爲宋刻本，其意雖佳，然失之於麤，而《藏園群書經眼錄》目爲南宋初杭本，則據成刻爲言。今審書中避諱之情況及刻工姓名之著錄，此《新序》爲宋版無疑，唯其刊刻年代或始於北宋，而成刻於南宋趙構登基之後，亦即北宋末至南宋高宗之時。

歷來研究《新序》者，或以校宋本、或以明翻宋本、或以明刻本爲底本，未見及以此本爲研究者，是知此本爲歷來藏書家所珍祕，且此本亦今世所知最早之《新序》刻本，今審此宋本《新序》，字體雋秀端正，行格疏朗，刀法純淨，版面清潔，墨色濃黑，印刷清晰。世以宋刻爲最早或較早之版本，爲後刻諸本之淵源，較後世刻本少傳刻之訛，及較明刻本少臆改之誤；再審此宋本《新序》末黃丕烈之跋語，其眼見明顧氏舊藏宋本（茂仁案：於今公私館藏未之見及）及何焯之校宋本（茂仁案：明刊本，後於康熙庚寅年蔣杲傳錄何焯校宋本，即今見於光緒癸未蔣子遵之鐵華館本），對校一過，以此本爲初刻，且爲其所見宋本中之最佳者，金錫爵以二本對勘，所見同（并見是本跋語，別見《菀圃藏書題識》、《楹書隅錄》），故筆者取以爲校證之底本。

依前所論，除底本外，同一版刻中，可考其年代者取以爲對校本，餘入參校之列；未可考其年代者，擇一入對校本，餘歸參校之林。至如派生者，則從其所源，餘并列入參校本。另龍溪精舍本，爲校鐵華館本而來，以鐵華館本爲校宋本之故，爲免遺珠，故二者亦皆入對校本。計得對校本爲：元末明初刊黑口十一行本、明嘉靖十四年楚府崇本書院本、明嘉靖二十六年何良俊新序說苑合刻本、劉氏二書本（明嘉靖三十八年楊美益刊本）、明刊白口十行本（明天一閣本）、明程榮漢魏叢書本、祕書九種本、陳用光本、四庫全書本、子書百家本（湖北崇文書局本）、鐵華館本、龍溪精舍本等十二種，餘悉列爲參校本。

自來讎校《新序》者甚多，依時代爲次序之，首推明代鍾惺輯評之《新序》（收入《祕書九種》）。鍾惺所作評語，但抒該文旨趣，間或附以個人感性之言，三言兩語，未足取證，唯所刊本，可爲對校之資；繼有陳用光《新序》校本，爲據何允中《廣漢魏叢書》爲底本作校，未見任何校語，直改原文，難窺其成績，謹入對校之列，以資稽證。繼之清代，首推盧文弨《群書拾補》，盧氏遍校群籍，未遑專治，所爲文字考異，堪稱精細，唯雖偶正謬誤，然校語太略，創獲有限；繼以黃丕烈及陳鱣之《新序》手校稿本，二人並以何允中本爲底本作校，爲陳乃乾過錄於陳用光本（今藏中研院），陳鱣所爲校語大抵參之盧文弨《群書拾補》，溢出盧氏者少，黃丕烈所作校，爲以家藏北宋本《新序》比勘，直書其出入於原文字旁，未參贊是非，足令人憾；繼之清王太岳等纂輯之《四庫全書考證》卷四八〈新序〉，僅擇十三句《新序》原文爲證，所校甚簡，資取屈可指數；繼之凌揚藻《蠡勺編》卷二十，所載〈新序〉一則，僅辨《新序》卷一「楚欲伐楚」章中人物之錯綜，爲校甚簡，唯亦直指此章人物年代錯亂之失，亦值覽證；繼之以清孫詒讓《札迻》卷七、八〈新序〉，孫氏校讎《新序》，以蔣鳳藻刊校宋本爲底本，補校以盧文弨之《群書拾補》，僅檢十

一句作考，所爲校語堪稱精塙，頗值參覽，唯亦失之檢擇太略；繼以清同光間不著撰人《新序旁證》手稿本，著者逐章就文標注文字異同，所爲亦參檢之盧文弨《群書拾補》，溢出盧氏者少，於各章章末則引與《新序》相近之文，予以旁證，於是非正訛則不參贊一辭，是書以篇爲之旁證，全書亡《新序》卷三、卷四，所存諸卷亦非全本，常見闕亡，如卷一第一章「昔者舜自耕稼陶漁而躬孝友」章，即付闕如，類此者多，不煩贅舉。於該書卷二末，附以〈逸篇〉爲該書卷三，所載逸篇乃據盧文弨所輯者轉錄，其後接《新序》卷五，及至全書竟。其所爲〈旁證〉，究於《新序》各章，得負承、啓之效，唯於讎校，亦未克見其功；其後清汪之昌《清學齋集》卷二三，所載〈新序雜證〉，尋古籍與其相似者書之，然亦僅檢數則爲之，且未案任何校語，較之《新序旁證》，則此本過略而未足量，雖然，於《新序》篇章之承、啓，蓋亦有參稽之用，唯於校讎上，則鮮有助益；巨山《諸子管見》卷一四、一五，僅檢擇《新序》「魯宣公者魯文公之弟也」一句爲校，所爲甚略，唯此校直指《新序》作「弟」之誤，所舉證則頗值參稽。王仁俊《經籍佚文》（收入《玉函山房輯佚書續編三種》），據《意林》卷二（茂仁案：當作《意林》卷三），轉載《新序》佚文一則，除此，未見輯引其它佚文，甚可憾也。

　　清末民初於《新序》校讎，以朱駿聲《說苑新序校評》爲最，朱氏所爲大抵以他書史校爲主，鮮見理校，所作幾與盧文弨《群書拾補》同，求其創獲，百不溢一焉。

　　民國以後，首以石光瑛〈新序校釋〉爲先導，唯僅見卷一（刊載於國立中山大學研究院文科研究所語言文學專刊第一卷第三、四期），餘九卷未知爲亡佚，抑或未出。石氏所爲〈校釋〉以「釋」爲主，「校」者少，校之中又以史校爲主，理校者少，雖如此，所爲堪稱精善，頗值一觀；石氏之後，繼以施珂先生《新序校證》（臺大碩士論文），施先生之作，以清蔣鳳藻鐵華館《新序》爲底本，參以程榮本、陳用光本，輔以盧文弨《群書拾補》、孫詒讓《札迻》及石光瑛〈新序校釋〉，其作以史校爲主，理校者少，於翻檢之古籍，則嫌太略，所爲校語亦甚略，唯頗見針血，創獲可觀；其後蒙傳銘先生〈新序校記〉（新亞書院學術年刊十二期），蒙先生之作以明萬曆程榮本爲底本，輔以盧文弨《群書拾補》、孫詒讓《札迻》、日人武井驥《新序纂註》、黃丕烈、陳鱣之校訂等，所爲理校精采可觀，唯理校者少，翻檢之古〈注〉、類書亦嫌過略；蒙先生之後，接及梁容茂先生《新序校補》，梁先生之作以四庫《新序》爲底本，輔以何允中本、程榮本、百子本，並參稽古籍及前賢校訂之成說，務於文字出入之考異，史校者多，於底本之過錄，偶見疏檢，或據以爲校補，爲瑜中微瑕；其後蔡信發先生《新序疏證》（師大博士論文），

蔡先生之作以世界書局影明程榮漢魏叢書本《新序》為底本，以商務明翻宋刊本及漢魏叢書明末何氏刊本為輔本，並翻檢古籍以為參證之用，並參及前賢盧文弨《群書拾補》、孫詒讓《札迻》、梁先生《新序校補》、清不著撰人《新序旁證》及日人岡本保孝《新序考》等，蔡先生論文，引證古籍綦詳，可資取證者眾。大陸學者趙善詒《新序疏證》，以鐵華館本為底本，對校明嘉靖翻宋本，首錄《新序》原文，援引前人之說，或己有所得，即以當句注，著錄於原文下，並直改原文，校語甚略，原文有所更動，率皆前人之說，己見百不及一，並以《新序》為綱，與諸書互見者備錄於該章之後，所檢群籍，唯廿二種耳，亦嫌過略，唯於《新序》該章文之承、啓，當有著功。是書後並附有〈新序佚文輯〉，為據盧文弨《群書拾補》輯《新序》五十二條，嚴可均《全漢文》據以入錄，刪其重出「周昌者沛人」一條，增《北堂書鈔》一條。張國銓〈新序佚文校輯〉刪併成四十一條，並補輯十條。趙氏復合併刪複，增輯三條，合為五十二條，於《新序》佚文之輯補，蓋亦有功矣。

研究《新序》者，除見中國外，日人之作亦有發現，首以武井驥《劉向新序纂註》（日本文政五年，西元 1822 年，東京嵩山房刊），是書未詳所據底本為何，然《新序》之見於日本，除《纂註》外，另有嵩山房刊本、江府錦山堂刊本及江都尚古堂刊本等，皆據明程榮本訓點，今觀該書文體，亦程榮一體，當亦其派生（此本為據嵩山房刊本為註者，說詳上文版本源流）。武井驥所註綦勤，唯因所重於〈註〉，故校者有限，唯所校亦精彩可觀；次為日人手鈔本《新序考》，由該鈔本所錄「欽定四庫全書總目卷九十一子部儒家類」一文後之自敘云「友人武井驥纂注日」，知該鈔本當為西元 1822 年後不久所作。該鈔本依《新序》卷次，略取章句，予以註解，書中採武井驥之說者多，觀其所註，大抵以明出處為主，引用古籍者少，鮮有考辨，甚為簡易。正文之後有〈補遺〉，為補正文之未備。書後過錄盧文弨《群書拾補·新序》原文，接及〈逸篇〉，亦盧文弨所輯者。

前賢於《新序》，用力綦勤，務力恢復《新序》本貌，其功甚鉅，所校創獲甚豐，唯所擇底本，非今所見善本，且輔之以為對校本者少，翻檢古籍之範圍，或已可觀，唯可增檢之數仍多。校讎首重版本，往往一書異版，文字每有淆亂，前賢所舉古籍、古〈注〉、類書，於徵引書目俱未見載版本，致諸賢所引同書同語，文字輒見出入，筆者學力未濟，無法一一為之覆案校訂，著令憾恨耳。《新序》一書，迭經朝代更替、變竄，誤謬失紀，所在多有，雖經前賢研覆匡正，滄海遺珠，理所不免，筆者素好是書，流覽掣誦，歲易而不變，深覺前賢所見，尚多漏略，不有校讎，何得復其本

真？語謂校書如掃葉，旋掃隨生。雖歷數年披尋，未敢云備，惟筆者亦忖愚者千慮必有一得之見，刺取舊文，披討群籍，於前賢之所校定，擇善而從，或補苴前說，或疑難舉正，冀復《新序》之本貌，乃為《新序校證》焉，茲羅大要，條縷如次（文中引及《新序》之卷次、名稱，悉為校讎底本之原貌）：

一、校文字之譌謬也：

《新序》一書，迭傳至今，時愈二千載，其間鈔刊譌謬，恐難勝計，今依奪、衍、誤、倒、殘泐，序次如下：

為人臣侮其主，其罪何若？（卷第一〈雜事〉「趙簡子上羊腸之坂」章——奪）

茂仁案：「為人臣侮其主」，審下文云「為人臣而侮其主者」、「君既已聞為人臣而侮其主者之罪矣」、「君亦聞為人君而侮其臣者乎」、「為人君而侮其臣者何若」、「為人君而侮其臣者」，並與此文例同，故「為人臣侮其主」，「主」下顯奪「者」字，《群書治要》四二引、《太平御覽》三五三引、又四五七引「主」下並有「者」字，即其明證，當據補。

文侯問：「寡人何如君也？」（卷第一〈雜事〉「魏文侯與士大夫坐」章——奪）

施珂曰：「《治要》引問下有曰字。」

茂仁案：「文侯問」，審此文，君、臣問答，並有「曰」字，此不當例外，「問」下蓋奪「曰」字也，《資治通鑑》一、《類林雜說·烈直第十三》並有「曰」字，《藝文類聚》二四引、《白氏六帖》一一引、《白孔六帖》三九引、《太平御覽》四二八引、《類說》三○引、《錦繡萬花谷·續集》二二引亦並有「曰」字，即其明證也，當據補。

優莫曰：「君勉之！不及紂二日耳，今君五日。」（卷第六〈刺奢〉「趙襄子飲酒」章——奪）

施珂曰：「《漢魏叢書》陳本五誤四。」

梁容茂曰：「何本：五，作『而』，誤。」

茂仁案：審此「君勉之！不及紂二日耳，今君五日」，與上文意未接，疑「不及紂二日耳」下奪「紂七日七夜」，如是，方與「今君五日」意接，而下文「不及紂二日耳，不亡何待」，亦方有所著矣，《類說》三○引作「君勉之！紂七日，今君五日」，

《冊府元龜》八三一、《春秋別典》一五並作「君勉之！不及紂二日耳，紂七日七夜，今君五日」，即其明證也，當據補。

曰：「昔湯伐桀，而封其後於杞者，斯能制桀之死命也，陛下能制項籍之死命乎？」（卷第十〈善謀〉「漢三年」章——奪）

　　武井驥曰：「（陛下）《史》句上有『今』字。」

　　茂仁案：「陛下能制項籍之死命乎」，審下文作「陛下能……」句法者有六例，其「陛」上並有「今」字，此不當例外，蓋奪耳，《史記·留侯世家》、《漢書·張良傳》、《漢紀·高祖皇帝紀》、《長短經·時宜篇》「陛」上亦並有「今」字，即其明證，當據補。

二君之功，子房之謀也。（卷第十〈善謀〉「漢五年」章——奪）

　　茂仁案：「子房之謀也」，審本書本卷「漢三年」章、又「漢六年正月」章、又「高皇帝五年」章，最末一句，文例皆姓、名並列，並作「張子房之謀也」，故此句「子」上顯奪「張」字，《群書集事淵海》二〇引，正有「張」字，武井驥《纂註本》、元刊本、楚府本、何良俊本、楊美益本、白口十行本、程榮本、祕書本、陳用光本、四庫本、百子本「子」上亦並有「張」字，即其明證，下文注云：「【一作張子房之謀也】」，亦其明證也，當據補。

孫叔敖為嬰兒之時，出遊。（卷第一〈雜事〉「孫叔敖爲嬰兒之時」章——衍）

　　茂仁案：「孫叔敖爲嬰兒之時」，《太平御覽》九三三引《賈誼書》（〈注〉云「新序同」）、《類說》三〇引並無「嬰」字，《論衡·福虛篇》、《太平御覽》四〇三及《事類賦》二八〈注〉並引《賈誼書》、《太平廣記》一一七引《賈子》、《古今合璧事類備要·別集》八九、《類林雜說·感應第四一》、又〈祥瑞六一〉、《冊府元龜》八一五引此事，亦並無「嬰」字，《錦繡萬花谷·後集》一五引「嬰兒」作「小兒」，〈全後漢文〉、《古文苑》並錄不著撰人〈楚相孫叔敖碑〉，以其見雙頭蛇爲「少」時。「嬰」，疑涉聯想而誤衍，《釋名·釋長幼》云：「人始生曰嬰兒。」又本書下文云「見兩頭蛇，殺而埋之，歸而泣」、「叔敖對曰：『聞見兩頭之蛇者死，嚮者吾見之，恐去母而死也。』」「曰：『恐他人又見，殺而埋之矣。』」據此，嬰兒既爲人之始生，豈得獨自出遊並殺蛇乎？又嬰兒既爲始生，豈即能言語並答問乎？必不然矣！「嬰」字顯係誤衍，當刪。

孤少，犧不肥，幣不厚，罪一也；孤好弋獵，無度數，罪二也；孤多賦斂，重刑罰，罪三也。（卷第二〈雜事〉「晉文公出獵」章——衍）

　　茂仁案：「孤少，犧不肥，幣不厚」，與下文「孤好弋獵，無度數」、「孤多賦斂，重刑罰」並列為言。審下文二句皆為四、三句式，「孤」皆屬下連讀，唯此句為二、三、三句式，且「孤」屬上讀，於文例未合。又「犧不肥，弊不厚」與「好弋獵，無度數」、「多賦斂，重刑罰」並列。故本句「孤少」之「少」字疑為衍文，「孤」字或當屬下連讀，《新書‧春秋篇》並作四、四句式，「孤」亦屬下連讀，《風俗通義‧怪神篇》作「孤犧牲瘯蠡，幣帛不厚」，「孤」亦屬下連讀，並為其比也。如是，此作「孤犧不肥，弊不厚」，與下文二句，句法正一律矣。

為踐土之會、溫之盟，後南破強楚。（卷第四〈雜事〉「晉文公伐原」章——衍）

　　武井驥曰：「當作『踐土之盟』、『溫之會』。」

　　梁容茂曰：「此皆見僖二十八年《左傳》。作『踐土之盟，溫之會。』」

　　茂仁案：《左傳‧僖公二十八年經》云：「夏四月己巳，晉侯、齊師、宋師、秦師及楚人戰于城濮，楚師敗績。（中略）五月癸丑，公會晉侯、齊侯、宋公、蔡侯、鄭伯、衛子、莒子，盟于踐土。」因破楚國在踐土之會前，若有「後」字，則年代次序亂矣。故「後」為衍文，當據刪。

乃召朱公而問曰：「梁有疑獄，獄吏半以為當罪，半以為不當罪，雖寡人亦疑，吾子決是，奈何？」（卷第四〈雜事〉「梁嘗有疑獄」章——衍）

　　茂仁案：「獄吏半以為當罪」，《新書‧連語篇》無「獄」字，《太平御覽》六三九、《焦氏類林》三並引《新書》同。審「獄吏半以為當罪，半以為不當罪」為承上文「群臣半以為當罪，半以為無罪」為言，「吏」即「群臣」，獄字蓋涉上文「梁有疑獄」而衍，當刪。

子胥諫曰：「不可。臣聞之，君子不為匹夫興師。且事君猶事父也，虧君之義，復父之讎，臣不為也。」於是止。（卷第九〈善謀〉「楚平王殺伍子胥之父」章——衍）

　　武井驥曰：「《說苑‧至公篇》『君子』作『諸侯』。」

　　梁容茂曰：「君子，《公羊傳》作『諸侯』；《穀梁傳》作『君』。」

　　茂仁案：「君子不為匹夫興師」，《穀梁傳‧定公四年》「君子」作「君」，無「子」字。審下文「且事君猶事父也，虧君之義，復父之讎，臣不為也」，以「君」、「父」

為言,「君」、「臣」對言也,由是知「子」字爲衍也,又《公羊傳·定公四年》、《說苑·至公篇》、《越絕書·荊平王內傳》「君子」並作「諸侯」,諸侯即君,並其明證,「子」字蓋涉「君」字聯想而衍也,當據刪。

楚姬曰:「賢相為誰?」（卷第一〈雜事〉「禹之興也以塗山」章──誤）

茂仁案:「楚姬」,審本文並作「樊姬」,獨此作「楚姬」,不類,「楚」,疑爲「樊」之形訛,《韓詩外傳》二、《太平御覽》六三二引、《文選》何平叔〈景福殿賦〉李善〈注〉引《列女傳》、《春秋別典》五「楚姬」並作「樊姬」,元刊本、楚府本、何良俊本、楊美益本、白口十行本、程榮本、祕書本、陳用光本、四庫本、百子本並同,並其明證,楚、樊,形近而訛,當據改。

稱其讎,不為諂。（卷第一〈雜事〉「晉大夫祁奚老」章──誤）

茂仁案:「不爲諂」,《左傳·襄公三年》「諂」作「諮」,四庫本、鐵華館本、百子本、龍溪本並同,《白氏六帖》一二〈注〉、《白孔六帖》四四〈注〉、《藝文類聚》二二、《太平御覽》四二九、又六三〇、《群書集事淵海》一七並引《左傳》、《冊府元龜》八六七則與本文同,元刊本、楚府本、何良俊本、楊美益本、白口十行本、程榮本、祕書本亦並同。「諮」,不見《說文》,《爾雅·釋詁下篇》云:「諮,疑也。」《左傳·昭公二十六年》云:「天道不諮。」杜預〈注〉曰:「諮,疑也。」《學林》九云:「諮、諂二字皆從言。諮,音洮,疑也;諂,音丑琰切,諛也。」審此句與下文「不爲比」對言,故作「諮」爲是。諮、諂,形近而訛,當據改。

百羊之皮,不如一狐之腋。（卷第一〈雜事〉「昔者周舍事趙簡子」章──誤）

武井驥曰:「《史·趙世家》『百』作『千』,《韓詩》同。」

梁容茂曰:「《外傳》七:百,作『千』。」

蔡信發曰:「《外傳》『百』作『千』,『唯唯』作『諾諾』,『周舍』作『一士』,以此四句全爲舍言;《史記》首句作『吾聞』,『百』作『千』,末二句文義同此,以此四句全非舍言,並與此異。又〈商君傳〉引此語,『百』作『千』,『眾』作『千』,『唯唯』作『諾諾』,亦不言爲舍所言。」

茂仁案:《韓詩外傳》七作「千羊之皮,不如一狐之腋」,審載籍「千」、「一」對言之例甚多,如《史記·趙世家》云:「千羊之皮,不如一狐之腋。」《史記·商君列傳》云:「千羊之皮,不如一狐之掖;千人之諾諾,不如一士之諤諤。」《通志》

九三、《貞觀政要》三引《史記》、《芥隱筆記》「鄂鄂」條引趙良語並同,《資治通鑑》二引趙良語後二句同,《史記・劉敬叔孫通列傳》太史公引語曰、《文選》王子淵〈四子講德論〉並云:「千金之裘,非一狐之腋也。」《說苑・建本篇》云:「千金之裘,非一狐之皮。」《太平御覽》六九四引《國策》云:「千鎰之裘,非一狐之裘也。」上引並與此文例同。顯見「千……,不如(非)一……」,為古時常語,職此,「百」作「千」,似較長。

景公賜之酒,酣。(卷第一〈雜事〉「晉平公欲伐齊」章——誤)

　　武井驥曰:「《韓詩》卷八『賜』作『錫』,《晏子春秋・雜上篇》作『觴』。」

　　梁容茂曰:「《晏子春秋(以下簡稱《晏子》)・雜上》;賜作『觴』;《外傳》八作『錫』。錫、賜,古通。」

　　茂仁案:「景公賜之酒」,《文選》張景陽〈雜詩〉李善〈注〉、又陸士衡〈演連珠〉李善〈注〉、《太平御覽》五七四、又七六一、《事類賦》一一並引《晏子春秋》「賜」亦作「觴」,《韓詩外傳》八「賜之酒」作「錫之宴」。賜、錫,古並為心母、錫部,音同可通。審本書凡人主賜來者酒,皆作「觴之」,見諸卷六「士尹池為荊使於宋」章,云「司城子罕止而觴之」;「魯孟獻子聘於晉」章,云「宣子觴之」。獨此作「賜之」,於義雖通,於文例未合,「賜」或當從本書文例及《晏子春秋・內篇・雜上篇》改作「觴」為長,「酒」則屬下連讀。

我將下報趙孟與公孫杵臼。(卷第七〈節士〉「公孫杵臼程嬰者」章——誤)

　　茂仁案:「我將下報趙孟與公孫杵臼」,《史記・趙世家》「趙孟」作「趙宣孟」,〈考證〉引中井積德曰:「下報,宜舉趙朔,不當指宣孟。」《冊府元龜》七六四同《史記》。審趙孟即趙盾,趙衰子,謚宣孟(見《史記・趙世家》,唯〈考證〉言但謚宣,孟非謚),故或云趙宣孟,或稱趙宣子、趙孟,說見《左傳・僖公二十三年》、又〈文公六年〉並杜預〈注〉、《國語・晉語五》韋昭〈注〉。趙孟既為趙盾,則程嬰無須下報之,檢《史記・趙世家》載程嬰為趙朔之友人,本文載程嬰為趙朔之客,姑不論其為友抑為客,今二書並言趙朔以趙穿弒靈公事,而見殺於屠岸賈,程嬰匿奉趙朔兒武,及至冠為成人,故程嬰所自殺下報者,當為為「趙朔」,而非為「趙孟」也,上引中井積德已指之,是也。是知「孟」為「朔」之誤,當據改。

其為陽陵採薇。（卷第一〈雜事〉「楚威王問於宋玉曰」章——倒）

　　武井驥曰：「《文選》作『陽阿薤露』。」

　　梁容茂曰：「《文選》作『其為陽阿韮露』。」

　　蔡信發曰：「《文選》作『陽阿薤露』。」

　　茂仁案：《淮南子·說山篇》、又〈人間篇〉「陽陵採薇」並作「陽阿采菱」，《玉臺新詠》四引、《文選》宋玉〈對楚王問〉並作「陽阿薤露」，《北堂書鈔》一〇六〈注〉引《襄陽耆舊傳》作「陽阿採菱」，《藝文類聚》四三、《太平御覽》五七二並引《襄陽耆舊傳》作「陽阿采菱」，審《初學記》一五云：「李延年古歌曲有：陽陵、白露、朝日、魚麗、白水、白雪、江南、陽春、淮南、駕辯、淥水、陽阿、採菱、下里、巴人（並見《襄陽耆舊傳》及《梁元帝纂要》）。」此又見《太平御覽》五七三引《古樂志》云云，審上引古樂曲，其次序為由難而易，今本文首言「下里巴人」其和者數千人，次言「陽陵採薇」其和者數百人，末言「陽春白雪」其和者數十人，「陽陵」為介於「下里巴人」與「陽春白雪」之間，顯與古樂曲之排序不同，且「採薇」不見古樂曲名。唯據《初學記》一五引李延年古歌曲名及《古樂志》云云，「陽陵、採薇」，當即「陽薇、採陵」之錯置也，《六臣註文選》宋玉〈招魂〉「涉江採菱發揚荷些」〈注〉引王逸〈注〉曰：「楚人歌曲也。」張銑〈注〉曰：「涉江、採菱、陽阿，皆楚歌曲名。『荷』當為『阿』。」《太平御覽》五六五引《淮南子》云「奏雅樂者，如于陽阿、採菱（許慎〈注〉曰：『楚樂之名也。』）並言「陽荷（阿）」、「採菱」，即其明證也，當據改。

鄒忌三知之如應嚮。（卷第二〈雜事〉「昔者鄒忌以鼓琴見齊宣王」章——倒）

　　武井驥曰：「《史》作『若響之應聲』。」

　　茂仁案：「應嚮」，文不辭，疑為「嚮應」之誤乙。檢《慎子·內篇》、《太平御覽》五七七引《周書》亦並作「若響之應聲」，即其比也，又《荀子·彊國篇》云：「譬之猶響之應聲。」《呂氏春秋·功名篇》〈注〉云：「呼則響應之。」《史記·樂書》、《淮南子·脩務篇》〈注〉並云：「響之應聲。」《鶡冠子·泰錄篇》云：「響則應聲。」《史記·陳涉世家》云：「天下雲會響應。」又〈淮陰侯列傳〉云：「天下風走而響應。」《全三國文》桓譚〈陳兵事〉、《世要論》並云：「使若響之應聲。」《北堂書鈔》一一三云：「若響之應聲。」《太平御覽》二四二引《蜀志》云：「如響應聲。」《永樂大典》九引《漢書》云：「天下嚮應。」並為其比也。又元刊本、楚府本、何良俊本、楊美益本、白口十行本、程榮本、祕書本、陳用光本、四庫、百子本「嚮」並作「響」，「嚮」為「響」之借字也。

或得寶以□國，文王得杇骨以喻其意，而天下歸心焉。（卷第五〈雜事〉「周文王作靈臺」章——殘泐）

茂仁案：□，殘泐不清，《呂氏春秋·異用篇》「□」作「危」，是。《群書治要》四二引、《太平御覽》八四引、《三家詩遺說考》五引並同，各本亦並同，當據補。

因關，馬及弩不得出，絕□□□路，重附益諸侯之法，急詿誤其君之罪。（卷第十〈善謀〉「孝武皇帝時」章——殘泐）

茂仁案：「絕□□□路」，□□□等三字殘泐，《冊府元龜》四七七「□□□」作「游說之」，武井驥《纂註本》、各本並作「遊說之」，適與文義合。則此作「游說之」是也，當據補。遊，游之俗字也，說見《說文》七篇上水部「游」字段〈注〉。

二、匡前賢之疎失也

校讎之作，不有底本，無得行之，知底本之優劣，影響至深且鉅也，唯前賢注全力於讎校，或一時但忘抄錄底本文字所至之譌誤，或奪、或衍、或誤、或倒，致以譌抄之底本爲底本，甚者以此爲校，此失不可謂不大矣。且智者千慮，不免一失，前賢研覆《新序》，雖多所諟正，唯掛萬漏一，理所難免，筆者不才，千慮愚見，非敢妄議前賢，但期一歸允當耳，敢復言之。

（一）、底本失檢（按奪、衍、誤、倒書之）

奪：卷第七〈節士〉「公孫杵臼程嬰者」章，「今諸君將妄誅」，施珂先生以鐵華館本爲底本，無「將」字，檢鐵華館本「君」下有「將」字，此無，奪也；卷第十〈善謀〉「漢十一年」章，「君何不急謂呂后，承間爲上泣言」，施珂先生以鐵華館本爲底本，無「承間」二字，檢鐵華館本「爲」上有「承間」二字，此無，奪也。卷第五〈雜事〉「秦二世胡亥之爲公子也」章，「何謂至於此也」，蒙傳銘先生以程榮本爲底本，無「於」、「也」二字，檢程榮本並有此二字，此無，奪也。卷第二〈雜事〉「甘茂」章，「今王倍數險，行千里攻之」，梁容茂先生以四庫本爲底本，無「千里」二字，檢四庫本《新序》已出版者有二，一爲四庫全書薈要本，一爲四庫全書本，二本並有此二字，此無，奪也；卷第三〈雜事〉「孫卿與臨武君議兵於趙孝成王前」章，「變詐攻奪也」，梁容茂先生以四庫本爲底本，無「攻奪」二字，檢四庫本有二，二本並有此二字，此無，奪也；卷第三〈雜事〉「樂毅爲昭王謀」章，「揚寡人之毀而君不得榮，是一舉而兩失也」，梁容茂先生以四庫本爲底本，無「是一舉而兩失」

六字，檢四庫本有二，二本並有此六字，此無，奪也。卷第九〈善謀〉「秦趙戰於長平」章，「王又攻其力之所不能取以送之」，蔡信發先生以程榮本為底本，無「取」字，檢程榮本「能」下有「取」字，此無，奪也。

衍：卷第六〈刺奢〉「桀作瑤臺」章，「遂適湯」，施珂先生以鐵華館本為底本，載「適」下有「於」字，檢鐵華館本「適」下無「於」字，此衍也；卷第九〈善謀〉「楚使黃歇於秦」章，「臣恐韓魏卑辭除患」，施珂先生以鐵華館本為底本，「魏」下有「之」字，檢鐵華館本無「之」字，此衍也。卷第一〈雜事〉「孫叔敖為嬰兒之時」章，「恐他人又見」，梁容茂先生以四庫本為底本，「見」下有「之」字，檢四庫本有二，二本並無「之」字，此衍也；卷第一〈雜事〉「晉平公浮西河」章，「晉平公浮西河」，梁容茂先生以四庫本為底本，「浮」下有「於」字，檢四庫本有二，二本並無「於」字，此衍也；卷第三〈雜事〉「樂毅使人獻書燕王」章，「功立不廢」，梁容茂先生以四庫本為底本，「立」下有「而」字，檢四庫本有二，二本並無「而」字，此衍也。

誤：卷第八〈義勇〉「陳恆弒簡公而盟」章，「以禮其君」，施珂先生以鐵華館本為底本，作「而禮其君」，檢鐵華館本作「以」，不作「而」，此誤也；卷第十〈善謀〉「高皇帝五年」章，「北有故宛之利」，施珂先生以鐵華館本為底本，「宛」作「苑」，檢鐵華館本作「宛」，不作「苑」字，此誤也；卷第十〈善謀〉「漢三年」章，「與酈生謀橈楚權」，施珂先生以鐵華館本為底本，「酈生」作「酈食其」，檢鐵華館本作「酈生」，不作「酈食其」，此誤也。卷第一〈雜事〉「昔者舜自耕稼陶漁而躬孝友」章，「季孟墮郈費之城」，梁容茂先生以四庫本為底本，「郈」作「郡」，檢四庫本，作「郈」，不作「郡」字，此誤也；卷第一〈雜事〉「楚威王問於宋玉曰」章，「雜以流徵」，梁容茂先生以四庫本為底本，「徵」作「微」，檢四庫本作「徵」，不作「微」字，此誤也；卷第一〈雜事〉「晉平公間居」章，「群臣行賂」，梁容茂先生以四庫本為底本，「群」作「辭」，檢四庫本作「群」，不作「辭」，此誤也。卷第八〈義勇〉「卞莊子好勇」章，「毋沒爾家」，蔡信發先生以程榮本為底本，「毋」作「母」，檢程榮本作「毋」，不作「母」字，此誤也。卷第十〈善謀〉「漢王既用滕公蕭何之言」章，「項王詐坑秦降卒二十餘萬人」，蔡信發先生以程榮本為底本，「王」作「羽」，檢程榮本作「王」，不作「羽」字，此誤也；卷第十〈善謀〉「漢三年」章，「項羽急圍漢王滎陽」，蔡信發先生以程榮本為底本，「羽」作「王」，檢程榮本作「羽」，不作「王」字，此誤也。

倒：卷第八〈義勇〉「衛懿公有臣曰弘演」章，「報使於肝畢」，施珂先生以鐵華

館本爲底本,「報使」乙作「使報」,檢鐵華館本未乙,此誤乙也。卷第七〈節士〉「晉獻公太子之至靈臺」章,「恭嚴承命」,蒙傳銘先生以程榮本爲底本,「恭嚴」乙作「嚴恭」,檢程榮本未乙,此誤乙也。卷第一〈雜事〉「衛國逐獻公」章,「而民之望也」,梁容茂先生以四庫本爲底本,「之望」乙作「望之」,檢四庫本有二,二本並未乙,此誤乙也;卷第三〈雜事〉「孫卿與臨武君議兵於趙孝成王前」章,「務在於善附民而已」,梁容茂先生以四庫本爲底本,「務在」乙作「在務」,檢四庫本未乙,此誤乙也;卷第四〈雜事〉「公季成謂魏文侯曰」章,「博通士也者」,梁容茂先生以四庫本爲底本,「也者」乙作「者也」,檢四庫本未乙,此誤乙也。

(二)、失之不審

原人聞之,曰:「有君義若此,不可不降也。」遂降。溫人聞之,亦請降。故曰「伐原而溫降」,此之謂也。(卷第四〈雜事〉「晉文公伐原」章)

　　蔡信發曰:「《左傳》、《國語》、《史記》不載;《呂覽》、《韓子》『溫』並作『衛』,下同;《晉史乘》先記衛降,復記溫降,並與此異。據《左》僖公二十五年〈傳〉,晉得溫,乃周天子所賜,未聞溫有請降之事,此仍《淮南》而誤。是年,衛未降晉,且《左傳》明載魯、衛修好在晉文公分以趙衰、狐溱爲原、溫大夫之後,然則《呂覽》、《韓子》之誤亦明矣。《晉史乘》衛、溫二記,顯涉《呂覽》、《韓子》、《淮南》、本章而誤。」

　　茂仁案:劉正浩《周秦諸子述左傳考‧僖公二十五年》云:「原降之後,《呂覽》、《韓子》並述衛人聞而歸晉一事,審〈僖二十八年〉晉侯假道于衛以伐曹,衛人弗許;晉侯、齊侯盟于斂盂,衛侯請盟,晉人弗許;證其傳聞之誤也。」是。審《左傳‧僖公二十五年》所載,晉文公以勤王之故,該年夏四月,王賜之以陽樊、溫、原、攢茅之田。唯是月,陽樊不服,晉圍之。是年冬,晉侯又圍「原」,顯見「原」亦不服而叛。該文又載,「原」降晉之後,晉乃以「趙衰爲原大夫,狐溱爲溫大夫。」晉派任於「溫」者,非在受賜之夏四月,乃於是年冬,下「原」之後,方有派「溫大夫」之舉,顯見「溫」當亦在不服之列,且該文未載有「伐溫」之事,顯見「溫」乃不戰而降可知,是以「伐原而溫降」是也,檢《史記‧十二諸侯年表》魯僖公二十五年,適值晉文公二年,《史記‧晉世家》載文公二年有「圍溫」事,或即指此言,蔡先生云「據《左》僖二十五年〈傳〉,晉得溫,乃周天子所賜,未聞有請降之事,此仍《淮南》而誤」,恐失之不審。

子陽令官遺之粟數十乘。子列子出見使者，再拜而辭。（卷第七〈節士〉「子列子窮」章）

　　盧文弨曰：「（乘）《呂氏‧觀世篇》作『秉』。」

　　武井驥曰：「（數十秉）舊本『秉』作『乘』，今據《呂覽》及《小爾雅》曰：『鍾二謂之秉，秉十六斛。』」

　　梁容茂曰：「《呂氏》：乘作『秉』，是也。秉，十六斛也。」

　　蔡信發曰：「《校補》：『《呂氏》，乘作秉，是也。秉，十六斛也。』《列子》、《莊子》並作『鄭子陽即令官遺之粟』，《呂覽‧觀世》作『鄭子陽令官遺之粟數十秉』，斯事首見《列》、《莊》，但言遺粟列子，未嘗言及數量，迄《呂覽》始增『數十秉』，本文因之，以乘爲秉，乃形近而訛。秉訓十六斛，見《小爾雅‧量》、《儀禮‧聘禮》〈注〉暨《論語‧雍也》〈集解〉引馬〈注〉。」

　　茂仁案：《列子‧說符篇》、《莊子‧讓王篇》並無「數十乘」三字，《呂氏春秋‧觀世篇》「乘」作「秉」。王叔岷先生《莊子校詮‧讓王篇》云：「《呂氏春秋》粟下有『數十秉』三字。《新序》、《高士傳》並作『數十乘。』乘疑秉之誤，《小爾雅‧量》：『秉，十六斛。』」梁先生曰：「《呂氏》：乘作『秉』，是也。秉，十六斛也。」蔡先生從之，云「以乘爲秉，乃形近而訛」。審「秉」爲古代量名，合十六斛，見諸《小爾雅‧量》，作「秉」自是合理，唯作「乘」，亦未必爲誤，古亦有以之爲量數名者，《禮記‧聘義篇》云：「米三十車，禾三十車。」車即乘，即其明證，且一斛爲十斗，十六斛方百六十斗耳，數小也，以一君之遺有道之士，以彰己之愛士，以此小數爲贈，其未逮「乘」遠矣，當以作「乘」爲長，《太平御覽》五〇七引皇甫士安《高士傳》、《冊府元龜》八〇五並作「乘」，不作「秉」，正與本文同，各本亦並同，即其明證。楚府本「乘」作「斛」，視此，其君所贈之數，又較「秉」爲小也，子陽當不如是器小，蓋亦非是。

授綏而垂，其僕將馳。（卷第八〈義勇〉「崔杼弒莊公」章）

　　盧文弨曰：「（授綏而乘）『垂』訛，據《呂氏‧知分篇》改。」

　　武井驥曰：「《呂覽》作『受綏而乘』，《韓詩》亦作『乘』，舊本『乘』作『垂』，非。」

　　施珂曰：「盧說是也。《晏子‧雜上篇》、《外傳》皆作乘。」

　　梁容茂曰：「《呂氏》：垂，作『乘』。《拾補》：垂作乘。云：『舊訛垂，據《呂氏‧知分篇》改。』」

　　蔡信發曰：「《呂覽》、《外傳》、《拾補》並『垂』作『乘』。《拾補》：『舊訛垂，

據《呂氏・知分篇》改。』是。垂，乘之形近而譌。」

茂仁案：《晏子春秋・內篇・雜上篇》、《呂氏春秋・知分篇》、《韓詩外傳》二並作「授綏而乘」，陳鱣亦校「垂」作「乘」。《呂氏春秋・知分篇》〈集釋〉引畢沅曰：「援舊多作授，汪本作受。案《意林》作援，今從之。」《晏子春秋・內篇・雜上篇》張純一〈校注〉云：「盧云：『授《呂氏春秋・知分篇》同，《意林》所載《呂氏》作援，當從之。』純一案：授蓋援之形誤，盧從《意林》是也，今據正。《御覽》見三百七十六、又四百八十同。」盧文弨云「（乘）舊譌垂」，蔡先生從之，武井驥說同。審「授綏而垂」不誤也，古人上車，由其御僕授綏，使升者攀而得上也。《禮記・曲禮上篇》言駕車之禮法云：「君出就車，則僕并轡授綏。」〈注〉云：「車上僕所主。」又《禮記・曲禮上篇》云：「凡僕人之禮，必授人綏。」又《禮記・少儀篇》云：「僕於君子，君子升下則授綏。」由此知古時駕車之儀，人主上、下車，人僕必授之以綏。「授綏」一辭多見，《儀禮・士昏禮篇》云：「壻御婦車，授綏，姆辭不受。」〈注〉云：「僕人之禮，必授人綏。」《儀禮・士昏禮篇》又云：「袞授綏，姆辭曰：『未教不足與為禮也。』」《禮記・曲禮上篇》云：「乘路車，必朝服，載鞭策，不敢授綏。」《禮記・檀弓上篇》載魯莊公及宋人戰于乘丘云：「公隊，佐車授綏。」《禮記・郊特牲篇》云：「壻親御，授綏，親之也。」《禮記・昏義篇》云：「御婦車，而壻授綏，御輪三周，先俟于門外。」前賢固知上車須援綏而上，殊不知上車前，御僕於禮須先下綏以引升車者，故改「授」為「援」，非是，上引畢沅云：「援舊多作授。」即其明證。且此句非由晏子角度言，實由御者為言也，下句「其僕將馳」可得知之。即因其僕「欲」速離，故此云「授綏而『垂』」，前賢誤以「授」為「援」，為符文義，並以形訛之由，改「垂」為「乘」，此又失之。檢《孝經緯援神契》二八云：「舜時德盛，山車有垂綏。」知「授綏而垂」，就文句言之，於義已通，唯審上下文義，此「垂」，當為「箠」之借字也，箠，古為端母、歌部；垂，古為禪母、歌部，二者音近之字，可相通用，《說文》五篇上竹部云：「箠，所以擊馬也。」段〈注〉云：「《周禮》假垂為箠，〈垂氏〉：『掌共燋契是也。』」《永樂大典》一一○七六「箠」〈注〉云：「馬策，又杖也。漢景帝定箠令，師古曰：『箠，策也，所以擊者，亦作捶。』」又下文載晏子拊僕人之手，示意其無馳，其所以知僕人將馳之理，即在於僕人「授綏而垂」之「垂」字，即因僕以杖策馬，將馳以避禍，是以晏子知之而止之。知「授綏而垂」，非「援綏而乘」之誤也。援、授；乘、垂，並形近而致訛，並非是。

秦倦而歸，兵必疲，我以五縣收天下以攻罷秦，是我失之於天下而取償於秦也。（卷第九〈善謀〉「秦趙戰於長平」章）

盧文弨曰：「（五縣）《史記‧虞卿傳》作『六城』。」

武井驥曰：「《史》、〈策〉『五縣』作『六城』。」

梁容茂曰：「《史記》：五縣，作『六城』。」

蔡信發曰：「《史記》『五縣』作『六城』。《國策》、《史記》本章上文並言『六縣』或『六城』，此驟出五縣，與上數不合，乃仍《策》而誤。」

茂仁案：「我以五縣收天下以攻罷秦」，《戰國策‧趙策三》「五縣」作「五城」，《史記‧虞卿傳》作「六城」，《通志》九四、《冊府元龜》七四八並同，鮑本《戰國策》亦校作「六城」，蔡先生以《戰國策》、《史記》本章上文並言「六縣」或「六城」，此驟出五縣，與上數不合，為仍《戰國策》而誤；盧文弨、武井驥、梁先生但云《史記》作「六城」，而未參贊是非。今審此文義，作「五縣」非誤也，審上文「秦雖善攻，不能取六縣，趙雖不能守，亦不失六城」，則秦之善攻，至多取五城也，而趙之不能善守，其失至多亦五城耳。虞卿之言「五縣（城）」者，蓋以其為設言秦之善攻取與趙之不善守之數也，以此之數，收天下以攻罷秦，則其勢優劣可計，非必以多於「五城」之「六城」為構也，以「五縣（城）」收天下以攻秦可收之利甚大於以「六城」構秦之收益，故何枉以「六城」為構乎？是知此「五縣（城）」，未可視為上下文「六城」之誤，此虞卿之設言也，虛數也，非欲為構之實數也。前賢臆改「五」為「六」者，蓋涉上下文「六城」所致而失之不審耳。

終不使不肖子居愛子上，明乎其代太子位必矣。（卷第十〈善謀〉「漢十一年」章）

施珂曰：「（趙王常抱居……居愛子上）此當作『趙王常抱居前。上曰：『終不使不肖子居愛子上。』』『終不使不肖子居愛子上。』是四皓述高帝之語如此。今本『上』字誤錯在『前』字上，又脫『曰』字，則文意不明。《漢魏叢書》程本、陳本皆作『趙王常抱居前上，』《史記》作『趙王如意常抱居前，上曰：『終不使不肖子居愛子之上。』』可證。今本《漢書》『上』字未誤錯，惟亦脫『曰』字，王念孫有說。」

梁容茂曰：「《拾補》作：『趙王常抱居上前』……謂舊訛。案：《史記》終上有『曰』字，則上乃指高帝，《拾補》臆改之，非是。」

蔡信發曰：「《史記》『終』上有『曰』。王念孫以是乃四皓述高帝之語如此，若無曰字，則為四皓語，欠當。是。詳見《讀書雜志》四。《漢書》無『曰』，乃涉此而誤。」

茂仁案：《史記‧留侯世家》「終」上有「曰」字，《通志》九六同，上文二書之「上」字當屬下連讀，則此句作「上曰：『終不使不肖子居愛子上』」云云。王念孫

《讀書雜志》四之八《漢書・蕭何曹參傳》「上終不使不肖子居愛子上」云：「景祐本『上』字下有『曰』字。劉攽曰：『曰字後人妄加。』念孫案：劉說非也。『不使不肖子居愛子上』，是四皓述高帝之語如此，故下文曰：『明其代大子位必矣。』若無『曰』字，則爲四皓語矣，是四皓以大子爲不肖也，豈其然乎？《史記》亦有『曰』字。」王念孫說非是也。《漢書・張良傳》載此，亦無「曰」字，審上文，此爲四皓說建成侯之語，於此，《史記・留侯世家》、《通志》九六並作高帝之語，與上下文乖，非是。且文中之「不肖子」，非如王念孫所云爲「不肖」之義也，此「肖」，當訓似也、類也。意即太子與高帝之性情不相類也，高帝輕士善罵，太子爲人子孝，仁敬愛士（說見本卷「留侯張子房」章），「不肖」指此，非王念孫意指之「無義不仁」之義也，《史記・呂太后本紀》云：「太子爲人仁弱，高祖以爲不類我，常欲廢太子立戚姬子如意，如意類我。」又《漢書・外戚傳・高祖呂皇后》亦云：「太子爲人仁弱，高祖以爲不類己，常欲廢之而立如意，如意類我。」即其明證也，故「曰」字顯爲衍文，不當有也。

三、補前賢之未備也

前賢糾疑匡謬，創獲甚豐，唯今材料取得日易，兩兩覆核，多所發疑，今繼踵前修，或有足爲增益者，聊補未備耳，沙漠浩瀚，或有取於飛沙焉。

令尹子西對曰：「不知也。」（卷第一〈雜事〉「秦欲伐楚」章）

盧文弨曰：「（臣）舊脫此字，據《御覽》六百二十一補。」

武井驥曰：「《御覽》六百二十一『曰』下有『臣』字。一本無『對』字，非。」

梁容茂曰：「《御覽》六二一引，『不』上有『臣』字。《拾補》據此而補『臣』字。案：《御覽》三〇五、六二一兩引俱有『臣』字，補『臣』字，是也。」

茂仁案：「不知也」，本書凡國君與臣子（或人民）問答，臣子（或人民）之回答，於「對曰」之後，若由「自己」本身言起，則必由「臣」字發端，如卷一「魏文侯與士大夫坐」章，云「對曰：『臣聞之』」；卷二「莊辛諫楚襄王曰」章，云「莊辛對曰：『臣非敢爲楚妖』」、又「魏文侯出遊」章，云「對曰：『臣愛其毛』」；卷四「晉平公過九原而歎曰」章，云「對曰：『臣敢言趙武之爲人也』」、又「鍾子期夜聞擊磬聲者而悲」章，云「對曰：『臣之父殺人而不得』」；卷五「里鳧須」章，云「鳧須對曰：『臣聞之』」、又「楚人有善相人」章，云「對曰：『臣非能相人』」、又「齊閔王亡居衛」章，云「公王丹對曰：『臣以王爲已知之矣』」、又「秦二世胡亥之爲公子也」章，云「對曰：『臣以不言』」；卷八「芋尹文者」章，云「對曰：『臣以君旗

拽地故也」；卷九「魏請爲從」章，云「對曰：『臣聞小國之與大國從事也』」；卷十「漢三年」章，云「良對曰：『臣請借前箸而籌之』」。凡共十三例，無一例外，獨此句無「臣」字，於文例不一，故此文「不」上奪「臣」字，《太平御覽》三〇五引及六二一引，「不」上正有「臣」字，即其明證也，當據補。

寡人豈敢以褊國驕士民哉！（卷第二〈雜事〉「楚莊王問於孫叔敖曰」章）

蔡信發曰：「《渚宮舊事》無『民』，《楚史檮杌》『褊』作『禍』。此章旨在申論人君與士相待之道，前文俱無『民』字，此驟出之，頗顯突兀，《渚宮舊事》無，是。」

茂仁案：審上文「國君驕士」、「士驕君」、「士非我」、「國非士」，皆單言「士」而無及「民」者，此作「士民」，似不類，唯有「民」字，此蓋古時修辭之法，古有言甲事物而及於與甲事物同類，或性質相密切之乙事物者，如：《史記・李斯傳》云：「夫擊甕叩缶，彈箏搏髀，而歌呼嗚嗚快耳目者，眞秦之聲也。」此歌聲豈能快「目」之聞？此蓋由「耳」及於「目」者；又《三國志・魏書・明帝紀》〈注〉云：「炫耀後園，建承露之盤，斯誠快耳目之觀。」此建承露之盤，又豈能快「耳」之觀？此蓋由「目」及於「耳」者，耳、目其性質相近，故常連及言之。又《墨子・非攻篇上》云：「今有一人，入人園圃，竊其桃李。」《說文》六篇下口部云：「園，所以樹果也。」又云：「圃，所以種菜曰圃。」據是，桃李爲樹果，而《墨子・非攻攻篇上》云「入其園圃」，「圃」字顯涉「園」字而及也；又《禮記・玉藻篇》云：「大夫不得造車馬。」「馬」豈可造？以車、馬性質相近，蓋皆致遠之具，故此「馬」涉「車」字連言而及也。上引增益「目」、「耳」、「圃」、「馬」等字者，非衍也，古語法有之矣，此文「民」字亦然，士、民其質相近，故此「民」字爲涉「士」字連類而及也，非衍也，上引並爲其比證也。

樂毅使人獻書燕王，【一有報字】曰。（卷第三〈雜事〉「樂毅使人獻書燕王」章）

盧文弨曰：「『燕王』上一有報字。」

武井驥曰：「《史》作『樂毅報遺惠王書』，〈燕策〉作『望諸君乃使人獻書報燕王』，此以下〈策〉別見。」又曰：「吳本『曰』上有『報』字，舊校云：『一有報字』，正合。」

蒙傳銘曰：「涵芬樓本『書』下有『報』字。陳鱣校云：『『書』下一有報字。』與盧說同，蓋即指此本。宋本燕王下〈注〉云：『一有報字。』程榮校本、鐵華館本同。崇本書院本燕王下逕作『報曰』。《史記・樂毅傳》則作『樂毅報遺燕王書曰』。《戰國策・燕策》作『望諸君乃使人獻書報燕王曰』。」

梁容茂曰：「何本、程本、百子本云：『一有報字。』是則有無『報』字之本也。《拾補》云：『另提行，燕王上一有報字。』案：此不必提行，仍接上文意也。今四庫本，『報』字在燕王下。」

茂仁案：「【一有報字】，元刊本、楚府本、何良俊本、楊美益本、白口十行本並作「報」，附入正文，武井驥《纂註本》、祕書本並無此〈注〉，他本則與本文同。《戰國策・燕策二》作「望諸君乃使人獻書報燕王曰」，《史記・樂毅傳》作「樂毅報遺燕惠王書曰」，《通志》九四同，《玉臺新詠》六〈春怨〉作「樂毅報燕惠王書」，《資治通鑑》四作「樂毅報書曰」，《冊府元龜》二四四作「樂毅報遺惠王書曰」，並有「報」字。《初學記》二〇〈奉使第五〉云：「凡國之將命遣使，往曰『奉命』，來曰『復命』，一曰『報命』。」職此，有「報」字是也，《史記・燕召公世家》云：「還報燕王。」又〈韓長儒傳〉：云「漢使還報。」又〈平津侯主父列傳〉云：「使匈奴，還報，不合上意。」本書卷十「漢五年」章，云：「使者至，韓信、彭越皆喜，報曰：『請今進兵。』」《容齋隨筆》五〈韓信周瑜〉云：「信使閒人窺知其不用廣武君策，還報，大喜。」《太平御覽》八七引《史記》云：「令一人行前，還報曰：『前有大蛇。』」又二九一引《韓子》云：「趙主父使李疵視中山可攻不？報曰：『可攻也。』」又二九四引《漢書》云：「帝使劉敬復往使匈奴，還報曰：『兩國相擊，此宜誇矜見所長。』」並爲人臣覆命曰「報」之例，並爲本文之明證，本文之注文【一有報字】，當據改作「報」字，附入正文，上引元刊本、楚府本、何良俊本、楊美益本、白口十行本並作「報」，附入正文，即此墉證也，當據改。

昔有顓頊，行年十二而治天下。（卷第五〈雜事〉「齊有閭丘卭」章）

武井驥曰：「《帝王世紀》曰：『顓頊生十年而佐少昊氏，二十年而登帝位。』《路史》曰：『顓頊十五佐小昊，封于高陽。』驥按：『有』恐『者』誤。」

蒙傳銘曰：「武說是也。此疑涉上文有字致誤。《天中記》二五引『有』正作『者』。」

梁容茂曰：「《帝王世紀》：『顓頊生十年，佐少昊氏，二十年而登帝位。』《路史》：『顓頊十五佐少昊，封高陽。』」

蔡信發曰：「《帝王世紀》作『顓頊生十年，佐少昊氏，二十而登帝王（茂仁案：當作位）』，《路史》作『顓頊十五佐少昊，封高陽』，並與此異。上古緜邈，諸說參差，太史公作〈五帝本紀〉，捨而弗取，豈徒然哉？。」

茂仁案：「昔有顓頊，行年十二而治天下」，《鶡子・數始五帝治天下篇》云：「昔者帝顓頊，年十五而佐黃帝，二十而治天下。」《漢書古今人表疏證・顓頊帝高陽氏》云：「梁沈約《竹書》僞〈注〉及《宋書・符瑞志》曰：『生十年佐少昊，

二十登帝位。』《路史》作『十五佐小昊，（《鶡子》言十五佐黃帝，妄。）』《山海
經》所以有少昊孺帝、顓頊之語，晉郭璞〈注〉云：『孺義未詳。』（《路史》以孺
帝爲顓頊子，非。）當塗徐氏文靖《竹書紀年統箋》謂顓頊十年佐少昊，故有孺
子之稱；又十年登位，孺帝，猶後世稱孺子王，其嗣少昊，以臣代言，故以少昊
孺帝顓頊連言之。」祕書本「十二」作「十一」，形近致訛也。武井驥曰：「有，
恐『者』誤。」是也。審本書此例繁多，如卷一「昔者舜自耕稼陶漁而躬孝友」、
「昔者魏武侯謀事而當」、「昔者周舍事趙簡子」、「昔者吾友周舍有言曰」、「昔者
吾先君中行穆子」；卷二「昔者唐虞崇舉九賢」、「昔者曾參之處鄭」、「昔者鄒忌以
鼓琴見齊宣王」、「昔者燕相得罪於君」；卷三「昔者秦魏爲與國」、「昔者柳下季爲
理於魯」、「昔者荊軻慕燕丹之義」、「昔者玉人獻寶」、「昔者樊於期逃秦之燕」、「昔
者司馬喜臏於宋」；卷四「昔者齊桓公九合諸侯」、「昔者齊桓公與魯莊公爲柯之
盟」、「昔者趙之中牟叛」、「昔者齊桓公出遊於野」；卷五「昔者楚熊渠子夜行」、「昔
者舜工於使人」、「昔者齊有良兔」、「昔者楚丘先生行年七十」；卷七「昔者堯治天
下」、「昔者有饋魚於鄭相者」、「昔者桀殺關龍逢」；卷十「昔者秦穆公都雍郊」，
作「昔者」者共二十八例，獨此一例作「昔有」，不類。有，爲「者」字形近而致
訛。《天中記》二五引「有」作「者」，白口十行本、陳用光本、百子本並同，即
其明證也，當據改。

此四公子之謀也。（卷第十〈善謀〉「漢十一年」章）

　　盧文弨曰：「孫云：『子疑衍。』」

　　武井驥曰：「『公』下『子』字疑衍。」

　　梁容茂曰：「百子本：子下有『房』字。《拾補》云：『孫云：子疑衍。』」

　　蔡信發曰：「此四公子，即指園公、綺里季、夏黃公、甪里先生，而此四公皆年
八十有餘，鬚眉皓白，隱逸高士，豈可稱以公子？誤。當稱公。」

　　茂仁案：「此四公子之謀也」，四公子，當指園公、綺里季、夏黃公及甪里先生
四人，此四者於漢十一年，皆已年八十有餘，鬚眉皓白，文中言及四皓者，並稱之
爲「公」，獨此以「四公子」名之，於理不通。審此文，立太子於安全之境，免於將
兵之險者，首推四皓之功，其末張良說上，令太子爲將軍，使監關中諸侯之兵，此
則爲保全太子之策，另可爲太子不出兵之理由，且四皓之從太子游，亦張良獻策使
然，則今太子之安，爲四皓、張良之謀也，唯度此文，以述四皓之謀爲主，張良驥
尾耳。則此「子」字當爲衍文，或「子」下當有「房」字。審何良俊本、四庫本並
無「子」字，即其明證；百子本「子」下有「房」字，亦其確證也。職此，今「子」

字若不刪，即當於「子」下補「房」字也。

四、定眾說之是非也

一事眾論，結論同一者固多，異趣者亦所不免，蓋前賢所據非一，所得或亦有異，尺鯢瘦蜩，未足以語江海鴻鵠，筆者鯢蜩之知，未敢不即復論定之。

其為人也，臼頭深目，長肚大節。（卷第二〈雜事〉「齊有婦人」章）

武井驥曰：「《列女傳》『壯』作『指』。」

施珂曰：「《漢魏叢書》程本、陳本，肚並作壯。《治要》引同。《書鈔》作長大壯節。《列女傳》肚作指。《後書・楊震附賜傳》〈注〉引《列女傳》肚作壯。」

蒙傳銘曰：「『長壯』二字不辭。『長壯大節』，與上句『臼頭深目』，下二句『昂鼻結喉，肥項少髮』，文法亦不一律。黃丕烈校『壯』作『肚』，是也。鐵華館本正作『肚』字。」

梁容茂曰：「《御覽》六九三引：作『凹頭』。」又曰：「《列女傳》三：作『長指』。可從。」

茂仁案：「臼頭深目」，《永樂大典》一一九五一「臼」作「凹」，臼、凹，並通。「長肚大節」，《後漢書・楊賜傳》〈注〉引《列女傳》「肚」作「壯」，《太平御覽》三八二、《群書類編故事・無鹽不售》並引《列女傳》同，《北堂書鈔》一二九引、《群書治要》四二引並同，元刊本、楚府本、何良俊本、楊美益本、白口十行本、程榮本、祕書本、陳用光本、百子本亦並同。《蒙求集註》下引《列女傳》「肚」則作「指」，《類林雜說・醜婦人五十五》同，《永樂大典》一九六三六引、四庫本亦同。審上文「臼頭深目」、下文「昂鼻結喉」、「肥項少髮」、「折腰出胸」並當句對，獨此「長肚大節」不辭。檢《琱玉集・醜人篇》引「肚」作「肘」，「長肘」正與「大節」對，據是，知肚、壯、指，並「肘」之形訛也，當據改。

外有三國之難。（卷第二〈雜事〉「齊有婦人」章）

武井驥曰：「《列女傳》『三』作『二』。〈考證〉曰：『似謂趙、韓、魏。』」

施珂曰：「《列女傳》三作二。」

梁容茂曰：「《列女傳》：三，作『二』。」

蔡信發曰：「《列女傳》『三』作『二』。此承上文『衡秦』、『強楚』而來，作『二』，是。」

茂仁案：蔡先生云「作『二』為是，竊疑此作「二」者，恐涉上文「衡秦」及「強楚」聯想而誤也，文中既云「西有衡秦之患」、「南有強楚之難」，其下接云「外有三國之難」，此「外有」顯為外於「衡秦」及「強楚」而言，非指秦、楚甚明。上引《釋常談》下、《類林雜說‧醜婦人五十五》並言西有「秦、衛」之患，南有「強楚」之讎，足見齊之外患，非特秦、楚二國耳。職此，「外有三國之難」，為指秦、楚以外之其他敵國為言，「三」字，當不誤也。

士尹池為荊使於宋。（卷第六〈刺奢〉「士尹池為荊使於宋」章）

武井驥曰：「《呂覽‧召類篇》畢沅校曰：『《御覽》引作‘工尹他’，杜預曰：‘工尹，楚官，掌百工之官。’舊本‘工’作‘士’，非。』」

蒙傳銘曰：「《文選》張景陽〈雜詩〉李善〈注〉引作『士尹歇。』」

蔡信發曰：「《呂覽》畢沅〈校〉：『士尹池，《御覽》四百十九引作工尹他。《新序‧刺奢篇》，與此同。』案：工尹他，當士尹池之形誤。」

茂仁案：「士尹池為荊使於宋」，《太平御覽》四一九引《呂氏春秋》「士尹池」作「工尹他」，「士」蓋為「工」之形訛，「工尹」，經傳屢見，《禮記‧檀弓下篇》云：「工尹商陽。」鄭〈注〉云：「工尹，楚官名。」《左傳‧文公十年》云：「王使為工尹。」杜〈注〉云：「掌百工之官。」又〈宣公十二年〉云：「工尹齊。」杜〈注〉云：「工尹齊，楚大夫。」又〈成公十六年〉云：「楚子使工尹襄問之。」又〈昭公十二年〉云：「又加之以楚，敢不畏君王哉？工尹路請曰。」又〈十九年〉云：「楚工尹赤。」又〈二十七年〉云：「工尹麇。」杜〈注〉云：「（工尹）楚官。」又云：「工尹壽。」又〈哀公十八年〉云：「工尹。」諸文並以「工尹」為楚官，檢本文云：「士尹池為荊使於宋」，知其為荊（楚）人，與上引《左傳》合，據是，士、工，形近而訛也，武井驥《纂註本》正作「工」，即其明證，當據改，下同。

語曰：「脣亡則齒寒」矣。（卷第九〈善謀〉「虞虢皆小國也」章）

蔡信發曰：「據《左傳》，宮之奇諫虞公凡二，分在僖公二年、五年，言脣亡齒寒者在後，《公》、《穀》則合而釋之。《左氏》『語』作『諺』，『脣』上有『輔車相依』。《呂覽‧權勳》、《淮南‧人閒》分作『虞之與虢也，若車之有輔也，車依輔，輔亦依車，虞、虢之勢也。先人有言曰：‘脣竭而齒寒’』，『夫虞之與虢，若車之有輪，輪依於車，車亦依輪，虞之與虢，相恃而勢也。』又《莊子‧胠篋》、〈齊策二〉、〈趙策一〉、〈韓策二〉、《淮南‧說林》、《史記‧晉世家》所引，則並因《公》、《穀》，唯〈韓策〉『亡』作『揭』，《莊子》、《淮南》『亡』作『竭』。《呂覽‧權勳》〈注〉：『竭，

亡也。』畢沅校引梁伯子：『〈韓策〉〈注〉：「揭，猶反也。」揭字似勝亡字。作竭，疑皆因揭而誤也』，劉師培亦主此說，見《劉申叔先生遺書‧讀左箚記》。檢：揭、竭當並爲渴之同音假借。《說文》：『揭，高舉也。竭，負舉也。渴，盡也。』脣亡齒寒，猶脣無齒寒，亦即脣盡齒寒。其詞順，其意明，設依梁氏高舉之揭解之，則不免牽強。」

茂仁案：「語曰：『脣亡則齒寒』矣」，孫詒讓《札迻‧莊子》五「故曰：『脣竭則齒寒』」條，亦主「竭」爲「揭」之借字，並引《戰國策‧韓策》鮑〈注〉：「揭，反也。」爲證，云作「揭」字爲正，梁玉繩《瞥記》二同，唯云作「揭」字較勝。今檢「脣亡齒寒」見諸古籍者甚夥，其例如：《左傳‧僖公五年》云：「諺所謂『輔車相依，脣亡齒寒』者。」《通志》九〇同，又〈哀公八年〉云：「脣亡齒寒，君所知也。」《公羊傳‧僖公二年》云：「記曰：『脣亡則齒寒。』」《冊府元龜》二三八同，唯「脣」作「唇」，《穀梁傳‧僖公二年》云：「語曰：『脣亡則齒寒。』」《戰國策‧齊策二》云：「齒之有脣也，脣亡則齒寒。」又〈趙策一〉云：「臣聞『脣亡則齒寒。』」《墨子‧非攻中篇》云：「古者有語：『脣亡則齒寒。』」《韓非子‧存韓篇》云：「且臣聞之『脣亡則齒寒。』」又〈喻老篇〉云：「脣亡而齒寒。」《春秋繁露‧王道篇》、《淮南子‧人間篇》並同，《史記‧晉世家》云：「脣亡則齒寒。」又〈田敬仲完世家〉云：「猶齒之有脣也，脣亡則齒寒。」並此「語曰：『脣亡則齒寒矣。』」《說苑‧談叢篇》云：「脣亡而齒寒」，《白孔六帖》三〇云：「脣亡齒寒。」《通志》七七云：「脣之與齒，脣亡則齒寒。」上引或謂「語曰」、「諺所謂」、「記曰」，或謂「臣聞」、「臣聞之」，顯見此句爲昔時成語，審下文文「今日亡虢而明日亡虞矣」，又《左傳‧僖公五年》云：「虢，虞之表也，虢亡，虞必從之（中略）諺所謂『輔車相依，脣亡齒寒』者，其虞虢之謂也。」「脣亡齒寒」爲承「虢亡，虞必從之」而言，故作「亡」是也，竭、揭並當訓「亡」，高誘〈注〉「揭」爲「亡」，是也。而以「竭」、「揭」字易「亡」字者，愚疑或以「脣」豈有「亡」之之理，遂度而改之耳，殊不知此「脣亡」爲譬況之語，非實稱也。其例蓋如，《呂氏春秋‧禁塞篇》所云：「單脣乾肺，費神傷魂，行說語眾，以明其道。」高誘〈注〉曰：「單，盡也。」以盡脣爲示言之多也，「盡脣」亦譬況耳，非眞脣盡也，適可爲此之比。

沛公將從武關入，至南陽守戰，南陽守齮保宛城。（卷第十〈善謀〉「沛公與項籍俱受令於楚懷王曰」章）

盧文弨曰：「（守戰）當作『與戰』，又當有『破之』二字。」

武井驥曰：「《史·高祖本紀》作『略南陽郡，南陽守齮走保城守宛』。顏師古曰：『宛，南陽之縣也。』驥按：上『守』字恐衍。」

蒙傳銘曰：「『守』當作『與』，武說非，盧說是也。《史記·高祖本紀》云：『沛公還至陽城，收軍中馬騎，與南陽守齮戰犨東，破之。』（《漢書·高帝紀》同，）可證。又據《史記》末當有『破之』二字。」

梁容茂曰：「《拾補》云：『守戰當作與戰。又當有破之二字。』案：《史記·高祖本紀》云：『收中軍（茂仁案：當作軍中）馬騎，與南陽守齮戰犨東，破之；略南陽郡，南陽守齮走保城守宛。』」

蔡信發曰：「《拾補》：『＇守戰＇，當作＇與戰＇。又當有＇破之＇二字。』案：『南陽』當重，『守』下宜有『與』，盧說欠妥；增『破之』，文明（茂仁案：當作義）較明，盧說是。」

茂仁案：「至南陽守戰」，義不可通，其下接言「南陽守齮保宛城」，知此句當有奪字，又下文「南陽守欲自殺」，知「南陽守」為一語句，此析「守戰」為一，知其誤矣！《史記·高祖本紀》云：「收軍中馬騎，與南陽守齮，戰犨東，破之，略南陽郡，南陽守齮，走保城守宛。」《漢書·高帝紀》、《資治通鑑》八、《冊府元龜》五並略同，《漢紀·高祖皇帝紀》云：「夏六月，沛公攻宛，韓王使張良從，南陽太守呂齮保城不下。」盧文弨云「守戰」當作「與戰」，且又當有「破之」二字。蔡先生則云「南陽」當重，「守」下宜有「與」字，且增「破之」二字，盧文弨所改作，至南陽「與」戰之主詞未明，欠妥，蔡先生評之是也；而蔡先生所改作之「至南陽，南陽守與戰，破之」，度此語法，則戰敗者可為沛公，亦可為南陽守，唯此戰戰敗者為南陽守，審諸《史記·高祖本紀》、《漢書·高帝紀》、《漢紀·高祖皇帝紀》、《資治通鑑》八、《冊府元龜》五等文，即知其然，是以有下文「南陽守齮保宛城」語，《史記·曹相國世家》云：「從南攻犨，與南陽守齮，戰陽城郭東，陷陳，取宛，虜齮，盡定南陽郡。」又〈絳侯周勃世家〉云：「南攻南陽守齮，破武關、嶢關。」云云，亦並為守齮戰敗之證，職是，蔡先生之論亦未安也，檢四庫全書薈要本作「至南陽，與南陽守齮戰」，上下文義完足，是也，當據補。至如盧文弨據補「破之」二字，於文義較明，然此文義已備，非必補之。「南陽守齮保宛城」，四庫全書薈要本無「南陽」二字，他本則並有。

五、釋前人之闕疑也

前賢識多博學，糾誤舉正，披尋遍是，唯獨視不如眾視之明，前賢便有特見，大智或失小慮，鯢蛧之慮或適補之，未敢即安，試論之。

北發渠搜，南撫交趾。（卷第一〈雜事〉「昔者舜自耕稼陶漁而躬孝友」章）

茂仁案：「北發渠搜」，《文選》三五漢武帝〈賢良詔〉李善〈注〉引晉灼曰：「北發，似國名。」審此句與下文「南撫交趾」對言，「北發」當指方位爲言。《路史‧後紀》十一云：「北發肅慎，南撫交阯，東長隝夷，西渠賜支。」《墨子‧節用篇》云：「堯治天下，南撫交阯，北降幽都，東西至日所出入。」《荀子‧王霸篇》〈注〉引《尸子》云：「堯南撫交阯，北懷幽都，東西至日月之所出入。」《韓非子‧十過篇》引由余云：「臣聞昔者堯有天下，飯於土簋，飲於土鉶，其地南至交趾，北至幽都，東西至日月之所出入者，莫不賓服。堯禪天下，虞舜受之。」《淮南子‧脩務篇》云：「堯北撫幽都，南通交趾。」又〈主術篇〉云：「南至交阯，北至幽都，東至暘谷，西至三危。」諸書所述俱以方位對舉，並其明證也。

靖郭君大悅，罷民，弗城薛也。（卷第二〈雜事〉「靖郭君欲城薛」章）

武井驥曰：「〈齊策〉作『君曰：『善。』乃輟城薛。』」

蒙傳銘曰：「《韓非子》、《淮南子》並作『靖郭君曰：『善。』乃輟不城薛。』」（《淮南子》輟字作止）《御覽》一九二引此文，作『乃不城薛。』刪去『輟』字，似非是。」

茂仁案：蒙先生云「刪去『輟』字，似非是」，審此有無「輟」字，並通也。其例猶如本書卷一「趙簡子上羊腸之坂」章，云「乃罷群臣不推車」，前賢並以「不」字爲衍也，唯竊參之載籍，有「不」字亦通，可相參稽該條校記。而本文云「罷民弗城薛也」，卷五「魏文侯過段干木之閭而軾」章，云「乃案兵而輟不攻魏」，又《韓非子‧說林篇下》云：「乃輟不城薛。」《呂氏春秋‧期賢篇》云：「乃按兵，輟不攻之。」《淮南子‧人間篇》云：「乃止不城薛。」又〈脩務篇〉云：「乃偃兵輟不攻宋。」又云：「乃偃兵輟不攻魏。」《史記‧張釋之傳》云：「乃止不拜嗇夫。」文例並與此同，亦可參證也。

故伊尹去官入殷，殷王而夏亡。（卷第六〈刺奢〉「桀作瑤臺」章）

盧文弨曰：「（官）《大傳》作『夏』。」

武井驥曰：「驥按：『官』恐『夏』字。《風俗通》曰：『客或謂春申君曰：『伊尹去夏入殷，殷王而夏衰。』』又《韓詩》曰：『伊尹去夏之殷，殷王而夏亡。』文勢同。」

梁容茂曰：「何本、程本、百子本：正，作『王』。《拾補》云：『官，《大傳》作『夏』。』」

蔡信發曰：《史記‧殷本紀》：「阿衡欲奸湯而無由，乃爲有莘氏媵臣，負鼎俎，以滋味說湯，致于王道。或曰：『伊尹處士，湯使人聘迎之，五反，然後肯往從湯，言素王及九主之事。湯舉，任以國政。』一事二說，史公並錄。」

茂仁案：《尚書大傳‧殷傳‧湯誓》「去官入殷」作「去夏適湯」。梁玉繩《史記志疑》二〈夏本紀〉云：「禹後封杞，即湯封之，武王特因其舊封，重命之耳。故《路史》〈注〉據《大戴禮‧少閒篇》云：『湯放移桀，遷姒姓于杞。』它如《漢書‧梅福傳》云：『武王克殷，封殷于宋，紹夏于杞。』《文選》晉張士然〈求爲諸孫置守冢人表〉云：『成湯革夏而封杞。』即史公于〈留侯世家〉亦述酈生之言云：『湯伐桀，封其後於杞。』而此乃謂周封夏後于杞，何哉？」愚以爲此乃史遷寫作《史記》之例，史遷於傳說異詞，難定其是非之際，蓋采「聞疑傳疑」之原則，將異說就其適處而並存之，以待後之方家論定，本爲嚴謹求實之態度，唯此常令不知者所詬病，以爲前後舛亂而斷史遷之非，實則史遷並存異說之例甚多，如《史記‧殷本紀》云：「微子數諫不聽，乃與太師、少師謀，遂去。比干曰：『爲人臣者，不得不以死爭。』迺強諫紂。紂怒曰：『吾聞聖人心有七竅。』剖比干，觀其心。箕子懼，乃詳狂爲奴，紂又囚之。」又《史記‧宋微子世家》云：「紂爲淫泆，箕子諫，不聽。人或曰：『可以去矣。』箕子曰：『爲人臣諫不聽而去，是彰君之惡而自說於民，吾不忍爲也。』乃被髮詳狂而爲奴。遂隱而鼓琴以自悲，故傳之曰〈箕子操〉。王子比干者，亦紂之親戚也。見箕子諫不聽而爲奴，則曰：『君有過而不以死爭，則百姓何辜！』乃直言諫紂。紂怒曰：『吾聞聖人之心有七竅，信有諸乎？』乃遂殺王子比干，刳視其心。」以《史記‧殷本紀》爲度，乃比干死而後箕子爲奴；以《史記‧宋世家》爲度，乃箕子爲奴而後比干見剖。二者似有未合，然《史記‧殷本紀》所載，與《韓詩外傳》合，而《史記‧宋世家》所載，與《論語‧微子篇》合，是知司馬遷之異說，並有所據，以其難定是非，故並存之。再如《史記‧秦始皇本紀》云：「李斯因說秦王，請先取韓以恐他國。於是使斯下韓。韓王患之，與韓非謀弱秦。」又《史記‧韓非傳》云：「韓王始不用非，及急，迺遣非使秦，秦王悅之。」兩載亦異，非司馬遷誤也，蓋亦傳疑並載之耳。《史記‧刺客列傳‧聶政》司馬貞〈索隱〉云：「〈表〉聶政殺俠累在列侯三年，列侯生文侯，文侯生哀侯，凡更三代，哀侯六年爲韓嚴所殺。今言仲子事哀侯，恐非其實。且太史公聞疑傳疑，事難的據，欲使兩存，故〈表〉、〈傳〉各異。」司馬貞之言得之矣，蔡先生云此「一事二說，史公並錄」，是也。

六、正句讀之允當也

句讀有異，所得亦因而異，此之辭作彼之句讀，彼之辭作此之句讀，或兩相可

通，唯句讀異施，所得亦異，甚者奪衍誤倒之說起，致改原文，其事不可謂不大。或者，同一辭句，置之異處，其句讀非必相彷，或固守一說，難得而制宜也，唯究上下文義、文例、文氣，方得其稱允也。

且君苟以為祝有益於國乎，則詛亦將為損，世亡矣。一人祝之，一國詛之，一祝不勝萬詛，國亡，不亦宜乎！祝其何罪？」（卷第一〈雜事〉「中行寅將亡」章）

　　武井驥曰：「《御覽》『以為』二字倒，無『世亡』二字，七百三十六無『損世』二字，《論衡》同。今按：『世亡』二字恐衍。」

　　梁容茂曰：「『世亡』二字疑衍。《論衡》作『詛亦將為亡矣』。《御覽》六二七、七三六兩引作『則詛亦將為亡矣』。並無『損世』二字。」

　　蔡信發曰：「《校補》：『世亡二字疑衍。』《論衡》作『詛亦將為亡矣』，《御覽》六二七、七三六引無『損世』。是。」

　　茂仁案：「則詛亦將為損，世亡矣」，愚審此文，「世亡」二字，非必為衍也，「損世」二字亦不當去之，梁先生之以「世亡」為衍字，蓋受句讀影響，其「損」下未有逗號，而將二句連讀，其義自難通曉，若於「損」下斷開，其意自明；又審上文云「祝有益於國乎」，與此「則詛亦將為損」並列，益、損對言，則「損」不當如蔡先生引書而去之，「世亡」亦不當視為衍文，本文言「一國之亡」，以「世亡」為喻，此猶本書卷六「桀作瑤臺」章，桀之自比於「日」，日亡而其亦亡之喻，其云伊尹諫桀曰：「『君王不聽臣之言，亡無日矣。』桀拍然而作，啞然而笑曰：『子何妖言，吾有天下，如天之有日也，日有亡乎？日亡，吾亦亡矣！』」喻與此同，故「世亡」二字，不當視為衍文，本文所載不誤也。

大王之入武關，秋毫無所害，除秦苛法，與秦約，法三章，且秦民無不欲得大王王秦者。（卷第十〈善謀〉「漢王既用滕公蕭何之言」章）

　　盧文弨曰：「（『秦』下有『民』）舊脫，從《史》補。」

　　武井驥曰：「《漢書》『與秦』作『與民』、『章』下有『耳』字。《史》『秦』下有『民』字。」

　　梁容茂曰：「何、程、百子本：耳，俱作『且』，屬下讀。《拾補》：秦下有『民』字，云：『舊脫，從《史》補。』」

　　茂仁案：「與秦約」，義不可通。盧文弨校「秦」下有「民」字，曰：「舊脫，從《史》補。」是。檢《史記・淮陰侯傳》「秦」下正有「民」字，《漢書・韓信傳》「秦」作「民」，下文「秦民」正承此而來，並為「秦」下當補「民」字之塙證，且

「與秦民約」與下文「於諸侯約」句法正一律，當據補。王叔岷先生《史記斠證‧淮陰侯列傳》斷此句爲「與秦民約法三章耳」，蔡先生斷此句爲「與秦約法三章」。此文斷句，蓋有三說：黃生《義府》下「約法三章」云：「楊用修讀《漢書‧高帝紀》：『與父老約，法三章耳。』以『約』字句絕。謂後人連讀者誤。然審之〈紀〉末云：『初順民心，作三章之約。』又〈刑法志〉云：『約法三章。』知班史本不以『約』字爲句也。」據此，則黃生主張此句連讀不斷也；胡鳴玉《訂譌雜錄》九「法三章耳」云：「《史》、《漢》〈高紀〉『與父老約，法三章耳』：殺人者死，傷人及盜抵罪，餘悉除去秦法。諸吏人皆案堵如故。王厚齋、陸農師，皆以『與父老約』爲句，『法三章耳』另爲一句，朱子亦以爲然。」據此，則此數家並上引楊用修之說，爲讀作「與父老約，法三章耳」，《困學紀聞‧攷史篇》一二翁元圻〈注〉、《史記‧高祖本紀》〈考證〉引王應麟並同；邵晉涵《南江札記‧漢書‧高祖本紀》「元年與父老約法三章耳」云：「此『約法』，與上『苛法』對，因〈紀〉有『初順民心，作三章之法』。改『約』字爲讀，始厚齋王氏，然〈文紀〉中，宋昌有約法令之語，〈刑法志〉言約法三章者非一，當從舊也。」據是，則邵氏主張於「法」字爲讀，即「與父老約法，三章耳」。審上諸說並是也，唯須視其上下文而定其句讀也，審本文「與秦民約，法三章耳」之「與秦民約」，與下文「於諸侯約」並言，上、下貫串，文、義並接，則此當以「約」字爲讀也，《漢書‧高帝紀》云：「吾與諸侯約，先入關者王之，吾當王關中；與父老約，法三章耳，殺人者死，傷人及盜，抵罪。」即其明證也，《潛夫論‧斷訟篇》云：「高祖制三章之約。」亦其比也。

七、慮文意之確適

文章之作，自以暢順爲基，於文義、文例或無可疑，唯究事件所以，理或不然，是知於文義、文例無疑之中尚有可疑之處者，試發疑論難之。

魏王曰：「寡人知之矣。」及龐恭自邯鄲反，讒口果至，遂不得見。（卷第二〈雜事〉「魏龐恭與太子質於邯鄲」章）

茂仁案：龐恭與太子質於邯鄲，如龐恭之謂魏王「議臣者過三人」，望魏王之勿聽讒也。以此，向魏王進讒言者，自不應至龐恭自邯鄲反後，方向魏王進讒。如本卷「甘茂下蔡人也」章云：「魏文侯令樂羊將而攻中山，三年而拔之，樂羊反而語功，文侯示之謗書一篋。樂羊再拜稽首曰：『此非臣之功也，主君之力也。』」「謗書」之進，早於樂羊歸反之前，龐恭之慮議己者亦當如之，於其前往邯鄲之時，當即有進讒者矣。檢《戰國策‧魏策二》云：「王曰：『寡人自爲知。』於是辭行，而讒言先

至。後太子罷質，果不得見。」又《冊府元龜》二五三云：「於是辭行，而讒言先至。恭果不見魏君矣。」《戰國策‧魏策二》及《冊府元龜》二五三並以龐恭辭行後，讒言即至，是也。

其外家韓也，數攻韓。（卷第二〈雜事〉「甘茂」章）

茂仁案：上文云「樗里子及公孫子，皆秦諸公子也，其外家韓也」，韓爲其外家（說又見《史記‧樗里子傳》，另〈甘茂傳〉云「公孫奭黨於韓」，蓋亦以其外家韓之故也），其母既爲韓女，何「數攻」之之理，且下文云「樗里子、公孫子二人，挾韓而議」、「五月而宜陽未拔，樗里子、公孫子果爭之」、「樗里子、公孫子讒之」等語。宜陽，爲韓之北三大郡之一（說見〈甘茂傳〉張守節〈正義〉），今甘茂將而攻韓之宜陽，身爲其母系爲韓出之樗里子與公孫子，必維護之，是以有「挾韓而議」之舉，及宜陽未拔而爭之之語，並拔之之後之讒言，故「數攻韓」，與本文實情未符。《史記‧秦本紀》云：「（秦武王）二年，初置丞相，樗里疾、甘茂爲左、右丞相。張儀死於魏。三年，與韓襄王會臨晉外。樗里疾相韓，武王謂甘茂曰：『寡人欲容車通三川，窺周室，死不恨矣！』」《史記》此文所載，與本文合，唯樗里疾爲秦左丞相，亦有「相韓」之事。職上所引，疑「數攻韓」爲「數政韓」，而疑「攻」爲「政」之形訛。

於是不出十月，王果亡巫山、江、漢、鄢、郢之地。（卷第二〈雜事〉「莊辛諫楚襄王曰」章）

武井驥曰：「〈楚策〉作『留五月，秦果舉鄢郢、巫、上蔡、陳之地。』」鮑彪曰：『此二十一年，白起拔郢，置南郡。』」

梁容茂曰：「《御》四五七引：疊『十月』二字。又四五七兩引：亡下俱有『失』字，無『巫山』二字。」

茂仁案：「於是不出十月」，審下文楚之亡「巫山、江、漢、鄢、郢之地」，非十月內所發生。《戰國策‧楚策四》云：「秦果舉鄢、郢、巫、上蔡、陳之地。」《史記‧楚世家》云：「（頃襄王）十九年，秦伐楚。楚軍敗，割上庸、漢北地予秦。二十年，秦將白起拔我西陵。二十一年，秦將白起遂拔我郢，燒先王墓夷陵。楚襄王兵散，遂不復戰，東北保於陳城。二十二年，秦復拔我巫、黔、中郡。二十三年，襄王乃收東地兵，得十餘萬，復西取秦所拔我江旁十五邑以爲郡，距秦。」職此，於頃襄王十九年至二十二年之間，楚亡上庸、漢北、西陵、郢、巫、黔、中郡。故本文言「不出十月」，顯誤記。《戰國策‧楚策四》「不出十月」作「留五月」。審「五」，古

文作「乂」，與「十」易混，說見本卷「扁鵲見齊桓侯」章，「居十日」條校記。今知楚亡失地，自頃襄王十九年至二十二年，首尾四年。而莊辛去楚之趙以觀楚政，必在秦伐楚（頃襄王十九年）之前，職此，疑「十」爲「五」古文之形訛，「月」爲「年」之連類而致誤，「不出十月」當據改作「不出五年」。

痛己之不嘗藥，未逾年而死，故《春秋》義之。（卷第七〈節士〉「許悼公疾瘧」章）

蔡信發曰：「《春秋》昭公十九年《經》：『許世子止弒其君買。』《穀梁傳》：『許世子不知嘗藥，累及許君也。』案：悼公之過，情有可憫，然經傳未嘗義之，仍稱其弒，並責其過。」

茂仁案：俞樾《茶香室經說》一三〈公羊傳·許世子止弒君〉云：「『昭公十九年，夏五月戊辰，許世子止弒其君買，曰弒，正卒也。正卒，則止不弒也，不弒而曰弒，責止也。』〈集解〉曰：『責止不嘗藥。』愚按：以許止爲不嘗藥，宋歐陽氏辨之詳矣，其言曰：『止實不嘗藥，則孔子決不書曰弒君。孔子書爲弒君，則止決非不嘗藥。然余考《公羊》、《左氏傳》皆無責許止不嘗藥之說。《左傳》曰：『許悼公瘧，五月戊辰，飲太子止之藥卒，太子奔晉。』書曰弒其君。君子曰：『盡心力以事君，舍藥物可也。』杜〈注〉曰：『藥物有毒，當由醫，非凡人所知，譏止不舍藥物，所以加弒君之名，是杜意謂世子誤進醫者所爲之藥，致其父服之而死也。』孔氏〈正義〉曰：『責止不舍其藥物，言藥當信醫，不須己自爲也。』〈釋例〉曰：『醫非三世，不服其藥。』古之慎戒也，人子之孝當盡心嘗禱而已，藥物之劑，非所習也，許止身爲國嗣，國非無醫，而輕果進藥，故罪同於弒，是杜氏〈釋例〉之說，與〈注〉又微異，謂許止自以所爲之劑進父，父服之而死也。二者未知孰是？然《傳》責其不舍藥物，則非責其不嘗藥物矣。是《左氏》無不嘗藥之說也。《公羊傳》：『冬葬許悼公，賊未討，何以書葬？不成于弒也。曷爲不成于弒？止進藥而藥殺也。止進藥而藥殺，則曷爲加弒焉爾，譏子道之不盡也。其譏子道之不盡奈何？曰："樂正子春之視疾也，復加一飯則脫然愈，復損一飯則脫然愈；復加一衣則脫然愈，復損一衣則脫然愈。"味其語意，是亦《左氏》盡心力以事君，舍藥物可也之意。是《公羊》無不嘗藥之說也，至《穀梁》乃有許世子不知嘗藥之說，歐陽之論以駁《穀梁》則可，以駁《公羊》、《左傳》則不可。《公羊》、《左傳》所載，自是當時實事，止不弒君而書弒君，非《春秋》之苛論，理固宜然也。今律凡人子殺死其父者，雖過誤，亦凌遲處死，此正《春秋》書許世子弒君之例矣。』」是。據是，《春秋經·昭公十九年》曰「弒」，責之也，今本文云「故《春秋》義之」，《春秋別典》九引同，並非是。義，疑爲「責」字之形誤也。

憶自丙子之歲，負笈中正大學，仰從　劉先生文起游，深造於中文研究所博士班，先生善誘，啓迪良多，循其不倦，鯢鰍終漸知江海鴻鵠之爲物，漸亦敢試論而語其大，今撰作斯文，或有未備，苟見一二可采，先生之著功也，疏漏詿誤，乃鯢鰍注力未之逮，尚祈　諸賢有以教之，幸哉！

中華民國 89 年 5 月　　諸羅　陳茂仁謹識於國立中正大學中國文學研究所

凡　例

一、本書據北京圖書館館藏宋刻本（始刻於北宋，成刻於南宋）《新序》爲底本。

　　下列各本爲對校本：

　　　　明刊黑口十一行本（元刊本配補明刊本），簡稱元刊本

　　　　明嘉靖十四年楚府崇本書院本，簡稱楚府本。

　　　　明嘉靖二十六年何良俊刊《新序說苑》合刻本，簡稱何良俊本。

　　　　明嘉靖三十八年楊美益刊本，簡稱楊美益本。

　　　　明刊白口十行本（天一閣叢書本），簡稱白口十行本。

　　　　明萬曆新安程榮校刊《漢魏叢書》本，簡稱程榮本。

　　　　明竟陵鍾惺輯評金閶擁萬堂刊《祕書九種》本，簡稱祕書本。

　　　　明陳用光校本，簡稱陳用光本。

　　　　摛藻堂四庫全書薈要本，簡稱四庫本（四庫本已出版者有二：一爲四庫全書薈
　　　　要本；一爲欽定四庫全書本。文中之四庫本爲指四庫全書薈要本而言，唯於二
　　　　本文字出入且須列出其差異時，則分別以全名書之。）

　　　　藝文館百部叢書集成景清蔣鳳藻鐵華館審定本，簡稱鐵華館本。

　　　　廣文書局景清光緒紀年夏月湖北崇文書局刊《百子全書》本，簡稱百子本。

　　　　藝文館百部叢書集成景民初鄭龍勳龍溪精舍校刊本，簡稱龍溪本。

　　下列各本爲參校本：

　　　　明沈津選輯《百家類纂・新序》隆慶元年含山縣儒學刻本，簡稱沈津本。

　　　　明萬曆何允中重編《漢魏叢書四百四十八卷》本，簡稱何允中本。

　　　　明萬曆四十六年張邦翼編選《漢魏叢書選》本，簡稱張邦翼本。

　　　　清同光間不著撰者《新序旁證》手稿本，簡稱清手稿本。

二、本書收輯清儒至近人校讎，有：

　　　　盧文弨《群書拾補・新序》，抱經堂本。

黃丕烈、陳鱣手校本，爲陳乃乾過錄於陳用光本。

王太岳《四庫全書考證·新序》，商務印書館景四庫全書考證本。

凌揚藻《蠹勺編·新序》，世界書局排印本。

孫詒讓《札迻·新序》，世界書局景光緒二十年刊本。

俞樾《諸子平議補錄·新序》，世界書局排印本。

汪之昌《清學齋集·新序雜證》，中國書店景光緒辛未夏新陽汪氏青學齋刊本。

金巨山《諸子管見·新序》，世界書局排印本。

朱駿聲《說苑新序校評》，藝文館排印本。

石光瑛《新序校釋》（存卷一），《語言文學專刊》第一卷第三、四期。

施珂先生《新序校證》，臺灣大學中文研究所碩士論文。

蒙傳銘先生《新序校記》，新亞書院學術年刊第十二期。

梁容茂先生《新序校補》，水牛出版社排印本。

蔡信發先生《新序疏證》，臺灣師範大學國文研究所博士論文。

趙善詒《新序疏證》，華東師範大學出版社排印本。

日本武井驥《劉向新序纂注》，廣文書局景文政五年東京嵩山房刊本。

日本岡本保孝《新序考》，日本鈔本。

三、稱引上述諸家之說，一律稱某某曰，如盧文弨曰、武井驥曰，低二格書於原文後。引述二家以上，則以時代先後爲序。設有拙見愚說，則以「茂仁案」附於驥尾。

四、稱引近代學者，如施珂先生，於引文逕稱施珂曰云云，爲求體例一致及易於辨識之故，非有不敬意也。餘引蒙傳銘先生、梁容茂先生、蔡信發先生之文同。於筆者案語，則逕稱施先生、蒙先生、梁先生、蔡先生。

五、諸先生所過錄各該底本原文，設若與原刻本出入，則筆者加書原過錄底本之文於各該先生曰：「（ ）」之（ ）中，另書原刻本原文於筆者案語，以資比勘。

六、底本有失，不改原文，逕書校證於筆者案語中。

七、底本殘泐不可識之字，以□表之，缺幾字則用幾□。

八、底本之注，以【 】表之。

九、文中上古音爲採王力《漢語史稿》之聲韻系統，分上古聲母爲六類三十二母，分上古韻爲十一類二十九部。另爲便瞭解多、侵分部之情況，特將侵部合口標作多部，并爲三十部。

十、爲便檢閱，於各卷各章前，筆者取各該章第一句爲該章題目，其上並標（一）、（二）……等，以明其序次。各卷之序次自爲起訖，不相連屬。

《新序》卷第一

陽朔元年二月癸卯護左都水使者光祿大夫臣劉向上

盧文弨曰：「宋本作一行寫，後每卷皆如此，似次卷已下皆可省。」

　　雜　　事

盧文弨曰：「宋本，此行上低三格，無第一第二字，下倣此。」

茂仁案：檢宋本此行上低四格，盧文弨云「上低三格」，失檢。

（一）昔者舜自耕稼陶漁而躬孝友

昔者舜自耕稼陶漁而躬孝友，父瞽瞍頑，母嚚及弟象傲，皆下愚不移。

茂仁案：「父瞽瞍頑」，《尚書・大禹謨篇》、《論衡・吉驗篇》、《孔子家語・六本篇》、《金樓子・興王篇》、《帝王世紀》、《學林》三並與本文同作「瞽瞍」，《太平御覽》八一引、《群書集事淵海》一引、《冊府元龜》二七〈注〉引、《初學記》九、《通志》二及各本並同；《大戴禮記・帝繫篇》、《古列女傳》一、《後漢書・寇榮傳》、《博物志》二則並作「瞽叟」，《群書治要》一一引《史記》、《札迻・說苑》八並同。瞍、叟古並為心母、幽部，音同可通。

舜盡孝道以供養瞽瞍，瞽瞍與象為浚井塗廩之謀，欲以殺舜，舜孝益篤。

梁容茂曰：「《孟子・萬章上》：『父母使舜完廩，捐階，瞽瞍焚廩；使浚井，從而揜之。』」

茂仁案：「瞽瞍與象為浚井塗廩之謀，欲以殺舜」，《冊府元龜》二七〈注〉引無「瞽瞍」、「以」三字，各本並有之，此有「瞽瞍」二字，於義較明。梁先生引《孟子・萬章上》之文，較此為明。「舜孝益篤」，元刊本「篤」作「萬」，他本並作「篤」，

－1－

《冊府元龜》二七〈注〉引、《群書集事淵海》一引並同。考古文字从艸从竹往往不分，如「狼籍」又作「狼藉」，《史記·蒙恬傳》〈索隱〉云：「言其惡聲狼籍，布於諸國。」《史記·淳于髡傳》云：「男女同席，履舄交錯，杯盤狼藉，堂上燭滅。」又如「簿書」之「簿」，古文皆从艸不从竹，說詳《十駕齋養新錄·簿》三。

出田則號泣，年五十猶嬰兒慕，可謂至孝矣。故耕於歷山，歷山之耕者讓畔；陶於河濱，河濱之陶者器不苦窳。

茂仁案：「陶於河濱」，《太平御覽》八一引《淮南子》（今佚）、《三餘札記》一〈淮南子校補〉，又卷二引《淮南子佚文》「陶」並作「釣」，考此句與下文「漁於雷澤，雷澤之漁者分均」並列為言，「釣」與「漁」義近，不類，今各本並作「陶」，是，又《韓非子·難一篇》云：「東夷之陶者器苦窳，舜往陶焉，朞年，而器牢。」《太平御覽》八一引《朝子》略同，所載並與此異。「河濱之陶者器不苦窳」，《冊府元龜》二七〈注〉引「河濱之」作「而」，審此與上文「耕於歷山，歷山之耕者讓畔」、下文「漁於雷澤，雷澤之漁者分均」為並列句，「歷山」、「雷澤」並重，此「河濱」不當例外，故本文所作，於文例較長。

漁於雷澤，雷澤之漁者分均。

武井驥曰：「《路史》作濩澤。」

蒙傳銘曰：「雷澤，見《尚書·禹貢》：『雷夏既澤』。《漢書·地理志》云：『雷澤在濟陰成陽縣西北。』《史記·五帝本紀》「舜漁雷澤」下，張守節正義引《括地志》云：『雷夏澤在濮州雷澤縣郭外西北。』胡渭《禹貢錐指》云：『渭按：今山東兗州府曹州東北六十里，有成陽故城，北與東昌府濮州接界，雷夏在曹之東北，濮之東南。《史記》云『堯作游成陽，舜漁雷澤。』即此。』是知雷夏因在雷澤縣，故又稱雷澤也。〈禹貢〉又有「導荷澤」之文，蔣廷錫《尚書地理今釋》云：『菏澤，古濟水所匯，當在今山東兗州府曹州東南及定陶縣界。』蓋二澤密邇，初則誤為菏澤，菏、濩音近，《路史》又誤作濩澤也。」

茂仁案：「雷澤」，《路史·後紀》十一、《天中記》十「濩澤」引《墨子》、《太平御覽》一六三引《墨子》並作「濩澤」，蒙先生雷澤之說可從。《太平御覽》一六三引《十道志》曰：「澤州以濩澤為名。」又同卷引《元和郡縣志》曰：「澤州高平郡，禹貢冀州之域。」澤州既以濩澤為名，而澤州又屬冀州之域，是濩澤即在冀州。《尚書·禹貢篇》之行文，如孔穎達〈疏〉引〈正義〉所云：「九州之次，以治為先，後以水性下流當從下而泄，故治水皆從下為始。」今〈禹貢〉所載，冀州下言兗州，

而雷澤屬此。實雷澤（屬兗州）與濩澤（屬冀州）二者相距不遠，舜既漁於澤，諸本皆以爲雷澤，獨《墨子》以爲濩澤，蓋以其地近且舜事難考耳。王念孫《讀書雜志》七之一《墨子・尚賢》「漁雷澤」云：「（《墨子・尚賢》）『雷澤』本作『濩澤』，此後人習聞舜漁雷澤之事，而以其所知改其所不知也。（中略）《太平御覽・州郡部九》、《路史・疏仡紀》引《墨子》並作『濩澤』，是《墨子》自作『濩澤』，與他書作『雷澤』者不同。」職此，以雷澤、濩澤二者，地相鄰近而事遠難考，二說當并存之。「漁於雷澤」，《呂氏春秋・愼人篇》、《太平御覽》八三三引《呂氏春秋》「漁」並作「釣」。漁、釣義近，考下文「雷澤之漁者分均」爲承此而言，故作「漁」，是。「雷澤之漁者分均」，《冊府元龜》二七〈注〉引「分均」乙作「均分」，《韓非子・難一篇》云：「河濱之漁者爭坻，舜往漁焉，朞年，而讓長。」《太平御覽》八一引《朝子》略同，又同卷引《淮南子》（今佚）云：「釣於河濱，朞年，而漁者爭處湍瀨，以曲隈深澗相與也。」所載並與此異。

及立爲天子，天下化之，蠻夷率服。

　　茂仁案：「天下化之」，《冊府元龜》二七〈注〉引無「天下之」三字，奪耳。

北發渠搜，南撫交趾。莫不慕義，麟鳳在郊。

　　茂仁案：「北發渠搜」，《文選》三五漢武帝〈賢良詔〉李善〈注〉引晉灼曰：「北發，似國名。」又引《大戴禮》鄭玄詩〈箋〉作國名，此說可商，考此句與下文「南撫交趾」對言，「北發」當指方位爲言。《路史・後紀》十一云：「北發肅愼，南撫交趾，東長歊夷，西渠賜支。」《墨子・節用篇》云：「堯治天下，南撫交趾，北降幽都，東西至日所出入。」《荀子・王霸篇》〈注〉引《尸子》云：「堯南撫交趾，北懷幽都，東西至日月之所出入。」《韓非子・十過篇》引由余云：「臣聞昔者堯有天下，飯於土簋，飲於土鉶，其地南至交趾，北至幽都，東西至日月之所出入者，莫不賓服。堯禪天下，虞舜受之。」《淮南子・脩務篇》云：「堯北撫幽都，南通交趾。」又〈主術篇〉云：「南至交趾，北至幽都，東至暘谷，西至三危。」諸書所述俱以方位對舉，此並爲其證。「南撫交趾」，各本「趾」並作「阯」，《冊府元龜》二七〈注〉引同本文。交趾，《禮記・王制篇》云：「南方曰蠻，雕題交趾，有不火食者矣。」鄭氏〈注〉云：「交趾，足相鄉。」（又見《楚辭・大招》〈補注〉），《博物志》八云：「交趾，足交，在穿胸東。」《輿地志》云：『其夷，足大指開，析兩足並立，指則相交。』」《資治通鑑》二〇〈注〉云：「杜佑曰：『南方夷人，其足大指開廣，若並足而立，其指交，故名交趾。』劉欣期《交州記》曰：『交趾之人，出南定縣，足骨

無節，身有毛，臥者更扶，乃得起。』《山海經》：『交脛國，爲人交脛。』郭璞曰：『腳脛曲戾相交，所謂雕題交趾也。』」職此，以作从足之「趾」爲是，趾、阯古並爲章母、之部，音同可通，趾、阯，正、假字也。

故孔子曰：「孝弟之至，通於神明，光于四海。」舜之謂也。

武井驥曰：「《孝經‧感應章》文。」

茂仁案：《冊府元龜》二七〈注〉引「弟」作「悌」、「通」上有「道」字、「於」作「于」，審孔子此文，見諸《孝經‧感應章》，「通」上無「道」字，考此並爲四字句式，《冊府元龜》二七〈注〉引「通」上之「道」字，顯爲衍文，非是；弟、悌，古、今字；于、於，古、今字，說見《說文》四篇上烏部「於」字段〈注〉。

孔子在州里，篤行孝道，居於闕黨，闕黨之子弟畋漁，分有親者得多，孝以化之也。

盧文弨曰：「後卷五『孝』下有『弟』字，《荀子‧儒效篇》亦同。」

茂仁案：此事亦見本書卷五「秦昭王問孫卿曰」章，該章作「孝悌以化之也」，弟、悌，古、今字。又此文「居」字，當改作「凥」，《說文》八篇上尸部云：「居，蹲也。」段〈注〉云：「足部曰：『蹲，居也。』二字爲轉注，今足部改居爲踞，又妄添踞篆，訓云：『蹲也。』總由不究許書條理，罔知古形古義耳。（中略）《說文》有凥、有居，『凥，處也。从尸得几而止。』凡今人居處字，古祇作凥處。『居，蹲也。』凡今人蹲踞字，古祇作居。《廣雅‧釋詁二》『凥也』一條，〈釋詁三〉『踞也』一條，畫然分別，曹憲曰：『按《說文》，今居字乃箕居字。』近之矣，但古人有坐、有跪、有蹲、有箕踞。跪與坐，皆厀著於席，而跪聳其體，坐下其脾，《詩》所謂『啓處四牡。』〈傳〉曰：『啓，跪也；處，居也。』〈四牡〉：『不遑啓處，采薇出車。』作『不遑啓居』，居皆當作凥，許凥下云：『處也。』正本毛〈傳〉引申之爲『凡凥處字也。』若蹲，則足底著地，而下其脾，從其厀，曰蹲（中略）；若箕踞，則脾著席，而伸其腳於前，是曰箕踞（中略）。居篆正謂蹲也，今字用蹲居字爲凥處字，而凥字廢矣。又別製踞字爲蹲居字，而居之本義廢矣。」段玉裁之說甚旳。

是以七十二子自遠方至，服從其德。

武井驥曰：「《孟子曰：『如七十子之服，孔子也。』《孔子家語‧七十二弟子解》所載七十六人，《史‧仲尼弟子列傳》所載七十七人，太宰純曰：『孔安國〈孝經序〉云：「門徒三千，而達者七十有二人也。」』《史記‧孔子世家》云：『弟子蓋三千焉，身通六藝者七十二人。』然則言七十二弟子者，當世所稱也。」

梁容茂曰：「《孟子·公孫丑下》、《史記·十二諸侯年表》、〈儒林傳〉、〈伯夷傳〉、《漢書·藝文志》、〈劉歆傳〉、〈儒林傳〉、《呂覽·遇合篇》、《淮南子·泰族訓》、〈要略〉、趙岐〈孟子題辭〉、並言『七十』。《史記·孔子世家》、《後漢書·蔡邕傳》、《禮記·檀弓上》鄭〈注〉、劉向《列仙傳》（見《博物志》七）、皇甫謐《高士傳》、陳長文《耆舊傳》、並言『七十二』。《史記·弟子傳》、《漢書·地理志》、《孔子家語·弟子解》，並言『七十七』。蓋都以成數舉弟子中達者。（見黃暉《論衡校釋卷二、頁35）。」

蔡信發曰：《論衡·幸偶》「孔子門徒七十有餘」〈校釋〉：「《孟子·公孫丑下》、《史記·十二諸侯年表》、〈儒林傳〉、〈伯夷傳〉、《漢書·藝文志》、〈劉歆傳〉、〈儒林傳〉、《呂氏春秋·遇合篇》、《淮南子·泰族訓》、〈要略〉、趙岐〈孟子題辭〉、並言『七十』。《史記·孔子世家》、《後漢書·蔡邕傳》、《新序·雜事》一、《禮記·檀弓上》鄭〈注〉、劉向《列仙傳》（見《博物志》七，下同）、皇甫謐《高士傳》、陳長文《耆舊傳》、並言『七十二』。《史記·弟子傳》、《漢書·地理志》、《孔子家語·弟子解》，並言『七十七』。蓋都以成數舉弟子中達者。」

茂仁案：梁玉繩《史記志疑》二八〈仲尼弟子列傳〉云：「弟子之數，有作七十人者，《孟子》云七十子，《呂氏春秋·遇合篇》達徒七十人，《淮南子·泰族》及〈要略訓〉俱言七十，《漢書·藝文志》序楚元王傳所稱七十子喪而大義乖。是已有作七十二人者，〈孔子世家〉、〈文翁禮殿圖〉後書、〈蔡邕傳〉、鴻都畫像、《水經注》八、漢魯峻家壁象、《魏書·李平傳》學堂圖皆七十二人。《顏氏家訓·誡兵篇》所稱仲尼門徒升堂者七十二。是已有作七十七人者，此傳及《漢·地理志》，是已《孔子家語·七十二弟子解》，實七十七人，今本脫顏何止七十六，其數無定，難以臆斷。（中略）雖然，弟子之數豈七十七人而已哉！」

魯有沈猶氏者，旦飲羊飽之，以欺市人；公慎氏有妻而淫；慎潰氏奢侈驕佚。

茂仁案：「慎潰氏奢侈驕佚」，《春秋別典》十一引「佚」作「逸」，佚、逸古並為余母、質部，音同可通。

魯市之鬻牛馬者善豫賈。

蒙傳銘曰：「百子全書本『市』字作『氏』，盧文弨《群書拾補》所據本亦作『氏』，蓋並蒙上下文諸『氏』字致誤。宋本正作『市』字，不誤。」

梁容茂曰：「何鏜《漢魏叢書》（以下簡稱何本）、百子本：市俱作『氏』，非是。」

茂仁案：祕書本、陳用光本「市」亦並作「氏」，非是，蓋涉上、下文「公慎氏」、

「慎潰氏」而誤也，元刊本、楚府本、何良俊本、楊美益本、白口十行本、程榮本、四庫本、鐵華館本、龍溪本並作「市」與本文同，並不誤也。梁先生所引何鐙，蓋即何允中也。

孔子將為魯司寇，

蔡信發曰：「本書〈雜事五〉章九無『將』，《荀子》『布』作『蚤』。案：將字之有無，義去甚遠，既該事據《荀子》，而《荀子》與此有將字，則〈雜事五〉脫將字，自無疑矣。」

茂仁案：卷五「秦昭王問孫卿曰」章，述此事無「將」字，各本並同，《荀子・儒效篇》、《春秋繁露・五行相生篇》〈注〉引《荀子》則並有「將」字，《群書集事淵海》二八引、《春秋別典》十一引並同，下文云「既為司寇，季孟墮郈費之城，齊人歸所侵魯之地」，知此文當有「將」字為是。《禮記・禮運篇》「昔者仲尼與於蜡賓。」鄭〈注〉云：「時孔子仕魯，在助祭之中。」孔子將為魯司寇事，或即記其為助祭期間之事。蔡先生以此文據《荀子》而來，而《荀子》有「將」字，言「〈雜事五〉脫『將』字，自無可疑」，愚以為孔子未為司寇，即「沈猶氏不敢朝飲其羊，公慎氏出其妻，慎潰氏踰境而徙，魯之鬻馬牛不豫賈」，況其已為司寇，作姦犯科之事，必益杜絕，故卷五無「將」字，於義亦可，非必奪「將」字，《孔子家語・相魯篇》作「及孔子之為政也」，《北堂書鈔》三六引《孔子家語》作「仲尼為大司寇」，《淮南子・秦族篇》、《太平御覽》九〇二及《事類賦》二二並引《孫卿子》、崔述《考信錄》二〈注〉引並無「將」字，是其證也。

沈猶氏不敢朝飲其羊，公慎氏出其妻，慎潰氏踰境而徙，魯之鬻馬牛不豫賈。

梁容茂曰：「《家語・相魯篇》：豫賈，作『儲價』。何本：豫，作『遇』。案：賈、價，古通。」

茂仁案：「魯之鬻馬牛不豫賈」，陳用光本「豫」亦作「遇」。《荀子・儒效篇》「鬻馬牛」作「鬻牛馬者」，《孔子家語・相魯篇》同，且「豫賈」作「儲價」，審此為承上文「魯之鬻牛馬者善豫賈」而言，故「牛」下有「者」字為是，《群書集事淵海》二八引「馬」下空一格，再下作「者」，是其證也，考本文及卷五「秦昭王問於孫卿曰」章述孔子事，並「牛馬」（或馬牛）連言，《群書集事淵海》二八引「馬」下之空格，蓋「牛」字闕壞所致。又本文之「不豫賈」，其「豫」非習知之預先之意，實作「誑」解，當如《周禮・地官・司市》鄭〈注〉所云「防誑豫」之意，亦即市之鬻物者，不高其價以相誑豫也，「儲價」，儲有堆疊義，「儲價」與「豫賈」義同，賈、價，

並爲見母、魚部，音同可通，祕書本「賈」作「買」，非是，蓋以形近致訛耳。

布正以待之也。

蔡信發曰：「《荀子集解》：『俞樾曰：‘蚤字無義，疑脩字之誤。脩字闕壞，止存右旁之脣，故誤爲蚤耳。〈榮辱篇〉曰：“脩正治辨矣。”〈非十二子篇〉曰：“脩正者也。”〈富國篇〉曰：“必先脩正其在我者。”〈王霸篇〉曰：“內不脩正其所以有。”皆以脩正二字連文，可以爲證。《新序》引此作布正。布，隸書或作帗，亦與脩字右旁相似。’先謙案：俞說是。』案：此乃涉脩字之闕壞，而誤作布字，至爲明矣。俞說見《諸子平議》十二。」

茂仁案：本書卷五「秦昭王問孫卿曰」章，亦述此事，字亦正作「布」，作「布」，於義亦通，《全三代文》、《古文苑》並載不著撰人〈楚相孫叔敖碑〉云：「布政以道。」即其比，《論語・子路篇》有衛君等待孔子輔佐一事，其云：「（子路曰）衛君待子而爲政，子將奚先？子曰：『必也正名乎！』子路曰：『有是哉？子之迂也。奚其正？』子曰：『野哉，由也！君子於其所不知，蓋闕如也。名不正，則言不順；言不順，則事不成；事不成，則禮樂不興；禮樂不興，則刑罰不中；刑罰不中，則民無所措手足。故君子名之必可言也，言之必可行也。君子於其言，無所苟而已矣！』」考《論語》此文，適可爲本文「布正」之解矣。《春秋別典》一一引「布」作「市」，非是，形近而訛也。

既為司寇，季孟墮郈費之城，齊人歸所侵魯之地，由積正之所致也。故曰：「其身正不令而行」。

梁容茂曰：「（季孟墮郡費之城）程榮《漢魏叢書本》（以下簡稱程本）、百子本：郡，俱作『郈』。案：定公十二年《春秋經》：『叔孫州仇帥師墮郈……季孫斯仲孫何忌帥師墮費。』定公十二年《左傳》：『於是叔孫氏墮郈，季氏將墮費。』郡，當作郈。」

茂仁案：「季孟墮郈費之城」，四庫《新序》版本已出版者有二，一爲乾隆四十一年四月校上之《四庫全書薈要本》，一爲乾隆四十六年九月校上之《四庫全書本》（以下簡稱四庫《新序》版本有二），二本並作「郈」，不作「郡」，梁先生以四庫本爲底本，失檢，各本亦並作「郈」。《春秋別典》一一引「墮」作「隳」。隳，爲「嫷」之俗字；墮，則爲「嫷」之隸變，說並見《說文》十四篇下𨸏部「隓」字段〈注〉。

（二）孫叔敖爲嬰兒之時

孫叔敖為嬰兒之時，出遊。

茂仁案：「孫叔敖爲嬰兒之時」，《太平御覽》九三三引《賈誼書》（〈注〉云「新序同」）、《類說》三〇引並無「嬰」字，《論衡·福虛》、《太平御覽》四〇三及《事類賦》二八〈注〉並引《賈誼書》、《太平廣記》一一七引《賈子》、《古今合璧事類備要·別集》八九、《類林雜說·感應第四一》、又〈祥瑞六一〉、《冊府元龜》八一五引此事，亦並無「嬰」字，《錦繡萬花谷·後集》十五引「嬰兒」作「小兒」，〈全後漢文〉、《古文苑》並錄不著撰人〈楚相孫叔敖碑〉，以其見雙頭蛇爲「少」時。「嬰」，疑涉聯想而誤衍，《釋名·釋長幼篇》云：「人始生曰嬰兒。」又下文云「見兩頭蛇，殺而埋之，歸而泣」、「叔敖對曰：『聞見兩頭之蛇者死，嚮者吾見之，恐去母而死也。』」「曰：『恐他人又見，殺而埋之矣。』」據此，嬰兒既爲人之始生，豈得獨自出遊並殺蛇乎？又嬰兒既爲始生，豈即能言語並答問乎？必不然矣！「嬰」字顯係誤衍，當刪。《春秋別典》五引無「之時」二字，各本並有之。

見兩頭蛇，殺而埋之，歸而泣。

武井驥曰：「《列女傳》『歸』下有『見其母』三字。」

蒙傳銘曰：「《資治通鑑》卷二一一胡三省〈註〉引《說苑》，作『還家而哭。』」（今本《說苑》無。）」

茂仁案：「殺而埋之」，龍溪本「埋」作「理」，作「理」亦可通，唯考下文云「殺而埋之矣」爲承此而言，故作「埋」，於義爲長。「歸而泣」，《論衡·福虛篇》作「歸對其母泣」，《太平御覽》九三三引、《冊府元龜》八一五作「遂憂而不食」，《太平廣記》一一七及《事類賦》二八並引《賈子》作「還憂（而）不食」，《類林雜說·祥瑞》作「歸以告」，所載並與此異。

其母問其故，叔敖對曰：「聞見兩頭之蛇者死，嚮者吾見之，恐去母而死也。」

梁容茂曰：「賈誼《新書·春秋篇》、《列女傳》三：聞上俱有『吾』字。《論衡·福虛篇》：聞上有『我』字。當據補『吾』或『我』，文義方足。」

茂仁案：「聞見兩頭之蛇者死」，《冊府元龜》八一五「聞」上有「吾」字，《太平御覽》四〇三引《賈誼》有「敖」字，《錦繡萬花谷·後集》一五引、《古今合璧事類備要·別集》八九〈注〉並有「兒」字，《事類賦》二八〈注〉引《賈誼書》「聞」作「今旦」，《新書·春秋篇》「聞」作「今日」，《古今合璧事類備要·續集》五六、《天中記》五六並同，《類說》三〇引則無「聞」字。「聞」上益「吾」、「我」、「敖」、

「兒」，義並通，考本文吾、我並稱，「聞」上當如梁先生云補「吾」或「我」，於義方足，下文「吾聞有陰德者」，「聞」上有「吾」字，是其比也。《類說》三○引、《錦繡萬花谷・後集》一五引「死」並作「必死」。

其母曰：「蛇今安在？」曰：「恐他人又見，殺而埋之矣。」其母曰：「吾聞有陰德者，天報以福，汝不死也。」

　　梁容茂曰：「（恐他人又見之）《列女傳》三：又，作『復』。又、復，義同。」

　　茂仁案：四庫《新序》版本有二，二本並作「恐他人又見」，「見」下無「之」字，梁先生以四庫本爲底本，失檢。「吾聞……汝不死也」，《古列女傳》三作「汝不死矣，夫有陰德者陽報之，德勝不祥，仁除百禍，天之處高而聽卑，《書》不云乎『皇天無親，惟德是輔。』爾嘿矣，必興於楚」，《新書・春秋篇》作「吾聞之，有陰德者，天必報之以福」，《論衡・福虛篇》作「吾聞有陰德者，天必報之，汝必不死，天必報汝」，《白氏六帖》八「叔敖斬蛇」〈注〉作「夫有陰德，必有陽報，汝必當貴」，《太平御覽》九三三引《賈誼書》（〈注〉云「新序同」）作「無憂，汝不死矣，吾聞之，有陰德者，天報以福」，《類說》三○引作「有陰德者，必有陽報，汝今不死也」，《錦繡萬花谷・後集》一五引、《古今合璧事類備要・別集》八九〈注〉並作「爾行陰德，必有陽報，德勝不祥，又除百禍，汝無憂矣」，《春秋別典》五引作「吾聞有陰德者，天報之福，汝則不死也」，所載並與此略異，而諸書所載，以《古列女傳》三最詳。「天報以福」，楚府本「報」下有「之」字，他本並無。

及長，爲楚令尹，未治而國人信其仁也。

　　茂仁案：《新書・春秋篇》作「果不死，人聞之，皆論其能仁也。及爲令尹，未治而國人信之。」《白氏六帖》八「叔敖斬蛇」〈注〉作「後爲楚令尹」，《類林雜說・感應四一》作「後爲楚相國」、又〈祥瑞六一〉作「後爲楚相」，《錦繡萬花谷・後集》一五作「叔敖後爲楚相」，所載互有詳略，而《新書・春秋篇》所載爲詳。

（三）禹之興也以塗山

禹之興也以塗山，桀之亡也以末喜。

　　梁容茂曰：「《國語・晉語七》：作妹喜。《列女傳》七：『末喜者，夏桀之妃也。』《呂氏春秋》以下簡稱《呂氏》或《呂覽》・愼大篇：作末嬉。末喜、妹喜、或末嬉，皆音同而字異，皆指同一人也。」

蔡信發曰：「『末喜』，別見《荀子‧解蔽》、《史記‧外戚世家》、《列女傳‧孽嬖傳‧夏桀末喜》、《漢書‧外戚傳》、《帝王世紀》、古樂府〈折楊柳曲〉；一作『妹喜』，《國語‧晉語一》、《三國志‧魏志‧文德郭皇后傳》、《竹書紀年》；一作『末嬉』，見《呂覽‧慎大》、《漢書‧古今人表》、《後漢書‧文苑崔琦傳》；一作『妹嬉』，見《楚辭‧天問》、《晉書‧五行志》。案：妹，從末得聲；嬉，從喜得聲，可相通用。是以諸書所作雖異，實即一人耳。」

茂仁案：《漢書古今人表疏證》引梁玉繩曰：「末嬉始見《呂覽‧慎大》。本作『妹喜』，（〈晉語〉一），又作『末喜』，（《荀子‧解蔽》、《史‧外戚世家》），又作『妹嬉』，（《楚辭‧天問》。未爲妹之省，似宜從未，諸書作末，恐非。）亦曰『妖喜』。（《路史‧後紀》十四）。桀伐有施，有施人女焉，（晉語）。有施、喜姓之國，（韋〈注〉）。」考「末喜」，別見《金樓子‧箴戒篇》、《古文苑》楊雄〈少府箴〉〈注〉、《白氏六帖》十一、《白孔六帖》三七、《通志》一九、《類林雜說‧美婦人五三》、《群書集事淵海》八引《韓詩外傳》；「妹喜」，別見《全三國文》二九裴潛〈諫立郭皇后疏〉、《吳越春秋‧勾踐陰謀外傳》九並〈注〉、《六臣註文選》王文考〈魯靈光殿賦〉李善〈注〉引《國語》、《路史‧後紀》十三下、《太平御覽》八二引《帝王世紀》、又引《紀年》、又一三五引《史記》、《三餘札記》二〈淮南子逸文〉；「末嬉」，別見《尚書中侯》五、《太平御覽》一三五、又三七二並引《列女傳》；「妹嬉」，別見《尚書中侯》五、《全漢文》四三王仁〈諫立趙皇后疏〉、《文選》王文考〈魯靈光殿賦〉李善〈注〉引《國語》、《永樂大典》七、又十四並引《廣韻》及本書。梁玉繩言「未爲妹之省，似宜從未，諸書作末，恐非」，竊以爲此說可商，《訂譌雜錄‧雜字音義》十云：「妹喜，桀妻。妹，音末，從本末之末，與姊妹之妹，從未不同。」此說極是，考「未」，古爲明母、物部；「末」，古爲明母、月部，二者音近可通，則「妹」、「妹」亦可相通矣，妹、妹形近，不加稽考則甚難辨識，作「妹喜（嬉）」爲是？亦或「妹喜（嬉）」爲是？則甚難斷定。考載籍見載「末喜（嬉）」而未見及「未喜（嬉）」者，故以作從本末之末之「妹」爲是。蔡先生案語云「妹，從末得聲」，甚是，唯其「妹」字，書作「妹」字，蓋誤書耳。《史記‧外戚世家》、《通志》一九「亡」並作「放」，亡、放並通。

湯之興也以有莘，紂之亡也以妲己。

梁容茂曰：「《列女傳》一：莘，作「嬖」。《史記‧殷本紀》云：『伊尹名阿衡，阿衡欲奸湯而無由，乃爲有莘氏媵臣，負鼎俎，以滋味說湯，致于王道。』」

蔡信發曰：「《列女傳》作『嬖』，《校補》失檢。又右章縱論后德之要，《校補》

舉伊尹爲說，不類。當舉《列女傳·母儀傳·湯妃有㜪》爲說。蓋《史記·殷本紀》不記湯妃之事，而〈外戚世家〉作『殷之興也，以有娀』，又與此異之故。」

茂仁案：「湯之興也以有莘」，「有㜪」，別見《漢書·外戚傳》、《金樓子·后妃》、《群書集事淵海》七引《列女傳》。《漢書古今人表疏證》引錢大昭曰：「南監本、閩本有『師古曰㜪與莘同』七字，今脫。王先謙曰：『官本有，見《列女傳》。』」考「㜪」，從新得聲，「新」、「莘」古並爲心母、眞部，音同可通，《史記·外戚世家》、《全漢文》四三王仁〈諫立趙皇后疏〉並作「殷之興也以有娀」，《漢書·外戚傳》作「殷之興也以有娀及有㜪」，《太平御覽》一三五引《史記》、《通志》一九並同。《古列女傳》一、《金樓子·后妃篇》並言及湯妃有㜪生子三人，亦明教訓，致其功，統領九嬪後宮有序，咸無妒媚逆理之人，卒致王功之事，君子皆謂其明而有序，《太平御覽》一三五及《群書集事淵海》七並引《列女傳》並同。職此，及審度上、下文文例，此當作「有莘」爲是。「紂之亡也以妲己」，《史記·外戚世家》作「紂之殺也嬖妲己」，《通志》一九同，唯「殺」作「滅」。

文武之興也以任姒，幽王之亡也以褒姒。

茂仁案：《史記·外戚世家》作「周之興也以姜原及大任，而幽王之禽也淫於褒姒」，《通志》一九同，唯「大任」下，尚有「大姒」二字，所載與此略異。楚府本「任」作「極」，非是。

是以《詩》正〈關雎〉而《春秋》褒伯姬也。樊姬，楚國之夫人也，楚莊王罷朝而晏，問其故。

茂仁案：「樊姬，楚國之夫人也」，《古列女傳》二作「樊姬，楚莊王之夫人也」。

莊王曰：「今旦與賢相語，不知日之晏也。」楚姬曰：「賢相爲誰？」

茂仁案：「楚姬曰」，考本文並作「樊姬」，獨此作「楚姬」，不類，「楚」，疑爲「樊」之形訛，《韓詩外傳》二、《太平御覽》六三二引、《文選》何平叔〈景福殿賦〉李善〈注〉引《列女傳》、《春秋別典》五「楚姬」並作「樊姬」，元刊本、楚府本、何良俊本、楊美益本、白口十行本、程榮本、祕書本、陳用光本、四庫本、百子本並同，並爲其明證，楚、樊，形近而訛，當據改。

王曰：「爲虞丘子」。

盧文弨曰：「案《韓詩外傳》二，作『沈令尹』。」

武井驥曰：「《韓詩外傳》卷二，作『沈令尹』。《萬姓統譜》曰：『虞丘子名薦』。」

施珂曰：「《韓詩外傳》二、《列女傳‧賢明篇》虞丘子皆作沈令尹。」

蒙傳銘曰：「此節所述，《韓詩外傳》、《新序》、《列女傳》三書略同。《韓詩外傳》卷二作『沈令尹』，《說苑‧雜言篇》作『沈尹』，其言云：『沈尹名聞天下，以爲令尹而讓孫叔敖，則其遇楚莊王也。』《新序》及《列女傳‧賢明傳》並作『虞丘子』，《說苑‧至公篇》載，楚令尹虞丘子選國俊士，荐孫叔敖以爲令尹，莊王從之。《韓詩外傳》卷七作『虞丘』，其言云：『虞丘於天下，以爲令尹，讓於孫叔敖，則遇楚莊王也。』《墨子‧所染篇》：『楚莊染於孫叔沈尹。』孫詒讓〈閒詁〉引李惇曰：『宣十二年《左傳》，邲之戰，孫叔敖令尹也，而將中軍者爲沈尹。〈注〉云：「沈或作寢，寢縣也。」《韓詩外傳》所載楚樊姬事，與《淮南子》、《新序》正同，但《淮南子》、《新序》並曰「虞丘子」，惟《外傳》則曰「沈令尹」，乃知沈尹即虞丘子。令尹者，其官也。沈者，其氏，或食邑也。」

梁容茂曰：「《外傳》二：虞丘子作『沈令尹』。」

蔡信發曰：「《史記循吏列傳志疑》：『《左傳》無所謂虞丘相，而《韓詩外傳》七、《列女傳》與《說苑‧至公》同《史》。考《墨子‧所染》、《說苑‧雜言》作「沈尹」，《韓詩外傳》二作「沈令尹」，《呂氏春秋‧尊師》作「沈申巫」，〈當染〉作「沈尹蒸」，《新序‧雜事》五又云：「莊王因楚善相人者之言招聘之」，所說不同。疑沈尹爲近。《宣公十二年‧左傳》：「沈尹將中軍。」杜〈注〉：「沈，或作寢。今固始縣。」〈疏〉引哀十八年，寢尹吳由于爲證。而《荀子‧非相》、《呂子‧贊能》，稱孫叔敖期思之鄙人。蓋其隱處。期思，即春秋寢丘，漢名寢縣，東漢名固始，然則沈尹官于叔敖所隱之縣，知其賢而薦之，事非無因者。虞丘，不可考，或是傳聞之誤。沈尹之官，《韓》誤增；令字，《呂》誤作申字，而曰笐，曰莖，曰竺，曰蒸，曰巫，並以音形相鄰致譌，莫定沈尹之名孰是？相人之言不足信耳。《韓詩外傳考徵》：『《說苑‧至公》載令尹虞丘子，以己不如孫叔敖，因薦之爲令尹，《外傳》與《新序》言以樊姬亡語而薦之。蓋傳聞異辭，劉向疑莫能定，故並載之。』案：上言《外傳》，乃指卷七。」

茂仁案：「虞丘子」，上引梁玉繩《史記志疑》云「虞丘，不可考，或是傳聞之誤」，此說可慮，考《新序》本文、《古列女傳》二、《說苑‧至公》、《琴操》卷上、《文選》何平叔〈景福殿賦〉李善〈注〉引《列女傳》並作「虞丘子」，《韓詩外傳》七作「虞丘」，《說苑‧至公》云：「楚令尹虞丘子復於莊王曰：『（上略）下里之士孫叔敖，秀羸多能，其性無欲，君舉而授之政，則國可使治，而士民可使附（中略）。』（中略）以孫叔敖爲令尹（下略）。」《韓詩外傳》七云：「虞丘於天下，以爲令尹。讓於孫叔敖，則遇楚莊王也。」二書所載正與本文合，且皆以虞丘（子）爲令尹，

則載籍之不作「虞丘子」而作「沈尹（？）」者，蓋亦指虞丘子言，上引李惇之論是也，下同。

樊姬掩口而笑，王問其故，曰：「妾幸得執巾櫛以侍王，非不欲專貴擅愛也，以為傷王之義，故所進與妾同位者數人矣。今虞丘子為相數十年，未嘗進一賢。

　　盧文弨曰：「《列女傳》二作『十數年』。」

　　武井驥曰：「《御覽》無『十』字，《韓詩》作『相楚數年』，《列女傳》作『十餘年』，《說苑・至公篇》作『為令尹十年矣』。」

　　石光瑛曰：「盧文弨曰：『《列女傳》作十數年。』案：此文數十字互倒，《韓詩外傳》作數年，又奪去，十字在數上耳。《說苑・至公篇》虞丘子自言為令尹十年，舉成數也。《御覽》引亦語《左傳》令尹子文卒，鬥般為令尹，為子越椒所譖殺。越叔為令尹，為子越椒所譖殺。越叔為令尹，攻莊王，戰於皋滸，兵敗，族滅。在宣四年，逮宣十二年，則孫叔敖為令尹，中間不過數年。令尹屢易其人，無為十餘年之虞丘子也。」

　　施珂曰：「《記纂淵海》三六引『數十年』作『數年』。《外傳》同。《列女傳》作『十餘年』。」

　　梁容茂曰：「（非不欲專貴擅愛也）《外傳》二作數年。《御覽》六三二引同。《列女傳》二：作『今虞丘子相楚十餘年』。《說苑・至公篇》云：『臣（虞丘子）為令尹十年矣』。」

　　蔡信發曰：「《外傳》『數十年』作『數年』，《列女傳》作『十餘年』，又《說苑》載虞丘子，自謂『臣為令尹十年矣』，並與此異。」

　　茂仁案：四庫《新序》版本有二，二本並作「貴擅」，不作「責檀」，梁先生以四庫本為底本，失檢。石光瑛所論是也，「數十年」，當作「數年」，「十」，蓋為衍文，當刪。《文選》何平叔〈景福殿賦〉李善〈注〉引《列女傳》「數十年」作「十餘年」，亦誤矣。

知而不進，是不忠也；不知，是不智也；安得為賢？」

　　盧文弨於「是不智也」下，增「不忠不智」四字，曰：「據《太平御覽》六百三十一補。」

　　施珂曰：「盧氏引稱《御覽》六百三十一，乃六百三十二之誤。」

　　茂仁案：審此文義已足，非必如盧文弨所云，補「不忠不智」四字也，《類說》

三〇引，正無此四字，各本亦並無，即其證也，二說并存可也。又施先生校盧文弨引《太平御覽》之誤，是也。

明日朝，王以樊姬之言告虞丘子。虞丘子稽首曰：「如樊姬之言。」於是辭位而進孫叔敖。

　　茂仁案：祕書本「虞丘子」不重出，他本並重出。又《說苑・至公篇》載虞丘子之辭位與進孫叔敖，與本文異，其云：「臣（虞丘子）聞奉公行法，可以得榮，能淺行薄，無望上位，不名仁智，無求顯榮，才之所不著，無當其處，臣爲令尹十年矣，國不加治，獄訟不息，處士不升，淫禍不討，久踐高位，妨群賢路，尸祿素餐，貪欲無厭，臣之罪當稽於理。臣竊選國俊，下里之士曰孫叔敖，秀羸多能，其性無欲，君舉而授之政，則國可使治，而士民可使附。」莊王曰：「子輔寡人，寡人得以長於中國，令行於絕域，遂霸諸侯，非子如何？」虞丘子曰：「久固祿位者，貪也；不進賢達能者，誣也；不讓以位者，不廉也。不能三者，不忠也。爲人臣不忠，君王又何以爲忠？臣願固辭。」所言與此異，或傳聞異辭耳。

孫叔敖相楚，莊王卒以霸，樊姬與有力焉。

　　盧文弨曰：「孫詒穀云：『《文選・楊荊州誄》〈注〉引，「孫叔敖相楚，國富兵彊」，今本脫四字。』」

　　施珂曰：「《文選》孫子荊〈爲石仲容與孫皓書〉〈注〉引此，亦有『國富兵強』四字。」

　　梁容茂曰：「《文選》卷四三引亦作『孫叔敖相楚，國富兵強。』」

　　茂仁案：審本文文意已足，非必如盧文弨所云補「國富兵強」四字，兩說并存，可也。

（四）衛靈公之時

衛靈公之時，蘧伯玉賢而不用，彌子瑕不肖而任事，衛大夫史鰌患之，數以諫靈公而不聽。

　　武井驥曰：「《家語・困誓篇》數作驟。」

　　蒙傳銘曰：「案：數、驟二字古通，惟此文『數』字不誤，《新書・胎教雜事》，《大戴禮記・保傅篇》並云：『數言蘧伯玉賢而不聽。』《韓詩外傳》卷七亦云：『吾數言蘧伯玉之賢而不能進。』皆作『數』字，並是其證。《家語》僞書，不足據也。」

梁容茂曰：「《家語・困誓篇》：數作『驟』。數、驟，義同。宣公二年《左傳》：『猶不改，宣子驟諫，公患之。』」

蔡信發曰：「《大戴禮》『彌子瑕』作『迷子瑕』。彌、迷同音，在聲，並屬明紐；在韻，彌屬支韻，迷屬齊韻，古爲同部，故相通作。」

茂仁案：「衛靈公之時」，《群書集事淵海》一五引作「史鰌事衛靈公」。「蘧伯玉賢而不用」，《淮南子・泰族篇》「蘧」作「璩」，《北堂書鈔》九二引《孔子家語》同，蘧、璩，古並爲群母、魚部，音同可通。「衛大夫史鰌患之」，《群書集事淵海》一五引作「而」，各本並與本文同。

史鰌病且死，謂其子曰：「我即死，治喪於北堂。

茂仁案：「我即死」，與下文「治喪於北堂」意不連貫，「即」字疑爲衍文。考《孔子家語・困誓篇》無「即」字，《藝文類聚》二四引《逸禮》、《太平御覽》四五六引《補逸禮傳》、《群書集事淵海》一五引、《類林雜說・忠諫第十四》〈注〉引《韓詩外傳》並同，即其明證，當據刪。「治喪於北堂」，《新書・胎教篇》、《大戴禮記・保傅篇》「治喪」並作「置尸」，《韓詩外傳》七作「殯我於室」，《孔子家語・困誓篇》作「置尸牖下」，今或言置尸北堂、牖下，或言殯於室，治喪北堂，蓋皆取其未成禮，以示自貶之意，說詳下。

吾不能進蘧伯玉而退彌子瑕，是不能正君也。

武井驥曰：「《新書・胎教篇》及《大戴禮》，『吾』下有『生』字。」

蒙傳銘曰：「案：有『生』字是也。下文『生不能正君者』云云，正承此文『生』字而言。陳鱣校『吾』下亦有『生』字。」

梁容茂曰：「《大戴禮・保傅篇》：彌作『迷』，吾下有『生』字。賈誼《新書・胎教篇》、《外傳》七：吾下亦並有『生』字。《家語・困誓篇》：吾下有『在衛朝』三字。」

茂仁案：「吾不能進蘧伯玉而退彌子瑕」，《藝文類聚》二四引《逸禮》、《白氏六帖》八〈注〉及《白孔六帖》二五〈注〉引《史記》、《太平御覽》四五六引《補逸禮傳》、《古今合璧事類備要》六五〈注〉、《類林雜說・忠諫第十四》〈注〉引《韓詩外傳》「吾」下亦並有「生」字，《白氏六帖》一一〈注〉云：「史鰌死，遺令殯於階下。靈公來吊問之，其子曰：『父云：「生不能退彌子瑕進蘧伯玉。」』令殯於此（下略）。」審其子述其父生前之語，載亦有「生」字，又下文云「生不能正君者」，乃承此爲言，故此「吾」下奪「生」字，當據補。

生不能正君者，死不當成禮，置尸北堂，於我足矣。」

武井驥曰：「吳敏學本『我』作『是』。《家語》作：『汝置屍牖下，於我畢矣』，《韓詩》卷七作：『殯我於室足矣』，《新書》『禮』下有『死而』二字，『尸』下有『於』字。」

蒙傳銘曰：「案：何良俊本亦作『是』，鐵華館本則作『我』，作『我』是也，《新書》作『於我足矣。』是其證。」

梁容茂曰：「《外傳》七作：『殯我於室足矣』。《新書·胎教篇》、百子本：尸，俱作『屍』。《家語·困誓篇》作：『置屍牖下，於我畢矣。』尸、屍，通用。」

蔡信發曰：「《大戴禮》、《新書》與此同；《外傳》作『死不當治喪正堂，殯我於室足矣』，《家語》作『我死，汝置屍牖下，於我畢矣』，與此異。」

茂仁案：「死不當成禮」，《群書集事淵海》一五引「當成」作「能當」，並通。「置尸北堂」，，檢百子本作「尸」，不作「屍」，梁先生云百子本「尸」作「屍」，失檢。《冊府元龜》五四八作「置屍牖下」，《北堂書鈔》九二、《太平御覽》五四九並引《孔子家語》作「陳屍牖下」，《白氏六帖》一一〈注〉作「殯於階下」，《類林雜說·忠諫第十四》〈注〉引《韓詩外傳》作「停吾喪階下」，上引諸書，尸皆不置於正堂。《大戴禮記·保傅篇》〈注〉云：「鄭〈注〉《儀禮》云：『房半以北曰北堂。』」又《後漢書·朱穆傳》李賢〈注〉云：「禮大夫殯於正室，士於適室。」今史鰌為大夫，其尸不殯正室而置北堂，蓋其自貶而取偏不成禮之意，以自責其生不能正君事也。《大戴禮記·保傅篇》「尸」作「屍」，蔡先生云《大戴禮》與此同，失檢。《類說》三〇引「尸」亦作「屍」，屍為尸之後起字，古通。「於我足矣」，檢何良俊本「我」不作「是」，蒙先生云何良俊本「我」亦作「是」，失檢。白口十行本「我」作「是」，他本並與本文同。

史鰌，靈公往弔，見喪在北堂，問其故，其子具以父言對靈公。靈公蹴然易容，寤然失位，

武井驥曰：「《家語》作『愕然失容』，《新書》作『戚然易容而寤』，《大戴禮》作『造然失容』。」

施珂曰：「《大戴禮·保傅篇》、《外傳》七，蹴皆作造。蹴、造古通。

梁容茂曰：「《大戴禮·保傅篇》：作『造然失容』。《新書·胎教篇》作『戚然易容而寤』。《外傳》七：作『造然召蓬伯玉』。《家語·困誓篇》作『愕然失容』。」

蔡信發曰：「《大戴禮》作『靈公造然失容，曰：「吾失矣」』，《新書》作『靈公戚然易容而寤，曰：「吾失矣」』，《家語》作『公愕然失容，曰：「寡人之過也」』，

《外傳》無此數句，並不及此詳。又《大戴禮》、《新語》、《外傳》皆以屍諫爲撰者語，《家語》以爲孔子語，並與此異。《外傳》『屍』作『尸』。屍，尸之後起形聲字。古通。《周禮·大司樂》〈釋文〉：『屍，本作尸。』」

　　茂仁案：「靈公蹴然易容」，《藝文類聚》二四引《逸禮》及《太平御覽》四五六引《補逸禮傳》「蹴然易容」並作「失容」，蹴，古爲精母、覺部；造，古爲從母、幽部；戚，古爲清母、覺部。蹴、戚音近，與「造」字並爲一聲之轉。「寤然失位」，祕書本「寤」作「寱」，非是，寱、寤，形近而訛也。

曰：「夫子生則欲進賢而退不肖，死且不懈，又以屍諫，可謂忠而不衰矣。」

　　梁容茂曰：「《外傳》七、何本、百子本：屍，俱作『尸』。」

　　茂仁案：「又以屍諫」，祕書本、陳用光本「屍」亦並作「尸」。

於是，乃召蘧伯玉而進之以爲卿；退彌子瑕，徙喪正堂，成禮而後返，衛國以治。史鰌，字子魚，《論語》所謂「直哉史魚」者也。

　　盧文弨曰：「此下《大戴》云：『史鰌之力也。』今此本作『史鰌字子魚』云云，疑後人附益。」

　　梁容茂曰：「案：《大戴禮·保傳篇》、《新書·胎教篇》、《韓詩外傳》卷七、《家語·困誓篇》均無『史鰌字子魚』云云二語，《拾補》說是也。然或疑即劉向之注語也。」

　　蔡信發曰：「檢：諸書均無此十五字，盧說是。」

　　茂仁案：「史鰌，字子魚，《論語》所謂『直哉史魚』者也」等十五字，《群書集事淵海》一五引、《類說》三○引並無此十五字，各本則並有之，與本文同。《孔子家語·困誓篇》作「孔子聞之曰：『古之列諫之者，死則已矣，未有若史魚死而屍諫，忠感其君者也，不可謂直乎？』」《貞觀政要》五引《家語》、《類林雜說·忠諫第十四》〈注〉引《韓詩外傳》略同，又《藝文類聚》四○、《太平御覽》五四九並引《家語》作「孔子曰：『史魚死而屍諫，可謂直乎』」，據是，古傳載籍非無此十五字，唯字異耳。

（五）晉大夫祁奚老

晉大夫祁奚老，

　　武井驥曰：「〈晉語七〉作『祁奚辭軍尉』。」

蒙傳銘曰：「《史記‧晉世家》『奚』字作『傒』。」

蔡信發曰：「『祁奚』，《呂覽》作『祁黃羊』，《史記》作『祁傒』，《風俗通》作『祈奚』。黃羊，奚之字。祁、祈同音，在聲，並爲群紐；在韻，祁爲脂韻，祈爲微韻，古韻同屬灰部，故相通作。奚、傒同音，並爲匣紐齊韻，故相通作。祁奚，即祁傒，即祈奚。是以諸書所作相異，實即一人。」

茂仁案：上引《呂覽》，見〈開春篇〉；《風俗通義》，見〈十反篇〉。《呂氏春秋‧去私篇》「祁奚」作「祁黃羊」，《大戴禮‧衛將軍文子篇》作「祁傒」，《史記‧晉世家》作「祁傒」，考《呂氏春秋‧去私篇》高誘〈注〉云：「黃羊，晉大夫祁奚之字。」祁，古爲群母、脂部；祈，古爲群母、文部，二者一聲之轉，可相通用；奚、傒、傒，古並爲匣母、支部，音同可通。《左傳‧襄公三年》「老」作「請老」，《冊府元龜》八六七同，《國語‧晉語七》作「辭於軍尉」，審此以祁奚老而辭官，故作「請老」於義爲長，「老」上當據補「請」字。

晉君問曰：「孰可使嗣？」祁奚對曰：「解狐可。」君曰：「非子之讎耶？」對曰：「君問可，非問讎也。」晉遂舉解狐。

蒙傳銘曰：「晉君者，《國語》、《史記》並指晉悼公，《呂氏春秋‧去私篇》指晉平公，平公乃悼公子也。考襄公三年《左傳》亦載此事，據《史記‧十二諸侯年表》，魯襄公三年爲晉悼公三年，知此確係指晉悼公也。」

蔡信發曰：「《左傳》記奚先舉其仇狐嗣己，未立而狐卒，旋舉其子午爲中軍尉；《國語》但言奚舉其子爲軍尉；《呂覽》以奚先舉其仇狐爲南陽令，復舉其子午爲尉，國人並稱善；《史記》載奚答悼公可用之人，一爲其仇狐，一爲其子午，未嘗言及悼公之舉用，並與此異。《左傳》所言，平實可信；《國語》不載狐事，蓋略之也；《呂覽》敷演，謬誤始出；《史記》大致本《左傳》，唯語焉不詳；本章則據《呂覽》而改，遂有此誤。」

茂仁案：上引《國語》，見〈晉語七〉；《史記》，見〈晉世家〉；《呂覽》，見〈去私篇〉。「晉君問曰」，《呂氏春秋‧去私篇》「晉君」作「晉平公」，《左傳》載此事，繫於魯襄公三年，檢《史記‧十二諸侯年表》，魯襄三年，適值晉悼公三年，《史記‧晉世家》云：「三年，晉會諸侯，悼公問群臣可用者，祁傒舉解狐。」職此，《呂氏春秋‧去私篇》言爲晉平公事，誤，當爲晉悼公事也。「非子之讎耶」，元刊本、楚府本、楊美益本、白口十行本「耶」並作「邪」，下同。耶、邪，古通。

後又問：「孰可以為國尉？」祁奚對曰：「午也可。」君曰：「非子之子耶？」

　　茂仁案：「孰可以爲國尉」，《國語・晉語七》「國尉」作「軍尉」，《左傳・襄公三年》以午所嗣爲作「中軍尉」，《冊府元龜》八六七同。考《左傳・成公十八年》云：「二月乙酉朔，晉侯悼公即位于朝，始命百官，（中略）卿無共御立軍尉以攝之，祁奚爲中軍尉，羊舌職佐之。」又《白氏六帖》十二〈注〉云：「祁奚爲中軍尉，羊舌職佐之。」以本文祁奚請老事，爲晉悼公時事，說已見上，而晉悼公時，祁奚官拜中軍尉，其請老以歸，故晉君問「孰可使嗣」，自是嗣其「中軍尉」之職。職此，本文「國尉」，作「中軍尉」，於義爲長，當據改。「非子之子耶」，白口十行本、鐵華館本、龍溪本「耶」並作「邪」，耶、邪，古通。

對曰：「君問可，非問子也。」君子謂祁奚能舉善矣。稱其讎，不為諂；立其子，不為比，《書》曰：「不偏不黨，王道蕩蕩」，祁奚之謂也。

　　茂仁案：「不爲諂」，《左傳・襄公三年》「諂」作「諂」，四庫本、鐵華館本、百子本、龍溪本並同，《白氏六帖》一二〈注〉、《白孔六帖》四四〈注〉、《藝文類聚》二二、《太平御覽》四二九、又六三〇、《群書集事淵海》一七並引《左傳》、《冊府元龜》八六七則與本文同，元刊本、楚府本、何良俊本、楊美益本、白口十行本、程榮本、祕書本亦並同。「諂」，不見《說文》，《爾雅・釋詁下》云：「諂，疑也。」《左傳・昭公二十六年》云：「天道不諂。」杜預〈注〉曰：「諂，疑也。」《學林》九云：「諂、諂二字皆從言。諂，音洮，疑也；諂，音丑琰切，諛也。」考此句與下文「不爲比」對言，故作「諂」爲是。諂、諂，形近而訛也，今據改。

外舉不避仇讎，內舉不回親戚，

　　武井驥曰：「《左傳・襄二十一年》：『叔向曰：‘祁大夫外舉不弃讎，內舉不失親。’』」

　　蒙傳銘曰：「襄公二十一年《左傳》作『外舉不棄讎，內舉不失親。』《呂氏春秋・去私篇》作『外舉不避讎，內舉不避子。』《韓非子・外儲說左下篇》同。《史記・晉世家》作『外舉不隱仇，內舉不隱子。』《韓非子・說疑篇》又作「內舉不避親，外舉不避讎。」《禮記・儒行篇》作「內稱不辟親，外舉不辟怨」。」

　　梁容茂曰：「襄二十一年《左傳》：作『祁大夫外舉不棄讎，內舉不失親。』」

　　蔡信發曰：「《左傳・襄公二十一年》作『外舉不棄讎，內舉不失親』，以爲叔向語；《呂覽》作『外舉不避讎，內舉不避子』，以爲孔子語，文義並與此同，所語者並與此異。」

茂仁案：《尸子・仁意》作「內舉不避親，外舉不避讎」，《全漢文》三九〈說苑佚文〉作「外舉不避讎，內舉不避子」，《劉子・薦賢》作「內薦不避子，外薦不避讎」，《太平御覽》二六六引《韓子》作「外舉不避仇讎，內舉不避子弟」，諸書所載，文異而實同。

可謂至公矣。唯善故能舉其類。《詩》曰：「唯其有之，是以似之」，祁奚有焉。

茂仁案：《詩》，見《詩經・小雅・裳裳者華》。

（六）楚共王有疾

楚共王有疾，

盧文弨曰：「《呂氏春秋・長見篇》、《說苑・君道篇》，俱作文王是也。」

武井驥曰：「《呂覽・長見篇》、《說苑・君道篇》作『文王』，共王名審，莊王子。」

施珂曰：「《群書治要》、《御覽》四五九引，皆作楚恭王。共、恭古通。〈雜事〉二：『魏龐恭與太子質於邯鄲。』《治要》引作共，即其比。」

蒙傳銘曰：「案：盧說甚的。《渚宮舊事》卷一亦作『文王』。《新序》載楚共王曰：『申侯伯與（我）處，常縱恣吾，吾所樂者，勸吾為之；吾所好者，先吾服之。吾與處，歡樂之；不見，戚戚也。』《呂氏春秋・長見篇》載荊文王曰：『申侯伯善持養吾志，吾所欲，則先我為之；與處則安，曠之而不穀喪焉。』高誘〈注〉引僖公七年《左傳》云：『初，申侯之出也（銘案：《左傳》之作申，是），有寵於楚文王，文王將死，與之璧，使行』云云，是知《左傳》之申侯，即《新序》之申侯伯，而楚文王死後，申侯伯尚在也。考楚文王在位十三年（西元前 689 至 677 年），楚共王在位三十一年（西元前 590 至 560 年），自楚文王元年至共王卒年，其間首尾相距，凡一百一十歲。僖公七年《左傳》云：『夏，鄭殺申侯以說於齊。』魯僖公七年為西元前 653 年，申侯伯於是年夏被殺，何能及事楚共王乎？是知《新序》此文所云『楚共王』，確為『楚文王』之誤。」

蔡信發曰：「《呂覽》『楚共王』作『荊文王』，《說苑》作『楚文王』。《拾補》：『作文王是也。』劉文典《說苑斠補》：『楚文王，《新序》作楚共王。案左僖七年傳：「初申侯，申出也。有寵於楚文王。文王將死，與之璧，使行。曰："唯我知汝。"」是《新序》誤。』二說是。《潛夫論》亦載此事，誤以為楚莊王。汪繼培〈箋〉：『《新序》一稱楚共王有疾，命令尹爵筅蘇，遣申侯伯。王薨，令尹即拜莞蘇為上卿，逐申侯伯出之境。《呂氏春秋・長見篇》莞蘇作覓譖，《說苑・君道篇》作筅饒，並以

為荊文王事。申侯伯即僖七年《左傳》申侯，楚文王死後出奔鄭，是二人皆在文王時，《新序》以為共王者，誤也。』是。」

茂仁案：上引諸說並是也，汪繼培〈箋〉，見《潛夫論·愼微篇》。「楚共王」，《後漢書·宦者列傳》李賢〈注〉引、又〈劉梁傳〉李賢〈注〉引並作「楚恭王」，《群書治要》四二引、《太平御覽》四五九引、《冊府元龜》二四四並同，《呂氏春秋·長見》作「荊文王」，《說苑·君道》作「楚文王」，《渚宮舊事》一引《左氏傳》作「文王」。共，古為群母、東部；恭，古為見母、東部，二者音近可通。盧文弨據《呂氏春秋·長見篇》、《說苑·君道篇》校改「共王」作「文王」，是也。考《左傳·僖公七年》云：「夏，鄭殺申侯以說于齊，且用陳轅濤塗之譖也。初，申侯，申出也，有寵於楚文王。文王將死，與之璧，使行，曰：『唯我知女，女專利而不厭，予取予求，不女疵瑕也。後之人，將求多於女，女必不免。我死，女必速行，無適小國，將不女容焉。』既葬，出奔鄭。」所記事與本文合，唯文王死前之對話異耳，審上引《左傳·襄公七年》所載，文王將死時，申侯伯尚在世，檢《史記·十二諸侯年表》知，楚文王元年，適值魯莊公五年。楚文王在位十三年，其下楚堵敖在位五年、楚成王在位四十六年、楚穆王在位十二年、楚莊王在位二十三年、楚共王在位三十一年。自楚文王元年至楚共王元年，其間相距一百年，申侯伯自難有與楚共王相處之理，況至楚共王卒，相距已一百三十年？又《左傳·僖公七年》明載「夏，鄭殺申侯以說於齊」，知申侯死於魯僖公七年。再檢《史記·十二諸侯年表》，魯僖公七年，適值楚成王十九年，自此年以下至共王之立，相距六十二年，申侯自更無與共王相處之可能！職此，知「共王」為「文王」之誤，當據改，下同。

召令尹曰：

蒙傳銘曰：「《後漢書·文苑列傳·劉梁傳》李賢〈注〉，《文選》范蔚宗〈宦者傳論〉李善〈注〉引，並作『告諸大夫曰』。」

茂仁案：「召令尹曰」，《說苑·君道》、《渚宮舊事》一引《左氏傳》並作「告大夫曰」。

「常侍筦蘇與我處，常忠我以道，正我以義。吾與處，不安也。不見，不思也。雖然，吾有得也，其功不細，必厚爵之。

武井驥曰：「《說苑》『筦蘇』作『莞饒』，《呂覽》作『莧譆』。」

施珂曰：「《文選》范蔚宗〈宦者傳論〉〈注〉引作管蘇。筦與管同。《御覽》四五九引作苑蘇。苑疑筦之誤。《呂氏春秋·長見篇》作莧譆。莧亦筦之誤。莧、莞古

通。(《列子‧天瑞篇》:『老韭之爲莧也。』〈釋文本〉莧作莞。即其證。)筦誤爲莞,因易爲莧耳。」

梁容茂曰:「筦蘇,《呂氏‧長見篇》作『莧譆』,《說苑‧君道篇》作『莞饒』。《治要》:引:忠,作『勸』;道,『作義』。《文選》卷五十引:作『管蘇』。《御覽》四五九引:作『苑蘇』。」

蔡信發曰:「『筦蘇』,《說苑》作『筦饒』,《渚宮舊事》作『管饒』,《呂覽》作『莧譆』,《潛夫‧愼微》、《昭明文選》卷五十引作『管蘇』(以下省稱《文選》),《御覽》四五九引作『苑蘇』。筦、管同音,並屬見紐緩韻,筦饒,即管饒;筦蘇,即管蘇。《呂覽》作莧譆,乃筦饒之形訛。說見《呂氏春秋集釋》引王念孫《呂氏春秋雜志初稿》。《御覽》引作苑蘇,苑乃筦之形訛。」

茂仁案:蔡先生引《渚宮舊事》,見該書卷一引《左氏傳》,而筦蘇,或作莧譆,或作莞饒,或作苑蘇,或作管蘇。檢《後漢書‧宦者列傳》李賢〈注〉引、又〈劉梁傳〉李賢〈注〉引「筦蘇」亦並作「管蘇」,《群書治要》四二引、《群書集事淵海》六引則並作「筦蘇」與本文同,各本並同。筦、管,古並爲見母、元部,音同可通;莧,古爲匣母、元部;苑,古爲影母、元部。筦、管、莧、苑並音近可通,《呂氏春秋集釋‧長見篇》引王念孫曰:「莧即筦之訛」,恐失之。

申侯伯與處,常縱恣吾,吾所樂者,勸吾為之;吾所好者,先吾服之;吾與處,歡樂之。不見,戚戚也。

施珂曰:「《治要》引與下有我字。『申侯伯與我處,』與上文『筦蘇與我處,』句法一律。」

梁容茂曰:「(伸侯伯與處)《治要》引:與下有『我』字。《御覽》四五九引同。《文選》五十引無『伯』字。」

茂仁案:「申侯伯與處」,四庫《新序》版本有二,二本並作「申」,不作「伸」,梁先生以四庫本爲底本,失檢。審此與上文「常侍筦蘇與我處」句法一律,是知此句「與」下奪「我」字,施先生之論是也,《冊府元龜》二四四「與」下亦有「我」字,即其明證,當據補。「先吾服之」,《呂氏春秋‧長見篇》作「先我爲之」,《說苑‧君道篇》作「先我行之」,《渚宮舊事》一引《左氏傳》同,《太平御覽》四五九引作「勸吾服之」,並通。

雖然,吾終無得也,其過不細,必亟遣之。」

梁容茂曰:「《文選》五十引,亟,作『速』。亟、速,義同,不煩改字。」

茂仁案：梁先生言《文選》五十引，見范蔚宗〈宦者傳論〉李善〈注〉引。檢《後漢書‧劉梁傳》李賢〈注〉引「疷」亦作「速」。

令尹曰：「諾。」明日，王甍，令尹即拜筦蘇為上卿，而逐申侯伯出之境。

茂仁案：「而逐申侯伯出之境」，《太平御覽》四五九引「出之境」作「出於國」，義通。楚府本「境」作「璋」，非是，璋、境，形近而訛也。

曾子曰：「鳥之將死，其鳴也哀；人之將死，其言也善」，言反其本性，共王之謂也。

茂仁案：曾子之語，見《論語‧泰伯篇》。

故孔子曰：「朝聞道，夕死可矣」，

梁容茂曰：「（故孔子曰朝聞夕死可矣）《治要》，程本：聞下俱有『道』字。此當據《論語‧里仁篇》補。今本脫。」

茂仁案：四庫《新序》版本有二，二本並有「道」字，梁先生以四庫本爲底本，失檢。元刊本無「夕」字，楚府本、何良俊本、楊美益本並無「道」字，並奪，當補。

於以開後嗣，覺來世，猶愈沒身不寤者也。

梁容茂曰：「（於以聞後嗣）《治要》：引於下有『是』字。聞，作『開』。何本、程本、百子本：俱作『開』。作『開』，是。」

茂仁案：四庫《新序》版本有二，二本並作「開」，不作「聞」，梁先生以四庫本爲底本，失檢。何良俊本、白口十行本「開」並作「聞」，他本則並與本文同，程榮本、祕書本「寤」並作「寤」。「開後世」與「覺來世」對言，何、白二本「開」作「聞」，於義較劣，作「開」是也；寤、寤，形近而訛也。

（七）昔者魏武侯謀事而當

昔者魏武侯謀事而當，

茂仁案：《太平御覽》三八八引《春秋後語》「魏武侯」作「魏文侯」，《呂氏春秋‧驕恣篇》、《荀子‧堯問篇》、《群書治要》三六引《吳子‧勵士篇》並與本文同，《群書集事淵海》四引亦同，各本亦並同。武侯，文侯子，說見《史記‧魏世家》，審本文乃承《荀子‧堯問篇》而錄，故作武侯爲是，而作文侯者，蓋以文侯、武侯爲父子，事近失考致誤耳。

群臣莫能逮，朝而有喜色。

盧文弨曰：「逮朝，《荀子‧堯問篇》、《呂氏‧驕恣篇》俱作退朝。」

武井驥曰：「《荀子‧堯問篇》『朝』上有『退』字，《吳子‧圖國》有『罷』字，下並同。」

朱駿聲曰：「逮朝，《荀子‧堯問》、《呂覽‧驕恣》，皆作退朝，非是。」

梁容茂曰：「《荀子》、《呂氏》：朝上俱有『退』字。當據補。下文『楚王謀事而當，群臣莫能逮，朝而有憂色』，朝上亦當補『退』字。」

茂仁案：《荀子‧堯問篇》，亦有「逮」字，盧文弨、朱駿聲並以「逮」為「退」，並失檢。《吳子‧圖國篇》「朝」作「罷朝」，《群書治要》三六引《吳子‧勵士篇》同，下同。《呂氏春秋‧驕恣篇》云：「魏武侯謀事而當，攘臂疾言於庭曰：『大夫之慮，莫如寡人矣。』立有間，再三言。李悝趨進曰：『昔者楚莊王謀事當，有大功，退朝而有憂色。左右曰：'王有大功，退朝而有憂色，敢問其說。'』」云云，又《荀子‧堯問篇》云：「魏武侯謀事而當，群臣莫能逮，退朝而有喜色。」云云，審此文義，「朝」上當有「退」或「罷」字為是，當據補，下同，梁先生說是也。

吳起進曰：「今者有以楚莊王之語聞者乎？」武侯曰：「未也。莊王之語奈何？」吳起曰：「楚莊王謀事而當，群臣莫能逮，朝而有憂色。

武井驥曰：「《呂覽》『朝』上有『退』字。」

茂仁案：「朝」以作「退朝」或「罷朝」為長，說見上。《韓詩外傳》六「朝」作「居」，益證「朝」上當有「退」字或「罷」字為是也。

申公巫臣進曰：『君朝而有憂色，何也？』

茂仁案：「君朝而有憂色」，《呂氏春秋‧驕恣篇》「朝」作「退朝」，是，說見上。

莊王曰：『吾聞之：諸侯自擇師者王，自擇友者霸，足己而群臣莫之若者亡。今以不穀之不肖，而議於朝，且群臣莫能逮，吾國其幾於亡矣。吾是以有憂色也。』莊王之所以憂，而君獨有喜色，何也？」武侯逡巡而謝曰：「天使夫子振寡人之過也，天使夫子振寡人之過也！」

盧文弨曰：「此三句《荀子》、《呂氏》俱作仲虺之言。」

武井驥曰：「《尚書‧仲虺之誥》曰：『能自得師者王，謂人莫己若者亡』，莊王即引此語也，故《呂覽》『曰』下有『仲虺有言』四字。」

蒙傳銘曰：「此數語乃仲虺之言。《尚書‧仲虺之誥》：『能自得師者王，謂人莫己若者亡。』《荀子‧堯問篇》：『其在中蘬之言也，曰：'諸侯自為得師者王，得友

者霸，得疑者存，自爲謀而莫己若者亡。』《呂氏春秋‧驕恣篇》：『仲虺有言曰：
「諸侯之德，能自爲取師者王，能自爲取友者存，其所擇而莫如己者亡。」』故書
所載，各有詳略。」

蔡信發曰：「《荀子》作『莊王曰：不穀謀事而當，群臣莫能逮，是以憂也，其
在中蘬之言也，曰：『諸侯自爲得師者王，得友者霸，得疑者存，自爲謀而莫己若
者亡』』，《吳子》作「寡人聞之：『世不絕聖，國不乏賢，能得其師者王，能得其友
者霸』」，《呂覽》作『王曰：『仲虺有言，不穀說之，曰：「諸侯之德，能自爲取
者王，能自爲取友者存，其所擇而莫如己者亡」』』，並與此義同而文略異。」

茂仁案：「莊王曰：『吾聞之：諸侯自擇師者王，自擇友者霸，足己而群臣莫之
若者亡』」，蒙先生引《呂氏春秋‧驕恣篇》「言」下奪「不穀說之」四字，蔡先生引
《吳子》，見〈圖國篇〉。檢《韓詩外傳》六作「莊王曰：『吾聞諸侯之德，能自取師
者王，能自取友者霸，而與居，不若其身者亡。』」《藝文類聚》二三引《孫卿子》
作「又曰：『得師者王，得疑者霸，自爲謀莫己若者亡。』」《群書治要》三六引《吳
子‧勵士》（今佚）作「寡人聞之：『世不絕聖，國不乏賢，能得其師者王，能得其
友者霸』」，《太平御覽》三八八引《春秋後語》作「莊王曰：吾聞諸侯擇師王者，擇
友霸者，自足而群臣莫之若者亡』」，文義並與此同，唯所載各有詳略耳。

（八）衛國逐獻公

衛國逐獻公，晉悼公謂師曠曰：「衛人出其君，不亦甚乎？」對曰：「或者其
君實甚也。夫天生民而立之君，使司牧之，無使失性。

施珂曰：「《北堂書鈔》一引立作樹。」

蒙傳銘曰：「文公十三年《左傳》作『天生民而樹之君。』（襄公十四年《左傳》
『樹』字作『立』。）《說苑‧君道篇》作『天生烝民而樹之君。』」

茂仁案：「夫天生民而立之君」，《全三國文》棧潛〈諫明帝與眾役戚屬疏〉、《全
晉文》潘岳〈九品議〉並作「天生蒸民而樹之君」，《北堂書鈔》一作「天生民而樹
之君」，《群書治要》四八引《典語》作「天生蒸民授之以君」。立、樹，義同，與「授」，
並通。「無使失性」，祕書本「性」作「信」，考之文義，作「性」是。信，古爲心母、
眞部；性，古爲心母、耕部，信、性，一聲之轉，據是，信、性，聲轉之誤也。

良君將賞善而除民患，愛民如子，蓋之如天，容之若地。

武井驥曰：「《左傳》『除民患』作『刑淫』，『愛』作『養』。」

蔡信發曰：「《左傳》『除民患』作『刑淫』，『愛』作『養』。」

茂仁案：《左傳・襄公十四年》「若」作「如」，作「如」是也，與上文「愛民如子」、「蓋之如天」文正一律，武井驥《纂註》本正作「如」，即其明證也，當據改。

民奉其君，愛之如父母，仰之如日月，敬之如神明，畏之若雷霆。

武井驥曰：「《左傳》『若』作『如』，『霆』下有作『其可出乎』四字。」

施珂曰：「《冊府元龜》七四一引『霆』下有『其可出乎』四字。」

蔡信發曰：「《左傳》『霆』下有『其可出乎』四字。」

茂仁案：《全三國文》桓範〈為君難〉「若」亦作「如」。如、若義通，考上文「愛之如父母，仰之如日月，敬之如神明」句法並與此同，作「如」是也，元刊本、鐵華館本「若」並作「如」，即其證也，當據改。龍溪本「之若」作「人如」，人、之，形近致訛也。

夫君，神之主也，而民之望也。

武井驥曰：「吳本、朝鮮本、嘉靖本『之望』二字倒，非。」

梁容茂曰：「（而民望之也）何本、程本、百子本：望之，作『之望』是也。」

茂仁案：四庫《新序》版本有二，二本並作「之望」，不作「望之」，梁先生以四庫本為底本，失檢。楚府本、何良俊本、白口十行本「之望」亦並乙作「望之」，非是，「神之主」、「民之望」句法一律，他本並不誤，武井驥說是也。

天之愛民甚矣，豈使一人肆於民上，以縱其淫而棄天地之性乎？必不然矣。

茂仁案：楚府本「棄」作「弃」。《說文》四篇下㸚部云：「弃，古文棄。」據是，弃、棄，古、今字。

若困民之性，乏神之祀，

盧文弨曰：「襄十四年《左氏傳》作『困民之主，匱神乏祀』，其文似不若此。」

武井驥曰：「《左傳》作『困民之主，匱神乏祀』。」

朱駿聲曰：「《左傳・襄十四年》，作民之困主，匱神乏祀。」

施珂曰：「《漢魏叢書》程榮本、陳用光本下民字皆作神。《天中記》一一引同。民、神相對，神作民誤。」

蒙傳銘曰：「《經典釋文》云：『乏祀，本或作之祀，誤也。』阮元《春秋左傳注疏》〈校勘記〉云：『沈彤云：「主當作生，乏當作之。」』按《國語》亦有此文。」主與生、乏與之，形近致誤，阮說甚的。是《左傳》今本誤字，可據《新序》此文

校正之也。生、性二字古通。」

蔡信發曰：「《左傳》『性』作『主』，『乏』作『匱』，『之』作『乏』。〈會箋〉：『劉向《新序・雜事》及《說苑・君道》，皆引作‘困民之性，乏神之祀’，主字，當是生字之譌。生、性古字同。民之生，即生業也。困生，是厚生之反《周語》虢文公曰：‘匱神之祀，而困民之財。’亦一意。乏祀，〈釋文〉本或作之祀。是也。困民之生，與百姓絕望相應；匱神之祀，與社稷無主相應。』是。案：乏，當爲『之』，以形近而譌。」

茂仁案：《左傳・襄十四年》作「困民之主，匱神乏祀」，朱駿聲失檢。主、生；乏、之，並形近而訛也。生、性，古通，說並見上引。「乏神之祀」，《左傳》「乏」作「匱」，《國語・楚語下》「神」作「臣」，祕書本「乏」作「之」，元刊本、鐵華館本、龍溪本「神」並作「民」，楚府本、何良俊本、楊美益本、白口十行本、祕書本、四庫本、百子本並作「神」，與本文同。乏、匱，義通；「神」之作「民」、「臣」，並通。審上文「困民之性」與此「乏神之祀」對，民、神相對爲言，作「神」，於義爲長。蔡先生云「乏，當爲『之』，以形近而譌」，愚以爲本文「乏神之祀」作「乏」字不誤也，前賢謂「乏」爲「之」之形訛，爲指《左傳》「匱神乏祀」之「乏」爲言，非指此「乏神之祀」者，蔡先生蓋錯引耳。

百姓絕望，社稷無主，將焉用之？不去何爲？」公曰：「善。」

茂仁案：元刊本「姓」作「性」，非是。性、姓，古並爲心母、耕部。性、姓，蓋其形近而訛或音同而誤也。

（九）趙簡子上羊腸之坂

趙簡子上羊腸之坂，群臣皆偏袒推車。

武井驥曰：「《說苑・尊賢篇》作『晉文侯行地登隧』。」

梁容茂曰：「《說苑・尊賢篇》作『晉文侯行地登隧』。」

茂仁案：「趙簡子上羊腸之坂」，《說苑・尊賢篇》「趙簡子」作「晉文侯」，趙簡子，春秋時爲晉卿。「群臣皆偏袒推車」，《北堂書鈔》一二四引「偏袒」作「徧袒」，《藝文類聚》二四引、《太平御覽》四五七引、《群書集事淵海》一五引並作「偏裼」，《白氏六帖》一一引作「徧裼」，《白孔六帖》三九引作「裨裼」，《古今合璧事類備要・後集》七〈注〉作「袒裼」。徧、偏，並爲「偏」之形訛；袒、裼，義近，並通。

而虎會獨擔戟行歌不推車。

武井驥曰：「《說苑・尊賢篇》『虎會』作『隨會』。」

施珂曰：「《書鈔》一二四、《藝文類聚》二四引，虎皆作唐。《御覽》五三引作宗。三五三引作席。」

蒙傳銘曰：「《藝文類聚》二四作『唐會』，《天中記》八作『宗會』。」

梁容茂曰：「《說苑・尊賢篇》：虎會作『隨會』。《治要》引無『不推車』三字。《御覽》五三引，虎會作『宗會』。擔作『當』，無『不推車』三字。卷三五三引虎會作『席會』，卷四五七引作『虎噲』。」

茂仁案：《群書治要》四二引有「不推車」三字，梁先生言無此三字，失檢。《晉文春秋・登隧篇》「虎會」亦作「隨會」，《北堂書鈔》一二四引亦作「唐會」。「虎」字魏碑作「席」，其後楷書並多如是作，唐、宗、席疑與「虎」字魏碑、楷書形近而致誤；會，古為見母、月部；噲，古為溪母、月部，二者音近可通，下並同。

簡子曰：「寡人上坂，群臣皆推車，會獨擔戟行歌不推車，是會為人臣侮其主。為人臣侮其主，其罪何若？

武井驥曰：「《治要》『寡人上坂』四字，及『不推車』三字。」

梁容茂曰：「（是會為人臣而侮其主）《說苑・尊賢》：侮，作『忍』。」

茂仁案：「為人臣侮其主」，四庫《新序》版本有二，二本並無「而」字，梁先生以四庫本為底本，失檢。《群書治要》四二引、《太平御覽》三五三引、又四五七引「主」下並有「者」字，考下文云「為人臣而侮其主者」、「君既已聞為人臣而侮其主者之罪矣」、「君亦聞為人君而侮其臣者乎」、「為人君而侮其臣者何若」、「為人君而侮其臣者」，並與此文例同，故「為人臣侮其主」，「主」下奪「者」字，當據補。

虎會對曰：「為人臣而侮其主者，死而又死。」

武井驥曰：「《說苑》作『其罪重死』。」

梁容茂曰：「（為人臣侮其主者）『死而又死』，《說苑・尊賢篇》作『重死』。《治要》引，臣下有『而』字。」

茂仁案：四庫《新序》版本有二，二本『臣』下並有「而」字，梁先生以四庫本為底本，失檢。《晉文春秋・登隧篇》「死而又死」亦作「其罪重死」，《太平御覽》三五三引、又四五七引、《群書集事淵海》一五引並無上「而」字，元刊本、楚府本、何良俊本、楊美益本、白口十行本並同，他本則並有之，有無「而」字，並通。

簡子曰：「何謂死而又死？」虎會曰：「身死，妻子又死，若是謂死而又死。

武井驥曰：「《治要》『又死』作『為徒』也，《說苑》作『為戮焉』，《御覽》三百五十三及四百五十七並同，無『焉』字。」

梁容茂曰：「《說苑・尊賢篇》：作『身死，妻子為戮』。《治要》引：又死，作『為徒』。眉注：『本書為徒作又死。』《文選》卷四○引：又死，作『為戮』。《御覽》卷三五三、四五七兩引同。」

茂仁案：「妻子又死」，梁先生引《文選》卷四○，見任彥昇〈奏彈曹景宗〉李善〈注〉引。《晉文春秋・登隧篇》作「妻子為戮焉」，《藝文類聚》二四引、《白孔六帖》三九引、《古今合璧事類備要・後集》七〈注〉並同，唯無「焉」字也。

君既已聞為人臣而侮其主者之罪矣；君亦聞為人君而侮其臣者乎？」

盧文弨曰：「已訛。」

武井驥曰：「吳本、嘉靖本、朝鮮本『已』作『以』。」

梁容茂曰：「（君既以聞為人臣而侮其主者之罪矣）《治要》引：以，作『已』。《御覽》四五七、何本、程本、百子本同。《拾補》云：『已訛』。案：以、已古通，《拾補》非。」

茂仁案：四庫《新序》版本有二，二本並作「已」，不作「以」，梁先生以四庫本為底本，失檢。《群書集事淵海》一五引「已」作「以」，元刊本、何良俊本、楊美益本、白口十行本並同，楚府本、祕書本、鐵華館本、龍溪本則亦並作「已」，已、以，古並為余母、之部，音同可通。

簡子曰：「為人君而侮其臣者何若？」虎會對曰：「為人君而侮其臣者，智者不為謀，辯者不為使，勇者不為鬥。

梁容茂曰：「《治要》引：辯，作『辨』，下同。辯、辨古通。」

茂仁案：「智者……不為鬥」，《說苑・尊賢篇》、《晉文春秋・登隧篇》並作「智士不為謀，辯士不為言，仁士不為行，勇士不為死」，較此為詳。「辯者不為使」，《白氏六帖》一一引、《太平御覽》五三引、又四五七引、《天中記》八引「辯」亦並作「辨」，祕書本同。

智者不為謀，則社稷危；辯者不為使，則使不通；勇者不為鬥，則邊境侵。」

武井驥曰：「《御覽》引四百五十七有『三者不使，則君難保』八字。」

施珂曰：「《藝文類聚》、《御覽》引，『侵』下皆有『三者不使，則君難保』八字。當據補，《白孔六帖》三九亦有此八字，惟君字作國。」

茂仁案：「則邊境侵」，施先生云《藝文類聚》，見卷二四引。《白氏六帖》一一

引「侵」下有「三者不使，則國難保」八字，《古今合璧事類備要·後集》七〈注〉有「三者不使，國難保」七字，諸書所載，文義並視此爲長。

簡子曰：「善。」乃罷群臣不推車。為士大夫置酒，與群臣飲，以虎會為上客。

　　盧文弨曰：「下不字衍。」

　　武井驥曰：「一本無『不』字。」

　　施珂曰：「《藝文類聚》引無『群臣不』三字。《御覽》引無不字。與盧說合。惟有不字亦通。《淮南子·人閒篇》：『乃止不城薛。』本書〈雜事〉五：『乃案兵而輟不攻魏。』並與此句法相似。」

　　梁容茂曰：「案：覽四五七引正無『不』字。無『不』字文義乃接。」

　　茂仁案：「乃罷群臣不推車」，《白孔六帖》三九引、《古今合璧事類備要·後集》七〈注〉「乃罷群臣不推車」並作「乃罷推車」，亦無「群臣不」三字，《白氏六帖》一一引作「乃罷推車也」，《太平御覽》四五七引作「乃罷群臣推車」，上引並無「不」字。唯考《群書集事淵海》一五引、《冊府元龜》八三一則並有「不」字，與本文同。「不」字，非必衍也，本書卷二「靖郭君欲城薛」章，云「罷民弗城薛也」，卷五「魏文侯過段干木之閭而軾」章，云「乃案兵而輟不攻魏」，又《韓非子·說林篇下》云：「乃輟不城薛。」《呂氏春秋·期賢篇》云：「乃按兵，輟不攻之。」《淮南子·人間篇》云：「乃止不城薛。」又〈脩務篇〉云：「乃偃兵輟不攻宋。」又云：「乃偃兵輟不攻魏。」，《史記·張釋之傳》云：「乃止不拜嗇夫。」文例並與此同，「不」字，非必衍也。

（十）昔者周舍事趙簡子

昔者周舍事趙簡子，立趙簡子之門，三日三夜。簡子使人出問之曰：「夫子將何以令我？」

　　茂仁案：「夫子將何以令我」，《韓詩外傳》七作「子欲見寡人何事」，《群書集事淵海》一一引《史記》同，《冊府元龜》八三一亦同，唯無「事」字，《太平御覽》四二八引「令我」作「教寡人」，並通。

周舍曰：「願為諤諤之臣，墨筆操牘，隨君之後，司君之過而書之，日有記也，月有效也，歲有得也。」

　　武井驥曰：「《御覽》四百二十八引『司』作『伺』。」又曰：「《韓詩》『效』作

『成』、『得』作『效』。」

梁容茂曰：「《御覽》四二八引，爲下有『君』字。司，作『伺』。司、伺通用。《漢書·灌夫傳》：『太后亦已使人候司。』」

茂仁案：「願爲諤諤之臣」，《史記·趙世家》「諤諤」作「鄂鄂」，《文選》袁彥伯〈三國外臣序贊〉李善〈注〉引《史記》、《群書治要》八引《韓詩外傳》並作「愕愕」，《太平御覽》六〇六引《韓詩外傳》「願」作「臣」、「爲」下有「君」字，又六二一引「願」上有「臣」字、無「之」字。諤、愕、鄂，古並爲疑母、鐸韻，音同可通，下同。「墨筆操牘」，《北堂書鈔》九六、《宋本初舉記》二一、《太平御覽》六〇三並引《韓詩外傳》作「操牘秉筆」，《太平御覽》一七七、《天中記》一五並引《韓詩外傳》作「抱筆執牘」，《太平御覽》六〇六引《韓詩外傳》作「秉筆操牘」，職此，「墨筆操牘」當爲當句對，「墨」與「操」未對，是「墨」當據上引作「秉」、「抱」，唯審文義，作「秉」爲長，「墨」，蓋涉「筆」字聯想而致誤，當據改作「秉」。「司君之過而書之」，《太平御覽》六〇六及《事類賦》一五並引《韓詩外傳》「司」作「伺」，司、伺，古、今字。「月有效也，歲有得也」，《群書集事淵海》一一引《史記》、《冊府元龜》八三一「效」亦並作「成」，《太平御覽》六二一引「得」作「約」，效、成；得、效，並通。上言《韓詩外傳》，見卷七。

簡子悅之，與處。居無幾何而周舍死，簡子厚葬之。

蔡信發曰：「《外傳》作『簡子居則與之居，出則與之出』。」

茂仁案：「簡子悅之，與處」，《韓詩外傳》七所載較此爲詳。「居無幾何而周舍死」，「居」當改作「凥」，說見卷一「昔者舜自耕稼陶漁而躬孝友」章，「凥於闕黨」條校記。

三年之後，與諸大夫飲酒酣，簡子泣。諸大夫起而出，曰：「臣有死罪，而不自知也。」

茂仁案：「諸大夫起而出」，「起」，當作「趨」，此人臣之禮。考本書凡言人臣與君王相處，臣出，大抵作「趨」，如卷一「晉平公欲伐齊」章，云「范昭趨而出」；卷六「齊宣王爲大室」章，云「（香居）趨而出」；「齊景公飲酒而樂」章，云「晏子趨出」，今本文作「起」，於文例不一，「起」，當據改作「趨」。

簡子曰：「大夫反，無罪。昔者吾友周舍有言曰：『百羊之皮，不如一狐之腋；眾人之唯唯，不如周舍之諤諤。』」

武井驥曰：「《史·趙世家》『百』作『千』，《韓詩》同，『唯唯』作『諾諾』。」

梁容茂曰：「《外傳》七：百，作『千』。唯唯，作『諾諾』。」

蔡信發曰：「《外傳》『百』作『千』，『唯唯』作『諾諾』，『周舍』作『一士』，以此四句全爲舍言；《史記》首句作『吾聞』，『百』作『千』，末二句文義同此，以此四句全非舍言，並與此異。又〈商君傳〉引此語，『百』作『千』，『眾』作『千』，『唯唯』作『諾諾』，亦不言爲舍所言。」

茂仁案：「百羊之皮，不如一狐之腋」，《韓詩外傳》七作「千羊之皮，不如一狐之腋」，考載籍「千」、「一」對言之例甚多，如《史記・趙世家》云：「千羊之皮，不如一狐之腋。」《史記・商君列傳》云：「千羊之皮，不如一狐之掖；千人之諾諾，不如一士之諤諤。」《通志》九三、《貞觀政要》三引《史記》、《芥隱筆記》「諤諤」條引趙良語並同，《資治通鑑》二引趙良語後二句同，《史記・劉敬叔孫通列傳》太史公引語曰、《文選》王子淵〈四子講德論〉並云：「千金之裘，非一狐之腋也。」《說苑・建本篇》云：「千金之裘，非一狐之皮。」《太平御覽》六九四引《國策》云：「千鎰之裘，非一狐之裘也。」上引並與此文例同。顯見「千……，不如（非）一……」，爲古時常語，職此，「百」作「千」似較長。「眾人之唯唯，不如周舍之諤諤」，《全三國文》吳王權〈令交州給送虞翻〉「唯唯」亦作「諾諾」，《資治通鑑》二同，唯唯、諾諾，義同。

昔紂昬昬而亡，武王諤諤而昌。

武井驥曰：「《韓詩》『昬昬』作『默默』。」

梁容茂曰：「《外傳》七：昏昏，作『默默』。」

蔡信發曰：「《外傳》『紂』作『商紂』，『昏昏』作『默默』；《史記》無此十二字。昏昏，不明貌；默默，不言貌。此章旨在勉臣直諫，下有『諤諤』二字，則此自以『默默』爲當，《史記・商君傳》作『武王諤諤以昌，殷紂墨墨以亡』，『墨墨』與『默默』並從黑得聲，古通，是乃其證，而本章之所以誤作『昏昏』，蓋涉《莊子・在宥》『昏昏』與『默默』連用使然。『紂』上有『商』，與下『武王』對，當據《外傳》、〈商君傳〉而補。」

茂仁案：「昔紂昬昬而亡」，「昬昬」與「默默」意通，不煩改字也，蔡先生以「昬昬」爲涉《莊子・在宥篇》「昏昏」與「默默」連用而致誤，愚以爲此說涉連類聯想而誤矣。又《韓詩外傳》七「紂」作「商紂」，《史記・商君列傳》作「殷紂」，《通志》九三同，審「紂」與下句「武王」對言，武王不書朝代名「周」字，故此「紂」亦不當有朝代名「商」字或「殷」字，蔡先生以《韓詩外傳》七作「商紂」，適與下文「武王」對，云當據補之。竊以爲本文所載於文例爲長，「紂」上不當補「商」字

也，《說苑・正諫篇》云：「故武王諤諤而昌，紂嘿嘿而亡。」句例與此同，即其證，又《孔子家語・六本篇》云：「湯、武以諤諤而昌，桀、紂以唯唯而亡。」並不書朝代名，即其比也。檢各本「昬昬」並作「昏昏」，錢大昕《十駕齋養新錄・餘錄卷上》「昏當从唐本說文作昬」云：「《說文》：『昏，日冥也。从日，氐省。氐者，下也。一曰民聲。』案氐與民音義俱別，依許祭酒例，當重出昬，云『或作昬，民聲』。今附于昏下，疑非許氏本文。頃讀戴侗《六書故》云：『唐本《說文》从民省，徐本从氐省。』又引朁說之，云因唐諱，民改爲氐也。然則《說文》元是昬字从日，民聲。唐本以避諱減一筆，故云从民省。徐氏誤仍爲氐省，氐下之訓，亦徐所附益，又不敢輒增昬字，仍附民聲于下，其非許元文信矣。案漢隸字，原昬皆从民，婚亦从昬。民者，冥也，與日冥之訓相協。唐石經遇民字皆作𣱏，而偏傍从民者，盡易爲氐。如岷作㟭、泯作汦、緡作緍、痻作痻、磻作磻、瞽作瞽、惽作惽、蟊作蟊之類，不一而足，則昏之爲避諱省筆無疑。謂从氐省者，淺人穿鑿傅會之說耳。」錢大昕所言甚旳，檢《春秋別典》一〇引、武井驥《纂註本》並作「昬昬」，即其證也。《說苑・正諫篇》「昬昬」作「嘿嘿」，《通志》九三作「墨墨」。默、墨、嘿，並从黑得聲，可相通用。

自周舍之死後，吾未嘗聞吾過也。

盧文弨曰：「（吾）訛君，今從《外傳》。」

蒙傳銘曰：「盧校是也。吾、君二字，形近致誤。宋本正作『吾』字，涵芬樓本，鐵華館本並同。」

茂仁案：「吾未嘗聞吾過也」，蒙先生所引涵芬樓本，即四部叢刊本，即何良俊本。檢元刊本、楚府本、楊美益本、白口十行本、四庫本、龍溪本亦並作「吾」，與本文同，程榮本、祕書本、陳用光本、百子本「吾過」則並作「君過」。審此文義，作「君」，非是，君、吾，形近致訛也，前賢說是也。《太平御覽》四八八引「過」作「非」，過、罪、非，義並通，考此爲承上文「司君之過而書之」爲言，故此作「過」，較作「罪」、「非」爲長。

故人君不聞其非，及聞而不改者亡，吾國其幾於亡矣，是以泣也。」

梁容茂曰：「（故人君不聞其非，及聞而不改者亡）此十四字，當移置『諤諤而昌』下。」

蔡信發曰：「《外傳》、《史記》並無此十四字。《校補》：『疑當移「諤諤而昌」下。』是。」

茂仁案:「故人君不聞其非」,考上文云「司君之過而書之」、「吾未嘗聞吾過也」,以己之過失皆曰「過」,獨此作「非」,不類,故「非」改作「過」,於文例爲長,當據改。竊以爲梁先生之疑,可備一說。

（十一）魏文侯與士大夫坐

魏文侯與士大夫坐,問曰:「寡人何如君也?」群臣皆曰:「君,仁君也。」

　　茂仁案:「群臣皆曰:『君,仁君也』」,《太平御覽》六二〇引《呂氏春秋》作「或言君仁,或言君義,或言君智」,所載較此爲詳。

次至翟黃,曰:「君,非仁君也。」

　　武井驥曰:「《蒙求註》『翟黃』作『翟璜』,《御覽》四百二十八『翟黃』『任坐』易,《呂覽・自知篇》『非仁知』作『不肖君』」

　　梁容茂曰:「《呂氏・自知篇》:作『至於任座』,下『任座』作翟黃。《御覽》四二八引同。」

　　蔡信發曰:「《呂覽》、《通鑑》皆前作任座語,後作翟黃語,與此異。《通鑑》『黃』作『璜』。璜從黃得聲,古通。」

　　茂仁案:「次至翟黃」,《太平御覽》六二〇引《呂氏春秋》、《類林雜說・烈直第十三》「翟黃」、「任座」亦互易,《白氏六帖》一一〈注〉、《白孔六帖》三九〈注〉、《錦繡萬花谷・續集》二二引、《古今合璧事類備要・後集》七〈注〉、《類說》三〇引「翟黃」並作「翟璜」,審《說苑・臣術篇》云:「翟黃作色不說曰:『觸失望於先生。』」(中略)翟黃不說曰:『觸何遽不爲相乎?』」翟黃,名觸,於此可知。考古人名與字,常有意義之聯繫,「黃」與「觸」難以相屬,審「璜」,《詩經・鄭風・女曰雞鳴》「雜佩以贈之」毛〈傳〉云:「雜佩者,珩、璜、琚、瑀衝牙之類。」《正字通・午集上・玉部・璜》云:「璜爲佩下之飾,佩上橫曰珩,下有二璜,作牙形。穿孔,懸兩旁于其中,末縣衝牙,使關而相擊,行則衝牙觸璜有聲也。」職此,以「觸璜」及翟黃名觸之故,「黃」,當據改作「璜」,下同。上言《通鑑》,見卷一。

曰:「子何以言之?」對曰:「君伐中山,不以封君之弟,而以封君之長子,臣以此知君之非仁君。」

　　施珂曰:「《治要》、《藝文類聚》、《御覽》四二八、四五七引,君下皆有也字。」

　　茂仁案:「臣以此知君之非仁君」,施先生所引《治要》,見卷四二引;《藝文類

聚》，見卷二四引。檢《類說》三〇引、《冊府元龜》七四六、《類林雜說·烈直第十三》「仁君」下亦並有「也」字，考上文云「君，非仁君也」、下文云「臣是以知君，仁君也」，「仁君」下並有「也」字，此不當例外，職是，「仁君」下有「也」字，於文例爲長，當據補。

文侯大怒而逐翟黃，黃起而出。

　　盧文弨曰：「下大字衍。」

　　武井驥曰：「吳本、嘉靖本、朝鮮本及《治要》、《御覽》無『大』字。」

　　施珂曰：「盧說是也。《治要》、《御覽》引此，皆無大字。」又曰：「《藝文類聚》、《御覽》四五七引，起皆作趨。」

　　梁容茂曰：「（文侯怒而逐翟黃，黃起而出）《御覽》四五七引：起，作『趨』。」

　　茂仁案：「文侯大怒而逐翟黃」，四庫《新序》版本有二，二本「怒」上並有「大」字，梁先生以四庫本爲底本，失檢。《藝文類聚》二四引、《白氏六帖》一一〈注〉、《白孔六帖》三九〈注〉、《古今合璧事類備要·後集》七〈注〉、《錦繡萬花谷·續集》二二引、《類說》三〇引、《太平御覽》四二八引、又四五七引、又六二〇引《呂氏春秋》、《資治通鑑》一亦並無「大」字，元刊本、楚府本、何良俊本、楊美益本、白口十行本並同。審度此文，有「大」字亦通，程榮本、祕書本、陳用光本、四庫本、鐵華館本、百子本、龍溪本並有「大」字，是其證也，「大」字非必如盧文弨所云爲衍文也。「黃起而出」，施先生、梁先生云《御覽》四五七引，愚檢此卷非引《新序》，乃引《呂氏春秋》之文。檢《呂氏春秋·自知篇》「起」作「趨」，《太平御覽》六二〇引《呂氏春秋》、《資治通鑑》一並同，審本書凡言人臣與君王相處，臣出，大抵作「趨」，說見本卷「昔者周舍事趙簡子」章，「諸大夫起而出」條校記，職是，「起」當據改作「趨」。

次至任座，文侯問：「寡人何如君也？」任座對曰：「君，仁君也。」曰：「子何以言之？」

　　施珂曰：「《治要》引問下有曰字。」

　　茂仁案：「次至任座」，《藝文類聚》二四引「任座」作「任坐」，《太平御覽》四二八引、《文選》孔文舉〈薦禰衡表〉李善〈注〉引並作「翟璜」，《呂氏春秋》作「翟黃」，下同，「黃」當據改作「璜」，說已見上；座、坐，古並爲從母、歌部，音同可通。「文侯問」，審此文，君、臣問答，並有「曰」字，此不當例外，「問」下蓋奪「曰」

字也,《資治通鑑》一、《類林雜說·烈直第十三》並有「曰」字,《藝文類聚》二四引、《白氏六帖》一一引、《白孔六帖》三九引、《太平御覽》四二八引、《類說》三〇引、《錦繡萬花谷·續集》二二引亦並有「曰」字,即其明證也,當據補。龍溪本「曰子」誤乙爲「子曰」,非是。

對曰:「臣聞之,其君仁者,其臣直;向翟黃之言直,臣是以知君,仁君也。」文侯曰:「善。」復召翟黃入,拜爲上卿。

茂仁案:「其君仁者,其臣直」,《呂氏春秋·自知》作「其主賢者其臣之言直」,《太平御覽》四二八引作「其君賢者其臣言直」,審下文「向翟黃之言直」爲承上而言,故此「直」上當據二書補「言」字爲是。「仁君也」,何良俊本「仁君」作「仁者」,審度上、下文並以「仁君」爲言,此驟作「仁者」,不類,「者」,蓋「君」字之形訛。

(十二) 中行寅將亡

中行寅將亡,乃召其太祝而欲加罪焉,

茂仁案:「乃召其太祝而欲加罪焉」,《群書治要》四二引「太」作「大」,太,古爲透母、月部;大,古爲定母、月部,太、大,音近可通。

曰:「子爲我祝,犧牲不肥澤耶?且齋戒不敬耶?使吾國亡,何也?」

梁容茂曰:「(且齋戒不敬耶)齋,《治要》、何本、程本、百子本俱作『齋』。齊、齋古通。且,猶抑也。」

茂仁案:四庫《新序》版本有二,二本並作「齋」,不作「齊」,梁先生以四庫本爲底本,失檢。《論衡·解除篇》「祝」作「祀」、「齋」作「齊」、兩「耶」字並作「也」,《太平御覽》七三六引「祝」下有「辭令不精耶」五字、「且齋戒不敬耶」作「威儀不謹敬耶?齋戒不清潔耶」,楚府本「齋」亦作「齊」。審「祝」作「祀」,不辭,蓋「祝」之形訛,考下文云「且君苟以爲祝有益於國乎?則詛亦將爲損」、「一人祝之,一國詛之」、「一祝不勝萬詛」,並祝、詛對言,即其證也。齊,古爲從母、脂部;齋,古爲莊母、脂部,二者音近可通。耶、也,古通。《太平御覽》七三六引「祝」下有「辭令不精耶」五字,於義較長。

祝簡對曰:「昔者吾先君中行穆子,皮車十乘,不憂其薄也,憂德義之不足也。

武井驥曰:「《論衡》『穆子』作『蜜子』、『有車』作『皮車』。」

梁容茂曰:「(有車十乘)《論衡·解除篇》、《御覽》六二七、七三六兩引:穆,

俱作『密』。《論衡》：有車，作『皮車』。」

蔡信發曰：「《論衡》『穆』作『密』。」

茂仁案：四庫《新序》版本有二，二本並作「皮」，不作「有」，梁先生以四庫本爲底本，失檢。「不憂其薄也」，楚府本無「也」字，審此與下文「不憂德義之薄也」對言，是知楚府本無「也」字，奪耳，他本並有之，即其證也。

今主君有革車百乘，不憂德義之薄也，唯患車不足也。

盧文弨曰：「之字舊脫，據《御覽》六百二十七補。」

武井驥曰：曰：「《御覽》『車』下有『之』字，七百三十六及《治要》同，『薄』下無『也』字。」

施珂曰：「《治要》、《御覽》七三六引此，皆有之字。」

蒙傳銘曰：「上句『不憂德義之薄也』，『德義』下有『之』字，此句『車』下亦當有『之』字，語氣方順，盧校是也。陳鱣校『車』下亦有『之』字。」

梁容茂曰：「《御覽》六二七、七三六兩引：車下俱有『之』字。《拾補》據六二七引補『之』字。案：《論衡》正有『之』字。」

蔡信發曰：「《拾補》據《御覽》六二七引車下補『之』字，《論衡》亦有『之』。檢：上文『憂德義之不足也』，與此句法同，則此自當補以『之』字。」

茂仁案：上言陳鱣校語，見諸陳用光本眉批，其校語，大抵多據盧文弨《群書拾補》爲之。

夫舟車飾，則賦斂厚；賦斂厚，則民怨謗詛矣。

盧文弨曰：「謗，《御覽》無此字。」

施珂曰：「《御覽》引怨下有而字。」

梁容茂曰：「《御覽》六二七、七三六兩引、俱無『謗』字。」

蔡信發曰：「《御覽》六二七、七三六引並無『謗』字，《論衡》無『怨』。是。當據二書刪其一字。」

茂仁案：「夫舟車飾」，楚府本、祕書本「飾」並作「餙」，《俗書刊誤》四云：「飾，俗作餙。」「則賦斂厚」，《論衡·解除篇》「斂」作「歛」，元刊本、楚府本、何良俊本、楊美益本、白口十行本、程榮本、祕書本、龍溪本並同，下同，《說文》有「斂」無「歛」，「歛」或爲其別體。「賦斂厚，則民怨謗詛矣」，《論衡·解除篇》無「怨」字，審《太平御覽》六二七引作「歛厚，則民怨謗詛矣」，又七三六引作「賦斂厚，則民怨而謗詛矣」，兩引並有「謗」字，盧文弨、梁先生、蔡先生並失檢，又《太平

《御覽》七三六引「怨」下有「而」字，於文義較明。

且君苟以為祝有益於國乎，則詛亦將為損，世亡矣。一人祝之，一國詛之，一祝不勝萬詛，國亡，不亦宜乎！祝其何罪？」

　　武井驥曰：「《御覽》『以為』二字倒，無『世亡』二字，七百三十六無『損世』二字，《論衡》同。今按：『世亡』二字恐衍。」

　　梁容茂曰：「（且君苟以為祝有益於國手）『世亡』二字疑衍。《論衡》作『詛亦將為亡矣』。《御覽》六二七、七三六兩引作『則詛亦將為亡矣』。並無『損世』二字。」

　　蔡信發曰：「《校補》：『世亡二字疑衍。』《論衡》作『詛亦將為亡矣』，《御覽》六二七、七三六引無『損世』。是。」

　　茂仁案：四庫《新序》版本有二，二本並作「乎」，不作「手」，梁先生以四庫本為底本，失檢。「則詛亦將為損，世亡矣」，愚審此文，「世亡」二字，非必為衍也，「損世」二字亦不當去之，梁先生之以「世亡」為衍字，蓋受句讀影響，其「損」下未有逗號，而將二句連讀，其義自難通曉，若於「損」下斷開，其意自明；又審上文云「祝有益於國乎」，與此「則詛亦將為損」並列，益、損對言，則「損」不當如蔡先生引書而去之，「世亡」亦不當視為衍文，本文言「一國之亡」，以「世亡」為喻，此猶本書卷六「桀作瑤臺」章，桀之自比於「日」，日亡而其亦亡之喻，其云伊尹諫桀曰：「『君王不聽臣之言，亡無日矣。』桀拍然而作，啞然而笑曰：『子何妖言，吾有天下，如天之有日也，日有亡乎？日亡，吾亦亡矣！』」喻與此同，故「世亡」二字，不當視為衍文，本文所載不誤也。楚府本「乎」作「子」，非是，子、乎，形近而訛也。

中行子乃慚。

　　武井驥曰：「《御覽》七百三十六作『嘿然而慚』。」

　　茂仁案：《太平御覽》七三六引作「中行子默然而慚」，於義較長。且作「默」，不作「嘿」。

（十三）秦欲伐楚

秦欲伐楚，使使者往觀楚之寶器。

　　武井驥曰：「子反死楚共王十六年，而子西死惠王十年也，相去凡九十七年，且昭奚恤在宣王時；宣王即位，距子西死，又百十年矣，諸子不得相並。」

梁容茂曰：「子反卒於楚共王十六年，子西卒於惠王五十年，相去九十七年，且昭奚恤於宣王時仍在；而宣王即位，去子西之卒又已百年，此處諸士並提，誤。」

蔡信發曰：「《四庫全書總目提要》：『葉大慶《考古質疑》，摘其昭奚恤對秦使者一條，所稱司馬子反，在奚恤前二百二十年，葉公子高、令尹子西，在奚恤前一百三十年，均非同時之人。』《校補》：『子反卒於楚共王十六年，子西卒於惠王五十年，相去九十七年，且昭奚恤於宣王時仍在；而宣王即位，去子西之卒又已百年，此處諸士並提，誤。』二說是；唯所定之年，不得爲準，因奚恤對楚王之問，本文並無明言何年。檢《史記・年表》，司馬子反見殺於楚共王十六年，下距宣王元年，凡二百零七年，《考古質疑》謂前二百二十年，則其定爲惠王十四年，無據，不足爲信。葉公子高卒於何年，經傳不載；子西見殺於白公勝，時在惠王十年，《校補》以惠王五十年，失檢。又惠王十年下距宣王元年，爲一百一十一年，《考古質疑》、《校補》分以在奚恤前一百三十年、百年，茲以宣王元年爲準，則分當昭王二十四年，肅王元年，並誤。總之，二氏謂此四人與奚恤不同時則是，至所推之年則誤，而竊推之年，亦但明四子至少前奚恤之年而已。」

茂仁案：蔡先生所引《四庫全書總目提要》，見〈子部・儒家一・新序〉，所論甚是。本文所書人物生處年代甚爲錯雜，與史載確有甚大出入，唯本文以不同時之人物相聚爲言，亦未必爲非，葉大慶《考古質疑》二云：「雖然，諸子固非同時人也，然以意逆志，而有得其說。蓋數子皆楚名臣，奚恤姑欲以此誇示秦使，故歷舉諸人，謂理民富國、守境治兵皆有其人，乃寓言也，而何必其時之同？正如東方朔對武帝，誠得天下賢士，公卿在位皆得其人矣。若以周召爲丞相、孔子爲御史大夫、太公爲將軍、卞莊子爲衛尉、皋陶爲大理、后稷爲司農、魯班將作，史魚司直云云。諸公固非同時人，亦姑以是寓言之爾，知此，則知《新序》奚恤之言矣。」葉大慶此說得之矣！。

楚王聞之，召令尹子西而問焉，

蔡信發曰：「《渚宮舊事》無『子西』。」

茂仁案：《渚宮舊事》三引「楚王」作「宣王」、無「子西」二字，下同。審《史記・楚世家》，知子西爲昭王、惠王時之令尹，死於惠王十年（《史記》作惠王八年，〈考證〉引梁玉繩云事在十年），檢《史記・十二諸侯年表》，白公勝殺令尹子西，亦繫於惠王十年，檢《史記・六國年表》，楚惠王在位五十七年，其下簡王二十四年、聲王六年、悼王二十一年、肅王十一年，再下爲宣王。是以惠王十年，下距宣王即位，其間一百一十一年，職此，子西與宣王自無相見之理，蓋亦人物之雜厠也。

曰：「秦欲觀楚之寶器，吾和氏之璧，隨侯之珠，可以示諸？」

　　梁容茂曰：「《御覽》三〇五、六二一引，隨，俱作『隋』。」

　　茂仁案：「隨侯之珠」，《淮南子・覽冥篇》「隨」亦作「隋」，《冊府元龜》二三九並同，《渚宮舊事》三引、《群書治要》四二引、《事類賦》九〈注〉引、《群書集事淵海》三引、《春秋別典》一二引，則並與本文同，《淮南子・覽冥篇》高誘〈注〉云：「隋侯，漢東之國，姬姓諸侯也。」于大成先生《淮南子校釋・覽冥篇》云：「《文選》班孟堅〈西都賦〉〈注〉、張平子〈南都賦〉〈注〉、又〈四愁詩〉〈注〉、曹子建〈與楊德祖詩〉〈注〉、潘安仁〈夏侯常侍誄〉〈注〉，《後漢・班固傳》、《御覽》四百七十二引『隋侯』亦並作『隨侯』，〈注〉同，是也（中略），此即左氏桓六年傳鬥伯比所謂『漢東之國隨爲大者』，《水經》溳水東南過隨縣西，〈注〉云：『縣，故隨國矣。』（中略），古隨國皆作隨，至隋文帝始改作隋。」于先生說甚旳。檢吳曾《能改齋漫錄》一「古無隋字」云：「隋字古無之，文帝受禪，以魏周齊，不遑寧處，惡之。遂去走以單書隋字，猶後漢都洛，以火德，故去水加佳也。」職此，作「隨」是也。

令尹子西對曰：「不知也。」

　　盧文弨曰：「（臣）舊脫此字，據《御覽》六百二十一補。」

　　武井驥曰：「《御覽》六百二十一『曰』下有『臣』字。一本無『對』字，非。」

　　梁容茂曰：「《御覽》六二一引，『不』上有『臣』字。《拾補》據此而補『臣』字。案：《御覽》三〇五、六二一兩引俱有『臣』字，補『臣』字，是也。」

　　茂仁案：「不知也」，本書凡國君與臣子（或人民）問答，臣子（或人民）之回答，於「對曰」之後，若由「自己」本身言起，則必由「臣」字發端，如卷一「魏文侯與士大夫坐」章，云「對曰：『臣聞之』」；卷二「莊辛諫楚襄王曰」章，云「莊辛對曰：『臣非敢爲楚妖』」、又「魏文侯出遊」章，云「對曰：『臣愛其毛』」；卷四「晉平公過九原而歎曰」章，云「對曰：『臣敢言趙武之爲人也』」、又「鍾子期夜聞擊磬聲者而悲」章，云「對曰：『臣之父殺人而不得』」；卷五「里鳧須」章，云「鳧須對曰：『臣聞之』」、又「楚人有善相人」章，云「對曰：『臣非能相人』」、又「齊閔王亡居衛」章，云「公王丹對曰：『臣以王爲已知之矣』」、又「秦二世胡亥之爲公子也」章，云「對曰：『臣以不言』」；卷八「芋尹文者」章，云「對曰：『臣以君旗拽地故也』」；卷九「魏請爲從」章，云「對曰：『臣聞小國之與大國從事也』」；卷十「漢三年」章，云「良對曰：『臣請借前箸而籌之』」。凡共十三例，無一例外，獨此句無「臣」字，於文例不一，故此文「不」上疑奪「臣」字，《太平御覽》三〇五引

及六二一引，「不」上正有「臣」字，即其明證也。

召昭奚恤而問焉，

　　茂仁案：昭奚恤爲楚宣王時人，說見《戰國策・楚策一》、《太平御覽》九〇九引《春秋後語》，昭奚恤與子西相去百餘年。

昭奚恤對曰：「此欲觀吾國得失而圖之，不在寶器，在賢臣。

　　盧文弨曰：「《御覽》作國之寶器，在於賢臣，當從之。」

　　武井驥曰：「《御覽》六百二十一作『國之寶器，在於賢臣』。」

　　梁容茂曰：「《治要》引，無『不在』二字。《御覽》六二一引，作『國之寶器在於賢臣』。《拾補》云：『當從之。』案：《御覽》八〇三引亦同。」

　　茂仁案：梁先生所引《治要》，見卷四二。「不在寶器，在賢臣」，《後漢書・李膺傳》李賢〈注〉引、《藝文類聚》六五引並作「寶器在於賢臣」，《禮記・大學篇》〈正義〉引，亦並無「不在」二字，並作「寶器在賢臣」，《渚宮舊事》三引作「國之寶在賢臣」，《太平御覽》六二一引作「國之寶器在於賢臣」、又八〇三引作「國之器在賢臣」，《事類賦》九〈注〉引作「國之寶器在賢臣」，亦並無「不在」二字。審上文云「秦欲伐楚，使使者往觀楚之寶器」，秦既欲攻楚，其所指欲觀之寶器，自是指楚國之賢臣言，以爲攻打與否之準據，楚王不察，以爲秦所指器爲寶物一類，是以昭奚恤有「珠玉玩好之物，非寶重者」云云。據是，「不在」二字疑爲衍文。

珠玉玩好之物，非寶重者。」王遂使昭奚恤應之。

　　盧文弨曰：「（「珠」上補「夫」字）舊脫，《御覽》有。（「非」下，補「國所」）二字舊脫，《御覽》有。」

　　武井驥曰：「《御覽》作『非國之重寶也』，六百二十一『珠』上有『夫』字。」

　　茂仁案：「珠玉玩好之物」，《藝文類聚》六五引「珠」上亦有「夫」字，此處以有「夫」字，於文意較順，當據補。「非寶重者」，《群書治要》四二引作「非寶之重者也」，《藝文類聚》六五引作「非國之重寶也」，《太平御覽》六二一引作「非國所重寶者」、又八〇三引作「非寶之重者」，《事類賦》九〈注〉引作「非寶之重」。

昭奚恤發精兵三百人，陳於西門之內，爲東面之壇一，爲南面之壇四，爲西面之壇一。秦使者至，昭奚恤曰：「君，客也，請就上位東面。」

　　盧文弨曰：「（於「東面」下，補「之壇」）二字舊脫，據《禮記・大學》〈正義〉補。」

茂仁案：「請就上位東面」，審下文「令尹子西南面」與此句法雷同，「南面」下無「之壇」二字，《禮記‧大學篇》〈正義〉引此句並同，度以文意，無「之壇」二字亦通，非必如盧文弨所云補之，《後漢書‧李膺傳》李賢〈注〉引無「之壇」二字，《群書治要》四二引、《渚宮舊事》三引、《群書集事淵海》三引、《冊府元龜》二三九、《春秋別典》一二引並同，各本亦並同，並為其明證也。

令尹子西南面，太宗子敖次之，

盧文弨曰：「太宗子敖，宋本〈正義〉作『大宗子牧』，章懷〈注〉《後漢書‧李膺傳》，引作『太宰子方』，《御覽》亦作『子方』。」

武井驥曰：「《御覽》『子敖』作『子方』。一本及〈李膺傳〉〈註〉作『大宰子方』。」

蒙傳銘曰：「案：太宰，官名，此文『太宗』疑為『太宰』之誤。又楚人名多有用『敖』字者，如若敖、堵敖、郟敖、蒍敖等，即其著例。《禮記‧大學》〈校勘記〉云：『太宗子牧，毛本「牧」作「敖」。』《渚宮舊事》卷三作『太宰子敖』。蓋本為『子敖』，敖、牧二字形近，誤為『子牧』，而子方之『方』又為『敖』之壞字也。」

蔡信發曰：「《渚宮舊事》無『子西』，『南面』作『西面』，『太宗子敖』作『太宰子敖』。」

茂仁案：盧文弨所引宋本〈正義〉，當指《禮記‧大學篇》〈正義〉言，唯是書引作「太宗子牧」，不作「大宗子牧」，又所引《御覽》當為指卷三〇五之引文言，武井驥引同。「太宗子敖次之」，《渚宮舊事》三引作「太宰子敖」，《太平御覽》六二一引作「大宗子方」，《群書集事淵海》三引、《春秋別典》一二引並作「太宗子敖」，《冊府元龜》二三九作「大宗子敖」。大、太，二者古通。太宰，即《周禮‧天官‧大宰》之大宰，掌建邦之六典，以佐王治邦國。今下文云太宗子敖「奉珪璧，使諸侯，解忿悁之難，交兩國之歡，使無兵革之憂」，顯與《周禮‧天官‧大宰》所載大宰之職異，故作「太宰」，恐非是，又《周禮‧春官‧大宗伯》載大宗伯為職掌吉禮者，與本文述太宗子敖之職掌相似，故以作「太宗」為是，太、大古雖可通，然此以作「大」，於義為長。至若「敖」之作「牧」、「方」，蒙先生之言是矣。

葉公子高次之，司馬子反次之，昭奚恤自居西面之壇。

盧文弨曰：「（發）舊作反，今從〈正義〉所引。」

蒙傳銘曰：「《禮記‧大學》〈校勘記〉云：『司馬子發，惠棟校宋本同。』《渚宮舊事》亦作『司馬子發』。陳鱣校同。」

蔡信發曰：「《渚宮舊事》『葉公子高』作『葉萊公』，『司馬子反』作『司馬子發』。」

茂仁案：「司馬之反次之」，《左傳·宣公十二年》並杜預〈注〉，子反於楚莊王時為司馬。《史記·十二諸侯年表》載司馬子反，卒於楚共王十六年，職是，司馬子反與昭奚恤所處年代相距甚遠；子發，則為楚宣王時人，說見《戰國策·楚策四》、《淮南子·道應篇》、《渚宮舊事》三引，故「子反」當據改作「子發」，下同，盧文弨所校是也。「昭奚恤自居西面之壇」，「居」當改作「尻」，說見卷一「昔者舜自耕稼陶漁而躬孝友」章，「居於闕黨」條校記。

稱曰：「客欲觀楚國之寶器，楚國之所寶者，賢臣也。理百姓，實倉廩，使民各得其所，令尹子西在此。奉珪璧，使諸侯，解忿悁之難，交兩國之歡，使無兵革之憂，太宗子敖在此。

武井驥曰：「〈李固傳〉〈註〉『璧』作『璋』。珪、圭同，《說文》曰：『瑞玉也』。」又曰：「《御覽》『悁』作『憤』、『歡』作『欣』。悁亦忿也。」

茂仁案：「奉珪璧」，《後漢書·李膺傳》李賢〈注〉引、《太平御覽》六二一引「璧」亦並作「璋」。審諸侯遣使聘問，以圭璋為贄，《禮記·聘義篇》云：「以圭璋聘，重禮也。」今此句下文云「使諸侯，解忿悁之難，交兩國之歡，使無兵革之憂」，顯見「圭璧」亦為聘問之贄，璋、璧，並玉之屬，並通，唯作「璋」，於實較符。「解忿悁之難」，《渚宮舊事》三引「悁」作「爭」，《太平御覽》三○五引作「憤」、又六二一引作「狷」，《冊府元龜》二三九作「涓」，忿，古為滂母、文部；憤，古為並母、文部，二者音近、義近可通。悁，古為影母，狷、涓古並為見母，三者並屬元部，狷、涓音同，並與悁音近，可相通用。「交兩國之歡」，《後漢書·李膺傳》李賢〈注〉引、《春秋別典》一二引「歡」作「懽」，《太平御覽》三○五引作「欣」、又六二一引作「忻」。歡、懽、忻、欣，義並同。「使無兵革之憂」，白口十行本「憂」作「變」，並通。

守封疆，謹境界，不侵鄰國，鄰國亦不見侵，葉公子高在此。

茂仁案：祕書本「疆」作「彊」，非是，彊、疆，形近而訛也，他本並不誤。

理師旅，整兵戎，以當彊敵，提枹鼓，以動百萬之眾，所使皆趨湯火，

盧文弨曰：「湯火，《御覽》作使赴湯火，此衍二字。」

武井驥曰：「《御覽》無『所』字，六百二十一及〈李膺傳〉〈註〉同。」

梁容茂曰：「《拾補》云：『《御覽》作使赴湯火，此衍二字。』案：《拾補》謂衍二字，乃指『所』、『皆』。然《文選》四一、《御覽》三○五引，俱作『使皆赴湯火』，則『皆』字未必衍文也。」

茂仁案：「整兵戎」，《後漢書・李固傳》李賢〈注〉引、又〈李膺傳〉李賢〈注〉引、《太平御覽》三〇五引、又六二一引「整」並作「正」，整、正，並通。「以當彊敵」，元刊本、楚府本、何良俊本、楊美益本、白口十行本「彊」並作「疆」，非是，疆、彊，形近而訛也，他本並不誤。「提枹鼓」，祕書本「提」作「楬」，非是，楬、提，形近而訛也。「所使皆趨湯火」，盧文弨所引《御覽》，當指卷六二一言，所衍二字，爲指「所」、「皆」言，而梁先生云「皆」字未必衍，是也。檢《後漢書・李膺傳》李賢〈注〉引、《渚宮舊事》三引亦並作「使皆赴湯火」，《冊府元龜》二三九作「使皆趨湯火」，《群書治要》四二引、《群書集事淵海》三引、《春秋別典》一二引並與本文同，職此，「皆」字未必衍也，又審度上文與此句並列者，並無「所」字，於文例言，則「所」字，蓋衍文也，唯視文義，有「所」字亦通，則「所」字未必爲衍文也。

蹈白刃，出萬死，不顧一生之難，司馬子反在此。

盧文弨曰：「下一生之難四字，章懷〈注〉及《御覽》皆無。」

武井驥曰：「《御覽》無『之難』二字，六百二十一及《治要》同。」

梁容茂曰：「《治要》引，無『之難』二字。《拾補》云：『一生之難四字，章懷〈注〉及《御覽》皆無。』案：《文選》四一、《御覽》三〇五、六二一引，俱有『一生』二字，無『之難』二字。《拾補》失檢。」

茂仁案：梁先生說是也，檢《渚宮舊事》三引亦無「之難」二字，《春秋別典》一二引則無「出萬死」三字。上言盧文弨云章懷〈注〉，爲指《後漢書・李膺傳》李賢〈注〉引；武井驥云《治要》，見卷四二引；梁先生云《文選》四一，爲指司馬遷〈報任少卿書〉李善〈注〉引。

懷霸王之餘議，攝治亂之遺風，昭奚恤在此。唯大國之所觀。」

盧文弨於「懷」上補「若」，曰：「舊無，章懷有。」又曰：「（議），章懷作義。」又曰：「（攝）章懷作獵。」

武井驥曰：「《御覽》『懷』上有『若』字，六百二十一及〈李膺傳〉〈註〉同。」

梁容茂曰：「《拾補》於懷上補『若』字。云：『舊無，章懷有。議，章懷作義。』案：《御覽》三〇五、六二一兩引，俱有『若』字。《拾補》是也。」

茂仁案：「懷霸王之餘議」，度此文義，無「若」字亦通，非必補之，《後漢書・李固傳》李賢〈注〉引、《渚宮舊事》三引、《群書集事淵海》三引、《春秋別典》一二引、《冊府元龜》二三九並無「若」字，即其證也。《後漢書・李固傳》李賢〈注〉

引、又〈李膺傳〉李賢〈注〉引、《太平御覽》三〇五引、又六二一引「議」並作「義」，議、義，古並爲疑母、歌部，音同可通。依文義，「餘議」作「遺法」解，故「議」作「義」似爲長。「攝治亂之遺風」，《後漢書・李膺傳》李賢〈注〉引「攝治」作「獵理」，《渚宮舊事》三引作「攝理」，《群書治要》四二引、《太平御覽》三〇五引、又六二一引並作「撮治」，《冊府元龜》二三九作「酌治」，並通，《太平御覽》六二一引「遺」作「餘」，「遺風」、「餘風」，義同。

秦使者懼然無以對，昭奚恤遂揖而去。秦使者反，言於秦君曰：「楚多賢臣，未可謀也。」遂不伐楚。

　　武井驥曰：「《治要》『懼』作『瞿』，〈李膺傳〉〈註〉同。」

　　梁容茂曰：「（秦使者懼然無以對）《治要》引，懼作『瞿』。」

　　茂仁案：四庫《新序》版本有二，二本並作「懼」，不作「懼」，梁先生以四庫本爲底本，失檢。《後漢書・李膺傳》李賢〈注〉引「懼」作「瞿」，不作「瞿」，《太平御覽》六二一引、《春秋別典》一二引並同，《太平御覽》三〇五引、《冊府元龜》二三九則並作「懼」。懼、懼並从瞿得聲，並可相通用。武井驥引《治要》，見卷四二。

《詩》云：「濟濟多士，文王以寧。」斯之謂也。

　　茂仁案：《詩》，見《詩經・大雅・文王》，祕書本、四庫本、百子本「云」並作「曰」，云、曰，義同。

（十四）晉平公欲伐齊

晉平公欲伐齊，使范昭往觀焉。景公賜之酒，酣，

　　武井驥曰：「《韓詩》卷八『賜』作『錫』，《晏子春秋・雜上篇》作『觴』。」

　　梁容茂曰：「（景公賜之酒酣）《晏子春秋（以下簡稱《晏子》）・雜上》；賜作『觴』；《外傳》八作『錫』。錫、賜，古通。」

　　茂仁案：四庫《新序》版本有二，二本並作「酣」，不作「醖」，梁先生以四庫本爲底本，失檢。「景公賜之酒」，《文選》張景陽〈雜詩〉李善〈注〉、又陸士衡〈演連珠〉李善〈注〉、《太平御覽》五七四、又七六一、《事類賦》一一並引《晏子春秋》「賜」亦作「觴」，《韓詩外傳》八「賜之酒」作「錫之宴」。賜、錫，古並爲心母、錫部，音同可通。審本書凡人主賜來者酒，皆作「觴之」，見諸卷六「士尹池爲荊使

於宋」章，云「司城子罕止而觴之」；「魯孟獻子聘於晉」章，云「宣子觴之」。獨此作「賜之」，於義雖通，於文例未合，「賜」或當從本書文例及《晏子春秋・內篇・雜上篇》改作「觴」為長，「酒」則屬下連讀。

范昭曰：「願請君之樽酌。」

　　武井驥曰：「《韓詩》作『君之倅樽以爲壽』。」

　　蒙傳銘曰：「《晏子春秋・內篇・雜上》作『請君之棄樽』。《後漢書》〈注〉作『願請君之弃酌』。《文選》陸機〈演連珠〉李善〈注〉作『願得君之樽爲壽』。《御覽》七六一引作『請君棄樽酌』，五七四引作『請公之樽酌』。」

　　梁容茂曰：「《晏子・雜上》：樽酌，作『棄樽』。《外傳》八：作『倅樽』。」

　　蔡信發曰：「《晏子》作『范昭起曰：請君之棄鐏』，《外傳》作『范昭趨曰：願君之倅樽以爲壽』。檢：《周書・糴匡》〈注〉：『倅，副也。』二書分以『棄』、『倅』，作『鐏』、『樽』之狀詞，乃示謙遜，實與此義無別。樽、鐏並『尊』字之異體。《正字通》：『鐏，《說文》酒器，字本作尊，後加缶、加木、加瓦、加土者，隨俗所見也。』」

　　茂仁案：武井驥引《韓詩》，見卷八。蒙先生所引（含〈注〉引）並爲引《晏子春秋》之文，檢《太平御覽》五七四引《晏子春秋》作「請公之弃酌」，不作「請公之樽酌」；又七六一引《晏子春秋》作「請君幸樽酌」，不作「請君棄樽酌」，蒙先生蓋失檢耳。檢《春秋別典》七引《韓詩外傳》「昭」下有「趨」字，《文選》張景陽〈雜詩〉李善〈注〉引《晏子春秋》「願請君之樽酌」亦作「願得君之樽爲壽」。「幸」蓋「弃」字形近而致訛也。

公曰：「酌寡人之樽，進之於客。」范昭已飲，晏子曰：「徹樽，更之！」樽觶具矣。

　　武井驥曰：「《韓詩》『進』作『獻』。」

　　梁容茂曰：「《外傳》八：進作『獻』。」

　　茂仁案：「進之於客」，《文選》張景陽〈雜詩〉李善〈注〉、又陸士衡〈演連珠〉李善〈注〉並引《晏子春秋》「進」作「以獻」，並通。「樽觶具矣」，元刊本、楚府本、何良俊本、楊美益本、白口十行本、程榮本、祕書本、四庫本「樽」並作「鐏」，二字本字作「尊」，說見上。

范昭佯醉不悅而起舞，謂太師曰：「能為我調成周之樂乎？吾為子舞之。」

　　茂仁案：「能爲我調成周之樂乎」，《韓詩外傳》八「調」作「奏」，《文選》張景陽〈雜詩〉李善〈注〉、又陸士衡〈演連珠〉李善〈注〉並引《晏子春秋》同，調、奏，義並通。

太師曰：「冥臣不習。」范昭趨而出。

　　武井驥曰：「《韓詩》『冥』作『盲』。」

　　施珂曰：「《外傳》八冥作盲。」

　　梁容茂曰：「《外傳》八：冥臣，作『盲臣』。」

　　茂仁案：「冥臣不習」，《文選》張景陽〈雜詩〉李善〈注〉、又陸士衡〈演連珠〉李善〈注〉並引《晏子春秋》「冥」亦作「盲」，《太平御覽》五七四引《晏子春秋》作「瞑」。瞑、冥、盲，義近。瞑、冥古並爲明母、耕部，與盲，古爲明母、陽部，瞑、冥音同，並與盲爲一聲之轉。「范昭趨而出」，《韓詩外傳》八「趨」作「起」，《太平御覽》五七四作「趍」，趨、趍，正、俗字，此作「趨」是也。

景公謂晏子曰：「晉，大國也，使人來，將觀吾政也。今子怒大國之使者，將奈何？」晏子曰：「夫范昭之為人，非陋而不識禮也，且欲試吾君臣，故絕之也。」景公謂太師曰：「子何以不為客調成周之樂乎？」太師對曰：「夫成周之樂，天子之樂也。若調之，必人主舞之。今范昭，人臣也，而欲舞天子之樂，臣故不為也。」范昭歸，以告平公曰：「齊未可伐也，臣欲試其君，而晏子識之；臣欲犯其禮，而太師知之。」

　　茂仁案：「臣欲試其君」，《後漢書·馬融傳》李賢〈注〉引《晏子春秋》作「吾欲慚其君」，《太平御覽》五七四、又七六一並引《晏子春秋》同，《事類賦》一一引《晏子春秋》作「臣欲慚其君」。「臣欲犯其禮」，王念孫《讀書雜志》六之二《晏子春秋·內篇·雜上》「臣欲犯其禮，而太師知之」云：「禮，本作『樂』。此涉上文『不知禮』而誤。太師掌樂，故曰：『臣欲犯其樂，而太師知之。』若禮，則非太師所掌。且上文屢言成周之樂，則此不得言禮，明矣。《新序·雜事》一作『禮』，亦校書者依俗本《晏子》改之。《韓詩外傳》八，及《文選》張協〈雜詩〉〈注〉、陸機〈演連珠〉〈注〉引《晏子》，並作『欲犯其樂』。」王念孫之說可從，審《晏子春秋·內篇·雜上篇》、《春秋別典》七引《韓詩外傳》「禮」亦並作「樂」，《劉申叔先生遺書·晏子春秋校補》引任淵史容山谷詩〈注〉引「禮」亦作「樂」，職是，「禮」，當據改作「樂」。

仲尼聞之曰：「夫不出於樽俎之閒，而知千里之外，其晏子之謂也，可謂折衝矣，而太師其與焉。」

武井驥曰：「《韓詩》『樽俎』作『俎豆』。」

梁容茂曰：「(夫不出樽俎之閒)《外傳》八：樽俎，作『俎豆』。」

蔡信發曰：「《晏子》文義同此；《外傳》作『孔子曰：善乎！晏子不出俎豆之閒，折衝千里』，未嘗許及太師，與此異。」

茂仁案：四庫《新序》版本有二，二本「出」下並有「於」字，梁先生以四庫本爲底本，失檢。「夫不出於樽俎之閒，而知千里之外，其晏子之謂也，可謂折衝矣」，文不符實，王念孫《讀書雜志》六之二《晏子春秋・內篇・雜上》「仲尼聞之曰：『夫不出於尊俎之閒，而知千里之外，其晏子之謂也，可謂折衝矣！』」辯之甚詳，其文云：「案此文本作『夫不出於尊俎之閒，而知衝千里之外，其晏子之謂也。』無『可謂折衝矣』五字。知衝，即折衝也。知、折聲相近，故字亦相通。(說見《經義述聞》《大戴記》)《荀子・勸學篇》『鍥而舍之，朽木不折』。《大戴記》『折』作『知』(宋元明本皆如是，俗本依《荀子》改知爲折，辯見《經義述聞》)是其證也。舊本『知』下脫『衝』字，而後人不知，又於晏子之謂也下，加『可謂折衝矣』五字，謬矣。(高〈注〉《呂氏春秋》云：『衝車，所以衝突敵軍而陷破之也。』有道之國，不可攻伐，使欲攻己者，折還其衝車於千里之外，不敢來也，故曰不出於尊俎之閒，而折衝千里之外。作知衝者，借字耳，不當更有可謂折衝矣五字。)《新序》與此同。亦校書者依俗本《晏子》改之。《後漢書・馬融傳》〈注〉、《太平御覽》器物部六引《晏子》並作『起於尊俎之閒，而折衝千里之外』。《文選》張協〈雜詩〉〈注〉、〈冊・魏公九・錫文〉〈注〉、〈爲袁紹檄豫州文〉〈注〉、〈爲石仲容與孫皓書〉〈注〉、〈演連珠〉〈注〉、〈楊荊州誄〉〈注〉、並引作『不出尊俎之閒，而折衝千里之外，晏子之謂也』。皆無『可謂折衝矣』五字。《大戴記・王言篇》：『明王之守也，必折衝乎千里之外。』《呂氏春秋・召類篇》：『夫脩之於廟堂之上，而折衝乎千里之外者，其司城子罕之謂乎！』文義並與《晏子》同。《韓詩外傳》：『孔子聞之曰：善乎！晏子！不出俎豆之閒，折衝千里。』即本於《晏子》，且據《後漢書》、《文選》〈注〉、《太平御覽》所引，皆作『折衝千里之外』，則今本《晏子》『知千里之外』，『知』下脫去『衝』字，而知衝即是折衝，不當更有可謂折衝句明矣。」王念孫說甚是。《春秋別典》七引《韓詩外傳》作「善乎！晏子！不出俎豆之閒，折衝千里」，是其明證，據此，則此句當改作「夫不出於樽俎之閒，而知衝千里之外，其晏子之謂也」。何良俊本「閒」作「問」，非是，問、閒，形近而訛也。

（十五）晉平公浮西河

晉平公浮西河，中流而歎，曰：「嗟乎！安得賢士與共此樂者？」

盧文弨曰：「《說苑・尊賢篇》作趙簡子，《御覽》四百七十五云『《新序》稱晉平公』。」

武井驥曰：「《說苑・尊賢篇》『晉平公』作『趙簡子』。」

施珂曰：「《文選》潘正叔〈贈陸機出爲吳王郎中令〉〈注〉、李斯〈上秦始皇書〉〈注〉、《藝文類聚》二八、《御覽》八○二引此，皆作晉平公。《外傳》六同。」

蒙傳銘曰：「據《史記・十二諸侯年表》，晉平公在位二十六年（西元前557至532年），晉頃公在位十四年（西元前525至512年）。據〈趙世家〉及〈六國年表〉〈索隱〉，趙簡子即位，爲晉頃公九年（西元前517年）事，其時距晉五公之卒，纔十五年耳，是船人固桑之及對晉平公與趙簡子，俱有可能。然此節所述，《韓詩外傳》、《新序》、《說苑》三書大略相同，賴君炎元《韓詩外傳疏證》卷六云：『《外傳》載此事，以爲晉平公時事，《新序》同，《說苑》作趙簡子，《新序》、《說苑》並出劉向之手，以傳聞異辭，並兩載之。』（見《韓詩外傳考徵》）蓋得其實。」

梁容茂曰：「（晉平公浮於西河而歎曰）《外傳》六：浮作『游』；歎，作『樂』。《說苑・尊賢篇》：晉平公，作『趙簡子』。『歎』上有『樂之』二字。」

蔡信發曰：「《說苑》以爲趙簡子事，是乃傳聞疑詞。《外傳》、《說苑》並無『西』。據《說苑斠補》，當有『西』字。」

茂仁案：四庫《新序》版本有二，二本並無「於」字、且「河」下並有「中流」二字，梁先生以四庫本爲底本，失檢。「晉平公浮西河」，施先生所載，爲引《新序》之文。檢《北堂書鈔》三四引、《白氏六帖》二引、《文選》潘正叔〈贈侍御史玩睨〉李善〈注〉引、《類說》三○引、《靖康緗素雜記》七引、《喻林》六八引、《春秋別典》七引、《永樂大典》一○八八九〈古氏〉〈注〉亦並作「晉平公」。審浮西河者，一說晉平公，一說趙簡子，《史記・六國年表》〈索隱〉云：趙「簡子以頃公九年在位，（中略）在位六十年也。」又《史記・十二諸侯年表》載，晉平公在位二十六年，其下晉昭公在位六年，晉頃公在位十四年。趙簡子於晉頃公九年立，則其上距晉平公之卒，不過十五年。職此，船人固桑之與晉平公或與趙簡子問答，並有可能，蒙先生之論是也，蓋以人事近難考，抑或傳聞所致異耳。又《說苑・尊賢篇》作「趙簡子游於河而樂之」，《韓詩外傳》六作「晉平公游於河而樂」，《北堂書鈔》三三引、《藝文類聚》二八引「浮」並作「游」，《春秋別典》七引作「泛」，浮、游、泛，義近，上引諸書並無「西」字。《後漢書・班彪傳》李賢〈注〉、又〈孟嘗傳〉李賢〈注〉、

《杜工部草堂詩箋》八〈陪李金吾花下飲〉〈箋〉、《太平御覽》四七五並引《說苑》作「趙簡子遊於西河」，並有「西」字，《北堂書鈔》三四引、《藝文類聚》二八引、《太平御覽》八○二引、《類說》三○引、《靖康湘素雜記》七引、《春秋別典》七引亦並有「西」字，與本文同。《漢書‧地理志上》顏〈注〉云：「西河即龍門之河也，在冀州西，故曰西河。」「西」字之有無，概其範圍廣狹之異耳。祕書本「浮」作「浧」，非是，浧、浮，形近而譌也。「中流而歈」，祕書本「歈」作「嘆」，《說文》八篇下欠部云：「歈，吟也，謂情有所悅，吟歈而歌詠。」段〈注〉云：「悅當作說。『謂情』已下十字，各本無。今依李善〈注〉盧諶〈覽古詩〉所引補。蓋演《說文》語也。古歈與嘆義別。歈與喜、樂為類，嘆與怒、哀為類。如〈樂記〉云：『一唱而三歈，有遺音者矣。』又云：『長言之不足，故嗟歈之；嗟歈之不足，故不知手之舞之，足之蹈之。』《論語》『喟然歈曰。』皆是此歈字。〈檀弓〉曰：『戚斯嘆，嘆斯擗。』《詩》云：『而無永嘆，唧其嘆矣，慆我寤嘆。』皆是嘆字。」又《說文》二篇上口部云：「嘆，吞歈也。」段〈注〉云：「歈近於喜，嘆近於哀，故嘆訓吞歈，吞其歈而不能發。」據此，「歈」當據改作「嘆」。

船人固桑進對曰，君言過矣。

　　武井驥曰：「《說苑》作『古乘』，《韓詩》作『盍胥跪而對』。」

　　施珂曰：「《文選》陸倕〈新刻漏銘〉〈注〉引作固乘，《書鈔》三四引作周乘，《說苑》作古乘。」

　　蒙傳銘曰：「固桑，《後漢書‧循吏傳‧孟嘗傳》〈注〉作『古桑』，《御覽》四七五、《杜工部草堂詩箋》八並同。〈班固傳〉〈注〉作『吉桑』，《漢書‧古今人表》有『晉船人固來』，師古曰：『即固乘也。』王先謙〈補注〉引錢大昕曰：『《新序‧雜事篇》作固桑，《說苑‧尊賢篇》作古乘，與顏〈注〉同（固即古字）。來、乘皆桑之譌。《韓詩外傳》作盍胥（銘案：《治要》八引《外傳》，作盍胥），《文選》〈注〉引作蓋胥，蓋、盍皆讀古合切，與固聲近，桑、胥亦聲近也。』」

　　梁容茂曰：「《外傳》六：固桑，作『蓋胥』；《說苑‧尊賢篇》作『古乘』。」

　　蔡信發曰：「《外傳》作『盍胥』，《說苑》、《漢書‧古今人表》〈注〉作『古乘』，〈古今人表〉作『古來』，《後漢書‧循吏傳》〈注〉作『古桑』，〈班彪傳〉〈注〉作『古桑』，《文選》四十一〈注〉作『蓋胥』。錢大昕以固即古字，來、乘皆桑之譌，蓋、盍皆與固聲近，桑與胥亦聲近。說見〈人表補注〉所引。案：吉，當古之形近而譌。又固桑云云，《外傳》作『主君亦不好士耳。夫珠出於江海，玉出於崑山，無足而至者，猶主君之好也，士有足而不至者，蓋主君無好士之意，無患乎無士也』，

《說苑》作『夫珠玉無足，去此數千里而所以能來者，人好之也。今士有足而不來者，此是吾君不好之乎』，並不言劍事，餘則與此義同而文略異。」

茂仁案：《韓詩外傳》六「固桑」作「盍胥」，梁先生云作「蓋胥」，失檢。《北堂書鈔》三四引「固桑」作「周乘」，《後漢書・班彪傳》李賢〈注〉引《說苑》作「吉桑」、又七六〈孟嘗傳〉〈注〉、《杜工部草堂詩箋》八〈陪李金吾花下飲〉〈注〉、《太平御覽》四七五並引《說苑》作「古桑」，《文選》盧子諒〈荅魏子悌〉李善〈注〉引《韓詩外傳》作「孟胥」，《文選》陸佐公〈新刻漏銘〉李善〈注〉引作「固乘」，《藝文類聚》九〇、《群書治要》八、《文選》四一孔文舉〈論盛孝章書〉、《太平御覽》九一六並引《韓詩外傳》作「蓋胥」，《春秋別典》七引作「盍胥」，《永樂大典》一〇八八九作「古乘」，《天中記》五八引《韓詩外傳》作「蓋嘗」。審「周」，蓋「固」之形訛；「盍」、「孟」疑爲「蓋」之形訛；「乘」爲「桑」之形訛。固、古、吉、蓋，古並爲見母（魚、魚、質、月部），並一聲之轉，可通，下同。《太平御覽》八〇二引無「進」字。《韓詩外傳》六「進」作「跪」，《群書治要》八、《藝文類聚》九〇、《文選》盧子諒〈荅魏子悌〉李善〈注〉、《太平御覽》九一六、《喻林》六八、《天中記》五八並引《韓詩外傳》同，《春秋別典》七引亦並同。

夫劍產干越，珠產江漢，玉產昆山，此三寶者，皆無足而至。今君苟好士，則賢士至矣。」

武井驥曰：「《御覽》『于』作『於』。《選》〈註〉同。《春秋》定五年《經》曰：『於越入吳。』《淮南子》曰：『於越生葛絺。』《荀子》曰：『于越夷貊之子，生而同聲。』《竹書紀年》曰：『周成王二十四年，於越來賓。』驥按：杜預曰：『於，發聲也。』高誘曰：『於越，夷言也。』是。楊倞曰：『于越，猶言吳越也。』非。」

茂仁案：「夫劍產干越」，《靖康湘素雜記》七引「干越」作「于越」，元刊本、楚府本、何良俊本、楊美益本、白口十行本、程榮本、四庫本、鐵華館本、龍溪本並同，《文選》潘正叔〈贈陸機出爲吳王郎中令〉李善〈注〉兩引、又李斯〈上書秦始皇〉李善〈注〉引、《太平御覽》八〇二引、《類說》三〇引並作「於越」，祕書本同。王念孫《讀書雜志》四之十四《漢書・貨殖傳》「于越」條云：「『于越』本作『干越』。干音干戈之干，干越者，吳越也。《墨子・兼愛篇》曰：『禹南爲江、漢、淮、汝東流之，注五湖之處，以利荊楚、干越與南夷之民。』《莊子・刻意篇》曰：『夫有干越之劍者。』〈釋文〉司馬云：『干，吳也。吳越出善劍也（下略）。』《荀子・勸學篇》曰：『干越夷貊之子。』楊倞曰：『干越猶言吳越。』《淮南・原道篇》曰：『干越生葛絺。』高〈注〉曰：『干，吳也。』是干越即吳越也。干越爲二國，故云

戎翟之與干越，猶《墨子》之言荊楚、干越，《荀子》之言干越、夷貉也。若《春秋》之『於越』，即是越而以於爲發聲，視此文之干越與戎翟對舉者不同。（中略）《文選·吳都賦》：「包括干越。」李善〈注〉引此文正作『干越』，又引〈音義〉云：『干，南方越名也。』《太平御覽》〈州郡部〉十六引此亦作『干越』，又引韋昭〈注〉云：『干越，今餘干縣越之別名。』是其證（下略）。」王說是也，《讀書雜志》七之二《墨子·兼愛》「荊楚于越南夷之民」條、又八之一《荀子·勸學》「干越」條、又九之一《淮南子·原道篇》「干越」條，說略同。審此「劍產干越」，與下文「珠產江漢」、「玉產昆山」正相對爲文，「干越」適與「江漢」、「昆山」對，若作「于越」則非是矣，今各本作「于（於）越」，並爲「干越」之誤也。白口十行本「昆」作「崐崐」，崐从昆得聲，二者可相通用。

平公曰：「固桑來，吾門下食客者三千餘人，

　　武井驥曰：「《韓詩》作『吾食客門左千人，門右千人，租作賦』，《說苑》作『吾門左右客千人。』」

　　梁容茂曰：「（食客者二千餘人）《外傳》六作：『吾食客門左千人，門右千人。』《說苑·尊賢篇》作：『吾門左右千人。』何本、程本、百子本：二，俱作『三』。」

　　蔡信發曰：「《外傳》作『吾食客門左千人，門右千人』，《說苑》作『吾門左右客千人』，並與此異。」

　　茂仁案：四庫《新序》版本有二，二本並作「三」，不作「二」，梁先生以四庫本爲底本，失檢。《靖康湘素雜記》七引「三千餘人」作「三千人」，《類說》三○引作「三千」，《春秋別典》七引作「二千人」，諸書所引並與此異，蓋皆舉其成數爲言也。梁先生引《說苑》，「右」下奪「客」字，失檢。

朝食不足，暮收市租；暮食不足，朝收市租。吾尚可謂不好士乎？」

　　梁容茂曰：「（君尚可謂不好士乎）《外傳》六：君，作『吾』。《說苑》同。何本、程本、百子本亦同作『吾』。作『吾』，是也。」

　　茂仁案：四庫《新序》版本有二，二本並作「吾」，不作「君」，梁先生以四庫本爲底本，失檢。各本並作「吾」，不誤。《韓詩外傳》六兩「市租」作「市賦」，《說苑·尊賢篇》作「市征」。

固桑對曰：「今夫鴻鵠高飛沖天，然其所恃者六翮耳。夫腹下之毳，背上之毛，增去一把，飛不爲高下。不知君之食客，

　　盧文弨曰：「（客）《御覽》引此句，下有『三千餘人』，此脫。」

蒙傳銘曰：「盧說也。陳鱣校此句，下亦補『三千餘人』四字。」

茂仁案：「不知君之食客」，審此句承上爲言，上既已明言「食客三千餘人」，於此則但言「食客」，略去人數「三千餘人」四字可也，無「三千餘人」四字，於義亦足，《靖康湘素雜記》七引、《類說》三〇引、《春秋別典》七引並無「三千餘人」四字，即其明證也。

六翩邪？將腹背之毳也？」平公默然而不應焉。

盧文弨改『將』作『抑』，並曰：「（『之』下）一本有『毛』字。」

武井驥曰：「吳本『毳』上有『毛』字。」

蒙傳銘曰：「宋作作『將』，陳鱣校亦改作『抑』，並云：『一本作‘腹背之毛毳也’。』何良俊本同。此句承上文『夫腹下之也毛，背上之毛』言之，則『毳』上有『毛』字是也，當據補。」

梁容茂曰：「（將腹背之毛毳也）《拾補》云：『一本之下有毛字。』案：四庫本有。《拾補》：將作『抑』。案：《外傳》六、《說苑・尊賢篇》：並作『將』。案：將，猶『抑』也。《楚辭・卜居》：『吾寧悃悃款款朴以忠乎？將送往勞來斯無窮乎？』將，抑也，或也，爲選擇之詞。」

茂仁案：「六翩邪」，祕書本、鐵華館本、百子本、龍溪本「邪」並作「耶」，邪、耶古通。「將腹背之毳也」，盧文弨、陳鱣並將「將」校改爲「抑」，審「將」與「抑」義通，見《經傳釋辭》八，「將」，實不煩改字。又審此句爲承上文「夫腹下之毳，背上之毛」言之，則此「毳」上有「毛」字是也，蒙先生云何良俊本「毳」上亦有「毛」字，今檢何良俊本，「毳」上無「毛」字，又梁先生云四庫本「之」下亦有「毛」字，今檢四庫《新序》版本有二，二本「之」下並無「毛」字。審上文「夫腹下之毳，背上之毛」，腹下爲毳、背上爲毛，今本句腹、背連言，「之」下自不應奪「毛」字，故以有「毛」字爲是，《韓詩外傳》六作「將皆背上之毛，腹下之毳耶」，《說苑・尊賢篇》作「將盡毛毳也」，二書並有「毛」字，《靖康湘素雜記》七引「之」下亦有「毛」字，白口十行本亦同，並其證也，當據補。

（十六）楚威王

楚威王問於宋玉曰：「先生其有遺行耶？何士民眾庶不譽之甚也。」

盧文弨曰：「《文選》作『襄王』。」

武井驥曰：「《文選》卷四十五作『楚襄王』。」

　　蒙傳銘曰：「宋玉事跡，明書其時代性，以此文所述楚威王之時為最早。其次為宋玉事楚懷王，見《北堂書鈔》卷三十三引〈宋玉集序〉。又次為宋玉事楚襄王，見《新序・雜事五》。考楚威王在位十一年（西元前 339 至 329 年），楚懷王在位三十年（西元前 328 至 299 年），楚襄王在位三十六年（西元前 298 至 263 年），自楚威王元年（西元前 339 年）至楚襄王卒年（西元前 263 年），其間首尾相距，凡七十七年，而宋玉之生卒年數，尚不計在內，是知宋玉享壽，當在百歲以上，衡之情理，似未必然。且宋玉之仕楚襄王時，於其自著之〈風賦〉、〈高唐賦〉、〈神女賦〉（並見《文選》）、〈大言賦〉、〈小言賦〉、〈諷賦〉、〈釣賦〉、〈舞賦〉（並見《古文苑》）等，皆詳言之。至其仕楚威王時，則除《新序》此文而外，別無佐證，況《文選》所載此文，明謂為『楚襄王』乎？《史記・屈原賈生列傳》云：『屈原既死之後，楚有宋玉、唐勒、景差之徒者，皆好辭而以賦見稱。』《漢書・藝文志》云：『宋玉賦十六篇。』班固自〈注〉：『楚人，與唐勒並時，在屈原後也。』王逸〈九辯序〉云：『〈九辯〉者，楚大夫宋玉之所作也。……宋玉者，屈原弟子也，閔惜其師，忠而放逐，故作〈九辯〉，以述其志。』是馬遷、班固謂宋玉為屈原之後學，王逸謂宋玉為屈原之弟子，其年事當必後於屈原，屈原仕於楚懷王之世，而卒於頃襄王之時，由是言之，宋玉似不及仕楚威王也。疑此文所言『楚威王』，當為『楚襄王』之誤。」

　　梁容茂曰：「《文選》卷四五宋玉〈對楚王問〉：威王，作『襄王』。案：《新序・雜事五》謂宋玉事楚襄王，《北堂書鈔》卷三十三〈宋玉集序〉謂宋玉事楚懷王。威王、懷王、襄王係祖孫三代，時代相當久遠，故其生平實莫能明。」

　　蔡信發曰：「《文選》『威王』作『襄王』。《校補》：『威王、懷王、襄王係祖孫三代，時代相當久遠，故其生平實莫能明。』據《史記・年表》、〈楚世家〉，威王名熊商，在位十一年卒。子槐立，是為懷王。三十年，秦昭王詐誘懷王，會於武關，脅與俱歸。子橫自齊至而立，是為頃襄王。居三年，懷王客死於秦。威王，襄王之祖，據年表，自威王末年，訖襄王元年，其間相隔三十一年，不可謂不遠。《史記・屈原傳》：『屈原既死之後，楚有宋玉、唐勒、景差之徒者，皆好辭而以賦見稱，然皆祖屈原之從容辭令，終莫敢直諫。』屈原嘗為懷王左徒，襄王時投汨羅江以死，而宋玉年事又在其後，自不得對威王之問。《楚辭》章句八：『宋玉者，屈原弟子也。』是說固無別佐證，然察其年代正合。又《外傳》七既本書卷五並明載宋玉因其友以見楚襄王，襄王待之無以異，不事威懷二王明矣。復檢宋玉〈風賦〉，見錄《文選》卷十三；〈高堂賦〉暨〈神女賦〉，見錄《文選》卷十四，並謂對楚襄王之問。職是，本文威王為襄王之誤，應無疑竇。」

　　茂仁案：宋玉事楚威王，除見本文外，別見《長短經・論士篇》、《杜工部草堂

詩箋》三二〈題柏大兄弟山居屋壁二首〉〈箋〉引、《太平御覽》七二引、又九三八
引《春秋後語》、《錦繡萬花谷・續集》三○引；其事楚懷王，則但見上引《北堂書
鈔》三三「薑桂因地」〈注〉引〈宋玉集序〉云云；其事楚襄王之佐證則多矣，除上
言外，別見《全三代文》宋玉〈對楚王問〉及《文選》宋玉〈對楚王問〉、又陸士衡
〈演連珠〉李善〈注〉，《北堂書鈔》一○六「白雪歌」〈注〉，《藝文類聚》四三、《事
類賦》一一、《太平御覽》五七二並引《襄陽耆舊傳》、《太平御覽》五九一引《唐書》、
《事類賦》一八並作「楚襄王」。蒙先生以本文楚威王當爲襄王之誤，蔡先生則明申
其爲誤。愚以爲一人歷事多王，所在多有，宋玉之爲屈原徒弟（但見《楚辭》王逸
〈九辯序〉，未見他書載及），年紀未必即幼於屈原；屈原以賦見稱，其死之後，宋
玉方起而以賦名，亦未可遽然以此言宋玉即幼於屈原。且威王（祖）、懷王（父）、
襄王（子）三代，如蔡先生所論，自楚威王末年至楚襄王元年，其間相距唯三十一
年耳，衡諸情理，宋玉並得而事之也，誠難考而傳聞致異耳。「先生其有遺行耶」，
元刊本、楚府本、何良俊本、楊美益本、白口十行本、程榮本、祕書本、四庫本、
百子本「耶」並作「邪」，耶、邪，古通。

宋玉對曰：「唯，然，有之。願大王寬其罪，使得畢其辭。客有歌於郢中者，
其始曰下里巴人，國中屬而和者數千人；其爲陽陵採薇，國中屬而和者數百
人；其爲陽春白雪，國中屬而和者數十人而已也；
　　武井驥曰：「《文選》作『陽阿薤露』。」
　　梁容茂曰：「（國中屬而和者數十人而已）《文選》作『其爲陽阿薤露』。」
　　蔡信發曰：「《文選》作『陽阿薤露』。」
　　茂仁案：四庫《新序》版本有二，二本「已」下並有「也」字，梁先生以四庫
本爲底本，失檢。「其爲陽陵採薇」，《淮南子・說山篇》、又〈人間篇〉「陽陵採薇」
並作「陽阿采菱」，《玉臺新詠》四引、《文選》宋玉〈對楚王問〉並作「陽阿薤露」，
《北堂書鈔》一○六〈注〉引《襄陽耆舊傳》作「陽阿採菱」，《藝文類聚》四三、《太
平御覽》五七二並引《襄陽耆舊傳》作「陽阿采菱」，審《初學記》一五云：「李延
年古歌曲有：陽陵、白露、朝日、魚麗、白水、白雪、江南、陽春、淮南、駕辯、
涤水、陽阿、採菱、下里、巴人（並見《襄陽耆舊傳》及《梁元帝纂要》）。」此又
見《太平御覽》五七三引《古樂志》云云，審上引古樂曲，其次序爲由難而易，今
本文首言「下里巴人」其和者數千人，次言「陽陵採薇」其和者數百人，末言「陽
春白雪」其和者數十人，「陽陵」爲介於「下里巴人」與「陽春白雪」之間，顯與古
樂曲之排序不同，且「採薇」不見古樂曲名。唯據《初學記》一五引李延年古歌曲

名及古樂志云云，「陽陵、探薇」，當即「陽薇、探陵」之錯置也，《六臣註文選》宋玉〈招魂〉「涉江採菱發揚荷些」〈注〉引王逸〈注〉曰：「楚人歌曲也。」張銑〈注〉曰：「涉江、採菱、陽阿，皆楚歌曲名。『荷』當爲『阿』」，《太平御覽》五六五引《淮南子》云：「奏雅樂者，如于陽阿、採菱（許慎〈注〉曰：『楚樂之名也。』）」並言「陽荷（阿）」、「採菱」，即其明證也，今據改。陵、菱，古並爲來母、蒸部，音同可通。阿，古爲影母、歌部；荷，古爲匣母、歌部，阿、荷，音近可通。

引商刻角，雜以流徵，國中屬而和者不過數人。

梁容茂曰：「（雜以流微）《文選》：角，作『羽』。」

蔡信發曰：「《文選》：『角』，作『羽』。」

茂仁案：四庫《新序》版本有二，二本並作「徵」，不作「微」，梁先生以四庫本爲底本，失檢。「引商刻角」，《文選》宋玉〈對楚王問〉作「引商刻羽」，四庫本同，又陸士衡〈演連珠〉李善〈注〉、《藝文類聚》四三、《太平御覽》五七二、《事類賦》一一並引《襄陽耆舊傳》作「含商吐角，絕節赴曲」，所載較此爲詳，且上引諸書「商」並作「商」，《喻林》四二引同，四庫本、鐵華館本、龍溪本並同。作「商」，非是，商、商，形近致訛也，當據改。

是其曲彌高者，其和彌寡，故鳥有鳳而魚有鯨。

盧文弨曰：「鯨，《文選》作鯤，下同。」

武井驥曰：「《文選》『鯨』作『鯤』。下同。」

梁容茂曰：「《文選》：鯨，作『鯤』。下同。」

蔡信發曰：「《文選》『鯨』作『鯤』，下同。」

茂仁案：上言《文選》，爲指宋玉〈對楚王問〉。鯨、鯤，並大魚之屬。

鳳鳥上擊于九千里，絕浮雲、負蒼天、翱翔乎窈冥之上，

武井驥曰：「《文選》『鳥』作『皇』、『浮雲』作『雲霓』、『窈』作『杳』，通。」

梁容茂曰：「（鳳鳥上擊九千里）鳳鳥，作『鳳皇』；浮雲，作『雲霓』。」

茂仁案：「鳳鳥上擊于九千里」，四庫《新序》版本有二，二本「擊」下並有「于」字，梁先生以四庫本爲底本，失檢。《文選》宋玉〈對楚王問〉、《長短經·論士篇》、《藝文類聚》九〇、《太平御覽》九三八引《春秋後語》並無「于」字，且《文選》宋玉〈對楚王問〉、《太平御覽》九三八引《春秋後語》「鳥」並作「凰」，審本句與下文「鯨魚朝發崑崙之墟」並列。若此「于」字不刪，則下文，以作「鯨魚朝發于崑崙之墟」爲長。「翱翔乎窈冥之上」，《文選》宋玉〈對楚王問〉「窈」作「杳」，窈、

杳，義近。窈，古爲影母、幽部；杳，古爲影母、宵部，二者一聲之轉，可通。

夫糞田之鴳，豈能與之斷天地之高哉！

盧文弨曰：「（斷）疑𪂧，《文選》作絕。」

武井驥曰：「《文選》『糞田』作『蕃籬』，『斷』作『料』」

施珂曰：「《文選》宋玉〈對楚王問〉作料，不作絕。盧氏失檢。」

梁容茂曰：「《文選》作：『夫糞籬之鴳』，斷，作『料』。《拾補》云：『斷，疑作𪂧，《文選》作絕。案：𢇍，古文‘絕’。』」

蔡信發曰：「《文選》、《長短經》『田』作『籬』，『鴳』作『鷃』。鴳從安得聲，鷃從晏得聲，古爲同音，實爲一字之異體。《說文》：『鴳，雇也。』〈注〉『鴳，又作鷃』。」

茂仁案：「夫糞田之鴳」，檢《文選》宋玉〈對楚王問〉、《長短經·論士篇》，「糞」並作「蕃」，審《全三代文》宋玉〈對楚王問〉、《長短經·論士篇》「糞田之鴳」並作「蕃籬之鴳」，《藝文類聚》九〇同，《文選》宋玉〈對楚王問〉、《太平御覽》九三八引《春秋後語》並作「潘籬之鷃」，《事類賦》一八作「蕃籬之鷗」，鴳、鷃、鷗，古並爲影母、元部，並音同可通。《文選》「糞田」作「蕃籬」，梁先生云作「糞籬」，失檢。「豈能與之斷天地之高哉」，《長短經·論士篇》「斷」亦作「料」，《藝文類聚》九〇、《太平御覽》九三八引《春秋後語》並同，斷、料，義通。

鯨魚朝發崑崙之墟，暴鰭於碣石，暮宿於孟諸。

茂仁案：「鯨魚朝發崑崙之墟」，《文選》宋玉〈對楚王問〉「鯨魚」作「鯤魚」，《太平御覽》九三〇引《楚國先賢傳》作「神龍」。

夫尺澤之鯢，豈能與之量江海之大哉？

茂仁案：《大平御覽》九三〇引《楚國先賢傳》「量」作「料」，量、料，義通。

故非獨鳥有鳳而魚有鯨也，士亦有之。夫聖人瑰意奇行，超然獨處，世俗之民又安知臣之所為哉！」

盧文弨曰：「奇，《文選》作琦」，《長短經·論士》「瑰意奇行」作「瑰琦意行。」

武井驥曰：「《文選》『奇』作『琦』，呂向曰：『瑰，大。琦，美也。玉自言其才俗人所不知。』」

梁容茂曰：「《文選》：奇，作『琦』。」

蔡信發曰：「《文選》『奇』作『琦』，《長短經》作「瑰琦意行。」

茂仁案：奇、琦，古並爲群母、歌部，音同可通。如六臣註《文選》呂向〈註〉言，於文以作『琦』爲是，則『奇』爲『琦』之借字也。祕書本「行」作「存」，非是，存、行，形近致訛也。

（十七）晉平公間居

晉平公間居，師曠侍坐。

茂仁案：「晉平公間居」，《春秋別典》七引、《焦氏類林》一引、《喻林》九引「間」並作「閒」，楚府本、白口十行本、祕書本、四庫本、鐵華館本、龍溪本並同，百子本「閒」作「閑」，《太平御覽》四二八引則與本文同。間、閒古同爲見母、元部；閑，古爲匣母、元部。閒、間，古、今字，並與「閑」音近，可相通用。又「居」當改作「尻」，說見卷一「昔者舜自耕稼陶漁而躬孝友」章，「居於闕黨」條校記。

平公曰：「子生無目眹，甚矣！子之墨墨也！」

武井驥曰：「《御覽》四百二十八引，作『默默』。下同。《說文》曰：『眹，目睛也。』俗謂目童子，賈公彥曰：『無目之眹脈，謂之瞽；有目眹而無見，謂之矇。』《正字通》曰：『闇昧謂之墨墨』。」

石光瑛曰：「『眹』舊本作『睽』，案：《說文》目部無睽，〈新坿〉始收此字。鈕樹玉曰：『《玉篇》無睽，《廣韻》云：「睽，目童子也，又吉亡形兆謂之兆睽。」《周禮》瞽矇〈注〉鄭司農云：「無目睽謂之瞽，有目睽而無見謂之矇。」睽疑即瞬字之俗，《隸釋》載高睽修周公禮殿記，洪氏曰：「諸書多有誤爲睽者」，則漢時已有睽字。』光瑛案：《說文》瞽下云：『目但有眹也。』段玉裁曰：『眹俗作睽。眹從舟，舟之縫理也。引申之，凡縫皆曰眹，但有眹者，才有縫而已。《釋名》曰：「瞽，鼓也，瞑瞑目平合如鼓皮也。」鄭司農云：「無目眹謂之瞽。」韋昭曰：「無目曰瞽。」皆與許異。』以上段說是也。眹，篆文作䑞。鈕氏以瞬爲眹之本字，殊屬無理，止當作眹，後人改從目。洪氏反以眹爲誤，宋人疏於小學，不足信也。近番禺徐氏灝作《說文段注箋》，謂段以目縫爲眹非是，『目但有眹』，言但有體質而無精光，眹即眹兆之義。攷段以縫爲眹縫者，隙也。凡事有一隙之明可窺見者，謂之眹，眹兆之義即由此而生，徐反援眹兆之說以駁段氏，非也。無目謂目全盲，焂縫理無之。《莊子·駢拇篇》〈釋文〉謂師曠生而無目，是其證。今從段說改『睽』爲『眹』。《御覽》四百二十八引無『眹』字。」

施珂曰：「《御覽》四二八引墨墨作默默，下同，墨、默古通。」

梁容茂曰：「《御》四二八引：墨墨，作『默默』。下同。墨墨與默默，通用。」

茂仁案：「子生無目朕」，石光瑛以《說文》無「朕」字，而據段玉裁〈注〉：「朕從舟，舟之縫理也。引申之，凡縫皆曰朕。」並言凡事有一隙之明可窺見者，謂之朕，以證本文當作「朕」，此說可慮。《周禮・春官・宗伯・大師》鄭〈注〉引鄭司農云：「無目朕謂之瞽，有目朕而無見謂之矇，有目無眸子謂之瞍。」字正作「朕」，則「朕」字漢時已有，又賈公彥〈疏〉云：「凡樂之歌必使瞽矇為焉者，此鄭欲解作樂使瞽矇之意。以其無目，無所睹見，則心不移於音聲，故不使有目者為之也，云命其賢知者以為大師小師者，此乃師曠之徒亦無目者，故引為證也。」師曠為晉樂師，而樂師於古時以瞽者為之，其用意賈〈疏〉之言得之矣，如石光瑛之言「無目謂目全盲，……《莊子・駢拇篇》〈釋文〉謂師曠生而無目」，益證師曠之為瞽矇，即以其無所睹見，心乃得不移於音聲，故得以為樂師，鄭司農、賈公彥之言得之，故以段〈注〉「凡縫皆曰朕」及「凡事有一隙之明可窺見者，謂之朕」，為解目全盲之師曠，不亦失乎？今以目盲之故，故字當从目作「朕」為是，《春秋別典》七引、《焦氏類林》一引、《喻林》九引「朕」並作「朕」，元刊本、楚府本、何良俊本、楊美益本、白口十行本、程榮本、四庫本、鐵華館本、百子本、龍溪本「朕」亦並作「朕」，武井驥纂註本亦作「朕」，並為其明證也，當據改。「子之墨墨也」，《太平御覽》四二八引「墨墨」作「默默」，《類說》三〇引、《群書集事淵海》一五引、《春秋別典》七引、《焦氏類林》一引、《喻林》九引並作「墨墨」則與本文同。墨、默，古並為明母、職部，音同可通，下同。

師曠對曰：「天下有五墨墨，而臣不得與一焉。」

梁容茂曰：「《御覽》四二八引：與，作『預』。」

茂仁案：《類說》三〇引「與」作「語」。語，蓋為「與」之音訛。與，作動詞。與、預古並為余母、魚部，音同可通。

平公曰：「何謂也？」師曠曰：「群臣行賂，以采名譽，百姓侵冤，無所告訴，而君不悟，此一墨墨也；忠臣不用，用臣不忠，下才處高，不肖臨賢，而君不悟，此二墨墨也；

梁容茂曰：「（辭臣行賂）《御覽》四二八引：賂，作『賄』；采，作『採』；訴，作『愬』。案：采、採，古今字；愬，同訴。《孟子・梁惠王》：『皆欲赴愬於王』。」

茂仁案：「群臣行賂，以采名譽，百姓侵冤，無所告訴」，四庫《新序》版本有二，二本並作「群臣」，不作「辭臣」，梁先生以四庫本為底本，失檢，又《太平御

覽》四二八引「賂」作「賂」與本文同，不作「賄」。《春秋別典》七引「采」作「求」，元刊本作「来」，采、求，義近，而「采」之作「来」，蓋以「來」字俗寫「来」與「采」形近而誤書耳，《類說》三○引「訴」亦作「愬」，訴、愬，古並爲心母、鐸部。

姦臣欺詐，空虛府庫，以其少才，覆塞其惡，賢人逐，姦邪貴，而君不悟，此三墨墨也；

武井驥曰：「《御覽》作『賢臣遂，邪臣貴』。」

茂仁案：祕書本奪此條，當補。「空虛府庫」，《類說》三○引乙作「府庫空虛」，審此與上文「姦臣欺詐」對言，爲名、動句式，則「空虛府庫」，當從《類說》三○引乙作「府庫空虛」爲是，當據乙正。「姦邪貴」，《太平御覽》四二八引作「邪臣貴」，審此與上文「賢人逐」對言，故此句當從作「邪臣貴」爲是，當據改。

國貧民罷，上下不和，而好財用兵，嗜欲無厭，諂諛之人，容容在旁，而君不悟，此四墨墨也；

梁容茂曰：「《御覽》四二八引作『諂諛在傍』。」

茂仁案：「國貧民罷」，《類說》三○引「罷」作「怨」。「嗜欲無厭」，楚府本「欲」作「慾」，祕書本「厭」作「猒」，下同，欲、慾，古、今字；猒，蓋「厭」之俗寫。「諂諛之人，容容在旁」，《太平御覽》四二八引「諂」作「諂」，梁先生引作「諂」，失檢。《春秋別典》七引、《喻林》九引、《焦氏類林》一引「諂」並作「諂」，白口十行本、四庫本、鐵華館本、百子本、龍溪本並同，作「諂」是也，說見本卷「晉大夫祁奚老」章，「不爲諂」條校記。《春秋別典》七引「容容」作「袞袞」，袞袞，談話滔滔不絕貌，與「容容」義近。「而君不悟」，程榮本「悟」作「寤」，悟、寤，古並爲疑母、魚部，音同可通。

至道不明，法令不行，吏民不正，百姓不安，而君不悟，此五墨墨也。國有五墨墨而不危者，未之有也。臣之墨墨，小墨墨耳，何害乎國家哉！」

茂仁案：《群書集事淵海》一五引，全文并與本文同。

（十八）趙文子問於叔向曰

趙文子問於叔向曰：「晉六將軍，孰先亡乎？」對曰：「其中行氏乎！」文子曰：「何故先亡？」

茂仁案：「孰先亡乎」，《淮南子・道應篇》「孰」上有「其」字，「其孰」爲合成詞，略其一，無害於義。

對曰：「中行氏之爲政也，以苛爲察，以欺爲明，以刻爲忠，以計多爲善，以聚斂爲良。

武井驥曰：「《淮南子・道應訓》『欺』作『切』，『刻』下有『下』字，『善』作『功』。」

茂仁案：「以欺爲明」，《群書治要》三五引《文子・上禮篇》「欺」亦作「切」，《白氏六帖》一三作「刻」，《類說》三〇引「明」作「誠」。審此文，「欺」與「誠」對，作「誠」，於義爲長。「以計多爲善」，《群書治要》三五引《文子・上禮篇》「善」亦作「功」，「以計多爲善」，與下文「以聚斂爲良」對言，作「善」，於義爲長。「以聚斂爲良」，《類說》三〇引、《喻林》一〇八引「斂」並作「歛」，元刊本、楚府本、何良俊本、楊美益本、白口十行本、程榮本、祕書本、龍溪本並同，《說文》有「斂」無「歛」，「歛」或爲其別體。

譬之其猶鞟革者也，大則大矣，裂之道也，當先亡。」

武井驥曰：「《淮南子》『鞟』作『廓』，通。『大則』上有『廓之』二字。《說文》曰：『鞟，皮去毛也。』」

茂仁案：「譬之其猶鞟革者也」，《淮南子・道應篇》無「其」字，《群書治要》三五引《文子・上禮》作「譬猶廣革者也」，《類說》三〇引作「其鞟革」，《喻林》一〇八引作「其猶鞟者也」。審「其猶」爲合成詞，略去其一，無害於義；鞟、廓、鞟、廣革，並通。「大則大矣」，《群書治要》三五引《文子・上禮》「則」作「即」，則、即，義通。

（十九）楚莊王既討陳靈公之賊

楚莊王既討陳靈公之賊，殺夏徵舒，得夏姬而悅之，將近之。

茂仁案：「將近之」，《左傳・成公二年》作「欲納夏姬」，《通志》九〇同，《古列女傳》七作「將納之」。

申公巫臣諫曰：「此女亂陳國，敗其群臣，嬖女不可近也。」莊王從之。

武井驥曰：「《左傳》曰：『殺御叔，弒靈公，戮夏南，出孔儀，喪陳國。』」

梁容茂曰：「成二年《左傳》：『殺御叔，弒靈公，戮夏南，出孔儀，喪陳國。』

《列女傳》七亦載此事。」

茂仁案：武井驥、梁先生所引《左傳》文，與此段無涉。「此女……近也」，《左傳・成公二年》、《古列女傳》七並作「不可」，《通志》九○同，其下並有文、義略同之勸說文字。《群書治要》五、《群書集事淵海》二六並引《左傳》、《類林雜說・忠諫第十四》所載並與《左傳・成公二年》略同。楚府本「群」作「郡」，非是，郡、群，形近而訛也。

令尹又欲取，申公巫臣諫，令尹從之。

武井驥曰：「《列女傳・孽嬖傳》『令尹』作『子反』。〈楚語〉曰：『莊王既以夏氏之室，賜申公巫臣，則又畀之子反。卒於襄老。』與此不同。韋昭曰：『襄老，楚連尹也。』」

蔡信發曰：「令尹，當為司馬之誤，下同。左成公二年傳：『楚之討陳夏氏也，莊王欲納夏姬，申公巫臣曰：＇不可。君召諸侯，以討罪也。今納夏姬，貪其色也。貪色為淫，淫為大罰。《周書》曰：＂明德慎罰。＂文王所以造周也。明德，務崇之之謂也；慎罰，務去之之謂也。若興諸侯，以取大罰，非慎之也。君其圖之。＇王乃止。子反欲取之。巫臣曰：『是不祥人也。是夭子蠻，殺御叔，殺（茂仁案：檢《左傳・成公二年作「弒」）靈侯，戮夏南，出孔儀，喪陳國，何不祥如是！人生實難，其有不獲死乎？天下多美婦人，何必是！』子反乃止。』是乃追述魯宣公十一年之事，據〈年表〉，當楚莊王十六年。《列女傳》令尹作將軍子反。參此，右章之令尹，當指子反。《國語・楚語上》〈注〉：「子反，司馬公子側也。」考子反首見左成公二年傳，終見左成公十六年傳，歷經莊、共二王。茲自莊王元年訖共王十六年子反被戮計之，凡三十有九年，其間任令尹者，據《左傳》所載凡五：子文、鬥般、子越，見〈宣公四年〉；蒍艾獵，見〈宣公十一年〉；子重，見〈成公十六年〉。子反未嘗居之。左成公十六年傳：『楚子救鄭，司馬將中軍，令尹將左。』杜〈注〉司馬為子反，令尹為子重。《韓子・十過》、《呂覽・權勳》暨《說苑・立節》並詳載子反醉酒軍敗以見殺事，而名上冠以官職司馬。職是，本文之令尹，無疑為司馬之誤。」

茂仁案：蔡先生說是也。《春秋・宣公十一年》云：「冬十月，楚人殺陳夏徵舒。」《左傳・宣公十一年》云：「令尹蒍艾獵城沂。」杜〈注〉云：「艾獵，孫叔敖也。」故楚莊王殺夏徵舒，其時令尹為孫叔敖，然史未載及孫叔敖欲取夏姬事，故此作「令尹」，非是也，當為「子反」之誤，《左傳・成公二年》「令尹」即作「子反」，《通志》九○同，即其證也。又本文欲取夏姬者，皆書其官職，此亦不當例外，如蔡先生所證，子反職司馬，故「令尹」，當據改作「司馬」也。

後襄尹取之。

蔡信發曰：「襄尹，當作連尹襄老。左成公二年傳：『王以予連尹襄老。』《國語‧晉語七》〈注〉云：『連尹，楚官名。』左襄公十五年〈疏〉：『服虔云："連尹，射官。言射相連屬。"』襄老，人名。可省作連尹或襄老。至作襄尹，則不通之甚，當誤。」

茂仁案：蔡先生說是也。《古列女傳》七作「莊王以夏姬與連尹襄老」，《群書集事淵海》二六引《左傳》同，《通志》九○亦云：「王以予連尹襄老。」並「襄尹」當作「連尹襄老」之明證，又上文欲取夏姬者皆言其官職，此不當例外，故此「襄尹」當據改作「連尹」，下同。

至恭王，與晉戰于鄢陵，楚兵敗，襄尹死，其尸不反，數求晉，不與。

武井驥曰：「鄢陵之役在《左傳‧成十六年》，杜預曰：『鄢陵，鄭地。』驥按：宣十二年：『邲之戰，晉知季射連尹襄老。遂載其尸還。』〈楚語〉曰：『襄老獲於邲。』又《列女傳》曰：『死於邲。』此云『鄢陵』，謬。」

梁容茂曰：「《國語‧楚語》作：『襄老，獲於邲。』《列女傳》卷七云：『襄老死於邲，亡其尸。』襄尹即連尹襄老，襄老之死，應在宣十二年邲之戰，此作鄢陵，誤。」

蔡信發曰：「恭王，當為莊王之誤；鄢陵，當為邲之誤；襄尹，當為連尹襄老之誤，見前。考經傳並明言襄老死於邲。春秋宣公十二年經：『夏六月乙卯，晉荀林父帥師及楚子戰于邲，晉師敗績。』左宣公十二年傳：『射連尹襄老，獲之，遂載其尸；射公子穀臣，囚之，以二者還。』《國語‧晉語七》：『二月乙酉，公即位，使呂宣子將下軍，曰："邲之役，呂錡佐智莊子於上軍，獲楚公子穀臣與連尹襄老，以免子羽。"』〈楚語上〉：『襄老死於邲。』《列女傳》七：『襄老死於邲，亡其尸。』魯宣公十二年，當楚莊王十七年，而鄢陵之役，見春秋成公十六年，當楚恭王十六年，而此前後顛越，誤。校補有說，見31頁。」

茂仁案：此段年序顛倒，審恭王為莊王之子，上文莊王欲納夏姬事，見載《左傳‧成公二年》，為莊王十六年事，而楚、晉戰，兵敗於鄢陵，見載《左傳‧成公十六年》，為恭王十六年事，襄尹（當作連尹，說見上）死，其尸不反，見載《左傳‧宣公十二年》，為莊王十七年事，而本文序事、年序相混，顯有訛誤，今上論已知鄢陵為邲之誤，審莊王欲納夏姬為莊王十六年事，晉敗楚於邲為莊王十七年事，而本文文首已明載主詞為「楚莊王」矣，據是，「至恭王」不應改作「至莊王」，「至恭王」，顯係以「與晉戰于鄢陵」而衍，當刪。

夏姬請如晉求尸，楚方遣之。申公巫臣將使齊，私說夏姬，與謀。及夏姬行，而申公巫臣廢使命，道亡，隨夏姬之晉。令尹將徙其族，言之於王曰：「申公巫臣諫先王以無近夏姬，今身廢使命，與夏姬逃之晉，是欺先王也，請徙其族。」王曰：「申公巫臣為先王謀則忠，自為謀則不忠，是厚於先王而自薄也，何罪於先王？」遂不徙。

武井驥曰：「《左傳》曰：『使介反幣，而以夏姬行，遂奔晉。』。」

梁容茂曰：「成二年《左傳》：『及鄭，使介反幣而以夏姬行，將奔齊，齊師新敗，曰：「吾不處不勝之國」，遂奔晉。』」

蔡信發曰：「《左》成公二年〈傳〉：『襄老死于邲，不獲其尸，其子黑要烝焉。巫臣使道焉，曰：「歸，吾聘女。」又使自鄭召之，曰：「尸可得也，必來逆之。」姬以告王，王問諸屈巫。對曰：「其信！知罃之父，成公之嬖也，而中行伯之弟也，新佐中軍，而善鄭皇戌，甚愛此子。其必因鄭而歸王子與襄老之尸以求之。鄭人懼于邲之役而欲求媚于晉，其必許之。」王遣夏姬歸。將行，謂送者，曰：「不得尸，吾不反矣。」巫臣聘諸鄭，鄭伯許之。及共王即位，將為陽橋之役，使屈巫聘于齊，且告師期，巫臣盡室以行。申叔跪從其父將適郢，遇之，曰：「異哉！夫子有三軍之懼，而又有桑中之喜，宜將竊妻以逃者也。」及鄭，使介反幣，而以夏姬行。將奔齊，齊師新敗，曰：「吾不處不勝之國。」遂奔晉。』《列女傳》七亦有類似之載，並謂夏姬如鄭求尸，而此文乃涉上文晉、楚邲戰暨下文巫臣奔晉，而誤鄭為晉。」

茂仁案：蔡先生說是也，「晉」當據改作「鄭」。《通志》九○說略同《左傳》。

《新序》卷第二

陽朔元年二月癸卯護左都水使者光祿大夫臣劉向上
雜　　事

（一）昔者唐、虞崇舉九賢

昔者唐、虞崇舉九賢，布之於位，而海內大康，要荒來賓，麟鳳在郊。

　　武井驥曰：「蔡沈曰：『堯初爲唐侯，後爲天子，都陶，故曰「陶唐」。虞舜氏
因以爲有天下之號也。』驥按：九賢，禹、稷、契、皋陶、倕、伯夷、夔、龍、益
也。詳〈舜典〉及《史・本紀》。」

　　蔡信發曰：「據《尚書・堯典》、《史記・五帝紀》，舜舉伯禹爲司空，棄爲后稷，
契爲司徒，皋陶爲士，垂爲共工，益爲虞，伯夷爲秩宗，夔爲樂，龍爲納言，時堯
業已殂落，則此唐、虞自不當連文，當誤。」

　　茂仁案：《尚書・堯典篇》未嘗載舉九賢事，然嘗載堯以讙兜之諫言，而試共工
爲工師一事，及載堯欲遜位於舜而試之云云，再檢《史記・五帝紀》舜受堯試後，云：
「堯乃知舜之足授天下，堯老，使舜攝行天子政巡狩。舜得舉，用事二十年，而堯使
攝政。攝政八年而堯崩，三年喪畢，讓丹朱，天下歸舜，而禹、皋陶、契、后稷、伯
夷、夔、龍、倕、益、彭祖，自堯時而皆舉用，未有分職。於是舜乃至於文祖（中略）
舜謂四嶽曰：『有能奮庸美堯之事者，使居官相事。』皆曰：『伯禹爲司空，可美帝功。』
舜曰：『嗟，然，禹汝平水土，維是勉哉！』禹拜稽首讓於稷、契與皋陶。舜曰：『然，
往矣！』」其下諸賢並敘而出。由是知九賢，於堯時已舉，唯未有分職耳，是以於堯
崩後，舜治天下，舜欲美堯功，乃有聽臣舉賢並用之之舉，此九賢遂有分職。據是，

舉九賢者，堯也；用九賢者，舜也。以堯、舜連文，不誤也。

商湯用伊尹，而文武用太公、閎夭，成王任周召，而海內大治。越裳重譯，祥瑞並降，遂安千載，皆由任賢之功也。無賢臣，雖五帝三王，不能以興。

武井驥曰：「《治要》『召』作『邵』。成王名誦，周公名旦，諡文公。譙周曰：『以大王所居周地，爲其采邑，故謂周公。召公名奭，諡康公，與周同姓。』武王封召公於北燕，司馬貞曰：『召者，畿內采地。奭始食於召，故曰『召公』。」

梁容茂曰：「《治要》：召，作『邵』。邵、召通用，本作『邵』。」

茂仁案：「商湯用伊尹」，楚府本「商」作「啇」，商、啇，形近而訛。「閎夭」，祕書本「夭」作「天」，天、夭，形近而訛。「成王任周召」，武井驥、梁先生所云《治要》，見卷四二引。邵从召得聲，可相通用，如武井驥所云，則此作「召」是也，「邵」爲借字。

齊桓公得管仲，有霸諸侯之策；失管仲，而有危亂之辱。

茂仁案：「有霸諸侯之策」，《群書治要》四二引「策」作「榮」，武井驥《纂註本》同，各本亦並同。審此句與下文「有危亂之辱」對言，「策」與「辱」對，知「策」爲「榮」之形訛，當據改。

虞不用百里奚而亡，秦繆公用之而霸；

茂仁案：「秦繆公用之而霸」，《群書治要》四二引「繆」作「穆」，祕書本同。章太炎《鐂子政左氏說》云：「案據此左氏本文『穆』作『繆』也。襄九年《經》：『葬我先君穆姜。』《穀梁》同《公羊》作『繆』。『繆』、『穆』相通，往往殽亂。〈蒙恬傳〉云：『秦穆公殺三良而死罪百里奚而非其罪也，故立號曰繆。』」《漢書古今人表疏證》引梁玉繩曰：「案：秦伯之諡，《公羊》、《史記》作『繆』，與『穆』同。而《史·蒙恬傳》、《風俗通義·皇霸篇》以繆爲惡諡，讀靡幼反。宋姚鉉《唐文粹》有皮日休〈秦穆諡論〉及明楊愼〈二伯論〉從之。」上引或以「繆」爲惡諡之稱。沈濤《銅熨斗齋隨筆》二「繆侯」條云：「（上略）濤案：繆當爲蓼之誤。（中略）（繆），元朗音「穆」，以爲諡法誤矣。」或以「繆」爲諡，或以爲非。審穆，古爲明母、覺部；繆，古爲明母、幽（又覺）部，穆、繆，音同可通，今本《史記·宋世家》作「穆」，〈秦本紀〉、〈鄭世家〉並作「繆」，知穆、繆，古通。

楚不用伍子胥而破，吳闔廬用之而霸；

武井驥曰：「《治要》『吳』下有『王』字。」

施珂曰：「《治要》引吳下有王字。」

梁容茂曰：「《治要》無『伍』字，吳下有『王』字。」

茂仁案：「吳闔廬用之而霸」，審此與上文「秦穆公用之而霸」對言，故『吳』下不當有『王』字，《群書治要》四二引有『王』字，衍也。

夫差非徒不用子胥也，又殺之，而國卒以亡。

武井驥曰：「《治要》無『國』字。」

梁容茂曰：「《治要》無『國』字。」

茂仁案：「而國卒以亡」，審上文云「虞不用百里奚而亡，秦繆公用之而霸」、「楚不用伍子胥而破，吳闔廬用之而霸」，所載為亡、為破、為霸，並不書「國」字，然知其之所亡、所破、所霸者，並指其國也，故此亦不當有「國」字，當據刪，以符文例。

燕昭王用樂毅，推弱燕之兵，破彊齊之讎，屠七十城；

蒙傳銘曰：「疆當為彊字之誤，陳用光本作彊，武井驥本同。」

梁容茂曰：「事見《國策‧燕策》，《史記‧樂毅列傳》。疆，當作『彊』，字之誤也。《治要》、百子本：疆作『強』；何本作『彊』。」

蔡信發曰：「疆，彊之形譌。七十城，〈齊策六〉、〈燕策二〉、《史記‧樂毅傳》、〈田單傳〉並作『七十餘城』，與此異。殆此乃舉成數而言之。」

茂仁案：「破彊齊之讎」，元刊本、楚府本、何良俊本、楊美益本、白口十行本、程榮本、四庫全書本「彊」並作「疆」，疆、彊，形近致訛，他本並作「彊」，不誤也。「屠七十城」，蔡先生云「七十城」他書並作「七十餘城」，言此殆舉成數而言，是也。檢《永樂大典》八二七五亦作「七十餘城」，則作「七十餘城」者，殆其略數也。

而惠王廢樂毅，更代以騎劫，兵立破，亡七十城。此父用之，子不用，其事可見也。

武井驥曰：「《治要》『更』作『變』。」

梁容茂曰：「《治要》：更作『變』。眉注：『變作更』。變、更，義通，不煩改字。」

茂仁案：「更代以騎劫」，《群書治要》四二引「更」作「變」，於天頭眉批曰：「變作更」。是，並訓改也。「其事可見也」，祕書本、陳用光本、百子本「也」並作「矣」，他本並作「也」。也、矣並為語尾助詞，可通。

故闔廬用子胥以興，夫差殺之而【一有以字】亡；

　　蒙傳銘曰：「此『以』字疑涉上句『以』字而衍，原文云：『闔閭用子胥以興，夫差殺之而亡。』文義甚明，不宜有『以』字。鐵華館本正無『以』字，可證。」

　　茂仁案：「夫差殺之而【一有以字】亡」，《群書治要》四二引作「夫差殺之而以亡」，元刊本、楚府本、何良俊本、楊美益本、白口十行本、程榮本、祕書本、陳用光本、四庫本、百子本並同。審「夫差殺之而亡」與下文「惠王逐之而敗」句法一律，是也，以、而，義同，二字實為互文，下文「昭王用樂毅以勝」與「惠王逐之而敗」，即其比也，故此不當有「以」字，鐵華館本、龍溪本並注作「一有以字」而與本文同，即其證也。《群書治要》及諸本有「以」字者，或涉此注文而誤入正文耳，當刪。

昭王用樂毅以勝，惠王逐之而敗，此的的然若白黑。

　　武井驥曰：「《治要》『敗』上有『以』字，『黑』下有『也』字。」

　　蔡信發曰：「『的』，旳之俗。《十駕齋養新錄》二：『小人之道，的然而日亡。的，非古字，當作旳。《說文》日部：『旳，明也，从日勺聲。』引《易》為旳顙，今本《易》亦轉寫作的矣。』《春秋繁露・五行五事》：『視曰明。明者，知賢不肖者分明黑白也。』」

　　茂仁案：「惠王逐之而敗」，《群書治要》四二引「而」下有「以」字，此「以」字為衍也，當刪，說見上。

秦不用叔孫通，項王不用陳平、韓信，而皆滅，漢用之而大興，此未遠也。夫失賢者其禍如彼，用賢者其福如此，人君莫不求賢以自輔，然而國以亂亡者，所謂賢者不賢也。或使賢者為之，與不肖者議之；使智者圖之，與愚者謀之；

　　武井驥曰：「（所謂賢者不賢也）《治要》『謂』作『以』。」

　　梁容茂曰：「《治要》：謂，作『以』。注云：『以作謂。』何本：使，作『便』，誤。」

　　茂仁案：作「謂」是也。梁先生所云何本，為指何允中本，元刊本、楚府本、何良俊本、楊美益本、白口十行本、程榮本、祕書本、陳用光本、四庫本、鐵華館本、百子本、龍溪本並與本文同作「使」，並不誤也。

不肖嫉賢，愚者嫉智，是賢者之所以鬲蔽也，所以千載不合者也。

　　盧文弨曰：「（鬲）俗本作隔」。

梁容茂曰：「（所以鬲蔽也）《治要》嫉，作『妬』。」又曰：「《治要》、何本、程本、百子本：鬲，並作『隔』。《拾補》云：『俗本作隔。』」

茂仁案：「愚者嫉智」，《楚辭・離騷》云：「各興心而嫉妒。」王逸〈注〉曰：「害賢爲嫉，害色爲妒。」職此，嫉、妒雖同爲忌害之義，唯此處以作「嫉」，於義較長。「是賢者之所以鬲蔽也」，四庫《新序》版本有二，二本並作「隔」，不作「鬲」，梁先生以四庫本爲底本，失檢。楚府本、何良俊本、祕書本、陳用光本、四庫本「鬲」亦並作「隔」。

或不肖用賢而不能久也，或久而不能終也，或不肖子廢賢父之忠臣，其禍敗難一二錄也。

武井驥曰：「《治要》下『不肖』作『不肯』，『而』上有『或用賢』三字。」

施珂曰：「文有脫誤。《治要》引作『或不肯用賢，或用賢而不能久也。』當從之。肯誤爲肖，（涉上下文『不肖』字而誤。）『用賢』下復脫『或用賢』三字，則不可通矣。」

梁容茂曰：《治要》：肖作『肯』，賢下有『或用賢』三字。當從之。」

茂仁案：施先生說是也，此爲述君王用人之事，「不肖用賢」云云，不類也，《群書治要》四二所引，採頂眞法爲之，文通句順，是也，當據施先生所論改補。

然其要在於己不明而聽眾口，譖愬不行，斯爲明也。

武井驥曰：「《治要》『眾口』下有『也故』二字。《論語》曰：『浸潤之譖，膚受之愬，不行焉，可謂明也已矣。』此章《荀子・臣道篇》、《韓非子・孤憤》及〈人主篇〉可並考。」

施珂曰：「《治要》引譖上有故字，也作矣。」

梁容茂曰：「《治要》：譖上有『故』字、愬，作『訴』。愬；訴，通用。」

茂仁案：「譖愬不行」，審此文義，「譖」上有「故」字，於義較明，當據補。又訴、愬，古並爲心母、鐸部。愬，訴同，《孟子・梁惠王篇》：「皆欲赴愬於王」。

（二）魏龐恭與太子質於邯鄲

魏龐恭與太子質於邯鄲，

盧文弨曰：「〈魏策〉作『蔥』。」

武井驥曰：「魏惠王〈策〉作『龐蔥』。鮑彪曰：『魏太子』。」

梁容茂曰:「《國策‧魏策》:恭作『蔥』。案:此當提行。《治要》引正提行。恭,《治要》作共。共、恭,古通用。」

蔡信發曰:「《校補》據《群書治要》所引(以下省稱《治要》),主右章自魏龐恭起,當提行。檢:龐恭、甘茂事,乃申上文人主聽讒與否之例證,不可割裂,梁氏失之。章首縱論賢君用才而昌,闇主失才而亡,經傳亟見,子史頻載,而此據彼以申論,故淵源從略。」又曰:「《國策》『龐恭』作『龐蔥』,下同;《治要》引作『龐共』。《校補》:『共、恭,古通。』」

茂仁案:梁先生言自此句始,當提行,蔡先生則言不當提行。檢元刊本、何良俊本、楊美益本、白口十行本、程榮本、祕書本、陳用光本、百子本等並不提行。審此句,與上章所書,其事爲二,不當合連之也,且上章文末「讒愬不行,斯爲明也」,爲作者之評論,顯爲結論之詞,自當以此爲句,不當合連下章爲論。蔡先生之以此章及下章「甘茂」章,爲上章「昔者唐、虞崇舉九賢」章申人主聽讒與否之例證,竊審此文及下章「甘茂」章,並爲人主聽讒之文,未載不聽讒者,而上章,則聽讒與不聽讒兩載合論,據此言之,此章及下章「甘茂」章,並不爲「人主聽讒與否之例證」,故不當合連而讀之也。若謂此三章當與人主聽讒有關之文,相鄰排比,以其性質相近故也,若以性質相近即合連而讀之,則卷六所載,並言「刺奢」,卷七並言「節士」,卷八並言「義勇」,卷九、卷十並言「善謀」,豈當整卷合連讀之而不分章耶?必不然矣,此當提行,楚府本、四庫本、鐵華館本、龍溪本與本文,亦並提行,即其明證也。《太平御覽》一九一、又八九一、《事類賦》二○及《古今合璧事類備要‧續集》三三俱引《韓子》「恭」亦並作「共」,《喻林》一二引《戰國策》「恭」亦作「蔥」,下同。恭,古爲見母、東部;共,古爲群母、東部;蔥,古爲清母、東部,三者音近可通也。

謂魏王曰:「今一人來言市中有虎,王信之乎?」

武井驥曰:「《治要》及〈魏策〉『人』下無『來』字,《韓非子‧內儲說上》同,『市』下無『中』字。」

蒙傳銘曰:「『中』字疑衍。《戰國策‧魏策二》『市』下無『中』字。下文云:『夫市之無虎明矣』,『市』下亦無『中』字,可證。」

茂仁案:《冊府元龜》二五三「市」下亦無「中」字,審此文「市」下有「中」字,亦通,非必爲衍也,《群書治要》四二引亦有「中」字,即其證也。

王曰：「否。」

　　武井驥曰：「《治要》『否』作『不信』也。」

　　蒙傳銘曰：「《韓非子》作『不信』，〈魏策〉作『否』，《御覽》一九一引，亦作『否』，八二七、八九一引，作『不』，《事類賦》〈注〉二○引，亦作『不』。《說文》十二篇上不部：『否，不也。』作『否』是也。」

　　茂仁案：蒙先生所引《太平御覽》之文，並爲引《韓非子》者。《事類賦》二○〈注〉、《古今古璧事類備要・續集》三三〈注〉並引《韓非子》作「不」，《天中記》一六〈注〉引《韓非子》作「不信」，《冊府元龜》二五三、《喻林》一二引《戰國策》並作「否」。《說文》十二篇上不部云：「否，不也。」是否、不，義通也；而此上文云「王信之乎」，故此作「不信」於文例較合。

曰：「二人言，王信之乎？」曰：「寡人疑矣。」曰：「三人言，王信之乎？」曰：「寡人信之矣。」

　　武井驥曰：「《韓非子》『言』下有『市有虎』三字，下同。」又曰：「〈魏策〉『疑』下有『之』字。」

　　施珂曰：「〈魏策〉疑下有之字。『寡人疑之矣。』與下文『寡人信之矣。』句法一律。」

　　茂仁案：《冊府元龜》二五三、《喻林》一二引《戰國策》，「疑」下並有「之」字，與下文「寡人信之矣」句法一律，當補「之」字，則施先生之說是；唯下文「寡人信之矣」，《太平御覽》一九一引《韓子》無「之」字，作「寡人信矣」，則又與此「寡人疑矣」句法一律也，則此「疑」下又不當補「之」字矣。要之，「疑」下補「之」字，則下文作「寡人信之矣」是也；若「疑」下不補「之」字，則下文「寡人信之矣」之「之」字當刪，以符文例也。

龐恭曰：「夫市之無虎明矣，三人言而成虎。今邯鄲去魏遠於市，議臣者過三人，願王察之也。」

　　武井驥曰：「《治要》『虎』上有『有』字。」又曰：「〈魏策〉『市』下有『而』字，『人』下有『矣』字。」

　　施珂曰：「《治要》引成下有『有』字。」又曰：「〈魏策〉魏作大梁。」

　　梁容茂曰：「《治要》引成下有『有』字。」

　　蔡信發曰：「《國策》『魏』作『大梁』。據《史記・魏世家》，惠王三十一年，徙都大梁，《國策》作『大梁』，與此作『魏』，義實無二。」

茂仁案：「三人言而成虎」，《太平御覽》一九一、又八九一、《事類賦》二〇、《古今合璧事類備要‧續集》三三並引《韓子》「成」下並有「市」字，竊以爲《群書治要》四二引「成」下有「有」字，非是，「有」，蓋爲「市」字之形訛也。「今邯鄲去魏遠於市」，蔡先生云《戰國策》作「大梁」，與此作「魏」，於義實無二岐，是也。檢《冊府元龜》二五三、《喻林》一二引《戰國策》亦並作「大梁」。「議臣者過三人」，《太平御覽》一九一引《韓子》「議」作「謗」。議臣、謗臣，義近。

魏王曰：「寡人知之矣。」及龐恭自邯鄲反，讒口果至，遂不得見。

盧文弨曰：「間訛。」

武井驥曰：「〈魏策〉『口』作『言』。」

施珂曰：「〈魏策〉口作言。口疑言之壞字。」

梁容茂曰：「何本、百子本：見作間。《拾補》云：『間訛』。」

茂仁案：祕書本、陳用光本「見」亦並作「間」。間、見，古並爲見母、元部，間、見，音同而致誤。又施先生疑「口」爲「言」之壞字，審此作「口」，非必誤也。龐恭與太子質於邯鄲，如龐恭之謂魏王「議臣者過三人」，望魏王之勿聽讒也。以此，向魏王進讒言者，自不應至龐恭自邯鄲反後，方向魏王進讒。如本卷「甘茂下蔡人也」章云：「魏文侯令樂羊將而攻中山，三年而拔之，樂羊反而語功，文侯示之謗書一篋。樂羊再拜稽首曰：『此非臣之功也，主君之力也。』」「謗書」之進，早於樂羊歸反之前，龐恭之慮議己者亦當如之，於其前往邯鄲之時，當即有進讒者矣。檢《戰國策‧魏策二》云：「王曰：『寡人自爲知。』於是辭行，而讒言先至。後太子罷質，果不得見。」又《冊府元龜》二五三云：「於是辭行，而讒言先至。恭果不見魏君矣。」《戰國策‧魏策二》及《冊府元龜》二五三並以龐恭辭行後，讒言即至，是也。

（三）甘茂

甘茂，下蔡人也，西入秦，數有功，至武王，以爲左丞相，樗里子爲右丞相。

茂仁案：「甘茂」，《說苑‧雜言篇》「茂」作「戊」。茂、戊古並爲明母、幽部，音同可通。「樗里子爲右丞相」，《戰國策‧秦策二》「樗里子」作「樗里疾」，下同。

《史記‧樗里子傳》云：「樗里子者，名疾。秦惠王之弟也，與惠王異母。母，韓女也。」

樗里子及公孫子，皆秦諸公子也，

武井驥曰：「據秦武王〈策〉公孫子名衍，據《史‧甘茂傳》名奭，樗里子名疾，惠王異母弟。」

蔡信發曰：「《史記‧樗里子傳》：『樗里子者，名疾，秦惠王之弟也。與惠王異母，母，韓女也。』本章以爲秦諸公子，是。公孫子，〈秦策一〉作公孫衍，《史記‧甘茂傳》作公孫奭。《史記‧犀首傳》：『犀首者，魏之陰晉人也。名衍，姓公孫氏。』《秦策一》〈注〉：『公孫衍，魏人也。仕於秦，當六國時，號曰犀首。』非秦諸公子，此當誤。陰晉，故城在今陝西華陰縣東南。」

茂仁案：「樗里子及公孫子」，《戰國策‧秦策一》作「公孫衍」，《史記‧甘茂傳》作「公孫奭」。蔡先生引《史記‧犀首傳》云：「犀首者，魏之陰晉人也。名衍，姓公孫氏。」《秦策一》注云：「公孫衍，魏人也。仕於秦，當六國時，號曰犀首。」以證公孫衍之非秦諸公子也，甚是。《史記‧秦本紀》云：「（秦惠王）十一年，樗里疾攻魏焦降之，敗韓岸門，斬首萬，其將犀首走。」犀首（公孫衍）之爲魏人，正與上引〈犀首傳〉、〈秦策一〉合。審下文云「皆秦諸公子也」，今公孫衍爲魏陰晉人，與此爲秦之公子也不符，故此公孫子，當指公孫奭言。下文「樗里子、公孫子果爭之」，《資治通鑑‧赧王八年》三、《通志》九三「公孫子」並作「公孫奭」，即其明證也。

其外家韓也，數攻韓。

茂仁案：上文云「樗里子及公孫子，皆秦諸公子也，其外家韓也」，韓爲其外家，說又見上引《史記‧樗里子傳》，另〈甘茂傳〉云「公孫奭黨於韓」，蓋亦以其外家韓之故也。其母既爲韓女，何「數攻」之之理，且下文云「樗里子、公孫子二人，挾韓而議」、「五月而宜陽未拔，樗里子、公孫子果爭之」、「樗里子、公孫子讒之」等語。宜陽，爲韓之北三大郡之一，說見〈甘茂傳〉張守節〈正義〉，今甘茂將而攻韓之宜陽，身爲其母系爲韓出之樗里子與公孫子，必維護之，是以有「挾韓而議」之舉，及宜陽未拔而爭之之語，並拔之之後之讒言，故「數攻韓」，與本文實情未符。《史記‧秦本紀》云：「（秦武王）二年，初置丞相，樗里疾、甘茂爲左、右丞相。張儀死於魏。三年，與韓襄王會臨晉外。樗里疾相韓，武王謂甘茂曰：『寡人欲容車通三川，窺周室，死不恨矣！』」《史記》此文所載，與本文合，唯樗里疾爲秦左丞相，亦有「相韓」之事。職上所引，疑「數攻韓」爲「數政韓」，而疑「攻」爲「政」之形訛。

秦武王謂甘茂曰：「寡人欲容車至周室者，其道乎韓之宜陽。」欲使甘茂伐韓，取宜陽，以通道至周室。

茂仁案：「寡人欲容車至周室者」，《史記・秦本紀》作「寡人欲容車通三川，窺周室」（《通志》九三略同），《文選》李斯〈上書秦始皇〉李善〈注〉引《史記》無「容」字，《戰國策・秦策二》同。審「欲容」爲合成詞，義並同「若」，故略去其一，無害於義。

甘茂曰：「請約魏，與伐韓。」令向壽輔行。

武井驥曰：「〈秦策〉『曰』上有『對』字，《史》『與』作『以』。」

茂仁案：「甘茂曰」句上爲敘述語句，非直承秦武王之問，故「曰」上無「對」字是也，本文俱如是作，如下文「王曰：『寡人不聽也。』使伐宜陽……欲罷兵。甘茂曰」云云，即其比；唯若直承武王之問，則須有「對」字，如下文「問其故，對曰」云云，即其比也。

甘茂既約魏，魏許甘茂，還至息壤，謂向壽曰：「子歸，言之王，魏聽臣矣，然願王勿伐也。」

盧文弨曰：「魏字，宋本疊。」

蒙傳銘曰：「鐵華館本亦重『魏』字。」

梁容茂曰：「《拾補》云：『魏字宋本疊』。」

茂仁案：「甘茂既約魏，魏許甘茂」，龍溪本「魏」字亦重出，元刊本、楚府本、何良俊本、楊美益本、白口十行本、程榮本、祕書本、陳用光本、四庫本、百子本「魏」字則並不重出。審此文，有「魏」字是也。

向壽歸，以告王，王迎甘茂於息壤，問其故。

武井驥曰：「〈秦策〉及《史》『問』上有『甘茂至王』四字。」

茂仁案：「問」上有「甘茂至，王」四字，於文義爲長且明，當據補。

對曰：「宜陽，大縣也。名為縣，其實郡也。

蔡信發曰：「《國策》、《史記》『名』上有『上黨、南陽，積之久矣』。審以上下文義，當據而補。」

茂仁案：《群書治要》一二引《史記》、《資治通鑑・周紀三》三、又〈赧王七年〉三，並與本文同，是其證。兩說并存可也。

今王倍數險，行千里攻之，難。

梁容茂曰：「（今王倍數險行，攻之難）何本，百子本：倍作『陪』。倍、陪，古通。」

茂仁案：四庫《新序》版本有二，二本「行」下並有「千里」二字，梁先生以四庫本爲底本，失檢。祕書本「倍」亦作「陪」。倍、陪古並爲並母、之部，音同可通。

昔者曾參之處鄭，人有與曾參同名姓者殺人，

盧文弨校「鄭」作「鄪」，並曰：「俗訛鄭。孫云：『〈秦策〉及《史記·甘茂傳》俱作『費』。通作『鄪』。《史記·周公世家》：『以汶陽鄪封季友。』」

武井驥曰：「〈秦策〉、《史》並『鄭』作『費』，《治要》同。上『人』上有『魯』字，〈策〉作『名族』。」

梁容茂曰：「《拾補》：鄭，作『鄪』。云：『俗訛鄭。孫云：〈秦策〉及《史記·甘茂傳》俱作費。通作鄪。《史記·周公世家》以汶陽鄪封季友。』」

蔡信發曰：「鄭，〈秦策一〉，《史記·甘茂傳》並作費，《拾補》作『鄪』。右文本諸《國策》、《史記》，當依之作『費』。鄪，費之後起本字。《集韻》：『鄪，邑名，在魯。亦作費。』今山東費縣西南七里有費城。音祕。」

茂仁案：「昔者曾參之處鄭」，《史記·魯周公世家》云：「於是伯禽率師伐之於肸。作肸誓。」裴駰〈集解〉云：「《尚書》作『費』。孔安國曰：『魯東郊之地名也。』」司馬貞〈索隱〉云：「孔安國云『費』，魯東郊地名，即魯卿季氏之費邑地也。」《史記·魯周公世家》又云：「季友有大功於魯，愛鄪爲上卿。」是「費」即「鄪」也，爲魯邑。費爲魯邑，別見《論語·先進篇》。《西京雜記》六云：「昔魯有兩曾參，趙有兩毛遂，南曾參殺人見捕，人以告北曾參母。」以此知曾參殺人之事發生於魯地，《史記·甘茂傳》、《通志》九三此句下並云：「魯人有與曾參同姓名者，殺人。」即其證也，是知此文「昔者曾參之處鄭」之「鄭」字爲誤。《戰國策·秦策二》、《史記·甘茂傳》、《通志》九三「鄭」並作「費」，又費即鄪。職是，知「鄭」爲「鄪」之形誤，當據改。又上言蔡先生所引〈秦策一〉，爲〈秦策二〉之誤。

人告其母，曰：『曾參殺人。』其母織自若也。頃然，一人又來告之，其母曰：『吾子不殺人。』有頃，一人又來告，其母投杼下機，踰牆而走。

武井驥曰：「〈秦策〉『母』下有『懼』字。」

茂仁案：「其母投杼下機」，審下文「夫以曾參之賢，與其母信之也，然三人疑

之，其母懼焉」，「懼」字正承此而言，故「母」下舊奪「懼」字，當從《戰國策‧秦策二》補。「踰牆而走」，元刊本、楚府本、何良俊本、楊美益本、白口十行本、程榮本、祕書本、陳用光本、百子本「牆」並作「墻」，四庫本、鐵華館本、龍溪本則並與本文同作「牆」，牆、墻，正、俗字。

夫以曾參之賢，與其母信之也，然三人疑之，其母懼焉。

武井驥曰：「〈秦策〉『信之』二字倒，《史》同。」

茂仁案：「與其母信之也」，《戰國策‧秦策二》作「與母之信也」，《史記‧甘茂傳》作「與其母之信也」，竊疑此「母」下奪「之」字，而二書之作「之信」，非倒也。下文云「又不如曾參之母之信曾參也」，其「母之信曾參也」即「母之信之也」，為承上文而言，故此「母」下顯奪「之」字，當據《戰國策‧秦策二》及《史記‧甘茂傳》補。又此二書「信之」之作「之信」，非倒也，蓋二書省「之信之」之下「之」字也。

今臣之賢也不若曾參，王之信臣也，又不如曾參之母之信曾參也。疑臣者非特三人也，臣恐大王投杼也。

武井驥曰：「〈秦策〉『非特』作『不適』，『王』下有『為臣之』三字。」

茂仁案：「疑臣者非特三人」，《喻林》一二引《戰國策》「非特」亦作「不適」，高〈注〉曰：「適音翅」，「不適」蓋即「不啻」，與「非特」義同。「臣恐大王投杼也」，《史記‧甘茂傳》「王」下有「之」字，《資治通鑑》三、《通志》九三並同。審此句為承上文而言，故「王」下有「之」字，於義為長。

魏文侯令樂羊將而攻中山，三年而拔之，樂羊反而語功，文侯示之謗書一篋。

蔡信發曰：「《國策》、《史記》、《通鑑》與此同；《呂覽》、《說苑》『一』作『兩』，與此異。蓋前者本諸《國策》，後者因之《呂覽》。」

茂仁案：上言《呂覽》，見〈樂成篇〉；《說苑》，見〈復恩篇〉。

樂羊再拜稽首曰：『此非臣之功也，主君之力也。』

茂仁案：《呂氏春秋‧樂成篇》、《說苑‧復恩篇》「功」、「力」互乙。

今臣羈旅也，樗里子、公孫子二人挾韓而議，王必信之，是王欺魏，而臣受韓之怨也。」

武井驥曰：「〈秦策〉及《史》『旅』下有『之臣』二字。杜預曰：『羈，寄也。旅，客也。』高誘曰：『甘茂，齊人，故曰羈旅也』。」又曰：「〈秦策〉『韓』作『公

仲明』，《史》作『公仲侈』。」

茂仁案：「今臣羈旅也」，《資治通鑑》三、《通志》九三「旅」下亦並有「之臣」二字。如高誘之〈注〉，則「旅」下有「之臣」二字，於義較長且明，當據補。「而臣受韓之怨也」，檢〈秦策二〉「韓」作「公仲侈」，武井驥云作「公仲明」，失檢。又《通志》九三「韓」亦作「公仲侈」。

王曰：「寡人不聽也。」

茂仁案：「寡人不聽也」，《戰國策・秦策二》、《史記・甘茂傳》「也」下並有「請與子盟」句，《通志》九三同。秦武王與甘茂有盟誓，故下文載於甘茂伐宜陽而未拔之際，樗里子、公孫子爭相讒諸武王，而甘茂見武王有搖動之心，遂有下文「甘茂曰：『息壤在彼』。王曰：『有之』。」之語，故此「寡人不聽也」句下，當有「請與子盟」四字，於義較長且明，當據補。不然，下文甘茂「息壤在彼」一語，則不知所以矣！

使伐宜陽，五月而宜陽未拔，樗里子、公孫子果爭之，武王召甘茂，欲罷兵。甘茂曰：「息壤在彼。」王曰：「有之。」因悉起兵，使甘茂將，擊之，遂拔宜陽。及武王薨，昭王立，樗里子、公孫子讒之，甘茂遇罪，卒奔齊。

蔡信發曰：「《史記・甘茂傳》：『甘茂竟言秦昭王，以武遂復歸之韓。向壽、公孫奭爭之，不能得。向壽、公孫奭由此怨讒甘茂。茂懼，輟伐魏蒲阪，亡去。』是時昭王元年，樗里子與甘茂同伐魏，無讒茂之理，此章乃涉〈秦策一〉、《史記・甘茂傳》上文武王三年，茂伐宜陽，五月未拔，樗里子、公孫子讒之，而誤以向壽為樗里子。」

茂仁案：蔡先生之說是也。檢《資治通鑑・赧王九年》三所載與《史記・甘茂傳》略同，唯所載較《史記》為詳，其云：「（赧王）九年，秦昭王使向壽平宜陽，而使樗里子、甘茂伐魏。甘茂言於王，以武遂復歸之韓。向壽、公孫奭爭之，不能得。由此怨讒甘茂。茂懼，輟伐魏蒲阪，亡去。樗里子與魏講而罷兵，甘茂奔齊。」職此，「樗里子」自無讒茂之理，顯係「向壽」之誤。「樗里子」當據改作「向壽」。

故非至明，其孰能毋用讒乎！

茂仁案：何良俊本、陳用光本「毋」並作「母」，母、毋，形近而訛。

（四）楚王問群臣曰

楚王問群臣曰：「吾聞北方畏昭奚恤，亦誠何如？」

　　盧文弨曰：「〈楚策〉『荆宣王』。」

　　武井驥曰：「〈楚策〉作『荆宣王』、『方』下有『之』字、『恤』下有『也』字。」又曰：「〈楚策〉『亦』作『果』，下有『群臣無對』四字。」

　　梁容茂曰：「《國策・楚策》：作『荆宣王』。」

　　蔡信發曰：「《國策》『楚王』作『荆宣王』。」

　　茂仁案：「楚王問群臣曰」，上言〈楚策〉，見《戰國策・楚策一》，《文選》沈休文〈恩倖傳論〉李善〈注〉、《初學記》二九、《太平御覽》三三〇並引《戰國策》「楚王」亦並作「荆宣王」，《容齋五筆》一引「楚王」作「楚宣王」，《緯略》五、《太平御覽》九〇九、《古今合璧事類備要・別集》七八〈注〉、《群書類編故事・狐假虎威》、《天中記》六〇〈注〉並引《春秋後語》並同，《白氏六帖》二九注、《釋常談》上引《春秋後語》並作「楚莊王」，《永樂大典》一二一四八引《春秋後語》作「楚昭王」。本書卷一「秦欲伐楚」章，有楚王問昭奚恤以應秦使事，《渚宮舊事》三引「楚王」為「楚宣王」。審江乙為魏使楚在邯鄲之難後，見《戰國策・楚策一》，檢《史記・六國年表》，魏拔趙邯鄲在魏惠王十八年，則此章當為魏惠王十九年事，此年適值楚宣王十八年。職此，言「楚莊王」、「楚昭王」者，蓋皆傳聞而致誤，當以「楚宣王」為是也。「亦誠何如」，《戰國策・楚策一》「如」下有「群臣莫對」四字，武井驥云作「群臣無對」，失檢。《初學記》二九〈注〉引《戰國策》，「如」下則無此四字。審上文云「楚王問群臣」，故此句「如」下有「群臣莫對」四字為長，即因「群臣莫對」，是以啟下文「江乙苔曰」語，故有此四字為長也。

江乙苔曰：「虎求百獸食之，得一狐。

　　蔡信發曰：「《戰國策》『江乙』作『江一』。又江乙別見《國策》同卷、《漢書・古今人表》；或作江乞，見《韓子・內儲說上・七術》。一、乙並為影紐，質韻，僅開合微異，古音相通。是以江一，即江乙、江乞。」

　　茂仁案：「江乙苔曰」，蔡先生云「江乙」即「江一」，是也；云「江一」即江乙、江乞，則可慮。乙、一，古並為影母、質部，音同可通，是江乙即江一也，而「乞」，古為溪母、物部，與一、乙並不可通作，竊疑「乞」為「乙」之形訛。《戰國策・楚策一》「苔」作「對」，《釋常談》上、《太平御覽》九〇九、《群書類編故事・狐假虎威》、《古今合璧事類備要・別集》七八〈注〉、《永樂大典》一二一四八、《天中記》

六○〈注〉並引《春秋後語》「荅」亦並作「對」，楚府本、何良俊本、程榮本、祕書本、陳用光本、鐵華館本、百子本、龍溪本「荅」則並作「答」。古字从艸、从竹不分，荅即答字。李富孫《詩經異文釋》九「聽言則答」云：「（上略）〈釋言〉曰：『畣，然也。』〈郊特牲〉、〈祭義〉〈注〉並云：『答，對也。』此〈疏〉云：『答，猶對也。』《廣雅》云：『對，畣也。』二字義同。（中略）段氏曰：『對、答古通用。』又曰：『古借答爲對，異部假借也。』《論語》多作『對』，《孟子》多作『答』，詩書以答爲對，皆屬漢後所改。」畣爲古荅字，說見陳喬樅《詩經四家異文考》三〈十月之交〉「聽言則對」條。《說文》三篇上寸部「對」字段〈注〉云：「〈聘禮〉〈注〉曰：『對，荅問也。按對、荅古通用。』」職此，「對」即「荅」也。又《說文》一篇下艸部「荅」字段〈注〉云：「《禮》〈注〉有『麻、荅』，《廣雅》云：『小豆荅也。』段借爲酬荅。」據是，「荅」爲借字，與「對」義同。

狐曰：『子毋敢食我也。天帝令我長百獸，今子食我，是逆帝命也。

武井驥曰：「〈楚策〉『逆』下有『天』字。《十二國史春秋後語》『食』作『噉』。」

茂仁案：「子毋敢食我也」，《太平御覽》四九四引《尹文子》「毋敢食」作「無食」，又九○九、《古今合璧事類備要‧別集》七八〈注〉、《群書類編故事‧狐假虎威》、《天中記》六○〈注〉並引《春秋後語》作「無噉」，《永樂大典》一二一四八引《春秋後語》作「無啖」。啖、噉，一字之異體。審上下文義，「敢」當爲「噉」之假借。「天帝令我長百獸」，《永樂大典》一三○八三引「天帝」作「天」。「是逆帝命也」，《初學記》二九〈注〉引《戰國策》、《太平御覽》四九四引《尹文子》、又九○九、《古今古璧事類備要‧別集》七八〈注〉、《釋常談》上、《群書類編故事‧狐假虎威》、《天中記》六○〈注〉並引《春秋後語》「帝」並作「天帝」，《文選》沈休文〈恩倖傳論〉〈注〉引《戰國策》「帝」作「天」。上文云「天帝令我長百獸」，故此作「天帝」，於義爲長，當據補。程榮本「毋」作「母」，非是，形近而訛也。

以我爲不信，吾爲子先行，子隨我後，觀百獸見我無不走。』虎以爲然，隨而行，獸見之皆走，虎不知獸畏己而走也，以爲畏狐也。

武井驥曰：「〈楚策〉『以』上有『子』字。」

茂仁案：《太平御覽》四九四引《尹文子》（今佚），又九○九、《古今古璧事類備要‧別集》七八〈注〉、《群書類編故事‧狐假虎威》、《天中記》六○〈注〉並引《春秋後語》「以」上亦並有「子」字。

今王地方五千里，帶甲百萬，而專任之於昭奚恤也，北方非畏昭奚恤也，其實畏王之兵甲也，猶百獸之畏虎。」

施珂曰：「《漢魏叢書》程本、陳本，兵甲皆作甲兵。」

蒙傳銘曰：「鐵華館本『甲兵』作『兵甲』。」

茂仁案：「其實畏王之兵甲」，《戰國策》「兵甲」乙作「甲兵」，《容齋五筆》一引、《文選》沈休文〈恩倖傳論〉〈注〉引《戰國策》、《太平御覽》九〇九、《古今合璧事類備要‧別集》七八〈注〉、《群書類編故事‧狐假虎威》、《永樂大典》一二一四八、《天中記》六〇〈注〉並引《春秋後語》並同，武井驥《纂註本》、元刊本、楚府本、何良俊本、楊美益本、白口十行本、祕書本、四庫本、百子本亦並同。

故人臣而見畏者，是見君之威也。君不用，則威亡矣。

茂仁案：「是見君之威也」，《太平御覽》九〇九引《春秋後語》作「君威也」。

（五）魯君使宓子賤為單父宰

魯君使宓子賤為單父宰，子賤辭去，因請借善書者二人，使書憲書教品，魯君予之。

武井驥曰：「《御覽》二百六十八引作『憲法』。」

施珂曰：「《藝文類聚》五二引作『使書憲法』，《御覽》二六八引書字作法。」

梁容茂曰：「（使書憲法教品，魯君子之）《呂氏‧具備篇》：單父，作『亶父』。事亦見《孔子家語‧屈節篇》。」又曰：「《御覽》二六八引：使書，作『其』。」

蔡信發曰：「《呂覽》『單父』作『亶父』。亶、單音同，在聲，單為端紐，亶為照紐，照紐古歸端紐；在韻，並收寒部，可相通用。」

茂仁案：「魯君使宓子賤為單父宰」，《呂氏春秋‧具備篇》「單父」作「亶父」，下同，《文選》潘正叔〈贈河陽〉李善〈注〉、《菰中隨筆》並引《呂氏春秋》並同，《呂氏春秋‧察賢篇》則與本文同作「單父」，下同，《太平御覽》三六九引《呂氏春秋》同，《北堂書鈔》七八〈注〉引、《太平御覽》二六八引、《群書集事淵海》三引、《喻林》六八引、《論語‧公冶長篇》〈正義〉引亦並同。單、亶，古並為端母、元部，音同可通（單，古音又有作禪母、元部者）。「使書憲書教品」，四庫《新序》版本有二，二本並作「憲書」，不作「憲法」；又作「予」，不作「子」，梁先生以四庫本為底本，失檢。《太平御覽》二六八引作「其憲法教品」。「魯君予之」，《太平御覽》二六八引「予」作「與」。予、與，古並為余母、魚部，音同可通。元刊本、楚

府本、楊美益本、白口十行本「予」並作「子」，子、予，形近而訛也。

至單父，使書，子賤從旁引其肘，書醜，則怒之；欲好書，則又引之。

武井驥曰：「《呂覽・具備篇》作『虙子賤從旁時掣搖其肘』，《家語》作『方書掣其肘』。」

茂仁案：上言《家語》，見〈屈節解〉。「子賤從旁引其肘」，《永樂大典》一九七八四、《考信錄・餘錄》卷之二引「引」並作「掣」。《爾雅・釋訓》云：「掣，曳也。」《晉書・王獻之傳》云：「七、八歲時學書，羲之密從後掣其筆，不得。」據是，引、掣，義同也。

書者患之，請辭而去，歸以告魯君。

蔡信發曰：「《洙泗考信餘錄》二：『請人於君而掣其肘，無禮甚矣。大夫且不可施之於君，況宰乎？此乃戰國策士因世主之任人不專而寓言者，以子賤之治單父有能名也，故託之，非實事也，故今不錄。』是。」

茂仁案：本文別見《呂氏春秋・具備篇》及《孔子家語・屈節解》，未見見載於他書，崔述言為戰國時之寓言，以此之故邪？審春秋末，禮壞樂崩，越禮犯分之事，隨之而漸，故崔述之云「大夫且不可施之於君，況宰乎」，聊備一說，可也。

魯君曰：「子賤苦吾擾之，使不得施其善政也。」

武井驥曰：「《家語》作『公寤，大息而嘆曰：「此寡人之不肖，寡人亂宓子之政，而責其善者數矣。」』」

蔡信發曰：「《呂覽》作『魯君太息而歎曰：「此諫寡人之不肖也。寡人之亂子，而令宓子不得行其術，必數有之矣。微二人，寡人幾過」』，較此詳。」

茂仁案：《藝文類聚》七四、《太平御覽》七四七並引《家語》無「此諫寡人之不肖」七字，又《太平御覽》六二五引《家語》作「魯君以問孔子。孔子曰：『宓不齊，君子也，其才任霸王之佐，屈節而治單父，將以自試，意者宓子以此諫乎？』公悟，太息曰：『此寡人之不肖也，寡人亂宓子之政，而責其善者數矣。微二吏，則寡人無以知過；微夫子，則寡人無由自寤。』」並較諸書為詳也。蔡先生引《呂覽》，「此」上奪「宓子以」三字，當補。楚府本「苦」作「若」，祕書本「施」作「書」，若、苦，形近而訛也；書，施之音誤也。

乃命有司，毋得擅徵發單父，單父之化大治。

梁容茂曰：「《御覽》二六八引：司，作『可』，誤。又無『之化』二字。」

蔡信發曰：「《呂覽》作『遂發所愛而令之亶父，告宓子曰：'自今以來，亶父非寡人之有也，子之有也。有便於亶父者，子決爲之矣，五歲而言其要'』，較此詳。」

茂仁案：《太平御覽》六二五引《家語》作「遽發所愛之使，告宓子，曰：『自今以往，單父非魯有也，從子之制。有便於人者，子決之，五年一言其要。』宓子敬奉詔，遂得行其政，於是單父治焉，躬教厚，明親親，尙篤敬，施至仁，加懇誠，致忠信，百姓化之。」所言較詳。各本「毋」並作「無」。毋、無，古並爲明母、魚部，音同可通。

故孔子曰：「君子哉子賤！魯無君子者，斯安取斯！」美其德也。

武井驥曰：「《御覽》作『君子哉若人，尙德哉若人』，語見《論語・公冶長篇》『子賤』作『若人』、『安』作『焉』。」

茂仁案：《說苑・政理篇》云：「孔子謂子賤曰：『君子哉若人！君子哉若人！魯無君子也，斯焉取斯？』」「安」亦作「焉」，《太平御覽》二六八引同，楚府本亦同。安、焉，義同。

（六）楚人有獻魚楚王者

楚人有獻魚楚王者，

武井驥曰：「《御覽》四百五十七引『魚』下有『於』字，九百三十五同，八百三十三作『楚人有獻餘魚於王』。」

施珂曰：「《御覽》四五七、九三五引魚下皆有於字。」

梁容茂曰：「《御覽》八三三引：魚上有『餘』字，據下文『故漁者壹獻餘魚而楚國賴之』，則有『餘』字是。」

茂仁案：「楚人有獻魚楚王者」，《太平御覽》六二六引、《春秋別典》五引、《喻林》七四引並與本文同。審下文云「壹獻餘魚」，爲承上文而來，故此有「餘」字爲是，梁先生之說是也。又《事類賦》二九〈注〉引「魚」下亦有「於」字，《太平御覽》五一〇引《袁淑眞隱傳》「魚」下則有「于」字。有「於（于）」字，於義爲長，檢本書卷七「昔者有饋魚於鄭相者」章，文例與本文同，亦有「於」字，即其比。

曰：「今日漁獲，食之不盡，賣之不售，棄之又惜，故來獻也。」

武井驥曰：「《御覽》六百二十六、八百三十三並作『獲魚』。」

施珂曰：「《書鈔》三九、《藝文類聚》九六、《御覽》四五七、六二六、九三五

引，『漁獲』皆作『獲魚』。是也。」

梁容茂曰：「（今日漁穫）《御覽》四五七、六二四、八三三引：漁穫，並作『獲魚』。九三五引、何本、程本、百子本：穫俱作『獲』。穫、獲，通用。」

茂仁案：「今日漁獲」，四庫《新序》版本有二，二本並作「獲」，不作「穫」，梁先生以四庫本爲底本，失檢。元刊本、楚府本、何良俊本、楊美益本、白口十行本、祕書本、陳用光本、四庫本、鐵華館本、龍溪本亦並作「漁獲」與本文同。《太平御覽》九三五引作「漁獲」，施先生云作「獲魚」，失檢；《太平御覽》六二四，爲六二六之誤，梁先生亦失檢。《太平御覽》四五七引、又六二六引、又八三三引「漁獲」並乙作「獲漁」，《喻林》七四引作「魚穫」。楚府本、何良俊本、白口十行本「獲」則並作「穫」。依詞義言，「漁獲」，漁、獲並爲動詞，與語法乖，審之，「漁」當改作「魚」，並乙作「獲魚」；或「獲」當改作「穫」，作「漁穫」爲是，當據改，唯審此文屢言「漁者」，故此作「漁穫」於義似較長。「棄之又惜」，元刊本、楚府本、楊美益本「棄」並作「弃」，陳用光本、四庫本並作「棄」。弃、棄，古、今字；棄，蓋棄字篆文「𣏂」之隸定。

左右曰：「鄙哉辭也！」楚王曰：「子不知！漁者仁人也。蓋聞囷倉粟有餘者，國有餓民。

武井驥曰：「舊校曰：『一作下民多飢。』《御覽》『餓』下有『死』字。」

蒙傳銘曰：「百子本『餓』作『飢』。」

梁容茂曰：「（蓋聞囷倉粟有餘者）《御覽》四五七引：囷，作『囥』。九三五引、何本、程本、百子本：並作『囷』，是也。《御覽》四五七引：民上有『死』字。九三五引：餓，作『饑』，百子本作『飢』。」

茂仁案：「蓋聞囷倉粟有餘者」，四庫《新序》版本有二，二本並作「困」，不作「囷」，梁先生以四庫本爲底本，失檢。楚府本「囷」亦作「困」，非是，形近而訛也。「國有餓民」，《太平御覽》四五七引「餓」下有「死」字，百子本「餓」作「飢」。《春秋別典》五引作「下民多飢」。《事類賦》二九〈注〉引、《喻林》七四引則並與本文同。餓、飢，義似可通，而實有程度上之區別，《淮南子·說山篇》云：「寧一月飢，無一旬餓。」即知「餓」於程度上重於「飢」，是以知《太平御覽》四五七引「餓」下何以有「死」字矣。且此句與下文「下民多曠夫」並列爲言，「曠夫」之與「餓民」，較與「飢民」，於「程度」上爲接近，故此作「餓」，於義較長。

【一本作下民多飢】；

　　茂仁案：祕書本無此注。白口十行本「飢」作「饑」。飢、饑常互混。《說文》五篇下食部云：「饑，穀不孰爲饑。」又云：「飢，餓也。」段〈注〉云：「（飢）與饑分別，蓋本古訓，諸書通用者多有，轉寫錯亂者亦有之。」作「饑」者，蓋借字也。

後宮多幽女者，下民多曠夫；餘衍之蓄聚於府庫者，境內多貧困之民。皆失君人之道。

　　武井驥曰：「《御覽》『困』作『乏』，九百三十五同，無『人』字。」

　　梁容茂曰：「《御覽》九三五引：困，作『乏』。」

　　茂仁案：「境內多貧困之民。皆失君人之道」，《事類賦》二九〈注〉引「困」亦作「乏」，亦無「人」字。困、乏，義近。

故【一有廚字】庖有肥魚，廄有肥馬，民有餓色。

　　盧文弨曰：「『故』下舊〈注〉『一有廚字』，此四字可刪。」

　　武井驥曰：「嘉靖本『庖』上有『廚』字。舊校曰：『一有廚字』正合。《孟子》曰：『庖有肥肉，廄有肥馬，民有飢色，野有餓莩。』」

　　施珂曰：「《御覽》九三五引餓作饑。《天中記》五六〈注〉作飢。」

　　梁容茂曰：「（故廚庖有肥魚）《拾補》云：『故下舊注一有廚字，此四字可刪。』案：今四庫本，廚已入正文。《御覽》九三五引正無『廚』字。九三五引：餓，作『饑』，是也。」

　　茂仁案：「故【一有廚字】庖有肥魚」，四庫《新序》版本有二，二本並無「廚」字，唯〈注〉作「一有廚字」，梁先生以四庫本爲底本，失檢。《事類賦》二九〈注〉引、《太平御覽》九三五引並作「故庖有肥肉」，亦並無「廚」字，且「魚」作「肉」。《春秋別典》五引作「故廚庖有肥魚」，元刊本、楚府本、何良俊本、楊美益本、白口十行本並同，〈注〉文「廚」字並已入正文。祕書本作「故庖有肥魚」。鐵華館本、龍溪本並作「故【一有困字】庖有肥魚」。百子本作「故【一有廚字】庖有肥肉」。四庫本、陳用光本則並與本文同。「民有餓色」，《事類賦》二九〈注〉引、《春秋別典》五引「餓」並作「飢」，《太平御覽》九三五引「餓」作「饑」。飢、饑、餓，三者之別，說已見上。饑，爲穀不熟之謂，梁先生云『餓』，作『饑』，是也」，恐失之。依文義，「餓」作「飢」，於義較長，《鹽鐵論·園池篇》云：「語曰：『廚有腐肉，國有飢民，廄有肥馬，路有餒人。』」《孟子·梁惠王篇上》云：「庖有肥肉，廄有肥

馬，民有飢色。」知此爲古時常語，亦並爲上論之證也，故本段文字當據改作「故庖有肥肉，廏有肥馬，民有飢色」爲是。

是以亡國之君，藏於府庫。寡人聞之久矣，未能行也。漁者知之，其以此諭寡人也，且今行之。」

　　梁容茂曰：「《御覽》八三三、九三五再引：諭，俱作『喻』。何本、百子本同。喻、諭，通用。」

　　茂仁案：「其以此諭寡人也」，《事類賦》二九〈注〉引「諭」亦作「喻」，祕書本、陳用光本、百子本並同。諭、喻古並爲余母、侯部，音同可通。

於是乃遣使，恤鰥寡而存孤獨，出倉粟，發幣帛而振不足，

　　武井驥曰：「吳本『振』作『賑』，《御覽》同。」

　　施珂曰：「《書鈔》、《御覽》六二六引振作賑，四五七引振作賙賑。振、賑古通。」

　　梁容茂曰：「《御覽》四五七引：振，作『賙賑』；六二六引作『賑』。《周禮・地官・大司徒》：『三日振窮。』《禮・月令》：『振乏絕。』俗云賑濟之賑，即『振』字。」

　　茂仁案：「出倉粟，發幣帛而振不足」，楚府本「粟，發」乙作「發粟」，非是，誤乙也。白口十行本「振」亦作「賑」。審此二句與上文「恤鰥寡而存孤獨」對言，故《太平御覽》六二六引作「賙賑」者，不類。振、賑，古、今字。

罷去後宮不御者，出以妻鰥夫，楚民欣欣大悅，鄰國歸之。

　　武井驥曰：「《御覽》八百三十三作『寡夫』。」

　　梁容茂曰：「（出而妻鰥夫）《御覽》四五七、六二六、八三三引：而，俱作『以』；何本、程本同。而；以，通用。」

　　茂仁案：「出以妻鰥夫」，四庫《新序》版本有二，二本並作「以」，不作「而」，梁先生以四庫本爲底本，失檢。《春秋別典》五引、《喻林》七四引「以」並作「而」，元刊本、楚府本、何良俊本、楊美益本、白口十行本並同。以，古爲余母、之部；而，古爲日母、之部，音近可通。又《太平御覽》八三三引「鰥」作「寡」，《說文》七篇下宀部云：「寡，少也。」段〈注〉云：「引申之凡鬔然單獨皆曰寡。」又十一篇下魚部云：「鰥，鰥魚也。」段〈注〉云：「鰥多叚借爲鰥寡字，鰥寡字蓋古秖作矜，矜即憐之叚借。」據是，鰥、寡，並通。

故漁者一獻餘魚，而楚國賴之，可謂仁智矣。

　　武井驥曰：「《御覽》九百三十五作『漁人』、無『童』字。」

梁容茂曰：「《御覽》四五七、九三五兩引：俱無『餘』字。」

茂仁案：武井驥《纂註本》「一」作「壹」，《太平御覽》九三五引無「壹」字也，武井驥云無「童」字，失檢。元刊本、楚府本、何良俊本、楊美益本、白口十行本、程榮本、祕書本、四庫本「一」亦並作「壹」。檢《太平御覽》九三五引有「餘」字，梁先生謂九三五引無「餘」字，失檢。《事類賦》二九〈注〉引、《太平御覽》四五七引、九三五引並無「一」字。

（七）昔者鄒忌以鼓琴見齊宣王

昔者鄒忌以鼓琴見齊宣王。

武井驥曰：「〈世家〉曰：『騶忌子以皷琴見威王。』文有異同。」

蒙傳銘曰：「《戰國策・齊策一》：『成侯騶忌爲齊相。』《史記・孟子荀卿列傳》：『騶忌以鼓琴干威王，因及國政，封爲成侯而受相印。』〈田敬仲完世家〉亦云：『騶忌子以皷琴見威王，威王說而舍之右室。……騶忌子見三月而受相。淳于髡見之……說畢，趨出，至門，而面其僕曰：『是人者，吾語之微言五，其應我若響之應聲，是人必封不久矣。』居朞年，封以下邳，號曰成侯。一在『是人必封不久矣』句下，裴駰〈集解〉即引《新序》此文。且《史記・六國年表》載：『齊威王二十一年，鄒忌以皷琴見威王，二十二年，封鄒忌爲成侯。』是鄒忌皷琴以干齊威王，非宣王也。此文作『齊宣王』，當係傳寫之誤。」

蔡信發曰：「《史記》作威王，下同。〈年表〉繫右事於威王二十一年。《淮南・主術》：『鄒忌一徽，而要王王終夕悲感于憂。』事與《史記》合。而此以忌鼓琴所干者，乃宣王，誤。據〈田敬仲完世家〉，威王名因齊，桓公午之子，在位三十六年。宣王，名辟彊，威王子，在位十九年。」

茂仁案：蒙先生之說是也，檢《淮南子・主術篇》〈注〉、《文選》王仲宣〈七哀詩〉李善〈注〉及《太平御覽》一九八、《天中記》二五〈注〉並引《史記》、又《太平御覽》四六〇引《戰國策》、《事類賦》一一及《太平御覽》五七七並引《周書》「齊宣王」亦並作「齊威王」，並其證也。威王，桓公午之子，宣王爲威王之子，鄒忌仕於齊威王、宣王之時，說見《史記・田敬仲完世家》。本文以鄒忌鼓琴干於宣王，似有未合，《史記・六國年表》繫此事於威王二十一年，知鄒忌鼓琴以干者，爲「齊威王」，而作「宣王」者，蓋以威王、宣王爲父子，因其事近失考所致誤耳，當據改。又《史記・田敬仲完世家》、又〈孟子荀卿列傳〉「鄒」並作「騶」，《天中記》二五

〈注〉引《史記》同。鄒、騶，古並爲莊母、侯部，音同可通。元刊本、何良俊本、楊美益本、程榮本「鼓」並作「皷」。鼓、皷，正、俗字，說見《永樂大典》八「上聲・五姥」。

宣公善之，鄒忌曰：「夫琴所以象政也。」遂為王言琴之象政狀及霸王之事，

梁容茂曰：「何本：夫，作『天』，誤。」

茂仁案：梁先生所云「何本」，爲指何允中本。「遂爲王言琴之象政狀及霸王之事」，《愼子・內篇》無「琴之象政狀及」六字。

宣王大悅，與語三日，遂拜以為相。

蔡信發曰：「《史記》作『騶忌子見三月，而受相印』，與此異。」

茂仁案：《愼子・內篇》「宣王大悅」下有「舍之右室」四字。又《太平御覽》五七七引《周書》，亦以受相印爲「見三月」之後，並與本文「語三日」者異。

齊有稷下先生，喜議政事。鄒忌既為齊相，稷下先生淳于髡之屬七十二人，皆輕忌，

蔡信發曰：「據《史記・田世家》，設辭以難鄒忌者，僅髡一人，而本文則增作『稷下先生淳于髡之屬七十二人』。」檢〈田世家〉：『十八年，宣王喜文學游說之士，自如騶衍、淳于髡、田駢、接予、愼到、環淵之徒，七十六人，皆賜列第，爲上大夫，不治而議論，是以齊稷下學士復盛，且數百人。』此混上事與髡之難忌爲一，故既誤威王爲宣王，復益『稷下先生淳于髡之屬七十二人』。又《鹽鐵論・論儒》：『齊宣王褒儒尊學，孟軻、淳于髡之徒，受上大夫之祿，不任職而論國事。蓋齊稷下先生，千有餘人。』稷下先生之數，各書所作不一，〈田世家〉作『七十六』，此作『七十二』，『二』當『六』之誤。後浸增多，〈田世家〉謂『數百人』，似得其實；《鹽鐵論》謂『千有餘人』，不免浮誇，自當以〈田世家〉爲準。」

茂仁案：蔡先生說是，又鐵華館本、龍溪本「淳」並作「涥」，非是，涥、淳，形近而訛也。「皆輕忌」，審此文俱以「鄒忌」爲稱，獨此單言「忌」，與文例未合，「忌」上疑奪「鄒」字。《史記・田敬仲完世家》〈集解〉引「忌」上有「騶」、《太平御覽》四三二引《說苑》「忌」上亦有「鄒」字，並爲其證也，當據補。

以謂設以辭，鄒忌不能及。

武井驥曰：「《御覽》四百三十『謂』作『爲』，《說苑》作『爲設妙辭』，〈田敬仲完世家〉〈註〉引，『謂』作『爲』，『辭』上有『微』字。」又曰：「《史》〈註〉『忌』

下有『必』字。」

茂仁案:「以謂設以辭,鄒忌不能及」,《史記‧田敬仲完世家》〈集解〉引作「以為設以微辭,騶忌必不能及」,於「辭」上有「微」字、「不」上有「必」字,正與下文「淳于髡之徒禮倨」合,當據補。

乃相與俱往見鄒忌。淳于髡之徒禮倨,鄒忌之禮卑。

茂仁案:「乃相與俱往見鄒忌,淳于髡之徒禮倨」,《慎子‧內篇》作「淳于髡、慎到、田駢、接予、環淵相與往見鄒忌子,淳于髡、慎到之屬禮倨」,較此為詳。

淳于髡等曰:「狐白之裘,補之以弊羊皮,何如?」

武井驥曰:「《史》作『狐裘雖弊,不可補以黃狗之皮』。」

茂仁案:「淳于髡等曰」,《史記‧田敬仲完世家》無「等」字。審上文云:「稷下先生淳于髡之屬七十二人,皆輕忌,乃相與俱往見鄒忌。」職是,往見鄒忌之人數多矣,而此豈有眾人所問之問題皆相同邪,必不然矣,故無「等」字為長,唯此下數問,俱以淳于髡一人表之,故於「淳于髡」下益「等」字,以示此批人之某人言,亦通也。「狐白之裘,補之以弊羊皮」,《慎子‧內篇》作「狐裘雖弊,不可補以犬羊之皮」,《太平御覽》六九四引《春秋後語》作「狐裘雖敝,不可補以黃犬之皮」,並與此略異。白口十行本「弊」作「敝」。敝、弊,古、今字。

鄒忌曰:「敬諾,請不敢雜賢以不肖。」

武井驥曰:「《治要》無『敬』字,下同。《史》作『謹受令,請謹擇君子,毋雜小人其間。』」

茂仁案:「敬諾」,《慎子‧內篇》、《史記‧田敬仲完世家》並作「謹受令」,《太平御覽》五七七引《周書》作「謹受命」,下同,《太平御覽》六九四引《春秋後語》作「諾,謹受教」,《群書治要》四二引作「諾」,下同。「請不敢雜賢以不肖」,《慎子‧內篇》、《史記‧田敬仲完世家》、並作「請謹擇君子,毋雜小人其間」,《太平御覽》六九四引《春秋後語》同。審下文鄒忌之回答,其文例俱三句,如「敬諾,請謹門內,不敢留賓客」,「敬諾,減吏省員,使無擾民也」,而此作二句,與文例未合,故當從三書改作「請謹擇君子,毋雜小人其間」,於文例為佳也。問鄒忌問題者,本書均言「淳于髡(等)曰」,《慎子‧內篇》則分由淳于髡、田駢、環淵、接予、慎到等五人順次發問,且所問者,與本文互有出入。

淳于髡曰：「方內而員釭，如何？」鄒忌曰：「敬諾，請謹門內，不敢留賓客。」

　　武井驥曰：「吳本『員』作『圓』，《治要》作『圓』。驥按：內、枘通用。釭，猶鑿也。《史·孟軻傳》曰：『持方枘，欲內圓鑿，其能入乎？』《楚辭》曰：『圓鑿而方枘兮，吾固知其鉏鋙而難入。』《釋名》曰：『釭，空也。』方枘員鑿則難入，故去大圭角，以容賓客，不敢留門外也。」

　　施珂曰：「《治要》引內作戶。」

　　梁容茂曰：「《治要》：員，作『圓』；釭，作『缸』；內，作『戶』；無『賓』字。」

　　茂仁案：員，古為匣母、文部；圓，古為匣母、元部，二者音近可通。釭，為車轂中之孔。作「缸」，非是，蓋為「釭」之形訛也。門內、門戶，義近。

淳于髡等曰：「三人共牧一羊，羊不得食，人亦不得息，何如？」鄒忌曰：「敬諾，減吏省員，使無擾民也。」

　　武井驥曰：「《治要》『諾』下有『請』字，無『也』字。」

　　茂仁案：「減吏省員」，審此句與上文「請不敢雜賢以不肖」、「請謹門內」並列為言，上文並以「請」字發端，此不當例外，「減」上顯奪「請」字，《群書治要》四二引「減」上正有「請」字，《慎子·內篇》、《史記·田敬仲完世家》、《太平御覽》五七七引《周書》，於鄒忌之諸項回答，亦皆有「請」字，並為其明證，當據補。

淳于髡等三稱，鄒忌三知之如應嚮。

　　武井驥曰：「《治要》『稱』作『辭』，《史》作『若嚮之應聲』。」

　　梁容茂曰：「《治要》：稱，作『辭』。注：『辭作稱』。」

　　茂仁案：作「稱」較長也。「鄒忌三知之如應嚮」，「應嚮」，文不辭，疑為「嚮應」之誤乙。檢《慎子·內篇》、《太平御覽》五七七引《周書》亦並作「若嚮之應聲」，即其比也，又《荀子·彊國篇》云：「譬之猶嚮之應聲。」《呂氏春秋·功名篇》〈注〉云：「呼則嚮應之。」《史記·樂書》、《淮南子·脩務篇》〈注〉並云：「嚮之應聲。」《鶡冠子·泰錄篇》云：「嚮則應聲。」《史記·陳涉世家》云：「天下雲會嚮應。」又〈淮陰侯列傳〉云：「天下風走而嚮應。」《全三國文》桓譚〈陳兵事〉、《世要論》並云：「使若嚮之應聲。」《北堂書鈔》一一三云：「若嚮之應聲。」《太平御覽》二四二引《蜀志》云：「如嚮應聲。」《永樂大典》九引《漢書》云：「天下嚮應。」並為其比也。又元刊本、楚府本、何良俊本、楊美益本、白口十行本、程榮本、祕書本、陳用光本、四庫本、百子本「嚮」並作「響」，「嚮」為「響」之借字也。

淳于髡等辭屈而去。

武井驥曰：「《治要》『而』上有『辭』字。」

施珂曰：「《治要》引屈下有辭字。『淳于髡等辭屈』句。『辭而去』句。」

梁容茂曰：「《治要》：屈下更有『辭』字。」

茂仁案：審下文云「鄒忌之禮倨，淳于髡等之禮卑」，故此「而」上當據《群書治要》四二引，補「辭」字為長。祕書本「去」作「出」。去、出，義同。

鄒忌之禮倨，淳于髡等之禮卑。故所以尚干將莫邪者，貴其立斷也；

茂仁案：白口十行本「邪」作「耶」，古通。

所以貴騏驥者，為其立至也；必且歷日曠久乎，絲氂猶能挈石，駑馬亦能致遠。是以聰明捷敏，人之美材也。

武井驥曰：「《呂覽》曰：『所為貴驥者，為其一日千里馬也。』」

茂仁案：上言《呂氏春秋》，見〈貴卒篇〉。

子貢曰：「回也聞一以知十」，美敏捷也。

茂仁案：錢大昕《十駕齋養新錄》二「子贛」條云：「《說文》：『贛，賜也。』『貢，獻也。』兩字音同義別。子貢名賜，當作『贛』。《論語》作『貢』，《禮記》唯〈樂記〉一篇稱『子贛』。餘與《論語》同。《左傳·定十五年》、〈哀七年〉、〈十二年〉作『子貢』；〈哀十五年〉、〈十六年〉、〈廿六年〉、〈廿七年〉作『子贛』。」梁玉繩《史記志疑·仲尼弟子列傳》二八「端木賜，衛人，字子貢」條云：「（上略），經史及諸子中多作『子贛』，《左傳》稱『衛賜』，錢宮詹曰：『古人名字必相應。《說文》：『贛，賜也。』『貢，獻功也。』則端木子之字，當為子贛無疑。』」錢大昕、梁玉繩之說並是也。審古人名與字之相應者，如杜甫字子美、李陽冰字少溫、李白字太白，皆其比也。以「子貢」名「賜」，故「貢」當據改作「贛」為是，此作「貢」者，為借字也。王引之《經義述聞·春秋名字解詁》述二二、又述二六〈春秋穀梁傳〉並有辯文，可相參稽。

（八）昔者燕相得罪於君

昔者燕相得罪於君，

盧文弨曰：「〈齊策〉作『管燕得罪齊王』，其對者為『田需』，語大同小異。」

武井驥曰：「齊宣王〈策〉作『管燕得罪齊王』，《韓詩》卷二作『宋燕相齊見逐』，

《說苑‧尊賢篇》作『宗衛相齊遇逐罷』。」

　　蔡信發曰:「〈齊策〉作『管燕得罪齊王』,《外傳》作『宋燕相齊見逐』,《說苑》作『宗衛相齊遇逐』,事並與此同,名並與此異。考是事首見〈齊策〉,他書本之,而名姓不一,可說以傳聞異詞。然探其原委,《外傳》本諸〈齊策〉,以『管』爲『宋』,形壞而訛;《說苑》本諸《外傳》,以『宋』爲『宗』,形近而誤;以『燕』爲『衛』,音近而謬。蓋燕,影紐先韻,古屬寒部;衛,爲紐祭韻,古屬曷部,二紐並屬喉音,古韻又音近相通。本文作燕相,顯涉《外傳》相齊而誤,而《說苑》不誤,即是一證。賴炎元《韓詩外傳考徵》下:『《新序》作燕相,疑上下有脫文。』以此說明首句,尙達,然全章均以燕相爲名,自不得以脫文視之。」

　　茂仁案:蔡先生之說可從,唯以「『管』爲『宋』,形壞而訛」,則可再議。《帝範》二引《戰國策》亦作「管燕得罪齊王」,上引諸書均繫此事於「齊」。審下文「將出亡,召門下諸大夫曰:『有能從我出者乎?』」職此「燕相」豈仕於「齊」乎?必不然矣!「燕相」疑誤。上引或作「管燕」、或作「宋燕」、或作「宗衛」。管或作筦,說見卷一「楚共王有疾」章,「常侍筦蘇與我處」條校記。職此,宋、宗疑即「筦」之形訛,「燕相」疑爲「管燕」之誤,下同。

將出亡,召門下諸大夫,曰:「有能從我出者乎?」

　　武井驥曰:「〈齊策〉作『謂其左右』,《韓詩》作『召門尉陳饒等三十六人』,《說苑》作『召門尉田饒等二十有七人而間焉』。」

　　茂仁案:上言《韓詩外傳》七作「召門尉陳饒等三十六人」,「三」爲「二」之誤;又《說苑‧尊賢篇》作「召門尉田饒等二十有七人而間焉」,「間」爲「問」之誤,武井驥並失檢也。「有能從我出者乎」,《太平御覽》四七五引無「有」、「者」二字。

三問,諸大夫莫對。

　　武井驥曰:「〈齊策〉作『田需對曰』,《說苑》作『田饒曰』,《韓詩》同,無『田』字。」

　　茂仁案:《戰國策‧齊策四》「諸大夫」作「左右」,下文「大夫」作「田需」,《韓詩外傳》七作「陳饒等」,《說苑‧尊賢篇》作「田饒等」,下同。陳、田古並爲定母、眞部,音同可通。「諸大夫莫對」,《太平御覽》四七五引無「諸大夫」三字。

燕相曰:「嘻!亦有士之不足養也。」大夫有進者,曰:「亦有君之不能養士,安有士之不足養者?凶年饑歲,士糟粕不厭,而君之犬馬有餘穀粟;

武井驥曰：「（凶年饑歲）《御覽》四百七十五引作『飢年惡歲』、『粕』作『糠』、『厭』作『足』，〈齊策〉作『士三食不得厭，而君鵝鶩有餘食。』」

梁容茂曰：「（凶年飢歲，士糟糠不厭）《御覽》四七五引作『飢年惡歲』。厭，作『足』。」

茂仁案：「凶年饑歲」，四庫《新序》版本有二，二本並作「饑」，不作「飢」，梁先生以四庫本爲底本，失檢。元刊本、楚府本、何良俊本、楊美益本、鐵華館本、百子本、龍溪本「饑」並作「飢」。《說文》五篇下食部云：「饑，穀不孰爲饑。」今本文以云「歲」之收成，故以作「饑」爲是，作「飢」者，蓋其借字也，參見本卷「楚人有獻魚楚王者」章，「【一本作下民多飢】」條校記。「士糟粕不厭」，四庫《新序》版本有二，二本並作「粕」，不作「糠」，梁先生以四庫本爲底本，失檢。《太平御覽》四七五引作「糟糠不足」。厭，爲「猒」之借字，猒、足，義通。

隆冬烈寒，士短褐不完，四體不蔽，而君之臺觀，帷嗛錦繡，隨風飄飄而弊。

武井驥曰：「《御覽》『烈』作『冽』。」又曰：「《韓詩》作『綾紈綺縠，靡麗於堂，從風而弊。』《古今註》曰：『闕，觀也。其上可居，則登之則可遠觀，故謂之觀。』《釋名》曰：『嗛，簾也。』」

梁容茂曰：「（隆冬烈寒）《御覽》四七五引：烈，作『冽』。」

茂仁案：四庫《新序》版本有二，二本並作「寒」，不作「塞」，梁先生以四庫本爲底本，失檢。烈寒、冽寒，義通。元刊本、楊美益本「體」並作「躰」，白口十行本作「軆」，楚府本「繡」作「綉」。躰、軆，蓋「體」之俗寫；綉，蓋「繡」之俗寫也。

財者君之所輕，死者士之所重也。

武井驥曰：「《韓詩》『財』上有『且夫』二字。」

茂仁案：審下文云「君不能施君之所輕，而求得士之所重」，故此「財」上有「且夫」二字，於文氣較順。

君不能施君之所輕，而求得士之所重，不亦難乎！」燕相遂慚，遁逃不復敢見。

武井驥曰：「《御覽》作『君不能用所輕之財，而欲使士致所重之死，豈不難乎？』」

梁容茂曰：「百子本：復敢，作『敢復』。」

茂仁案：《太平御覽》四七五引「不亦難乎」作「難焉」，武井驥云作「豈不難乎」，失檢；又百子本作「復敢」，不作「敢復」，梁先生云作「敢復」，亦失檢也。

（九）晉文公出獵

晉文公出獵，前驅曰：「前有大蛇，高如隄，阻道竟之。」

　　武井驥曰：「《新書·春秋篇》『獵』作『田』、『曰』作『還白』。」又曰：「《新書》作『橫道而處』。」

　　梁容茂曰：「《新書·春秋篇》：獵，作『畋』。畋，亦獵也。」又曰：「《新書》作『橫道而處』。」

　　蔡信發曰：「晉史乘『隄』作『堤』。隄、堤並從是得聲，古通，《左·襄公二十六年》〈釋文〉：『堤，亦作隄。』而實堤乃隄之假借。《說文》：『隄，唐也。』『堤，滯也。』〈注〉堤：『俗用堤爲隄，則非』。」

　　茂仁案：「前驅曰」，《新書·春秋篇》「曰」作「還白」，於義較長。「高如隄」，《新書·春秋篇》、《晉文春秋·大蛇阻道第九》、《春秋別典》四引「隄」亦並作「堤」，《博物志·異聞》「隄」作「拱」，《太平廣記》二九一引《博物志》同。「阻道竟之」，《風俗通義·怪神篇》作「其長竟路」。作「高如隄」、「橫道而處」、「高如拱」、「其長竟路」，並通。

文公曰：「寡人聞之，諸侯夢惡則修德，大夫夢惡則修官，士夢惡則修身，

　　盧文弨曰：「《賈子·春秋篇》有『天子夢惡則修道』一句。」又曰：「（修德）《賈》作『修政』。」又曰：「（士）《賈》作『庶人』。」

　　武井驥曰：「《新書》『諸侯』上有『天子夢惡則修道』七字。『德』作『政』、『士』作『庶人』，《風俗通》卷九『官』作『家』。」

　　梁容茂曰：「《新書》：德，作『政』。此句上有『天子夢惡則修道』七字。」又曰：「《新書》：士，作『庶人』。以下五罪，《新書》與此異。」

　　蔡信發曰：「《新書》作『文公曰：‘不可。吾聞之曰：“天子夢惡則脩道，諸侯夢惡則脩政，大夫夢惡則脩官，庶人夢惡則脩身。若是，則禍不至。今我有失行，而天招以妖我。我若攻之，是逆天命。”乃歸齋宿，而請於廟曰：“孤實不佞，不能尊道，吾罪一；執政不賢，左右不一，吾罪二；飾政不謹，民人不信，吾罪三；本務不脩，以咎百姓，吾罪四；齋肅不莊，粢盛不潔，吾罪五。請興賢逐能，而章德行，善以導百姓，毋復前過。”乃退而脩政，居三月，而夢天誅大蛇。’』較此詳。」

　　茂仁案：「諸侯夢惡則修德，大夫夢惡則修官，士夢惡則修身」，《風俗通義·怪神篇》作「天子見妖則修德，諸侯修政，大夫修宮，士修身」，《後漢書·楊震傳》

云：「天子見怪則修德，諸侯見怪則修政，卿大夫見怪則修職，士庶人見怪則修身。」又見《全後漢文》楊賜〈虹蜺對〉引《周書曰》云云。《類說》三○引、《晉文春秋》、《春秋別典》引並與本文同。第二句「修」字，元刊本、何良俊本、楊美益本、程榮本並作「脩」；第三句「修」字，何良俊本、程榮本並作「脩」。「脩」爲「修」之借字。

如是而禍不至矣。今寡人有過，天以戒寡人，還車而反。」前驅曰：「臣聞之，喜者無賞，怒者無刑，今禍福已在前矣，不可變，何不遂驅之？」文公曰：「不然。夫神不勝道，而妖亦不勝德。禍福未發，猶可化也。」還車反，宿齋三日，請於廟曰：「孤少，犧不肥，幣不厚，罪一也；孤好弋獵，無度數，罪二也；孤多賦斂，重刑罰，罪三也。

茂仁案：「宿齋三日」，《新書・春秋篇》「宿齋」作「齊宿」。齊，古爲從母、脂部；齋，古爲莊母、脂部，二者音近可通。「孤少，犧不肥，幣不厚」，與下文「孤好弋獵，無度數」、「孤多賦斂，重刑罰」並列爲言。審下文二句皆爲四、三句式，「孤」皆屬下連讀，唯此句爲二、三、三句式，且「孤」屬上讀，於文例未合。又「犧不肥，弊不厚」與「好弋獵，無度數」、「多賦斂，重刑罰」並列。故本句「孤少」之「少」字疑爲衍文，「孤」字或當屬下連讀，《新書・春秋篇》則並作四、四句式，「孤」亦屬下連讀，《風俗通義・怪神篇》作「孤犧牲瘯蠡，幣帛不厚」，「孤」亦屬下連讀，並爲其比也。如是，則此作「孤犧不肥，弊不厚」，與下文二句，句法正一律矣。「孤多賦斂」，元刊本、楚府本、何良俊本、楊美益本、白口十行本、程榮本、祕書本、百子本「斂」並作「歛」，下同。《說文》有「斂」無「歛」，「歛」或爲其別體。

請自今以來者，關市無征，澤梁無賦斂，赦罪人，舊田半稅，新田不稅。」

梁容茂曰：「（澤梁毋賦歛）何本、程本、百子本：毋，作『無』。毋、無，通用。」

茂仁案：四庫《新序》版本有二，二本並作「無」，不作「毋」；又作「斂」，不作「歛」，梁先生以四庫本爲底本，失檢。元刊本、白口十行本「無」並作「毋」，楚府本、何良俊本、楊美益本並作「母」。母、毋，形近而訛。無、毋，古通。元刊本、楚府本、何良俊本、楊美益本、白口十行本、程榮本、祕書本「斂」並作「歛」。《說文》有「斂」無「歛」，「歛」或爲其別體。楚府本「半」作「斗」，非是，形近而訛也。

行此令未半旬，守蛇吏夢天帝殺蛇，

梁容茂曰：「（吏夢大帝殺虵）何本、程本、百子本：大，作『天』。」

茂仁案：四庫《新序》版本有二，二本並作「天」，不作「大」，梁先生以四庫本爲底本，失檢。元刊本、何良俊本、楊美益本、程榮本、祕書本、陳用光本、四庫本、百子本「蛇」並作「虵」。蛇，古字；虵，正字，說見《龍龕手鑑新編》編號03210。

曰：「何故當聖君道爲？而罪當死。」

　　武井驥曰：「（君）吳本舊作『之』，嘉靖本、朝鮮本同，並非。而，汝也。」

　　梁容茂曰：「（何故當聖之道爲）《新書》：聖，作『明』；道，作『路』；之，作『君』。何本、程本、百子本同。作『君』是也。」

　　茂仁案：武井驥說是，元刊本、楚府本、何良俊本、楊美益本、白口十行本「君」亦並作「之」，又四庫《新序》版本有二，二本並作「聖君」，不作「聖之」，梁先生以四庫本爲底本，失檢。《類林雜說‧感應四十一》「何故當聖君道爲」作「何故當明君之路乎」。

發夢視蛇，臭腐矣。

　　武井驥曰：「《新書》作『無爛矣』。」

　　梁容茂曰：「《新書》作：『文公覺，使人視之，蛇已魚爛矣。』」

　　茂仁案：《新書‧春秋篇》作「魚爛矣」，不作「無爛矣」，武井驥失檢。《風俗通義‧怪神篇》「臭腐矣」作「已臭爛」，《天中記》五六〈注〉同，《類林雜說‧感應四十一》作「果蛇死」，《晉文春秋‧大蛇阻道第九》作「臭腐矣」。《風俗通義‧怪神篇》「蛇」作「虵」，《太平御覽》九三三引《賈誼書》同，元刊本、何良俊本、楊美益本、程榮本、四庫本亦並同。蛇，古字；虵，正字，說見上。

謁之，文公曰：「然。夫神果不勝道，而妖亦不勝德，奈何其無究理而任天也？應之以德而已。」

　　茂仁案：《類林雜說‧感應四十一》作「文公曰：『禍不及福，信有之然』」，與此異。

（十）梁君出獵

梁君出獵，見白鴈群，梁君下車，彀弓欲射之。

　　武井驥曰：「《御覽》四百五十四引『群』下有『集』字。」又曰：「《治要》『弓』作『弩』。」

茂仁案：「梁君出獵」，《金樓子·雜記篇》「梁君」作「周君」，《藝文類聚》六六、《太平御覽》四五七、又八三二、《困學記聞》一○並引《莊子》作「梁君」，《全漢文》三九劉向〈說苑佚文〉同，《太平御覽》三九○引《說苑》（今佚），又九一七、《事類賦》一九、《焦氏類林》一並引《新語》亦並同，《冊府元龜》二四二亦同，《群書治要》四二引、《群書集事淵海》四引、《群書類編故事·因獵聞諫》引、《天中記》五八〈注〉引亦並同。「見白鴈群」，武井驥引《太平御覽》四百五十四引，為四五七引《莊子》之誤，失檢。《困學紀聞》一○引《莊子》「群」下亦有「集」字。《金樓子·雜記篇》、《全漢文》三九劉向〈說苑佚文〉、《困學紀聞》一○引《莊子》「鴈」並作「雁」，祕書本、陳用光本、鐵華館本、百子本、龍溪本並同，下同。雁、鴈，一字之異體。

道有行者，梁君謂行者止，行者不止，白鴈群駭，梁君怒，欲射行者。

武井驥曰：「《御覽》『射』作『殺』。」

茂仁案：上言《太平御覽》，見卷三九○引《說苑》（今佚），《全漢文》三九劉向〈說苑佚文〉「射」亦作「殺」，《太平御覽》四五七引《莊子》同。

其御公孫襲，下車撫矢曰：「君止。」

武井驥曰：「《御覽》『襲』作『龍』，《治要》同。」

蒙傳銘曰：「《困學紀聞》卷十引《莊子》逸文，『襲』亦作『龍』。」

梁容茂曰：「《治要》：襲，作『龍』，下同。」

蔡信發曰：「《治要》引此，《困學紀聞》引《莊子逸篇》、《御覽》四五七引《莊子》、九一七引《新語》，『襲』並作『龍』，下同。龍、襲二字，形近而誤。」

茂仁案：「其御公孫襲」，蔡先生說是。檢《金樓子·雜記篇》「襲」亦作「龍」，《藝文類聚》六六、《太平御覽》八三二並引《莊子》，又《事類賦》一九〈注〉、《焦氏類林》一並引《新語》並同，《群書類編故事·因獵聞諫》引、《天中記》五八〈注〉引亦並同。

梁君忿然作色而怒曰：「襲不與其君，而顧與他人，何也？」

武井驥曰：「嘉靖本『他』作『其』。」

梁容茂曰：「（梁君忿然作色而恕曰）何本、程本、百子本：恕，俱作『怒』，是也。」

茂仁案：「梁君忿然作色而怒曰」，四庫《新序》版本有二，二本並作「怒」，不作「恕」，梁先生以四庫本為底本，失檢。楚府本「而怒曰」作「公孫」。「而顧與他

人」，何良俊本「他」亦作「其」，他、其，並通。

公孫襲對曰：「昔齊景公之時，天大旱三年，卜之曰：『必以人祠，乃雨。』

　　武井驥曰：「《治要》『昔』下有『者』字、無『天』字。驥按：《列女傳・辨通傳》作『宋景公』，是。與《困學紀聞》所載逸《莊子》校正合。」

　　茂仁案：「昔齊景公之時」，《藝文類聚》二、又六六、《太平御覽》一〇並引《莊子》「齊景公」亦並作「宋景公」，《群書類編故事・因獵聞諫》引、《錦繡萬花谷》一、《古今合璧事類備要》二〈注〉、《天中記》三〈注〉並同，《困學紀聞》一〇引《莊子》〈注〉作「齊，一作宋」，《事類賦》一九〈注〉、《太平御覽》九一七並引《新語》、《天中記》五八〈注〉引、《焦氏類林》一引並作「衛文公」。《群書治要》四二引、《群書集事淵海》四引、《類說》三〇引、《春秋別典》八引則並與本文同作「齊景公」，《太平御覽》三九〇及《全漢文》並引《說苑》（今佚），《太平御覽》四五七、《困學紀聞》一〇並引《莊子》，《冊府元龜》二四二並同。

景公下堂頓首曰：『凡吾所以求雨者，為吾民也。今必使吾以人祠，乃且雨，寡人將自當之。』言未卒，而天大雨方千里者，何也？為有德於天而惠於民也。

　　武井驥曰：「《御覽》『惠』下有『施』字。」
　　茂仁案：上言見卷四五七引《莊子》。

今主君以白鴈之故而欲射人，襲謂主君譬無異於虎狼。」

　　武井驥曰：「《治要》『人』作『之』。」
　　梁容茂曰：「《治要》：人，作『殺之』。」
　　茂仁案：《群書治要》四二引「射人」作「殺之」，梁先生說是，武井驥失檢也。《太平御覽》三九〇引《說苑》（今佚）、《全漢文》三九劉向《說苑佚文》亦並作「殺之」，《藝文類聚》六六、《太平御覽》八三二、《困學紀聞》一〇並引《莊子》並作「射殺之」，《太平御覽》四五七引《莊子》作「煞之」，《冊府元龜》二四二、《群書類編故事・因獵聞諫》並作「射殺人」，《天中記》五八〈注〉引作「殺人」。「襲謂主君譬無異於虎狼」，各本「譬」並作「言」，非是，言，疑即「譬」之壞字。

梁君援其手，與上車歸，入廟門，呼萬歲，曰：「幸哉今日也！他人獵皆得禽獸，吾獵得善言而歸。」

武井驥曰：「《御覽》三百九十『廟』作『郭』，《治要》同。」又曰：「《御覽》三百九十『也』下有『獵』字，《治要》『歲』作『年』、無『他』字。」

梁容茂曰：「《治要》：廟，作『郭』：歲，作『年』。〈注〉：『年作歲。』」

蔡信發曰：「《治要》、《困學紀聞》、《御覽》四五七引、九一七引『廟』並作郭。」

茂仁案：《天中記》五八〈注〉引「廟」亦作「郭」，「郭」可借為「廓」，竊疑「廟」即「廓」之形訛，廓即郭之借字，「廟」當據改作「郭」，《事類賦》一九、《太平御覽》九一七並引《新語》，又四五七、《困學紀聞》一〇並引《莊子》，《太平御覽》三九〇、《全漢文》並引《說苑》「廟」亦並作「郭」，即其證也。

（十一）武王勝殷

武王勝殷，得二虜而問焉，

茂仁案：「得二虜而問焉」，《群書治要》三一、《太平御覽》八二七、又八七四並引《六韜》、《全上古三代文》六太公《六韜》並作「得二丈夫而問之」。《文選》枚叔〈七發〉李善〈注〉、《太平御覽》二一、又五一、又八三、又八七一並引《六韜》作「得二大夫而問之」。《呂氏春秋·慎大篇》、《類說》三〇引、《通志》三則並與本文同。

曰：「而國有妖乎？」

武井驥曰：「《呂覽·慎大篇》『而』作『若』，而，汝也。」

梁容茂曰：「《呂覽·慎大篇》：而，作『若』。而、若、汝、爾，通用。」

蔡信發曰：「《呂覽》『而』作『若』。高〈注〉：『若，汝。』二字並為日紐，故相通作。至訓第二人稱，乃無本字假借。」

茂仁案：「而國有妖乎」，上言並是也。《群書治要》引《六韜》作「殷之將亡，亦有妖乎」，《文選》枚叔〈七發〉李善〈注〉引《六韜》作「殷國將有妖乎」，《太平御覽》五一、又八三、又八七一並引《六韜》作「殷國將亡，亦有妖乎」，《太平御覽》八二七、又八七四並引《六韜》作「殷國將亡，亦有妖災乎」，《通志》三作「是國有妖乎」，《全上古三代文》六太公《六韜》作「殷國之將亡，亦有妖乎」，所言並較此詳。《通志》三所言之「是」，於此與「而」、「若」義同。

一虜苔曰：

茂仁案：「一虜苔曰」，祕書本、鐵華館本、龍溪本「苔」並作「答」，下同，《呂

氏春秋》、《文選》枚叔〈七發〉李善〈注〉、《群書治要》三一、《太平御覽》五一、又八二七、又八七一、又八七四並引《六韜》、《全上古三代文》「荅」並作「對」。「荅」爲借字，與「對」義同，下同，說見本卷「楚王問群臣曰」章，「江乙荅曰」條校記。

「吾國有妖，晝見星而雨血，此吾國之妖也。」

盧文弨校『雨』上有『天』字，曰：「舊無『天』字，依《呂氏‧愼大篇》補。」

武井驥曰：「《呂覽》『雨』上有『天』字。」

蒙傳銘曰：「盧說甚碻。『晝見星』與『天雨血』，文正相偶。倘奪天字，則『雨血』二字無根矣。且此文本《呂覽》，彼文『雨』上有天字，正是此文應有『天』字之證。陳鱣校『雨』上亦『天』字。」

梁容茂曰：「《呂氏》：雨上有『天』字。」

茂仁案：「晝見星而雨血」，《群書治要》三一引《六韜》作「有。殷國嘗雨血、雨灰、雨石，小者如椎，大者如箕，六月雨雪，深尺餘」，較此爲詳，《太平御覽》二一、又八三、又八七四並引《六韜》、《通志》三並略同。盧文弨、蒙先生並云「雨」上當補「天」字，可備一說，檢《通志》三「雨」上亦有「天」字，亦可爲其證，唯檢《類說》三〇引「雨血」作「夏雨雪」，審此「夏雨雪」與上文「晝見星」句法正一律，「夏」、「晝」之對，較之「晝」與「天」之對爲佳，據是，「雨」上，不當補「天」字，而當據補「夏」字爲是，上諸書引《六韜》者，並言「六月雨雪」，六月，爲夏季，是並爲其明證也。

一虜荅曰：「此則妖也。雖然，非其大者也。吾國之妖，其大者，子不聽父，弟不聽兄，君令不行，此妖之大者也。」

茂仁案：《群書治要》三一引《六韜》云：「其一人曰：『是非國之大妖也。殷君喜以人餒虎，喜割人心，喜殺孕婦，喜殺人之父、孤人之子，喜奪喜誣，以信爲欺，欺者爲眞；以忠爲不忠，忠諫者死、阿諛者賞。以君子爲下，急令暴取，好田獵，出入不時，喜宮室，脩臺池，日夜無已，喜爲酒池、肉林、糟丘，而牛飲者三千，飲人無長幼之序、貴賤之禮。喜聽讒用舉，無功者賞，無德者富，所愛專制而擅令，無禮義，無忠信，無聖人，無賢士，無法度，無升斛，無尺丈，無稱衡，此殷國之大妖也。』」較此爲詳，餘諸書引《六韜》者並略同。

（十二）晉文公出田

晉文公出田，逐獸，碭入大澤，迷不知所出。

武井驥曰：「或曰：『碭、蕩通，過也。』吳本作『踢』，《御覽》七十二及《貞觀政要·政體篇》『碭』上有『於』字，似爲地名，然據下文『碭入而至此』文，或說是。」

梁容茂曰：「《御覽》七二引：碭上有『于』字。卷四九〇引無『碭』字。卷八三二引：下『出』字作『爲』。」

茂仁案：武井驥說是也，白口十行本「碭」亦作「踢」，下同。踢、碭，形近而訛。

其中有漁者，文公謂曰：「我，若君也，道安從？出我，且厚賜若。」

武井驥曰：「（道安從出）《御覽》四百九十無此一句，《政要》作『道將安出』。」又曰：「（我且厚賜若）《治要》無此語。」

茂仁案：「道安從？出我，且厚賜若」，自來爲《新序》作校、譯注者，蓋斷此句爲「道安從出？我且厚賜若」。檢《太平御覽》四九〇引此句作「出我，且厚賜」。知此處當作「道安從」句，「出我」句，「且厚賜若」句爲是也。

漁者曰：「臣願有獻。」公曰：「出澤而受之。」於是遂出澤。

武井驥曰：「《政要》『公』上有『文』字，下同、『遂』作『送』。」

茂仁案：「公曰」，《群書治要》四二引「公」上亦有「文」字。「於是遂出澤」，「於是」與「遂」義複，檢《群書治要》四二引作「於是送出澤」，《太平御覽》七二引作「送出澤」、又八三二引作「漁者送文公出澤」。據此，知「遂」爲「送」之形訛，當據改。

公令曰：「子之所欲以教寡人者，何等也？願受之。」

武井驥曰：「吳本、嘉靖本、朝鮮本並無『欲』字，《政要》『子之』上有『今』字。」

施珂曰：「《漢魏叢書》程本、陳本所下皆有欲字，《御覽》四九〇引同。」

梁容茂曰：「（子之所以教寡人者何等也）《御覽》四九〇引：以，作『欲』。」

茂仁案：「公令曰」，《太平御覽》四九〇引、《貞觀政要·政體篇》並作「文公曰」。「子之所欲以教寡人者」，四庫《新序》版本有二，二本「所」下並有「欲」字，梁先生以四庫本爲底本，失檢。「子」上有「今」字，於義較明。《群書集事淵海》一五引、《春秋別典》四引亦並無「欲」字，元刊本、楚府本、何良俊本、楊美益本、白口十行本、鐵華館本、龍溪本並同，程榮本、祕書本、陳用光本、四庫本、百子

本則並有「欲」字，審此有「欲」字，於文義較順。「何等也」，《貞觀政要・政體篇》無「等」字。

漁者曰：「鴻鵠保河海之中，厭而欲移徙之小澤，則必有丸繒之憂；

　　武井驥曰：：「舊本『丸』作『九』，今據吳本、《御覽》八百三十二、《治要》改。」

　　施珂曰：「孫詒讓《札迻》云：『九當爲丸。』案：孫說是也。《治要》、《御覽》四九〇、八三二引，九皆作丸。案：《文選》鮑明遠〈舞鶴賦〉〈注〉引『九繒』作『繒弋』，《御覽》六三三引作『繒繳』，《喻林》五引作『弋繒』。繒、繒古通。」

　　梁容茂曰：「九當爲丸之誤。《治要》引作『丸繒』，是也。《御覽》四九〇引作『繒丸』。卷六三三引作『則有繒繳之患』。卷八三二引作『矢繒』。《文選》卷十四引作『繒弋』。孫詒讓《札迻》（以下簡稱《札迻》）卷八云：案九繒，義不可通。當爲丸繒。丸九形近而誤。繒與繒古字通。【《戰國策・楚策》云：『治其繒繳』，亦假『繒』爲『繒』】。丸謂彈【《說文》弓部云：『彈，行丸也』。】繒謂繳矢也。」

　　蔡信發曰：「《治要》、《晉史乘》『九』並作『丸』。孫詒讓以『九繒』不可通，九乃丸之形譌，繒乃繒之假借。說見《札迻》八。是。《說文》：『繒，帛也。繒，弋射矢也。』」

　　茂仁案：《太平御覽》四九〇引作「丸繒」，不作「繒丸」，梁先生失檢。《春秋別典》四引亦作「丸繒」，《類林雜說・納諫十五》亦作「繒繳」，《貞觀政要》一則作「繒丸」。孫詒讓《札迻》八引《新序》，云「『九繒』義不可通。當爲『丸繒』。『丸』、『九』形近而誤。『繒』與『繒』古字通」，是也，蔡先生進引《說文》，以論「『繒』乃『繒』之假借」，亦是。要之，今本作「丸繒」不誤也，白口十行本、祕書本、四庫本亦並作「丸繒」，亦不誤也。元刊本、楚府本、何良俊本、楊美益本、程榮本、陳用光本、鐵華館本、百子本、龍溪本則並作「九繒」，其誤，說已見上。

黿鼉保深淵，厭而出之淺渚，則必有羅網釣射之憂；

　　武井驥曰：「《御覽》八百三十二無『鼉』字。」又曰：「《御覽》四百九十無『釣射』二字，八百三十二同，《政要》無『羅網』二字。」

　　梁容茂曰：「《御覽》四九〇引作：『龜魚保於淵』。卷八三二引無『鼉』字。」又曰：「百子本：作『網羅』。釣，作『鉤』。《拾補》從宋本乙作『羅網』。案：四庫本作『羅網』。《御覽》四九〇、八三二兩引俱作『羅網』。作『羅網』，是也。」

　　茂仁案：百子本作「釣」，不作「鉤」，梁先生失檢。祕書本、陳用光本「羅網」

亦並乙作「網羅」，《春秋別典》四引同。上言或引無「羅網」，或無「釣射」，《說文》十三篇下黽部云：「黿，大鼈也。」又云：「鼉，水蟲，似蜥易，長丈所。」段〈注〉云：「〈大雅・靈臺〉〈傳〉曰：『鼉，魚屬。』馬部『驒』下曰：『青驪白鱗，文如鼉魚。』許依毛謂之鼉魚。」審此文義，黿為鼈屬，若欲取之，羅網不得，須以釣為之；鼉為魚屬，則羅網、釣射均可得。據是，此黿鼉連文，故羅網釣射不可或省也。至若上言《太平御覽》四九〇引「黿鼉」作「龜魚」者，蓋明書之耳，義並通也。

今君逐獸，碭入至此，何行之太遠也？」文公曰：「善哉！」謂從者記漁者名。

　　武井驥曰：「《御覽》四百九十無『碭入』二字，《政要》『逐』作『出』。」

　　梁容茂曰：「《御覽》四九〇無『碭入』二字。」

　　茂仁案：上文云「晉文公出田，逐獸，碭入大澤」，則上引《貞觀政要・政體篇》「逐」作「出」，非是；又上引或無「碭入」二字，審此「碭入至此」，為承上文「碭入大澤」而言，故有「碭入」二字，於義較長且明也，不當奪之也。白口十行本「碭」作「踼」，非是，形近而訛也。

漁者曰：「君何以名為？君其尊天事地，敬社稷，固四國，慈愛萬民，薄賦斂，輕租稅者，臣亦與焉。

　　施珂曰：「《漢魏叢書》程本民作明。」

　　蒙傳銘曰：「孫詒讓《札迻》所據本『明』作『民』。並云：『案：民，程榮本作明。疑本作萌，萌民古通。』案：孫說是也。《新序・雜事》三：『施及萌隸。』正作『萌』字，可證。」

　　梁容茂曰：「《札迻》云：『案民，程榮本作萌（茂仁案：萌，《札迻》作明），疑本作萌，萌、民，古字通。』」

　　蔡信發曰：「江南本、何本、《晉史乘》『明』並作『民』。民之作明，音近而譌。《國語・晉語一》：『甚寬惠而慈於民』。」

　　茂仁案：「固四國」，《貞觀政要・政體篇》「固」作「保」，固、保，義通，唯下文云「不周（茂仁再案：周為固之形訛）四國」，故此作「固」，於文例較長。「慈愛萬民」，程榮本「民」作「明」。蔡先生云「『民』之作『明』，音近而訛」，此說可慮，孫詒讓《札迻》八云「『民』，程榮本作『明』，疑本作『萌』，『萌』、『民』古字通。」是也。民，古為明母、之部；萌，古為明母、陽部，二者一聲之轉耳，可通，蒙先生引本書卷三「施及萌隸」，作「萌」為證，亦是也，文見卷三「樂毅使人獻書燕王曰」章。「薄賦斂」，《群書治要》四二引、《群書集事淵海》一五引、《貞觀政要》「斂」

並作「歛」，元刊本、楚府本、何良俊本、楊美益本、白口十行本、程榮本、祕書本、陳用光本並同。《說文》有「斂」無「歛」，「歛」或爲其別體。

君不敬杜稷，不周四國，

武井驥曰：「《政要》『君』下有『不尊天，不事地』六字。」

施珂曰：「《漢魏叢書》程本、陳本周皆作固。《御覽》六三三引同。是也。『不固四國』與上文『固四國』相應。周即固之形誤。」

茂仁案：「君不敬社稷」，上引《貞觀政要・政體篇》「君」下有「不尊天，不事地」六字，審此與上文「君其尊天事地」相應爲言，故此「君」下當有「不尊天，不事」六字爲是，當據補。「不周四國」，於文不辭。審上文云「固四國」，知「周」當即「固」之形訛，施先生之說是也，檢《群書治要》四二引、《群書集事淵海》一五引、《晉文春秋・逐獸第十三》、《春秋別典》四引、《貞觀政要・政體篇》「周」並作「固」，即其證，又元刊本、楚府本、何良俊本、楊美益本、白口十行本、祕書本、四庫本、百子本「周」亦並作「固」，亦並爲其明證也，當據改。

外失禮於諸侯，內逆民心，一國流亡，漁者雖得厚賜，不能保也。」遂辭不受，曰：「君亟歸國，臣亦反吾漁所。」

武井驥曰：「《御覽》作『今君弃宮殿，遊至於此，何往之矣？』文公納諫而還，請賞之，漁父辭曰：『君能尊天、事地、敬神、固國、愛人、薄賦，徭役以時，則臣亦富矣；君若不能，雖有重賞，亦不能保也。」

梁容茂曰：「《治要》：無『吾』字。《御覽》七二、八三二兩引同。」

茂仁案：武井驥引《太平御覽》，文見卷六三三，又《類林雜說・納諫十五》〈注〉，文略異。《群書集事淵海》一五引、《春秋別典》四引、《晉文春秋・逐獸第十三》並有「吾」字，武井驥《纂註本》、各本，亦並有「吾」字。

（十三）晉文公逐麋而失之

晉文公逐麋而失之，

武井驥曰：「《御覽》三百九十引『之』作『跡』，八百三十二『麋』作『鹿』，《說文》曰：『麋，鹿屬。』」

施珂曰：「《御覽》三九〇引之作迹。」

梁容茂曰：「《御覽》三九〇引：無『公』字；之，作『迹』。卷八三二引：麋，

作『鹿』。」

茂仁案：「晉文公逐麋而失之」，上言《太平御覽》三九○引「之」作「迹」。之，指麋；迹，指麋之足印，所指非一，其實通也，《群書治要》四二引、《太平御覽》八三二引、又九○六引、《群書集事淵海》一五引、《春秋別典》四引、《晉文春秋・失麋第十六》並作「之」與本文同，各本亦並同。又上言《太平御覽》八三二引「麋」作「鹿」，其趣又同「之」、「迹」之辨矣。梁先生云《太平御覽》三九○引無「公」字，檢《太平御覽》八三二引亦無「公」字，《晉文春秋・失麋第十六》則無「晉」字。又檢施先生以鐵華館本爲底本，其寫「麋」作「鹿」，檢鐵華館本作「麋」不作「鹿」，施先生失檢。

問農夫老古，曰：「吾麋何在？」老古以足指，曰：「如是往。」

武井驥曰：「（往下）《治要》有『矣』字。」

施珂曰：「《御覽》八三二引老古作老者，九○六引作古老。」又曰：「《治要》引往下有矣字。」

梁容茂曰：「（《御覽》卷八三二引）古，作『者』。卷九○六引作『古老』。」又曰：「《治要》：往下有『矣』字。《御覽》三九○、八三二兩引：往上俱有『行』字。」

茂仁案：「問農夫老古」，《文選》陸士衡〈招隱詩〉李善〈注〉、又謝玄暉〈觀朝雨詩〉李善〈注〉引「老古」亦並作「古老」。又上言《太平御覽》八三二引作「老者」者，審此「問農夫老古」語法，農夫下當指人名，而引作「老者」，非是，「者」，蓋「古」之形訛也，又「老古」、「古老」二者，當以「老古」爲是。「如是往」，上言《太平御覽》兩引「往」上並有「行」字，審「行往」爲合成詞，略去其一，無害其義也。又上言「往」下有「矣」字，審此文義，老古欲有激怒文公之意，是以其「以足指」，以回文公之問，據是，則其言「如是往」，「往」下有「矣」字，益將老古之輕薄意呈顯而出，當據補。

公曰：「寡人問子，以足指，何也？」

武井驥曰：「《治要》『公』上有『文』字，『子』下又疊「子」字，《御覽》同。」

施珂曰：「子字當疊。《治要》、《御覽》三九○、八三二、《冊府元龜》七四一引，皆疊子字。」

梁容茂曰：「《治要》、《御覽》三九○、八三二兩引：俱疊『子』字。當據補。」

茂仁案：「公曰」，審上文俱作「文公曰」，獨此作「公曰」，於文例未符，「公」上顯奪「文」字，《群書治要》四二引「公」上有「文」字，即其證也，當據補。「寡

人問子」，如施先生云，《群書治要》四二引、《太平御覽》三九〇引、又八三二引、《冊府元龜》七四一引，皆疊子字，梁先生云「當據補」，亦是也，「子」字重出，於義較明，唯「子」字不重出，於義亦足，非必補之也，《群書集事淵海》一五引、《春秋別典》四引、《晉文春秋·失麋第十六》「子」字並不重出，即其證也。唯若重出之，則下子字當屬下連讀。

老古振衣而起曰：「一不意人君如此也！

　　武井驥曰：「《御覽》八百三十二無『一』字」

　　茂仁案：《群書治要》引「一」作「壹」、「君」下有「之」字。《經傳釋詞補》云：「一，詞助也。（中略）或爲發聲助。若（中略）《新序·雜事篇》『一不意人君如此也』【一不意，不意也】。」職此，「一」之有無，無涉本句句義矣。「壹」，爲「一」之異體。

虎豹之居也，厭閑而近人，故得；魚鱉之居也，厭深而之淺，故得；諸侯厭眾而亡其國。

　　盧文弨曰：「《御覽》三百九十作『諸侯之居也，厭眾而遠游，故亡其國。』」

　　武井驥曰：「《御覽》『近人』作『之近』。」又曰：「《御覽》『侯』下有『之居也』三字、『亡』上有『遠遊故』三字。」

　　梁容茂曰：「《御覽》三九〇引：近人，作『之近』。」又曰：「《御覽》三九〇引作：『諸侯之居也，厭眾而遠遊，故亡其國』。此當據補，乃與上文例一律。」

　　茂仁案：「虎豹之居也」，「居」當改作「尻」，下同，說見卷一「昔者舜自耕稼陶漁而躬孝友」章，「居於闕黨」條校記。「厭閑而近人」，《春秋別典》四引「閑」作「閒」，白口十行本同。閒，古爲見母、元部；閑，古爲匣母、元部，二者音近可通。又上言《太平御覽》三九〇引「近人」作「之近」，審此與下文「厭深而之淺」並列，故作「之近」於文例較佳。「魚鱉之居也」，龍溪本「魚」作「漁」，元刊本、楚府本、何良俊本、楊美益本、白口十行本、程榮本、陳用光本、四庫本、百子本「鱉」並作「鼈」。「漁」爲「魚」之借字；《說文》有「鼈」、無「鱉」，鱉或其後起俗字也。「諸侯厭眾而亡其國」，審此句與上文「虎豹之居也，厭閑而近人，故得」、「魚鱉之居也，厭深而之淺，故得」爲並列句，然文例不一，故此當從《太平御覽》三九〇引，改作「諸侯之居也，厭眾而遠游，故亡其國」，梁先生之說是也。

《詩》云：『維鵲有巢，維鳩居之。』君放不歸，人將居之。」

　　盧文弨曰：「一作『居之』。」

武井驥曰：「《詩·召南·鵲巢篇》。」又曰：「《御覽》八百三十二『君放』作『今君』，《治要》『君』作『居』、『之』下有『矣』字。」

蒙傳銘曰：「君、居二字，形近致誤。原文云：『《詩》云：‘維鵲有窠，維鳩居之。’君放不歸，人將居之。』正承《詩》『維鳩居之』而言，若作『君之』，則與上句『君放不歸辭複矣。作『居』是也。《治要》正作『居』字，宋本同。」

梁容茂曰：「《拾補》云：『一作居之。』《御覽》八三二引：君之，正作『居之』。」

茂仁案：「君放不歸」，《太平御覽》八三二引作「今君不歸」，並通。「人將居之」，《群書集事淵海》一五引、《春秋別典》四引「居」並作「君」，各本並同。審此句為承上文「維鳩居之」而來，故作「居」為是，蒙先生之說是也。本文作「居」字，不誤也，《晉文春秋·失麑第十六》亦作「居」，並不誤。

於是文公恐，歸，遇欒武子。

武井驥曰：「《御覽》九百六『武』作『貞』。欒武子名書，欒盾子。」

蔡信發曰：「欒武子，名書。貞子枝之孫。考左宣公十二年傳，記書暨中行偃使程滑弒厲公；《國語·晉語七》，言書使智武子、彘恭子迎立悼公。茲以景公三年上推，距文公之薨，歷襄、靈、成三公，凡三十一年；以悼公元年上計，去文公之卒，更襄、靈、成、景、厲、悼五公，凡五十六年，相隔遙遠，實難相遇。左僖公二十七年傳，言文公蒐於被廬，作三軍，命枝將下軍，時當晉文公四年，而其歿，據《史記·年表》，在晉襄公六年，考以年事，與文公相去不遠。然則本文之欒武子，為欒貞子之誤，實無疑也。」

茂仁案：蔡先生說是也，《太平御覽》九〇六引「欒武子」正作「欒貞子」，即其證也，當據改，下同。

欒武子曰：「獵得獸乎？而有悅色。」文公曰：「寡人逐麑而失之，得善言，故有悅色。」欒武子曰：「其人安在乎？」曰：「吾未與來也。」

武井驥曰：「《治要》『而』作『侯』、『寡人』作『吾』。」

梁容茂曰：「《治要》：而，作『侯』。眉注：『侯作而』。」

茂仁案：審此文義，上言「而」作「侯」者，蓋非是。而本文「寡人」、「吾」並言，並通。

欒武子曰：「居上位而不恤其下，驕也；緩令急誅，暴也；

武井驥曰：「《治要》『居』作『處』。」

施珂曰：「《治要》引恤作卹。恤、卹古通。」

梁容茂曰：「《治要》：居，作『處』，恤，作『卹』。卹、恤，通用。」

茂仁案：《說文》八篇上尸部云：「居，蹲也。」段〈注〉云：「足部曰：『蹲，居也。』二字爲轉注，今足部改居爲踞，又妄添踞篆，訓云：『蹲也。』總由不究許書條理，罔知古形古義耳。（中略）《說文》有凥、有居，『凥，處也。从尸得几而止。』凡今人居處字，古祇作凥處。『居，蹲也。』凡今人蹲踞字，古祇作居。《廣雅・釋詁二》『凥也』一條，〈釋詁三〉『踞也』一條，畫然分別，曹憲曰：『按《說文》，今居字乃箕居字。』近之矣，但古人有坐、有跪、有蹲、有箕踞。跪與坐，皆郄著於席，而跪聳其體，坐下其脾，《詩》所謂『啓處四牡。』〈傳〉曰：『啓，跪也；處，居也。』〈四牡〉：『不遑啓處，采薇出車。』作『不遑啓居』，居皆當作凥，許凥下云：『處也。』正本毛〈傳〉引申之爲『凡凥處字也。』若蹲，則足底著地，而下其脾，從其郄，曰蹲（中略）；若箕踞，則脾著席，而伸其腳於前，是曰箕踞（中略）。居篆正謂蹲也，今字用蹲居字爲凥處字，而凥字廢矣。又別製踞字爲蹲居字，而居之本義廢矣。」段玉裁之說甚旳，據是，本文「居」當據改作「凥」，以復《新序》本貌。恤、卹古並爲心母、質部，音同可通。

取人之言而弃其身，盜也。」文公曰：「善！」還載老古與俱歸。

武井驥曰：「《治要》『還』下有『車』字。」

施珂曰：「《治要》引還下有車字。」

梁容茂曰：「《御覽》三九〇引：還，作『遂』。」

茂仁案：「取人之言而弃其身」，何良俊本、白口十行本、程榮本、祕書本、百子本「弃」並作「棄」，陳用光本、四庫本並作「棄」。弃、棄，古、今字；棄，爲棄字篆文「𣪻」之隸定。「還載老古與俱歸」，上言《群書治要》四二引「還」下有「車」字，《太平御覽》三九〇引「還」作「遂」，《晉文春秋》「與」下有「之」字。審上文云「文公恐，歸」、「欒武子曰：『其人安在乎？』曰：『吾未與來也』」。職此，以文公已「歸」，故還返而載老古，故此有「還」字爲是，「還」作「遂」，於義較劣；「還」下有「車」字，則較此爲明矣。

（十四）扁鵲見齊桓侯

扁鵲見齊桓侯，

盧文弨曰：「此同《史記》。孫云：『《文選》〈養生論〉〈注〉引《新序》作‘晉桓侯’。《韓非・喻老篇》又作‘蔡桓侯’。故李善云：‘此桓侯竟不知何國也’。』」

武井驥曰：「《文選》嵇康〈養生論〉〈註〉引『齊』作『晉』，枚乘〈七發〉〈註〉引《韓非子》亦同。〈喻老篇〉作『蔡』。《史》本傳曰：『扁鵲，勃海郡鄭人，姓秦氏，名越人，過齊，齊桓侯客之。』桓公名午，田和子。蒲坂圓曰：『按《漢書》臣瓚〈註〉引此，作「魏桓侯」，詳《增讀韓非子》中。』」

蒙傳銘曰：「扁鵲療趙簡子，見《史記》本傳。趙簡子仕晉，在位凡六十年（西元前 517 至 457 年），見〈趙世家〉及〈六國年表〉〈索隱〉。扁鵲之年世，由此蓋可知其梗概。依盧文弨、武井驥二氏之說，爾時所謂桓侯者有四，而鄭桓公友（西元前 806 至 771 年），齊桓公小白（西元前 685 至 643 年），及宋桓公御說（西元前 681 至 651 年）等，皆不與焉。此四桓侯者，一為魏桓侯，二為蔡桓侯，三為晉桓侯，四為齊桓侯。然檢《史記·魏世家》及〈六國年表〉，魏無桓侯，則所謂魏桓侯者，不知所據，姑置勿論。蔡桓侯封人見《史記·管蔡世家》及〈十二諸侯年表〉，其在位凡二十年（西元前 714 至 695 年）。自蔡桓侯卒年至趙簡子即位之初，其間計凡一百七十九年。扁鵲雖長壽，亦必不及見蔡桓侯也。晉桓侯即晉桓公，亦即晉孝公。《史記·晉世家》：『烈公卒，子孝公頎（銘案：孝公頎，〈六國年表〉作孝公傾）立。』〈索隱〉：『系本云孝公傾。紀年以孝公為桓公，故《韓子》有「晉桓侯」。』晉孝公在位，〈晉世家〉以為十有七年，然據〈六國年表〉所載，實得十有五年（西元前 392 至 378 年）。自趙簡子卒年至晉孝公元年，其間計凡六十六年也。齊桓侯午又稱齊桓公。《史記·扁鵲傳》：『扁鵲過齊，齊桓侯客之』下〈集解〉云：『傅玄云：「是時齊無桓侯。」駰謂是齊侯田和之子桓公午也。』〈索隱〉云：『案：傅玄曰：「是時齊無桓侯。」裴駰云：「謂是齊侯田和之子桓公午也。」蓋與趙簡子頗亦相當。』據〈田敬仲完世家〉，齊桓侯之立，時在齊康公十九年（西元前 386 年）。據〈六國年表〉，齊桓侯之立，則在齊康公二十一年（西元前 384 年）。今據〈年表〉推算，則自趙簡子卒年至齊桓侯之立，其間計凡七十四年也。晉桓侯與齊桓侯，其在世之年代相及，殊難定其孰是，然《新序》此文及《史記·扁鵲傳》，並作『齊桓侯』，當從之。」

梁容茂曰：「《拾補》云：『此同《史記》。孫云：「《文選》〈養生論〉〈注〉引《新序》作晉桓侯。《韓非·喻老篇》又作蔡桓侯。故李善云：『此桓侯竟不知何國也。』」』案：今四庫本《新序》作齊桓侯，不作晉桓侯。《文選》未悉何所本。《文選》卷五三〈注〉云：『《韓子》曰：「扁鵲謂桓侯曰：『君有疾，在腠理，猶可湯熨。』桓侯不信；後病，迎扁鵲，逃之，桓侯遂死。」』《史記》曰：『扁鵲療簡子東過齊，見桓侯。』束晳曰：『齊桓在簡子前且二百歲，小白後，無齊桓侯，田和子有桓公午，去簡子首末相距二百八年，《史記》自為舛錯。』韋昭曰：『魏無桓

侯』。臣瓚曰：『魏桓侯。』《新序》曰：『扁鵲見晉桓侯。』然此桓侯竟不知何國也。《史記》〈集解〉曰：『傅玄曰：「是時無齊桓侯。」駰謂是齊侯田和之子桓公午也。』〈索隱〉云：『案傅玄曰：「是時無齊桓侯。」裴駰云：「謂是齊侯田和之子桓公午也。」蓋與趙簡子頗亦相當。梁玉繩曰：『趙簡子卒時至齊桓公午立，凡九十三年，何鵲之壽耶？《文選》〈養生論〉李善〈注〉，言《史記》自爲舛錯。《新序》二仍史，《韓子·喻老》訛作蔡。』」

蔡信發曰：「《校補》：『今四庫本（《新序》）作齊桓侯，不作晉桓侯。《文選》未悉何所本？』今《新序》並作齊桓侯，李〈注〉失檢。束、梁二氏推算之年參差，覈諸〈年表〉，言當以梁氏爲確。又梁氏以本文仍史而誤，是。四庫本，當作江南本。」

茂仁案：蔡先生以梁氏之推年爲確，此則誤矣。審扁鵲嘗療趙簡子，知扁鵲爲趙簡子時人，說見《史記》本傳。據《史記·六國年表》，知趙簡子在位六十年，又據此〈年表〉，趙簡子卒年，適值齊平公二十三年。今檢《史記·田敬仲完世家》，齊桓公午之立，在齊康公二十一年，再檢之《史記·六國年表》，平公在位二十五年，其下宣公在位五十一年，再下爲康公。今趙簡子卒於齊平公二十三年，則距桓公午之立爲七十四年，梁玉繩推爲九十三年，誤，未知梁玉繩何據？束皙之推年，其誤更甚梁氏，此無須費言。職此，扁鵲之得見齊桓侯，自是可能，又《文選》嵇康〈養生論〉李善〈注〉引《新序》作「晉桓侯」，《史記·晉世家》云：「烈公卒，子孝公頎立。」〈索隱〉云：「系本云『孝公傾』。紀年以孝公爲桓公，故《韓子》有『晉桓侯』。」知晉桓侯即晉孝公即晉桓公。檢《史記·六國年表》，自趙簡子卒，下距晉孝公立，凡六十六年。職此，扁鵲之見晉桓侯，亦是可能。《韓非子》云爲「蔡桓侯」，檢《史記·十二諸侯年表》，自蔡桓侯之卒，至趙簡子立，相距一百七十九年，則扁鵲無可見蔡桓侯之理。綜上所論，扁鵲之見齊桓侯與晉桓侯均爲可能之事，《史記·扁鵲傳》作「齊桓侯」，《文選》孫子荊〈爲石仲容與孫皓書〉李善〈注〉、《太平御覽》七二一、《群書集事淵海》三四、《群書類編故事·扁鵲論病》、《永樂大典》一一〇七七並引《史記》並同，《冊府元龜》八五八、《類林雜說·醫藥第三十五》、《永樂大典》二〇三一一引《劉子·貴言篇》〈注〉、《天中記》四〇〈注〉亦並同。《太平御覽》七三八引《春秋後語》作「齊桓公六年，越醫扁鵲過齊，桓侯客待之（下略）」（齊桓侯又稱齊桓公，說又見〈田敬仲完世家〉）。職此，以作「齊桓侯」較長，蒙先生之論亦是也。

立有間，

武井驥曰：「『立』，恐『屈』字誤。屈，古文居字。」

茂仁案：「立有間」，審上文「扁鵲見齊桓侯」，下文「扁鵲曰：『君有疾，在腠理，不治將恐深。』桓侯曰：『寡人無疾。』扁鵲出。」云云，上文既有「見」字，下文又有「扁鵲出」云云，則此爲扁鵲面見齊桓侯時之語也，若「立」字如武井驥云作「居」字之誤，則與上、下文不相連貫，於義亦無著矣。

扁鵲曰：「君有疾，在腠理，不治將恐深。」

武井驥曰：「《史》無『恐』字，《韓非子》『恐』作『易』。」

茂仁案：下文兩句與此並列之文云「君之疾在肌膚，不治將深」、「君之疾，在腸胃，不治將深」，並無「恐」字，則此亦當無「恐」字爲是，《冊府元龜》八五八、《天中記》四○〈注〉並無「恐」字，即其證也，當從上言《史記》校刪。唯有「恐」字或「易」字，於義亦並通。

桓侯曰：「寡人無疾。」扁鵲出。

武井驥曰：「《韓非子》無『疾』字。」

茂仁案：無「疾」，非是。審此爲承上文扁鵲之言「君有疾」云云而來，故「疾」字不當奪。

桓侯曰：「醫之好利也，欲治不疾以為功。」

武井驥曰：「《史》『曰』上有『謂左右』三字，『疾』下有『者』字。」

茂仁案：《冊府元龜》八五八、《天中記》四○〈注〉並同。

居十日，扁鵲復見，

武井驥曰：「《史》『居十日』作『後五日』。」

梁容茂曰：「《韓非・喻老篇》亦作『十日』（下兩處同）。《史記・扁鵲列傳》作『後五日』（以下兩處同）。」

蔡信發曰：「《史記》『居十日』作『後五日』，下同。」

茂仁案：「居十日」，《史記・扁鵲傳》作「後五日」，《太平御覽》七三八引《春秋後語》、《冊府元龜》八五八並同，下同。《永樂大典》二○三一一引《劉子・貴言篇》〈注〉云作「明日」，下「居十日」作「後日」。審「五」，古文作「乂」，說見《說文》十四篇下二部「五」字，與「十」易混。

曰：「君之疾在肌膚，不治將深。」桓侯不應。

武井驥曰：「《史》『之』作『有』、『肌膚』作『血脈』，下同。」

梁容茂曰：「《史記》作『在血脈』。下同。」

蔡信發曰：「《韓子》次第，與此同；《史記》『肌膚』作『血脈』，與此異。案：膝理，肌肉之文理，義同肌膚，《韓子》『膝理』、『肌膚』俱出，此因之，並誤；《史記》作血脈，是。」

茂仁案：「君之疾在肌膚」，《太平御覽》七三八引《春秋後語》、《冊府元龜》八五八「肌膚」亦並作「血脈」，下同。《類林雜說・醫藥第三十五》言下文扁鵲之語，亦先言「皮膚」，後接言「血脈」，《永樂大典》二○三一一引《劉子・貴言篇》〈注〉，亦先言「皮膚」，後言「肌血」並爲其例。蔡先生言「膝理，肌肉之文理，義同肌膚……《史記》作『血脈』是」，是也。審本文言桓侯之疾，上言在「膝理」，此言在「肌膚」，《文選》左太沖〈魏都賦〉李善〈注〉引高誘曰：「膝理，肌脈也。」又呂向〈注〉曰：「膝理者，皮膚閒也。」職此，知膝理與肌膚義近，故「肌膚」當從《史記》作「血脈」爲當，當據改。

扁鵲出，桓侯不悅。居十日，扁鵲復見曰：「君之疾，在腸胃，不治將深。」桓侯不應。扁鵲出，桓侯又不悅。居十日，扁鵲復見，望桓侯而還走。桓侯使人問之，

武井驥曰：「《史》『望』下有『見』字、『還』作『退』，《韓非子》『使』上有『故』字，較劣。」

施珂曰：「《史記・扁鵲列傳》還作退。」

梁容茂曰：「《史記》：望下有『見』字，還，作『退』。」

茂仁案：「望見」爲合成詞，略去其一，無害其義也。還、退，義通。《韓非子・喻老篇》「桓侯使人問之」作「桓侯故使人問之」，武井驥云《韓非子》較劣，是也。王先愼《韓非子集解》云：「張榜本無『故』字。」審此文當作「桓侯使人問之故」，「之」即「其」也，指扁鵲，《史記・扁鵲傳》作「使人問其故」即其證也，《韓非子・喻老篇》誤植「故」字於「侯」字下耳，今《新序》無「故」字者，蓋刪之也，亦通。

扁鵲曰：「疾在膝理，湯熨之所及也；在肌膚，鍼石之所及也；

蒙傳銘曰：「『慰』當作『熨』，字之誤也。陳用光本、何良俊本、崇本書院本、涵芬樓本、鐵華館本並作『熨』字不誤。」

蔡信發曰：「《韓子》、《史記》『慰』並作『熨』。是。慰，熨之形近而譌。」

茂仁案：元刊本、楚府本、楊美益本、白口十行本、祕書本、四庫本、龍溪本

亦並作「熨」，與本文同，並不誤也。程榮本「熨」作「慰」，非是，如蔡先生言，形近而訛也。祕書本「鍼」作「碱」，蓋以銅製者爲「鍼」，以石製者爲「碱」，並通也。

在腸胃，大劑之所及也；

武井驥曰：「《後語》『火劑』作『酒醪』，《史》同。下『在』上有『其』字，舊本『火』作『大』，誤。〈倉公傳〉曰：『飲以火劑湯』，又『液湯火劑逐熱』。太田方曰：『酒醪，即火劑。木艸所謂燥劑者，說詳《韓非子‧翼毳》。』」

施珂曰：「《漢魏叢書》程本、陳本、齊皆作劑。齊、劑古通。《史記》『大齊』作『酒醪』，《韓非子‧喻老篇》作『火劑』。王先慎〈集解〉曰：『《新序》，大乃火之誤』。」

梁容茂曰：「《韓子‧喻老篇》：大，作『火』，是也。《史記》：大，劑作『酒醪』。《史記會注考證》云：『《韓子》、《新序》、酒醪作火劑。』《韓非子集解》引王先慎曰：『火齊湯治腸胃病，〈倉公傳〉：「齊郎中令循不得前後溲三日，飲以火齊湯而疾愈。」又「齊王太后病，難於大小溲溺，飲火齊湯而病已。」《新序》作大劑者，齊劑古通，大乃火字之誤，當依此訂正。』案：據《史記會注考證》所云，則《新序》別有作『火劑』之本。今作大，當依先慎之說訂正。」

蔡信發曰：「『大劑』，《韓子》作『火齊』，《史記》作『酒醪』。《韓子集解》王先慎：『火齊湯治腸胃病，〈倉公傳〉：「齊郎中令循不得前後溲三日，飲以火齊湯而疾愈。」又「齊王太后病，難於大小溲溺，飲火齊湯而病已。」《新序》作大劑者，齊、劑古通，大乃火字之誤，當依此訂正。』是。」

茂仁案：「大劑之所及也」，文不辭。審此句與上文「疾在腠理，湯熨之所及也」、「在肌膚，鍼石之所及也」，並列爲言，「大劑」與上文「湯熨」、「鍼石」並列，則「大劑」亦爲治療之用具或方法之一。唯「大劑」，古書不見，《韓非子‧喻老篇》「大劑」作「火劑」，《史記‧扁鵲列傳》作「酒醪」。陳奇猷《韓非子集釋》引王先慎曰：「火齊湯，治腸胃病。〈倉公傳〉：『齊郎中令循不得前後溲三日，飲以火齊湯而疾愈。』又『齊王太后病，難於大小溲溺，飲火齊湯而病已。』《新序》作大劑者，齊、劑古通，大乃火字之誤，當依此訂正。」王先慎之說甚是。「火劑」正與「湯熨」、「鍼石」並列，又《海錄碎事》六「火劑」云：「凡諸火劑並皆始熟，一時珍羞畢備，火劑言煎熟熟滋味也。」以此疾在腸胃，故鍼石、湯熨難及，故施火劑，使深達腸胃以治之是也，上引「飲以火齊湯」即其證也。職此，「大」爲「火」之形訛，塙矣，當據改。鐵華館本、百子本、龍溪本「劑」並作「齊」。齊、劑，古並爲從母、脂部，

音同可通。

在骨髓，司命之所無奈何也。今在骨髓，臣是以無請也。」

武井驥曰：「《史》作『雖司命無奈之何』，《韓非子》『所』下有『屬』字。《史·天官書》曰：『文昌六星。四曰司命，主知死生。』岡井彪曰：『《管子》：「國蓄五穀，食米民之司命也。」又《潛夫論》孫子曰：「夫將者，民之司命。」蓋此謂醫也。』」

茂仁案：審下文云「今在骨髓，臣是以無請也」，以疾在骨髓，扁鵲亦無所治，故不請治其疾，是知此所謂司命，以指「醫」言爲長，岡井彪之說蓋是也。

居五日，桓侯體痛，使人索扁鵲，扁鵲已逃之秦矣，桓侯遂死。

武井驥曰：「《史》『痛』作『病』、『索』作『召』。」

梁容茂曰：「《史記》：痛，作『病』。」

蔡信發曰：「《史記》『痛』作『疾』。《讀書雜志》三：『體病，當爲體痛字之誤也。桓侯之病，由腠理而血脈，而腸胃，而骨髓，至此則病發而體痛。故〈養生論〉曰：「桓侯以覺痛之日，爲受病之始，若言體病則非其指矣。」《太平御覽·人事部·方術部》引此作體病，則所見本已誤。《文選》〈爲石仲容與孫皓書〉〈注〉引此，正作體痛，《韓子·喻老篇》、《新序·雜事篇》亦作體痛。』桓侯必病入骨髓，有感體痛，始覺扁鵲之言不謬；不然，何爲使人索扁鵲邪？王說是。」

茂仁案：上言《讀書雜志》，見卷三之五《史記·扁鵲倉公列傳》「體病」條。蔡先生言「《史記》『痛』作『疾』」，檢今本《史記》作「病」，蔡先生失檢。上引王念孫之言《史記》之「病」爲「痛」之誤，是也。檢《文選》枚叔《七發》李善〈注〉、《群書集事淵海》三四、《群書類編故事·扁鵲論病》、《永樂大典》一一〇七七並引《史記》作「體病」，則所見本《史記》之誤，其來亦遠矣。

故良醫之治疾也，攻之於腠理，此事皆治之於小者也。

武井驥曰：「《韓非子》無『事』字、『治』作『爭』，或曰『此事』倒，事，猶務也。」

梁容茂曰：「《韓子》：無『事』字，治，作『爭』。」

茂仁案：「此事皆治之於小者也」，於文不辭。《韓非子·喻老篇》無「事」字，是也。「事」，疑涉下文「夫事之禍福」而衍，當刪。至若「治」之作「爭」，於義較劣，本文是也。

夫事之禍福，亦有腠理之地，故聖人蚤從事矣。

　　武井驥曰：「《韓非子》『故』下有『曰』字、『矣』作『焉』。」

　　梁容茂曰：「《韓子》：故下有『曰』字，矣作『焉』。王先慎〈集解〉云：『顧廣圻曰：『曰字當衍，《新序》云："故聖人早從事矣"，其明證也。』」

　　茂仁案：王先慎之說是也，審此與上文，意連一貫，若「故」下益以「曰」字，則意有未接，反不倫矣。矣、焉，並通。

（十五）莊辛諫楚襄王曰

莊辛諫楚襄王曰：「君王左州侯，右夏侯，從新安君，與壽陵君同軒，淫衍侈靡，而忘國政，郢其危矣。」

　　盧文弨曰：「〈楚策四〉作『輦從鄢陵君，一本作安陵君。』」

　　武井驥曰：「《御覽》四百三十一引『壽』作『受』，四百五十七同。〈楚策〉『新安君』作『鄢陵君』、『郢』下有『都』字、『其』作『必』。鮑彪曰：『皆楚之寵幸臣也』。」

　　梁容茂曰：「《御覽》四五七引：衍，作『行』，是也。忘，作『亡』。亡、忘，古通。」

　　蔡信發曰：「《國策》『新安君』作『鄢陵君』，一本作『安陵君』。」

　　茂仁案：「從新安君，與壽陵君同軒」，盧文弨與蔡先生並言此「一本作安陵君」，唯檢《新序》諸本，未有作『安陵君』者，未知二先生之「一本」，所指為何？《戰國策·楚策四》作「輦從鄢陵君與壽陵君」，下同。「淫衍侈靡」，《太平御覽》四五七引作「行」，梁先生云「衍，作『行』，是也」，審本句為正對，「淫」對「侈」，「衍」對「靡」，若「衍」改作「行」，則弗對矣，《戰國策·楚策四》「衍」作「逸」，衍、逸，義近，並通，是可為證，作「行」恐非，下同。「而忘國政」，白口十行本「忘」亦作「亡」。忘、亡，古並為明母、陽部，音同可通。

王曰：「先生老僭歟？妄為楚國妖歟？」

　　武井驥曰：「〈楚策〉作『老悖乎』、『妖』下有『祥』字。僭，耄志也，《正字通》曰：『僭、昏、惛並通。』」

　　梁容茂曰：「《御覽》四五七引：僭作『惛』。案：僭、昏、惛並通用。《御覽》四五七引：妖作『祅』，下同。妄，抑也。『妄』與『將』，皆訓『抑』，故或連言之

曰妄將，其字通作『亡將』。《論衡‧定賢篇》：『亡將東郡適將復亂，而壽王之治偶逢其時也。』是其例。」

　　茂仁案：「先生老悖歟」，《戰國策‧楚策四》「悖」作「悖」，並通。「妄爲楚國妖歟」，《戰國策‧楚策四》「妄」作「將」，「爲」上有「以」字。妄、將並訓「抑」，義同。「以爲」，爲合成詞，略其一字，無害其義。檢《太平御覽》四五七，「悖」作「惛」，梁先生失檢。

莊辛對曰：「臣非敢爲楚妖，誠見之也，君王卒近此四子者，則楚必亡矣。辛請留於趙以觀之。」

　　武井驥曰：「〈楚策〉『近』作『幸』。」

　　茂仁案：「君王卒近此四子者」，《戰國策》「近」作「幸」。近、幸義近。

於是不出十月，王果亡巫山、江、漢、鄢、郢之地。

　　武井驥曰：「〈楚策〉作『留五月，秦果舉鄢郢、巫、上蔡、陳之地。』鮑彪曰：『此二十一年，白起拔郢，置南郡。』」

　　梁容茂曰：「（江漢鄢陵之地）《御》四五七引：疊『十月』二字。又四五七兩引：亡下俱有『失』字，無『巫山』二字。」

　　茂仁案：四庫《新序》版本有二，二本並作「郢」，不作「陵」，梁先生以四庫本爲底本，失檢。「於是不出十月」，審下文楚之亡「巫山、江、漢、鄢、郢之地」非十月內所發生。《戰國策‧楚策四》云：「秦果舉鄢、郢、巫、上蔡、陳之地。」《史記‧楚世家》云：「（頃襄王）十九年，秦伐楚。楚軍敗，割上庸、漢北地予秦。二十年，秦將白起拔我西陵。二十一年，秦將白起遂拔我郢，燒先王墓夷陵。楚襄王兵散，遂不復戰，東北保於陳城。二十二年，秦復拔我巫、黔、中郡。二十三年，襄王乃收東地兵，得十餘萬，復西取秦所拔我江旁十五邑以爲郡，距秦。」職此，於頃襄王十九年至二十二年之間，楚亡上庸、漢北、西陵、郢、巫、黔、中郡。故本文言「不出十月」，顯誤記。《戰國策‧楚策四》「不出十月」作「留五月」。審「五」，古文作「乂」，與「十」易混，說見本卷「扁鵲見齊桓侯」章，「居十日」條校記。今知楚亡失地，自頃襄王十九年至二十二年，首尾四年。而莊辛去楚之趙以觀楚政，必在秦伐楚（頃襄王十九年）之前，職此，疑「十」爲「五」古文之形訛，「月」爲「年」之連類而致誤，「不出十月」當據改作「不出五年」。

於是王乃使召莊辛，至於趙。

　　武井驥曰：「〈楚策〉作『襄王流揜於城陽，於是使人發騶，徵莊辛於趙。』蒲

坂圓曰：『按：上至字疑衍。』」

　　茂仁案：「至於趙」，文不辭。「至」字疑涉「於」字而衍。《戰國策‧楚策四》正無「至」字，是其證，蒲坂圓之疑蓋是也。「至」字當據刪，「於趙」，則當屬上連讀。

辛至，王曰：「嘻！先生來耶！寡人以不用先生言，至于此，為之奈何？」

　　茂仁案：「先生來耶」，元刊本、楚府本、何良俊本、楊美益本、白口十行本、程榮本、祕書本、四庫本「耶」並作「邪」，古通。「至于此」，四庫本「于」作「於」，古通。

莊辛曰：「君王用辛言則可；不用辛言，又將甚乎此。庶人有稱，曰：『亡羊而固牢，未為遲；見兔而呼狗，未為晚。』

　　武井驥曰：「《御覽》『固』作『補』、二『未』字作『不』。四百五十七同。〈楚策〉作『鄙語曰：‘見兔而顧犬，未為晚也；亡羊而補牢，未為遲也。’』」

　　梁容茂曰：「《御覽》四五七引：兩『未』字俱作『不』。」

　　茂仁案：固、補；未、不，義並通。《戰國策‧楚策四》作「鄙語曰：『見菟而顧犬，未為晚也；亡羊而補牢，未為遲也』」。「見兔而呼狗」，四庫本「兔」作「兔」，龍溪本作「兔」。兔為正字，《戰國策》作「菟」，則為俗字，說見《說文》十篇上兔部「兔」字段〈注〉，「兔」亦俗字也；兔，則「兔」之形訛也。

湯武以百里王，桀紂以天下亡，

　　武井驥曰：「〈楚策〉『王』作『昌』。驥按：王、亡押韻，古文多有。」

　　茂仁案：「湯武以百里王」，《戰國策‧楚策四》「王」作「昌」，並通，唯作「王」較長，武井驥之說是也。《孟子‧公孫丑篇上》、《淮南子‧泰族篇》、《史記‧平原君列傳》俱言湯以七十里而王天下，《管子‧地數篇》、又〈輕重甲篇〉亦並言湯有七十里之薄（亳）而用有餘（兼桀之天下），《新語‧明誡篇》亦云湯以七十里之封而升帝王之位，並與本文云「湯武以百里王」異。《墨子‧非命篇上》云：「古者湯封於亳，絕長繼短，方地百里。」《荀子‧正論篇》云：「湯居亳，武王居鄗，皆百里之地也，天下為一，諸侯為臣。」《長短經‧七雄略篇》云：「湯武以百里王。」並以湯武之地為「百里」而與本文同，審之以作「七十里」為是，今言「百里」者，蓋舉其成數為言也。

今楚雖小，絕長繼短，以千里數，豈特百里哉！

　　武井驥曰：「〈楚策〉『楚』下有『國』字、『短』下有『猶』字、『數』字在『千里』上。」

　　施珂曰：「〈楚策〉短下有猶字。」

　　茂仁案：《古書虛字集釋》一云：「『以』猶『有』也。【古音『有』讀若『以』，（說見《唐韻正》）故『以』可訓『有』】（中略）《戰國策·楚策》：『今楚國雖小，絕長續短，猶以數千里，豈特百里哉？』」《經詞衍釋》之說略同。本句「以」當訓「有」，則「以千里數」，文不辭矣。《戰國策·楚策四》作「猶以數千里」，《長短經·七雄略篇》作「以千里」。「以數千里」之「以」，正與上文「以百里王」、「以天下亡」之「以」義同，並訓「有」。職此，「以千里數」當作「以數千里」，當從《戰國策·楚策四》乙正。

且君主獨不見夫青蛉乎？六足四翼，蜚翔乎天地之間，求蚊虻而食之，時甘露而飲之，自以為無患，與民無爭也。

　　武井驥曰：「《御覽》『時』作『待』，四百五十七同。〈楚策〉『求』作『俛啄』、『時』作『仰寨』。蜚、飛同。」又曰：「〈楚策〉『民』作『人』，下同。」

　　蒙傳銘曰：「時、待二字，形近致誤。『求蚊虻而食之，待甘露而飲之。』兩句文法一律，作『待』字是也。陳用光本正作『待』字。」

　　梁容茂曰：「《御覽》四五七引：時，作『待』。百子本同。作『待』，是也。」

　　茂仁案：「且君主獨不見夫青蛉乎」，《戰國策·楚策四》、《長短經·七雄略篇》「主」並作「王」，《太平御覽》四五七引同，各本亦並同，作「王」為長。「時甘露而飲之」，蒙先生以「時」為「待」之形訛字，梁先生云以作「待」為是。審《說文》七篇上日部云：「時，四時也。」段〈注〉云：「《廣雅》曰：『時，伺也。』此引申之義。」「時」既引申有「伺」義，則此作「時」，不誤也，《戰國策·楚策四》、《長短經·七雄略篇》「時」並作「承」，義並與「待」義通。蒙先生之說非是，梁先生之說未為全得也。

不知五尺之童子，膠絲竿，加之乎四仞之上，而下為蟲蛾食已。

　　武井驥曰：「《御覽》四百五十七『絲』作『竹』。」又曰：「《御覽》四百五十七『蛾』作『蟻』，通用。〈楚策〉亦作『螻蟻』。」

　　施珂曰：「《御覽》四五七引蛾作蟻，蛾與蟻同。〈楚策〉亦作蟻。」

　　梁容茂曰：「《御覽》四五七引：膠絲，作『以竹』二字，蛾，作『蟻』。蛾、蟻，

古通。」

茂仁案：「而下爲蟲蛾食已」，《戰國策・楚策四》、《長短經・七雄略篇》「蟲蛾」並作「螻蟻」，《太平御覽》四五七引「蛾」作「蟻」。蛾、蟻古並爲疑母、歌部，音同可通。

青蛉，猶其小者也，夫爵俛啄白粒，仰棲茂樹，

武井驥曰：「〈楚策〉『夫』作『黃』、『爵』下有『因是以』三字。」

梁容茂曰：「《御覽》四五七引：夫爵，作『黃雀』；白，作『百』。爵、雀，古通。」

茂仁案：審此「爵」字，與上文「青蛉」、下文「鴻鵠」並列，故單言「爵」，於文例未合，「爵」上疑有奪文。《戰國策・楚策四》、《太平御覽》四五七引「爵」並作「黃雀」，「黃爵」、「青蛉」、「鴻鵠」文例正一律，「爵」上舊奪「黃」字，當據補，下同，雀、爵，正、假字。而「夫」字，疑涉上文「夫青蛉」而衍，當刪，下文「鴻鵠嬉遊乎江、漢」、「蔡侯之事故是也」、「今君王之事遂以」，並無「夫」字，是其比也。審下文云「蔡侯之事故是也」、「今君王之事遂以」，顯爲承上之辭，故「爵」下當據《戰國策・楚策四》亦「因是以」三字爲是。下文「鴻鵠遊乎江漢」之「鵠」下，亦當據補「因是以」三字，如是文例一律，上、下文順矣。

鼓其翼，奮其身，自以爲無患，與民無爭也。

武井驥曰：「《御覽》四百五十七『身』作『翅』，〈楚策〉作『鼓翅奮翼』。」

梁容茂曰：「《御覽》四五七引：身作『翅』，是也。與上文『鼓其翼』相對成文。」

茂仁案：「奮其身」，梁先生說是也，《戰國策・楚策四》、《長短經・七雄略篇》「鼓其翼，奮其身」並作「鼓翅奮翼」，並其證也。

不知公子王孫，左把彈，右攝丸，定操持，審參連，故晝遊乎茂樹，夕和乎酸鹹。爵，猶其小者也，

武井驥曰：「《御覽》四百五十七作『公孫王子』，〈楚策〉『知』下有『夫』字、『把』作『挾』、無『定操持』以下六字、有『將加之乎十仞之上，以其類爲招』十三字。」

施珂曰：「《御覽》引把作抱，〈楚策〉作挾。」

茂仁案：上言「公子王孫」之作「公孫王子」，非是。又「知」下不當有「夫」字，審下文「不知弋者選其弓弩」、「不知子發受令宣王」、「不知穰侯方與秦王謀」，「知」下並無「夫」字，即其比也，故此亦不當有「夫」字，《太平御覽》四五七引，

非是也。又是卷引有「將加之乎」云云等十三字，蓋此爲上文「加之乎四仞之上」
云云之誤植，亦非也。至若「把」之作「抱」、作「挾」，則並通也。

鴻鵠嬉遊乎江漢，息留乎大沼，俛啄鰋鯉，仰奮陵衡，脩其六翮而陵清風，
麃搖高翔，一舉千里，自以爲無患，與民無爭也。

　　盧文弨曰：「〈策〉作『仰齧陵蘅』。」又曰：「〈策〉作『飄』。」

　　武井驥曰：「〈楚策〉作『仰囓陵衡』。鮑彪曰：『衡，香艸。』吳師道曰：‘《武
陵紀》云：“四角三角曰芰，兩角曰菱。”’衡與菱並言，即荇。接余水艸也。陵、
菱通。」又曰：「〈楚策〉『脩』作『奮』、『陵』作『凌』。」又曰：「〈楚策〉『麃搖』
作『飄搖乎』。麃、飄亦通。」

　　梁容茂曰：「江漢，《御覽》四五七引作『江河』，案：下文亦作『江河』，《御覽》
同。」又曰：「〈楚策〉作『仰齧陵蘅』。」又曰：「〈楚策〉：脩，作『奮』；麃，作『飇』。」

　　茂仁案：「鴻鵠嬉遊乎江漢」，《戰國策・楚策四》「江漢」作「江海」。「仰奮陵
衡」，《戰國策・楚策四》作「仰囓陵衡」，「陵」與「蘅」通，「衡」即「蘅」，皆水
草名。審此句與上文「俛啄鰋鯉」對言，「仰」對「俛」、「奮」當與「啄」對，唯「奮」、
「啄」弗對，故「奮」當從《戰國策・楚策四》改作「囓」爲是，如是「啄」與「囓」
對，於義方足，又「俛啄鰋鯉，仰奮陵衡」爲鴻鵠由水下至水面之動作，下文「脩
其六翮而陵清風，麃搖高翔」則爲水上至天空之動作。由水下至水面至水上、天空，
次序完足，作「奮」則與下文「脩其六翮」抵觸，是知「奮」當據改作「囓」。「脩
其六翮」，祕書本、四庫本、百子本「脩」俱作「修」，下同，「脩」爲「修」之借字。
「麃搖高翔」，《戰國策・楚策四》「麃搖」作「飇搖」，飇爲飄之異體字，如武井驥
云「麃、飄亦通」。

不知弋者選其弓弩，脩其防翳，加繒繳其頸，投乎百仞之上，引纖繳，揚微
波，折清風而殞。

　　武井驥曰：「〈楚策〉作『被礛磻引微繳』、『殞』作『抎』、下有『矣』字。波、
磻、礛通，石鏃也。鮑彪曰：『磻以石，著維繳也。』《吳越春秋》云：『伍胥曰：‘夫
飛鳥在青雲之上，尚欲繳微矢以射之。’』《說文》曰：『纖，細也。』」

　　梁容茂曰：「（脩其防翳）《御覽》四五七引：選作『操』；弩作『矢』。《札迻》
云：『案《戰國策・楚策》作‘被礛磻引微繳，折清風而抎矣’。此云‘揚微波’波
即磻之假字。《史記・楚世家》云：‘磻新繳’。〈集解〉徐廣云：‘以石傅弋曰磻，
磻音波’。〈索隱〉‘磻作礛。波、磻、礛字並通’』」

茂仁案：四庫《新序》版本有二，二本並作「修」，不作「脩」，梁先生以四庫本爲底本，失檢。祕書本「弓」作「工」，非是，音誤也。

故朝遊乎江河，而暮調乎鼎俎。鴻鵠，猶其小者也，蔡侯之事故是也。

武井驥曰：「《御覽》『故』作『又』，〈楚策〉作『蔡靈侯之事因是』。」

施珂曰：「《御覽》引故作又。」

梁容茂曰：「《御覽》四五七引：故作『又』。」

茂仁案：審此「蔡侯之事故是也」之「故是也」，顯爲承上之辭，今上文「夫爵俛啄白粒」條校記，「爵」下已據《戰國策‧楚策四》云當補「因是以」三字，「鴻鵠遊乎江漢」之「鵠」下並同，故此「故是也」改作「因是以」，於文例較長，《戰國策‧楚策四》作「蔡聖侯之事因是以」，《長短經‧七雄略》作「蔡聖侯因是以」，並作「因是以」，即其證也，唯審此「故是也」、「因是以」二句義同，故非必遽改之也。上言《太平御覽》四五七引「故」作「又」，「故」、「又」義近，並通。又《戰國策‧楚策四》作「蔡聖侯」，不作「蔡靈侯」，武井驥失檢。

蔡侯南遊乎高陵，北徑乎巫山，逐麋麕麞鹿，彈黦子，隨時鳥，嬉遊乎高蔡之囿，溢滿無涯，不以國家爲事。

武井驥曰：「麞、獐同。鄭玄曰：『齊人謂麕曰獐。』。」

茂仁案：「逐麋麕麞鹿」，祕書本「麞」作「獐」。

不知子發受令宣王，厄以淮水，填以巫山，庚子之朝，纓以朱絲，臣而奏之乎宣王也。

武井驥曰：「〈楚策〉『宣王』作『靈王』。鮑彪曰：『昭十一年，楚子誘蔡侯般，殺之於申。經傳不書子發，蓋使子發召之。楚子靈王若宣王。蔡滅八十年矣。〈道應訓〉：『子發伐蔡，宣王郊迎。』〈人間訓〉又言獲罪威王者，皆失考也。驥按：宣王當作靈王，《國策》是。《史》曰：『楚靈王十年召蔡侯而殺之。』《左氏》亦同。高誘曰：『子發，名舍。』」

梁容茂曰：「（纓以朱絲也）宣王，〈楚策〉作『靈王』。（中略）《淮南子‧道應訓》：『子發伐蔡，宣王郊迎。』《史記》云：『楚靈王十年，召蔡侯而殺之』。此當從《史記》。」

蔡信發曰：「〈楚策〉蔡侯作蔡聖侯。檢《史記‧管蔡世家》，（中略）蔡爲楚所滅者，除亡國之君侯齊外，別有靈侯。靈侯滅於楚靈王十年，分見左昭公十一年傳、〈管蔡世家〉暨〈楚世家〉；侯齊滅於楚惠王四十二年，分見〈管蔡世家〉暨〈楚世

家〉。而楚宣王元年，上距靈王之滅靈侯，已一百六十二年；惠王之滅侯齊，已七十八年。故《淮南》暨本文作宣王，並失考。〈管蔡世家〉：『十二年，楚靈王以靈侯殺其父，誘蔡靈侯于申，伏甲飲之，醉而殺之，刑其士卒七十人，令公子棄疾圍蔡。十一月，滅蔡，使棄疾爲蔡公。』靈侯爲靈王所誘殺，且滅蔡者，乃公子棄疾，而非子發，故右事當不屬靈王，〈楚策〉、《校補》並誤。《荀子‧彊國》：『公孫子曰：「子發將，西伐蔡，克蔡，獲蔡侯。」』〈注〉：『子發，楚令尹，未知其姓。』可與本文相發明。是以〈楚策〉之靈王、《淮南‧道應》暨本文之宣王，並當爲惠王之誤；子發，殆惠王之將；蔡侯當指侯齊。」

　　茂仁案：四庫《新序》版本有二，二本並作「絲」下無「也」字，梁先生以四庫本爲底本，失檢。又上言蔡先生說是也，繆文遠《戰國策新校證》引金正煒曰：「宣王時，蔡已先亡，『宣』蓋『惠』之訛」，所持與蔡先生同。《太平御覽》四五七引、白口十行本「令」並作「命」。令，古爲來母、耕部；命，古爲明母、耕部，二者疊韻可通，義亦通。

蔡侯之事，猶其小也，今君王之事遂以。左州侯，右夏侯，

　　武井驥曰：「吳本無此語，嘉靖本同，〈楚策〉『蔡』上有『夫』字。」又曰：「〈楚策〉無『今』字、『遂以』作『因是』。」

　　施珂曰：「《漢魏叢書》程本、陳本，小下有者字。當補。『蔡侯之事猶其小者也。』與上文『青蛉猶其小者也。』『爵猶其小者也。』『鴻鵠猶其小者也。』句法一律。」

　　梁容茂曰：「（蔡侯之從新安君與壽陵君）《御覽》引四五七：從上有『事猶其小者，今君王之事又是也。君左州侯右夏侯』共二十一字。何本、程本、百子本：從上俱有『事猶其小者也，今君王之事遂以左州侯右夏侯』十九字。案：諸本蓋據此而補。」

　　茂仁案：四庫《新序》版本有二，二本並無「蔡侯之從」四字，梁先生以四庫本爲底本，失檢。「蔡」上不當有「夫」字，說見上「夫爵俛啄白粒」條校記。又施先生之云「小」下當有「者」字，是也。「小」下當有「者」字，以合上文文例，武井驥《纂註本》、祕書本、四庫本、百子本「小」下並有「者」字，即其證也。此數句他本或有刪減，何良俊本作「事猶其小者也，君王之」，白口十行本作「君王之」。元刊本、楚府本、楊美益本則並無此數句。梁先生謂諸本蓋據《太平御覽》而補，今檢此宋本《新序》已有此數語，則諸本恐未必據《太平御覽》而補也。「今君王之事遂以」，文不辭。審此句與上文「蔡侯之事故是也」並列，則「遂」爲「是」之誤，

《太平御覽》四五七引「遂以」作「又是也」,《戰國策》作「因是以」,並爲其證。唯審其文義,上已有「蔡侯之事故是也」,故此句宜從《太平御覽》四五七引改作「今君王之事又是也」爲當。

從新安君與壽陵君,淫衍侈靡,康樂遊娛,馳騁乎雲夢之中,不以天下與國家為事。

盧文弨曰:「靡訛。」

武井驥「靡」作「縻」,曰:「縻、靡,通。奢侈也。」

茂仁案:祕書本「靡」亦作「縻」。靡、縻,古並爲明母、歌部,音同可通。《說文》七篇上米部「縻」字段〈注〉云:「引申爲縻爛字。」職此,靡爲「縻」之借字。

不知穰侯方與秦王謀,賓之以黽厄,而投之乎黽塞之外。」

盧文弨曰:「(賓)填同。訛作賓。」

武井驥曰:「賓,古文填字。」

梁容茂曰:「《御覽》四五七引:無『賓之以黽厄而』六字。《拾補》云:『賓作賓,填同,訛作賓。』」

茂仁案:「賓之以黽厄」,《戰國策・楚策四》、《長短經・七雄略》「賓」並作「填」,填、賓,音義並同,說見《說文》十三篇下土部「填」字段〈注〉,賓,蓋「賓」之形訛。《太平御覽》七五七引「賓之以黽厄,而投之乎黽塞之外」作「殺之乎黽塞之外」。

【一有而字】襄王大懼,

盧文弨曰:「舊〈注〉『一有而字』,可刪。」

茂仁案:【一有而字】,元刊本、楚府本、何良俊本、楊美益本、白口十行本並作「而」,附入正文。程榮本、祕書本、陳用光本、四庫本、鐵華館本、百子本、龍溪本並有此注,而與本文同。審此無「而」字,於文意較順。

形體悼栗,曰:「謹受令。」

武井驥曰:「〈楚策〉作『身體戰慄』,栗與慄通,懼也。韋昭曰:『掉,懼也。』」

蒙傳銘曰:「掉、悼二字,形近致誤。《說文》十下心部:『悼,懼也;陳楚謂懼曰悼。』《戰國策・楚策四》作『身體戰慄』,『戰慄』義與『悼栗』同。今誤作『掉』,則文義不通矣。鐵華館本正作『悼』字,黃丕烈校同。」

梁容茂曰:「《御》四五七引:掉栗,作『棹慄』。」又曰:「百子本:謹,作『謀』,

誤。」

　　茂仁案：《太平御覽》四五七引作「棹慄」，不作「棹慄」，梁先生失檢。《長短經·七雄略》「悼栗」作「戰慄」。元刊本、楚府本、何良俊本、楊美益本、白口十行本、程榮本、祕書本、陳用光本、四庫本、百子本「悼」並作「掉」。審《說文》十篇下心部云：「悼，懼也。陳楚謂懼曰悼。」職此，掉、棹並爲「悼」之形訛。鐵華館本、龍溪本並作「悼」，即其證也。《說文》七篇上木部「栗」字段〈注〉云：「栗字，非也。假借爲戰栗。」是栗、慄，古、今字。「慄」則爲「慄」之形訛。

乃封莊辛為成陵君，而用計焉，與舉淮北之地十二諸侯。

　　盧文弨曰：「（成）〈策〉作『陽』。」
　　武井驥曰：「〈楚策〉作『於是乃以執珪，而授之爲陽陵君。』。」
　　梁容茂曰：「〈楚策〉：成，作『陽』。」

（十六）魏文侯出遊

魏文侯出遊，

　　盧文弨曰：「當提行。」
　　武井驥曰：「舊本屬前章，今據嘉靖本別提。」
　　梁容茂曰：「《拾補》云：『當提行。』案：四庫本已提行。又見《淮南子·說山訓》。」
　　蔡信發曰：「《拾補》：『當提行。』《校補》：『四庫本已提行。』是。右章不悉所據。四庫本，當作江南本。」
　　茂仁案：此章，程榮本、陳用光本不提行，元刊本、楚府本、何良俊本、楊美益本、白口十行本、祕書本、鐵華館本、百子本、龍溪本則並提行。審此文所述爲別一事，與上文異，且二者所述主題亦別，故不當連文讀之，提行是也，今此本提行，不誤也。

見路人反裘而負芻。

　　梁容茂曰：「（見路人反裘負芻）《治要》：芻作『蒭』，下同。蒭，芻之或字。」
　　茂仁案：四庫《新序》版本有二，二本「裘」下並有「而」字，梁先生以四庫本爲底本，失檢。《群書治要》四二引、《太平御覽》六九四引「芻」亦並作「蒭」，下同，祕書本同。蒭，未見於字書，疑爲「芻」字增益形旁之後起字。《淮南子·說

山篇》「反裘」作「反被裘」，並通。

文侯曰：「胡為反裘而負芻？」對曰：「臣愛其毛。」

　　武井驥曰：「《御覽》五百四十三『胡為』作『何為乎』。胡、何也。」

　　梁容茂曰：「《御覽》五四三引：胡，作『何』。胡、何通用。」

　　茂仁案：《太平御覽》五四三引「反」上並有「交」字。交，不辭，疑為「披」之壞字作「皮」，而與「皮」形近所致訛也。

文侯曰：「若不知其裏盡，而毛無所恃邪？」

　　盧文弨曰：「《御覽》六百二十七作『植』，下同。」

　　武井驥曰：「《御覽》『恃邪』作『附也』，六百二十七作『植』，無『也』字。《治要》『邪』作『矣』。」

　　梁容茂曰：「《御覽》六二七引：恃，作『植』，下同。六九四引：毛作『已』，誤。恃，作『附』。」

　　茂仁案：「若不知其裏盡」，《太平御覽》六九四引「若」作「尔」，尔，爾之俗寫，若、爾並訓汝，義同。楚府本「裏」作「襄」，非是，形近致訛也。「而毛無所恃邪」，《太平御覽》六二七引「恃」作「植」，下同，又六九四引作「附」，恃、植、附，並通。上言《群書治要》四二引「邪」作「矣」，檢《太平御覽》五四三引、又六九四引、《類說》三○引「邪」並作「耶」，祕書本、四庫本、鐵華館本、龍溪本並同，《喻林》一○四引作「也」。邪、耶、也，並通，作「矣」，與此語氣不類，非是。

明年，東陽上計，錢布十倍，大夫畢賀。

　　梁容茂曰：「《御覽》六二七引，無『布』字。六九四引，無『錢』字。」

　　茂仁案：《太平御覽》六九四引「錢布」作「其布」，亦無「錢」字。「錢布」為合成詞，略去其一，無害於義，下文云「而錢十倍」，無書「布」字，即其比也。

文侯曰：「此非所以賀我也。

　　武井驥曰：「《御覽》六百二十七無『非』及『也』字。」

　　梁容茂曰：「（此非所賀我也）《治要》：所下有『以』字。《御覽》五四三、六二七兩引、何本、程本、百子本同。案：此當補『以』字。下文正有『以』字。」

　　茂仁案：四庫《新序》版本有二，二本「所」下並有「以」字，梁先生以四庫

本爲底本，失檢。「此非所以賀我也」，審此與下文「此非所以賀我也」句法一律，無「非」、「也」二字，非是也，蓋奪耳，《群書治要》四二引、《太平御覽》五四三引、《群書集事淵海》一引並有「非」、「也」二字，各本亦並有之，即其證也。又元刊本、楚府本、何良俊本、楊美益本、白口十行本、鐵華館本、龍溪本並無「以」字。如上句法，有「以」字是也，《群書治要》四二引、《太平御覽》五四三引、又六二七引、《群書集事淵海》一引並有「以」字，程榮本、祕書本、陳用光本、四庫本、百子本並同，即其證也，本文並有「非」、「以」、「也」字，不誤也。

譬無異夫路人反裘而負芻也。將愛其毛，不知其裏盡，毛無所恃也。

　　茂仁案：《鹽鐵論・非鞅》「芻」作「薪」，「裏」作「皮」。芻、薪；裏、皮，義並通。

今吾田地不加廣，士民不加眾，而錢十倍，必取之士大夫也。

　　茂仁案：「必取之士大夫也」，《太平御覽》六二七引無「之」字，祕書本「之」作「諸」。無「之」字，於文氣較劣；「之」之作「諸」，諸，爲「之於」之合成詞，故二者義同。

吾聞之，下不安者，上不可居也，此非所以賀我也。」

　　盧文弨校『此』下有『非』字，曰：「俗本脫。」

　　武井驥曰：「舊本『此』下脫『非』字，今據吳本、嘉靖本、朝鮮本及《御覽》六百二十七、《治要》補。」

　　施珂曰：「《漢魏叢書》程本、陳本皆脫非字。」

　　蒙傳銘曰：「上文云：『此非所以賀我也』，此文云：『此所以賀我也』，其脫『非』字無疑，盧、武二氏之說甚的。宋本正有『非』字，鐵華館本同。」

　　梁容茂曰：「《治要》：者下有『其』字。」

　　茂仁案：「上不可居也」，《太平御覽》六二七引「上」上亦有「其」字，有無「其」字，並通。「此非所以賀我也」，盧文弨、武井驥、施先生、蒙先生之說並是也，檢祕書本、百子本亦並無「非」字，審此與上文「此非所以賀我也」文字、句法一律，無「非」字，非是，蓋奪耳，《群書治要》四二引、《太平御覽》五四三引、又六二七引、《群書集事淵海》一引並有「非」字，元刊本、楚府本、何良俊本、楊美益本、白口十行本、四庫本、龍溪本亦並有「非」字，並不誤也，此本有「非」字，亦不誤也，並是其證也。

（十七）楚莊王問於孫叔敖曰

楚莊王問於孫叔敖曰：「寡人未得所以為國是也。」孫叔敖曰：「國之有是，眾非之所惡也，臣恐王之不能定也。」王曰：「不定，獨在君乎？亦在臣乎？」孫叔敖曰：「國君驕士，曰：『士非我，無逌貴富』，

盧文弨曰：「（逌）義當與『由』同。」

武井驥曰：「《後漢書·桓譚傳》引此，『逌』作『從』，下同。逌攸同。應劭曰：『所也。』《漢書·五行志》曰：『彝倫逌敘。』《字彙補》曰：『逌，古由字。』」

蔡信發曰：「《渚宮舊事》無『君』，『逌』作『道』，下同；《楚史檮杌》無『富』。國驕士，不通，又下文作『士驕君』，則此當有『君』字，《渚宮舊事》脫。逌，此音義猶『由』。《渚宮舊事》作『道』，不類，乃『逌』之形近而譌，該文下作『國是無從定矣』，《楚史檮杌》下『逌』並作『由』，是乃其證。『貴富』與下文『安強』對，《楚史檮杌》脫『富』。」

茂仁案：「國君驕士」，與下文「士驕君」對言，疑「國」涉「君」字而衍。《後漢書·桓譚傳》、《全後漢書文》桓譚〈陳時政疏〉並作「君驕士」，無「國」字，即其明證，當刪。《渚宮舊事》一引無「君」字，於文不辭，誤也，蓋奪耳。「無逌貴富」，《全後漢文》桓譚〈陳時政疏〉「逌」亦作「從」，下同；《渚宮舊事》一引作「道」，下同，唯最末一「逌」字作「從」。逌，「由」之或體，說見《古書虛字集釋》一。蔡先生云「《渚宮舊事》作『道』，不類，乃『逌』之形近而譌」，恐非是，審此「道」字，為古「導」字，與「從」、「逌」義通，作「道」，不誤也。蔡先生引《楚史檮杌》，見〈問為國第一〉，又武井驥言《字彙補》曰：「逌，古由字。」檢《字彙補·酉集·辵部》未見載「逌」字，且未見及武井驥所引者，而《字彙·酉集·辵部》載「逌」字，唯云：「于求切，音由，逌，爾笑貌。又作『攸』字，《前漢·五行志》：『彝倫逌敘。』」亦未見及武井驥所引者，據是，武井驥所引蓋誤矣，抑或其時於日本別見他本邪？

士驕君，曰：『國非士，無逌安強』。

蔡信發曰：「《渚宮舊事》『強』作『彊』，《楚史檮杌》『逌』作『由』，下同。強、彊同音假借。」

茂仁案：「國非士」，與上文「士非我」對言，「我」指國君言，「士」與「我」對，然「國」與「士」則弗對矣。上文言「國君驕士」、「士驕君」俱為「君」與「士」對言，無「國」與「士」對言者。是知此句「國非士」之「國」，疑涉上文「國君驕

士」而衍，而又誤奪「君」字。《後漢書・桓譚傳》、《全後漢書文》桓譚〈陳時政疏〉並作「君非士」，即其明證。

人君或至失國而不悟，士或至飢寒而不進，君臣不合，國是無逌定矣。

蔡信發曰：「《渚宮舊事》『悟』作『悔』。」

茂仁案：「人君或至失國而不悟」，上言「悟」作「悔」，審此「悟」、「悔」並通，唯人之情，必先「悟」，其後方有可能之「悔」，故此作「悟」，於義爲長。「士或至飢寒而不進」，白口十行本「飢」作「饑」。飢爲餓義，饑爲穀不熟之謂，故此作「飢」，於義爲長，說見本卷「楚人有獻魚楚王者」章，「【一本作下民多飢】」條校記。

夏桀、殷紂不定國是，而以合其取舍者為是，

茂仁案：「而以合其取舍者爲是」，《渚宮舊事》一引「其」作「己」，義通，下同。

以為不合其取舍者為非，故致亡而不知。」

梁容茂曰：「（以爲不合其取舍者爲非）何本、程本、百子本：不上無『爲』字。」

茂仁案：「以爲不合其取舍者爲非」，四庫《新序》版本有二，二本無上「爲」字，梁先生以四庫本爲底本，失檢。《楚史檮杌・問爲國第一》引、《春秋別典》五引亦並無「爲」字，何良俊本、祕書本、陳用光本、四庫本亦並同，審此句與上文「而以合其取舍者爲是」對言，知此「不」上不當有「爲」字，「爲」爲衍文，上引並是其證，當據刪。

莊王曰：「善哉！願相國與諸侯士大夫共定國是，

盧文弨曰：「俗本衍『侯士』二字。《後漢書・桓譚傳》〈注〉無。」

武井驥曰：「當時楚僭號稱王，故其臣亦稱諸侯。」

蒙傳銘曰：「（見〈桓譚傳〉文，非〈注〉文，此衍『注』字也。）案：『侯士』二字，各本皆有，陳鱣校刪。《渚宮舊事》卷一作『願相國與士大夫共定國是』。」

蔡信發曰：「《拾補》：『俗本衍侯士二字。《後漢書・桓譚傳》〈注〉無。』是。右爲楚莊王對孫叔敖之言。相國，官名。秦武王二年，初置左、右丞相，分由樗里疾、甘茂任之，詳見《史記・秦本紀》、〈樗里子〉、〈甘茂傳〉；始皇立，優禮呂不韋，改稱丞相爲相國，詳見〈呂不韋傳〉。據〈年表〉，楚莊王遠在始皇前三百四十五年（以莊王在位最後一年計至考烈王十七年，是年當秦始皇元年），自不當有相國之官。《論語・公冶長》〈集注〉：『令尹，官名，楚上卿執政者也。』《文選》鮑照〈擬

古詩〉〈注〉：『臣瓚《漢書》〈注〉曰：『諸侯之卿，唯楚稱令尹，其餘國稱相也。』』
職是，《史記‧循吏傳》謂孫叔敖三月爲楚相，亦涉他國之官制而誤。至本章相國之
官稱，顯乃涉後世之官制而謬。孫叔敖爲令尹，見《莊子‧田子方》、《呂覽‧知分》。」

　　茂仁案：「願相國與諸侯士大夫共定國是」，蒙先生云衍「注」字，爲指盧文弨
之文云，檢《後漢書‧桓譚傳》，此見〈傳〉本文，盧文弨衍「注」字也，蒙先生之
說是。又莊王亦其時之一諸侯，其豈能使其他諸侯與其相國、士大夫共定國是，必
不然矣，「侯」字，疑涉「諸」字聯想而誤衍。《後漢書‧桓譚傳》，無「侯士」二字。
《渚宮舊事》一引無「諸侯」二字，並爲其證也。武井驥云「當時楚僭號稱王，故
其臣亦稱諸侯」，此說誤矣，蓋諸侯亦可稱「王」、稱「君」，未可以此文云「楚莊王」，
而云其臣之當稱「諸侯」也，其失易見。至如蔡先生之云本章相國之官稱，爲涉後
世之官制而謬，則甚是矣。

寡人豈敢以褊國驕士民哉！」

　　蔡信發曰：「《渚宮舊事》無『民』，《楚史檮杌》『褊』作『禍』。此章旨在申論
人君與士相待之道，前文俱無『民』字，此驟出之，頗顯突兀，《渚宮舊事》無，是。」

　　茂仁案：審上文「國君驕士」、「士驕君」、「士非我」、「國非士」，皆單言「士」
而無及「民」者，此作「士民」，似不類，唯有「民」字，此蓋古時修辭之法，古有
言甲事物而及於與甲事物同類，或性質相密切之乙事物者，如：《史記‧李斯傳》云：
「夫擊甕叩缶，彈箏搏髀，而歌呼嗚嗚快耳目者，眞秦之聲也。」此歌聲豈能快「目」
之聞？此蓋由「耳」及於「目」者；又《三國志‧魏書‧明帝紀》〈注〉云：「炫耀
後園，建承露之盤，斯誠快耳目之觀。」此建承露之盤，又豈能快「耳」之觀？此
蓋由「目」及於「耳」者，耳、目其性質相近，故常連及言之。又《墨子‧非攻篇
上》云：「今有一人，入人園圃，竊其桃李。」《說文》六篇下口部云：「園，所以樹
果也。」又云：「圃，所以穜菜曰圃。」據是，桃李爲樹果，而《墨子‧非攻攻篇上》
云「入其園圃」，「圃」字顯涉「園」字而及也；又《禮記‧玉藻篇》云：「大夫不得
造車馬。」「馬」豈可造？以車、馬性質相近，蓋皆致遠之具，故此「馬」涉「車」
字連言而及也。上引增益「目」、「耳」、「圃」、「馬」等字者，非衍也，古語法有之
矣，此文「民」字亦然，士、民其質相近，故此「民」字爲涉「士」字連類而及也，
非衍也，上引並爲其比證也。

（十八）楚莊王蒞政

楚莊王蒞政，三年不治，而好隱戲，社稷危，國將亡。

　　武井驥曰：「蒞、莅同，臨也。」

　　茂仁案：「楚莊王蒞政」，元刊本、楚府本、何良俊本、楊美益本、白口十行本、程榮本、鐵華館本、龍溪本「蒞」並作「莅」，下同，祕書本、陳光本、百子本並作「涖」，下同。《楚史檮杌・隱戲第五》、《春秋別典》五引並作「涖」。《說文》十篇下立部云：「𣃠，臨也。」段〈注〉云：「臨者，監也。經典莅字或作涖，注家皆曰臨也。《道德經》釋文云：『古無蒞字，《說文》作𣃠』按莅行而𣃠廢矣，凡有正字而爲假借字所敓者，類此。」職是，蒞、莅、涖，並爲「𣃠」之借字也。

士慶問左右群臣，

　　盧文弨曰：「（士慶）《史記・楚世家》作『伍舉』，《呂氏・重言篇》作『成公賈』，文不甚同。《史・滑稽傳》又以爲淳于髡說齊威王語。」

　　武井驥曰：「《史・楚世家》『士慶』作『伍舉』，《韓非子・喻老篇》作『左司馬』。」

　　蒙傳銘曰：「士慶，《渚宮舊事》卷一作『成公賈』。」

　　蔡信發曰：「《呂覽》、《渚宮舊事》以爲成公賈語，《韓子》以爲右司馬語，《史記・楚世家》、《吳越春秋》以爲伍舉語，《史記・滑稽傳》又以爲淳于髡諫齊威王語。」

　　茂仁案：「士慶問左右群臣曰」，蒙先生與蔡先生云《渚宮舊事》一「士慶」作「成公賈」者，爲引《呂氏春秋・重言篇》之文，同卷引《新序》者，則作「士慶」，與本文同。又《韓非子・喻老篇》作「右司馬」，武井驥云作「左司馬」，失檢。檢《楚史檮杌・隱戲第五》、《春秋別典》五引並與本文同作「士慶」，《文心雕龍・諧隱篇》作「伍舉」，《太平御覽》四五一、又九一四並引《史記》、《群書集事淵海》四引《吳越春秋》並同。《金樓子・說蕃篇》、《史記・楚世家》則「伍舉」先諫，其後「蘇從」再諫，《冊府元龜》二四四同。上引俱爲諫「楚莊王」者。《史記・滑稽列傳》則以爲淳于髡諫齊威王。文各乖異，莫從所是。

曰：「王蒞政事，三年不治，而好隱戲，社稷危，國將亡，胡不入諫？」

　　茂仁案：「王蒞政事」，「政」與「事」義近，文不辭。審上文云「楚莊王蒞政」，無「事」字，則此「事」字，疑爲衍文，《春秋別典》五引無「事」字，是其證也，元刊本、楚府本、何良俊本、楊美益本、白口十行本、程榮本、祕書本、陳用光本、四庫本、百子本亦並無「事」字，亦其證也，「事」字，當據刪。

左右曰：「子其入矣。」

　　茂仁案：祕書本「入」作「人」，非是，人、入，形近而訛也。

士慶入，再拜而進曰：「隱有大鳥，來止南山之陽，三年不蜚不鳴，不審其故何也？」

　　茂仁案：「三年不蜚不鳴」，《呂氏春秋‧重言篇》、《韓非子‧喻老篇》、《楚史檮杌》、《吳越春秋》「蜚」並作「飛」，下同，《渚宮舊事》一引《呂氏春秋》、《太平御覽》四五一引《史記》、《群書集事淵海》四引《吳越春秋》並同，下同。「蜚」、「飛」，古、今字。

王曰：「子其去矣，寡人知之矣。」士慶曰：「臣言亦死，不言亦死，願聞其說。」王曰：「此鳥不蜚，以長羽翼，不鳴，以觀群臣之慝。是鳥雖不蜚，蜚必沖天，雖不鳴，鳴必驚人。」士慶稽首曰：「所願聞已。」王大悅士慶之問，而拜之以為令尹，授之相印。

　　蔡信發曰：「《呂覽》作『明日朝，所進者五人，所退者十人，群臣大說，荊國之眾相賀也』，《韓子》作『處半年，乃自聽政，所廢者十，所起者九，誅大臣五，舉處士六，而邦大治』，《史記》作『於是乃罷淫樂聽政，所誅者數百人，所進者數百人，任伍舉、蘇從以政，國人大說』，《說苑》作『明日，授蘇從為相』，《吳越春秋》作『用孫叔敖，任以國政』，《金樓子》作『于是乃罷淫樂聽政，任伍舉、蘇從以政，國人悅』，並與此異。」

　　茂仁案：蔡先生所引《史記》，見於〈楚世家〉。檢《史記‧滑稽列傳》作「於是乃朝諸縣令長七十二人，賞一人，誅一人，奮兵而出，諸侯振驚」，《冊府元龜》二四四作「於是乃罷淫樂聽政，所誅者數百人，所進者數百人，任伍舉、蘇從以政，國人大說」，《群書集事淵海》四引《吳越春秋》作「於是莊王棄其秦姬、越女，罷鐘皷之樂，用孫叔敖，任以國政，遂霸天下，威伏諸侯」，所載亦並與此異。

士慶喜，出門，顧左右笑曰：「吾王，成王也。」中庶子聞之，跪而泣曰：「臣尚衣冠御郎十三年矣，前為豪矢，而後為藩蔽，王賜士慶相印而不賜臣，臣死將有日矣。」

　　武井驥曰：「豪、嚆通。《莊子‧在宥篇》：『焉知曾史之不為桀跖嚆矢也。』郭象曰：『嚆矢，矢之猛者。』林西沖曰：『響馬。』」

　　茂仁案：「臣尚衣冠御郎十三年矣」，《春秋別典》五引「御郎」作「御巾櫛」，孫詒讓《札迻》八引云：「案中庶子御郎，即《韓非子‧說疑篇》所謂郎中，在郎門

之外也。」《楚史檮杌・隱戲第五》「十三年」作「十年」。「前爲豪矢」，祕書本「豪」作「㺩」。豪、㺩，一字之異體，說見《說文》九篇下豕部「豪」字段〈注〉。

王曰：「寡人居泥塗中，子所與寡人言者，內不及國家，外不及諸侯，如子者可富而不可貴也。」

　　茂仁案：「如子者可富而不可貴也」，《渚宮舊事》一引「子」作「此」，祕書本並同。此，古爲清母、支部；子，古爲精母、之部。此、子，音近致誤也。

於是乃出其國寶璧玉以賜之。曰：「忠信者，士之行也，言語者，士之道路也。道路不脩治，士無所行矣。」

　　茂仁案：「士之行也」，《渚宮舊事》一引作「士之德行」，審此句與下文「士之道路也」並列，「行」上有「德」字，於文例較長。「道路不脩治」，《春秋別典》五引「脩」作「修」，楚府本、白口十行本、程榮本、祕書本、陳用光本、四庫本、百子本並同。脩，爲「修」之借字。

（十九）靖郭君欲城薛

靖郭君欲城薛，而客多以諫。

　　武井驥曰：「他書『靖』作『靜』，一本『欲』作『將』，齊閔王〈策〉同，無『而』字。」

　　梁容茂曰：「《韓子・說林下》、《淮南子・人閒訓》：欲，俱作『將』。欲、將，義同。」

　　茂仁案：「靖郭君欲城薛」，《呂氏春秋・知士篇》「靖」作「靜」，下同，《永樂大典》一三四五三同。靖、靜，古並爲從母、耕部，音同可通。又《戰國策・齊策一》「欲」亦作「將」，《太平御覽》四五六引《周書》同，欲、將，義通。陳直先生《史記新證・孟嘗君列傳第十五》「文之父曰靖郭君田嬰」云：「直按：《齊魯封泥集存》19頁，有『請郭邑丞』封泥。44頁，有『請郭丞印』封泥。『靖郭君』疑即『請郭』之假借。」請，古爲清母、耕部，與上述靖、靜，並爲音近之字，可相通用也，陳先生之疑，疑是也。

君告謁者，無爲客通事。

　　武井驥曰：「〈齊策〉『告』作『謂』，無『事』字。」

　　蒙傳銘曰：「《韓非子・說林下》，《淮南子・人閒訓》『告』並作『謂』，『者』下

並有『曰』字。《韓非子》『通』下無『事』字，《淮南子》『事』字作『言』。」

茂仁案：《太平御覽》四五六引《周書》「告」亦作「謂」、亦無「事」字。告、謂，義同；上言有無「曰」字，及有無「事」字，或「事」作「言」，並通。

於是有一齊人曰：「臣願一言，過一言，臣請烹。」

盧文弨曰：「〈齊策〉作『臣請二言而已矣』，是以一言為一字也。此一言則一句也。」

武井驥曰：「《御覽》四百五十六引『一言』作『三言』。〈齊策〉作『齊人有請者曰：「臣請三言而已矣。益一言，臣請烹。」』鮑彪曰：『烹，所謂鼎鑊之誅。』驥按：客以『海大魚』為一言，猶《詩》以『詩無邪』為一言。」

梁容茂曰：「（臣願一言）《韓子》、《淮南子》：並作『三言』。」

蔡信發曰：「《國策》作『齊人有請者曰：「臣請三言而已矣。益一言，臣請烹」』，《韓子》、《淮南》文義同之，《通鑑》無此十七字，並與此異。察下文該客但曰海大魚而反走，則此當以『一言』為當。」

茂仁案：檢《戰國策·齊策一》作「三言」不作「二言」，盧文弨失檢。蔡先生云「察下文該客但曰海大魚而反走，則此當以一言為當」，輔以上引武井驥以「詩無邪」為一言，則蔡先生之說亦是也。《韓非子·說林篇下》、《淮南子·人間篇》「一言」並作「三言」，下同，《太平御覽》四五六引《周書》同。《戰國策·齊策一》「一言」作「三言」，下「過一言」作「益一言」。「言」即「字」也，《論語·衛靈公篇》云：「子貢曰：『有一言而可以終身行之者乎？』子曰：『其恕乎！』」即其證。審此文蓋本之於《戰國策·齊策一》所改作，今《戰國策·齊策一》對下文「海大魚」亦作「三言」論，則此不當例外，職此，「海大魚」為三個字，以作「三言」為是，當據改。下文「過一言」，或云「益一言」者，義並同。

謁者贊客，客曰：「海大魚。」因反走。靖郭君曰：「請少進。」客曰：「否，臣不敢以死戲。」

武井驥曰：「《韓非子·說林下》『死』下有『為』字，《淮南子·人間訓》同。」

梁容茂曰：「《韓子》：死下有『為』字。《淮南子》：亦有『為』字，戲，作『熙』。熙，亦戲也。《淮南子·俶真訓》：『鼓腹而熙。』是其例。」

蔡信發曰：「《淮南》『戲』作『熙』，《通鑑》無此句。熙，戲之雙聲假借，並為曉紐。」

茂仁案：「死」下有無「為」字，並通，本文無「為」字，蓋省之耳。而「戲」

之作「熙」，《淮南子・俶眞篇》王逸〈注〉云：「熙，戲也。」檢熙，古爲曉母、之部；戲，古爲曉母、歌部，二者一聲之轉耳，可相通用。

靖郭君：「嘻，寡人毋得已，試復道之。」

施珂曰：「《漢魏叢書》程本、陳本，君下並有曰字。當補。」

茂仁案：「靖郭君」，元刊本、楚府本、何良俊本、楊美益本、白口十行本、祕書本、四庫本、百子本「君」下亦並有「曰」字，審本文於問、答俱有「曰」字，此獨無，不類，「君」下顯奪「曰」字，《戰國策・齊策一》、《韓非子・說林篇下》、《淮南子・俶眞篇》「君」下並有「曰」字，武井驥《纂註本》同，暨上引並爲其明證也，當據補。「寡人毋得已」，元刊本、楚府本、何良俊本、楊美益本、程榮本「毋」並作「母」，母、毋，形近而訛也。

客曰：「君獨不聞海大魚乎？網弗能止，繳不能牽，

武井驥曰：「〈齊策〉『繳』作『鉤』，《韓非子》『弗』作『不』、『牽』作『絓』。高誘曰：『牽，引。』」

梁容茂曰：「（繳弗能牽）〈齊策〉、《淮南子》：繳，俱作『鉤』；弗，俱作『不』。《韓子》：牽，作『絓』；弗，俱作『不』。」

蔡信發曰：「《國策》、《通鑑》『繳』作『鉤』，《淮南》作『釣』，《韓子》『牽』作『絓』。」

茂仁案：四庫《新序》版本有二，二本並作「繳不能牽」，不作「繳弗能牽」，梁先生以四庫本爲底本，失檢。《淮南子・人間篇》「繳」作『釣』，不作『鉤』；「弗」作「弗」，不作『不』，梁先生失檢，又蔡先生所引《資治通鑑》，見卷二〈周紀二・周顯王四十八年〉。上言「繳」之作『釣』、作『鉤』者，《說文》十三篇上糸部云：「繳，生絲縷也。謂縷系矰矢而以隿躲也。」又十四篇上金云：「釣，鉤魚也。」段〈注〉云：「鉤者，曲金也，以曲金取魚謂之釣。」則「繳不能牽」較「釣不能牽」及「鉤不能牽」於義爲長。又上言「牽」之作『絓』者，《說文》十三篇上糸部云：「絓，繭滓絓頭也。从糸圭聲，一曰以囊絮涷也。」繳、絓，並爲絲線，則云「繳不能牽」自較「繳不能絓」於義爲長。

碭而失水陸居，則螻蟻得意焉。

武井驥曰：「《淮南子》及〈齊策〉『碭』作『蕩』。鮑彪曰：『《集韻》：「蕩，放也。」言自放肆。』岡井彪曰：『《莊子・庚桑楚》云：「吞舟之魚，碭而失水。」陸德明曰：「謂碭溢而失水也。碭音宕。鮑〈註〉恐非。」』是。」

施珂曰：「（碭而失水）《御覽》四五六引碭作忽，意作志。」

梁容茂曰：「（碭而失水，則螻蟻得意焉）〈齊策〉、《韓子》、《淮南子》：碭，俱作『蕩』。」

蔡信發曰：「《國策》、《韓子》、《淮南》、《通鑑》『碭』並作『蕩』。碭、蕩並『突』之雙聲假借，同爲定紐。《說文》：『碭，文石也。蕩，蕩水出河內蕩陰，東入黃澤。突，犬從穴中暫出也。』突〈注〉：『引申爲凡猝乍之偁。』《文選》馬季長〈長笛賦〉注：『碭，突也。』」

茂仁案：鐵華館本「水」下有「陸居」二字，施先生以鐵華館本爲底本，失檢；又四庫《新序》版本有二，二本「水」下亦並有「陸居」二字，梁先生以四庫本爲底本，失檢。蔡先生之說是也，白口十行本「碭」作「踢」，踢、碭，形近而訛也。祕書本「螻」作「樓」，非是，亦形近致訛也。

且夫齊，亦君之水也，君已有齊，奚以薛爲？

武井驥曰：「《韓非子》『已』作『長』。」

梁容茂曰：「（今夫齊亦君之水也）〈齊策〉、《韓子》：已，並作『長』。」

蔡信發曰：「《國策》、《韓子》、《通鑑》『已』並作『長』，《淮南》無此句。『已』義不及『長』。」

茂仁案：四庫《新序》版本有二，二本並作「且夫齊」，不作「今夫齊」，梁先生以四庫本爲底本，失檢。「君已有齊」，審「君已有齊」與下文「君若無齊」對言，「已」與「若」爲互文也。《呂氏春秋‧本生篇》云：「今有聲於此，耳聽之必慊，已聽之則使人聾，必弗聽。」又云：「已視之則使人盲，（中略）已食之則使人瘖。」並「已」、「若」通之證，說見《古書虛字集釋》一。蔡先生云「『已』義不及『長』」，唯以文例言之，視「已」較「長」爲佳也。「奚以薛爲」，祕書本「以」作「已」，以、已古並爲余母、之部，音同可通。說又見《古書虛字集釋》一。

君若無齊，城薛，猶且無益也。」

武井驥曰：「〈齊策〉作『失齊，雖隆薛之城到於天，猶之無益也』。」

蔡信發曰：「《國策》作『失齊，雖隆薛之城到於天，猶之無益也』，《韓子》、《通鑑》同之，《淮南》作『君失齊，則薛能自存乎』，並與此義同而文異。」

茂仁案：《太平御覽》四五六引《周書》作「君若一旦失齊，雖隆薛之城到天，猶無益也」，亦與諸書所引，文異而實同也。

靖郭君大悅，罷民，弗城薛也。

　　武井驥曰：「〈齊策〉作『君曰："善。"乃輟城薛。』」

　　蒙傳銘曰：「《韓非子》、《淮南子》並作『靖郭君曰："善。"乃輟不城薛。』（《淮南子》輟字作止）《御覽》一九二引此文，作『乃不城薛。』刪去『輟』字，似非是。」

　　茂仁案：蒙先生云「刪去『輟』字，似非是」，審此有無「輟」字，並通也。其例猶如本書卷一「趙簡子上羊腸之坂」章，云「乃罷群臣不推車」，前賢並以「不」字爲衍也，唯竊參之載籍，有「不」字亦通，可相參稽該條校記。而本文云「罷民弗城薛也」，卷五「魏文侯過段干木之閭而軾」章，云「乃案兵而輟不攻魏」，又《韓非子·說林篇下》云：「乃輟不城薛。」《呂氏春秋·期賢篇》云：「乃按兵，輟不攻之。」《淮南子·人間篇》云：「乃止不城薛。」又〈脩務篇〉云：「乃偃兵輟不攻宋。」又云：「乃偃兵輟不攻魏。」《史記·張釋之傳》云：「乃止不拜嗇夫。」文例並與此同，亦可參證也。

（二十）齊有婦人

齊有婦人，極醜無雙，號曰無鹽女。

　　武井驥曰：「《御覽》三百八十二引《列女傳》，作『齊鍾離春者，齊無鹽邑之女。』六百九十三無『曰』字。〈辯通傳〉作『鍾離春者，無鹽邑之女，宣王之正后也。』」

　　施珂曰：「《書鈔》一二九引人下有兒字。」

　　蒙傳銘曰：「《世說新語·輕詆篇》劉孝標〈注〉引《列女傳》，作『鍾離春者，齊無鹽之女也，其醜無雙。』」

　　蔡信發曰：「《列女傳》作『鍾離春者，齊無鹽邑之女，宣王之正后也』。」

　　茂仁案：《後漢書·楊賜傳》〈注〉、《蒙求集註》〈注〉並引《列女傳》作「齊鍾離春者，齊無鹽邑女，宣王之正后也，其爲人極醜無雙」，《初學記》一九〈注〉、《錦繡萬花谷·續集》一〇並引《列女傳》同，《白氏六帖》七〈注〉引《列女傳》作「齊邑之女曰鍾離，齊宣王之正后也，爲人極醜」，《白孔六帖》二一〈注〉同，《珊玉集·醜人篇》引作「無塩，六國時齊無塩邑之女，極醜」，《太平御覽》三六四、又三八二、《永樂大典》一一九五一並引《列女傳》作「齊鍾離春，齊無鹽邑之女，其爲人極醜無雙」，《古今合璧事類備要》三〇引〈注〉引《列女傳》作「齊無鹽邑女，爲人極醜無雙」，《釋常談》下作「齊有醜女，號無鹽」，《群書類編故事·無鹽不售》

引《列女傳》作「齊鍾離春者，無鹽邑女也」，《類林雜說·醜婦人五十五》作「齊邑之醜女也，有德行，極醜」。《太平御覽》六九三引「鹽」作「塩」，下同，元刊本、楚府本、楊美益本並同。塩，未見於字書，為「鹽」字俗寫。程榮本、祕書本「雙」並作「雙」，「雙」為「雙」之俗寫也。又《群書治要》四二引、《類說》三○引，並無「無雙」二字。

其為人也，臼頭深目，長肚大節，

武井驥曰：「《列女傳》『壯』作『指』。」

施珂曰：「《漢魏叢書》程本、陳本，肚並作壯。《治要》引同。《書鈔》作長大壯節。《列女傳》肚作指。《後書·楊震附賜傳》〈注〉引《列女傳》肚作壯。」

蒙傳銘曰：「『長壯』二字不辭。『長壯大節』，與上句『臼頭深目』，下二句『昂鼻結喉，肥項少髮』，文法亦不一律。黃丕烈校『壯』作『肚』，是也。鐵華館本正作『肚』字。」

梁容茂曰：「《御覽》六九三引：作『凹頭』。」又曰：「《列女傳》三：作『長指』。可從。」

茂仁案：「臼頭深目」，《永樂大典》一一九五一「臼」作「凹」，臼、凹，並通。「長肚大節」，《後漢書·楊賜傳》〈注〉引《列女傳》「肚」作「壯」，《太平御覽》三八二、《群書類編故事·無鹽不售》並引《列女傳》同，《北堂書鈔》一二九引、《群書治要》四二引並同，元刊本、楚府本、何良俊本、楊美益本、白口十行本、程榮本、祕書本、陳用光本、百子本亦並同。《蒙求集註》下引《列女傳》「肚」則作「指」，《類林雜說·醜婦人五十五》同，《永樂大典》一九六三六引、四庫本亦同。審上文「臼頭深目」、下文「昂鼻結喉」、「肥項少髮」、「折腰出胸」並當句對，獨此「長肚大節」不辭。檢《琱玉集·醜人篇》引「肚」作「肘」，「長肘」正與「大節」對，據是，知肚、壯、指，並「肘」之形訛也，當據改。

昂鼻結喉，肥項少髮，折腰出胸，皮膚若漆，

武井驥曰：「《治要》『昂』作『卬』。昂、仰通。」又曰：「《後漢書·楊震傳》〈註〉引《列女傳》『出』作『凸』。」

梁容茂曰：「昂，《列女傳》、《治要》：俱作『卬』。」

茂仁案：卬、昂，古、今字。《琱玉集·醜人篇》引「出」作「亞」，《類林雜說·醜婦人五十五》作「跌」。作出、凸、亞、跌，並通。

行年三十，無所容入，

　　武井驥曰：「《御覽》六百九十三『三』作『四』，《列女傳》同。」

　　施珂曰：「《御覽》六九三引三作四。《列女傳》同。《後漢書》〈注〉引《列女傳》亦同。」

　　梁容茂曰：「《列女傳》、《御覽》六九三：俱作『四十』。」

　　蔡信發曰：「《列女傳》『三十』作『四十』。」

　　茂仁案：「行年三十」，《白氏六帖》七〈注〉、《白孔六帖》二一〈注〉並引《列女傳》「三」亦並作「四」，作「行年四十」，《後漢書·楊賜傳》〈注〉、《蒙求集註》下並引《列女傳》、《釋常談》下、《類林雜說·醜婦人五十五》並作「年四十」，並與此異。

衒嫁不售，流弃莫執。

　　盧文弨「嫁」作「家」，曰：「此『家』，即『嫁』也。孫云：『婦人謂嫁曰歸，所謂女子生而願爲之有家。』」

　　梁容茂曰：「今本作嫁。《列女傳》、《御覽》六九三引，俱作『嫁』。盧氏蓋另有所本，或所見家乃『嫁』之壞字。」

　　茂仁案：「衒嫁不售」，祕書本、陳用光本、百子本「嫁」亦並作「家」，《說文》十二篇下女部云：「嫁，女適人也。」段〈注〉云：「《白虎通》曰：『嫁者，家也。婦人外成以出適人爲家。』」據是，盧文弨云「家，即嫁也」，甚是也。「流弃莫執」，元刊本、何良俊本、楊美益本、白口十行本、程榮本、祕書本「弃」並作「棄」，陳用光本、四庫本並作「棄」。弃、棄，古、今字；棄，爲棄字篆文「𢍨」之隸定。

於是乃拂拭短褐，自詣宣王，願一見，謂謁者曰：

　　武井驥曰：「《後漢書》〈註〉『詣』作『謁』。」

　　茂仁案：四庫本「詣」作「請」，與上言作「謁」者，並通。

「妾，齊之不售女也。聞君王之聖德，願備後宮之掃除，頓首司馬門外，唯王幸許之。」

　　施珂曰：「《漢魏叢書》陳本許誤詐。」

　　梁容茂曰：「何本：許，作『詐』，誤。」

　　茂仁案：陳用光本作「許」，與本文同，不作「詐」，施先生失檢。

謁者以聞，宣王方置酒於漸臺，左右聞之，莫不揜口而大笑曰：

武井驥曰：「《治要》無『大』字。《蒙求註》引《列女傳》『揜』作『掩』，同。」

梁容茂曰：「《列女傳》、《治要》、何本、程本、百子本：揜，俱作『掩』。《治要》：無『大』字。揜、掩，義略異。」

茂仁案：，《太平御覽》三八二、《蒙求集註》並引《列女傳》、《釋常談》下、《類林雜說·醜婦人五十五》「揜」亦並作「掩」，祕書本、陳用光本、四庫本並同。

「此天下強顏女子也。」於是宣王乃召而見之，謂曰：「昔先王為寡人取妃匹，皆已備有列位矣。寡人今日聽鄭衛之聲謳吟感傷，揚激楚之遺風。

武井驥曰：「嘔、謳，通。」

茂仁案：武井驥《纂註本》『謳』作『嘔』，陳用光本、百子本並同。

今夫人不容鄉里布衣，而欲干萬乘之主，亦有奇能乎？」

施珂曰：「《漢魏叢書》程本干誤千。」

梁容茂曰：「《列女傳》：夫人，作『女子』。」

茂仁案：施先生說是也，干、千，形近致訛也。又《古列女傳》六作「夫人」與本文同，不作「女子」，梁先生所據蓋異本也。

無鹽女對曰：「無有，直竊慕大王之美義耳。」

茂仁案：白口十行本「直」作「宜」，非。宜、直，形近而訛也。

王曰：「雖然，何喜？」良久，曰：「竊嘗喜隱。」王曰：「隱，固寡人之所願也。試一行之。」言未卒，忽然不見矣，宣王大驚，立發隱書而讀之，退而惟之，又不能得。

武井驥曰：「〈考證〉曰：『言未卒，忽然不見』七字有誤。上隱謂隱語，非不見之謂也。《新序》誤又同。劉知幾《史通》云：‘宿瘤隱形于齊王而作后。’則所見本已誤矣，其屬之于宿瘤，又讀此不熟也。』岡井彪曰：『‘試一行之’下，疑當有無鹽隱語之對，蓋此脫誤，否則下文‘立發隱書，退而惟之，又不以隱對’等句不允當。』驥按：『忽然不見』，卒爾歸去也，非隱形，下文可以見。」

茂仁案：瀧川龜太郎〈考證〉所云，蓋受制於字面文義，遂以「言未卒，忽然不見」為誤，而岡井彪之說，則為未與下文「明日，復更召而問之」連讀所致誤也。「忽然不見」，為悴然歸去之意也，武井驥之說是也。

明日，復更召而問之，又不以隱對，但揚目銜齒，舉手拊肘，曰：「殆哉！殆哉！」如此者四。

　　武井驥曰：「《列女傳》『肘』作『膝』，《御覽》同。」

　　梁容茂曰：「《列女傳》：肘，作『膝』。」

　　茂仁案：「舉手拊肘」，《後漢書・楊賜傳》〈注〉、《太平御覽》三八二並引《列女傳》「肘」亦並作「膝」。「如此者四」，《類林雜說・醜婦人五十五》「四」作「三」，審此文所載殆者有四焉，故作「四」是也，作「三」，蓋涉「四」連類而誤也。

宣王曰：「願遂聞命。」無鹽女對曰：「今大王之君國也，西有衡秦之患，

　　茂仁案：「西有衡秦之患」，《釋常談》下、《類林雜說・醜婦人五十五》「衡秦」並作「秦、衛」，審此與下文「南有強楚之難」對言，則作「衡秦」，於文例較長。

南有強楚之難，

　　盧文弨「難」作「讎」，曰：「宋本竝作『彊』。」

　　施珂曰：「《漢魏叢書》程本、陳本。難皆作讎。《治要》引同。《列女傳》亦同。難字蓋涉下文『外有三國之難。』而誤。」

　　梁容茂曰：「（南有強楚之讎）《拾補》云：『宋本並作彊。』」

　　茂仁案：四庫《新序》版本有二，二本並作「難」，不作「讎」，梁先生以四庫本為底本，失檢。鐵華館本、龍溪本「強」亦並作「彊」。《後漢書》注、《太平御覽》三八二並引《列女傳》、《釋常談》下，「難」亦並作「讎」，元刊本、楚府本、何良俊本、楊美益本、白口十行本、祕書本、四庫本、百子本亦並同，陳用光本作「讐」，《類林雜說・醜婦人五十五》作「仇」。讎、讐一字之異體，並與仇通。審本句與下文「外有三國之難」之「難」字義複，故此作「讎」或「讐」或「仇」，於義較長，此作「難」者，蓋如施先生所云「蓋涉下文『外有三國之難』而誤」也，當據改。

外有三國之難，

　　武井驥曰：「《列女傳》『三』作『二』。〈考證〉曰：『似謂趙、韓、魏。』」

　　施珂曰：「《列女傳》三作二。」

　　梁容茂曰：「《列女傳》：三，作『二』。」

　　蔡信發曰：「《列女傳》『三』作『二』。此承上文『衡秦』、『強楚』而來，作『二』，是。」

　　茂仁案：蔡先生云「作『二』」為是，竊疑此作「二」者，恐涉上文「衡秦」及「強楚」聯想而誤也，文中既云「西有衡秦之患」、「南有強楚之難」，其下接云「外

有三國之難」，此「外有」顯爲外於「衡秦」及「強楚」而言，非指秦、楚甚明。上引《釋常談》下、《類林雜說‧醜婦人五十五》並言西有「秦、衛」之患，南有「強楚」之讎，足見齊之外患，非特秦、楚二國耳。職此，「外有三國之難」，爲指秦、楚以外之其他敵國爲言，「三」字，當不誤也。

內聚姦臣，眾人不附，春秋四十，壯男不立，不務眾子而務眾婦，尊所好而忽所恃，一旦山陵崩阤，社稷不定，此一殆也；

盧文弨曰：「（宋本）『阤』作『隗』。」

武井驥曰：「《治要》『不務』上有『故』字。」又曰：「《治要》『阤』作『阤』，同。韋昭曰：『大曰崩，小曰阤。』」

施珂曰：「《治要》引不上有故字。」

梁容茂曰：「《治要》：不上有『故』字。」又曰：「《治要》：阤，作『阤』。《拾補》云：『宋本作阤』。」

茂仁案：「不務眾子而務眾婦」，審此與上、下文意相接，《群書治要》四二引驟出「故」字，文意反不接矣，非是。「一旦山陵崩阤」，宋本「阤」作「阤」，不作「阤」，盧文弨失檢。《古列女傳》六「阤」作「阤」，《群書集事淵海》八引同，各本亦並同，《太平御覽》三八二引《列女傳》作「墜」。作「阤」，於義較長。

漸臺五重，黃金白玉，琅玕龍疏，翡翠珠璣，莫落連飾，萬民罷極，此二殆也；賢者伏匿於山林，謟諛彊於左右，

武井驥曰：「《治要》『強』下有『進』字。」

施珂曰：「《治要》引彊下有進字。」

梁容茂曰：「《列女傳》：無『伏』字。」又曰：「《治要》：強下有『進』字。」

茂仁案：「賢者伏匿於山林」，與下文「謟諛彊於左右」、「邪偽立於本朝」對言，故「伏匿」當有衍字，《古列女傳》六無「伏」字，甚是，「伏」，蓋涉「匿」字聯想而誤衍，當據刪。「謟諛彊於左右」，武井驥《纂註本》、四庫本、鐵華館本、百子本、龍溪本「謟」並作「諂」，「謟」爲「諂」之形訛，當據改，下同，說見卷一「晉平公間居」章，「謟諛在傍」條校記。武井驥《纂註本》、元刊本、楚府本、何良俊本、楊美益本、白口十行本、程榮本、陳用光本、四庫本、百子本「彊」並作「強」，彊、強，古並爲群母、陽部，音同可通。

邪偽立於本朝，諫者不得通入，此三殆也；

盧文弨曰：「『廟』訛。」

梁容茂曰：「何本、百子本：朝，作『廟』。《拾補》云：『廟訛。』」

茂仁案：祕書本、陳用光本、百子本「朝」亦並作「廟」，非是，形近致訛也。

酒漿流湎，以夜續朝，女樂俳優，從撗大笑，外不脩諸侯之禮，內不秉國家之治，此四殆也。故曰：『殆哉！殆哉！』」

施珂曰：「《治要》引流作沈。《列女傳》作『飲酒沈湎』。」

梁容茂曰：「《列女傳》作：『飲酒沈湎』。《治要》：流，作『沉』。作沉，是。」

蔡信發曰：「《治要》、列女傳『流』並作『沈』。《校補》：『作沈，是。』」

茂仁案：「酒漿流湎」，檢《釋常談》下「流」作「淫」。流、沈、淫，並「沈溺」之意，唯作「淫」，於義似較長。「從撗大笑」，撗與大，義複，「撗」疑「橫」之形訛，檢《古列女傳》六「撗」作「橫」，《群書治要》四二引、《群書集事淵海》八引、《太平御覽》三八二引《列女傳》並同，各本亦並同，並為其證也，當據改。「外不脩諸侯之禮」，楚府本、白口十行本、程榮本、陳用光本、百子本「脩」並作「修」。脩，為「修」之借字。

於是宣王掩然無聲，意入黃泉，忽然而昂，喟然而歎，

武井驥曰：「《御覽》『掩』作『闇』。」

茂仁案：「於是宣王掩然無聲」，上言《太平御覽》，見卷三八二引《列女傳》，「掩然」、「闇然」，並通。「喟然而歎」，武井驥《纂註本》、元刊本、楚府本、何良俊本、楊美益本、程榮本、祕書本、陳用光本、四庫本、鐵華館本、百子本、龍溪本「歎」並作「嘆」，作「嘆」為長，說見卷一「晉平公浮西河」章，「中流而歎」條校記，當據改。

曰：「痛乎無鹽君之言，吾今乃一聞寡人之殆！寡人之殆幾不全。」於是立停漸臺，罷女樂，

武井驥曰：「《治要》不疊『寡人之殆』四字、『全』下有『也』字、『停』作『毀』，《御覽》作『壞』，《蒙求註》作『折』。」

施珂曰：「《治要》停作毀。《列女傳》作拆。」

梁容茂曰：「（立停漸台）《列女傳》：立停，作『折』；《治要》：停，作『毀』。」

蔡信發曰：「《治要》『停』作『毀』，《列女傳》『立停』作『拆』。」

茂仁案：「於是立停漸臺」，四庫《新序》版本有二，二本並作「臺」，不作「台」，梁先生以四庫本為底本，失檢。《古列女傳》六「立停」作「拆」，梁先生言作「折」，失檢。《群書治要》四二引「停」作「毀」，並通。

退諂諛，去彫琢，選兵馬，實府庫，四闢公門，招進直言，延及側陋，擇吉日，立太子，

武井驥曰：「《御覽》『擇』上有『卜』字。」

梁容茂曰：「《列女傳》：擇上有『卜』字。」

茂仁案：「擇吉日」，《古列女傳》六「擇」上有「卜」字。有「卜」，於義較長。「立太子」，何良俊本「太」作「大」，大、太，古通。

進慈母，顯隱女，拜無鹽君為王后，而國大安者，醜女之力也。

武井驥曰：「《御覽》『而』作『齊』、『者』作『皆』，《治要》『君』下有『以』字、『國』上有『齊』字、無『者』字、『力』作『功』。」

梁容茂曰：「（拜無塩君爲王后）《列女傳》：無『王』字。」

茂仁案：四庫《新序》版本有二，二本並作「鹽」，不作「塩」，梁先生以四庫本爲底本，失檢。上言《太平御覽》，見卷三八二引《列女傳》。《群書集事淵海》八引無「君」字，《蒙求集註》下引《列女傳》、《類林雜說·醜婦人五十五》並無「君」、「王」二字，《琱玉集·醜人篇》亦無「君」字、「王」作「皇」。

《新序》卷第三

陽朔元年二月癸卯護左都水使者光祿大夫臣劉向上
雜　　事

（一）梁惠王謂孟子

梁惠王謂孟子，

　　盧文弨曰：「齊宣王之訛。」

　　武井驥曰：「《孟子・梁惠王下篇》作『齊宣王』。」

　　梁容茂曰：「梁惠王當作『齊宣王』。」

　　蔡信發曰：「《孟子》所載好色之事，乃齊宣王與孟子對答之言。〈齊策〉載策士
王斗謂齊宣王曰：『先君好色，王亦好色。』《說苑》載淳于髡謂齊宣王曰：『古者好
色，王亦好色。』是宣王之好色，知名當時，則此涉《孟子》篇名而誤明矣。好勇
之事，同載《孟子》，亦宣王謂孟子之言，而此乃誤以為梁惠王。」

　　茂仁案：《孟子・梁惠王篇下》「梁惠王」作「齊宣王」，作「梁惠王」蓋如蔡先
生所言為涉《孟子》篇名而誤，摛藻堂四庫全書薈要本正作「齊宣王」，不誤也。

曰：「寡人有疾，寡人好色。」孟子曰：「王誠好色，於王何有？」王曰：「若
之何好色可以王？」孟子曰：「大王好色。《詩》曰：『古公亶父，來朝走馬。
率西水滸，至於岐下。爰及姜女，聿來相宇。』

　　武井驥曰：「《詩・大雅・緜篇》『相』作『胥』。」

　　茂仁案：「來朝走馬」，李富孫《詩經異文釋》一二「來朝走馬」條云：「《玉篇》
走部引作『趣馬』，云早且疾也。案：左氏昭廿五年〈正義〉云：『古者服牛乘馬，

馬以駕車，不單騎也。至六國時始有單騎曰走馬。』似言單騎是當從《玉篇》作『趣馬』爲長。顧氏所據或是三家本。【程氏大昌曰：『古皆乘車，今曰走馬，恐此時已言走，曰走者，單騎之稱。』】段氏曰：『鄭箋言其避惡早且疾也。早釋來朝，疾釋趣字。《說文》：「趣，疾也。」《玉篇》據漢人相傳古本也，不知何時誤爲走馬，而程氏、顧氏以爲單騎之始。』據此，段玉裁以「走」爲「趣」之誤，非關單騎與否，《說文》二篇上走部「趣」字云：「疾也。」段〈注〉云：「〈大雅〉來朝趣馬〈箋〉云：『言其辟惡早且疾也。《玉篇》所引如是，獨爲不誤。』」亦主此說。然考之《說文》二篇上走部云：「走，趨也。」段〈注〉云：「《釋名》曰：『徐行曰步，疾行曰趨，疾趨曰走。此析言之，許渾言不別也。』」則「走」與「趣」義通。三家詩或作「走」，或作「趣」，其實一也。走，古爲精母、侯部；趣，古爲清母、侯部，二者非僅義通，亦音近可相通用也，走，非必誤字也。「聿來相宇」，《孟子·梁惠王篇下》「相」亦作「胥」，《太平御覽》一三五引《毛詩》同，四庫本亦同。《爾雅·釋詁下》云：「胥，相也。」相，古爲心母、陽部；胥，古爲心母、魚部，二者一聲之轉，可相通用，於義亦並通。

大王愛厥妃，出入必與之偕，當是時，內無怨女，外無曠夫。

盧文弨曰：「（當）兩本皆無此字。」

梁容茂曰：「（是時內無怨女）何本、程本、百子本：是上有『當』字。《拾補》亦有當字，云：『兩本皆無此字。』」

茂仁案：「當是時」，四庫《新序》版本有二，二本「是」上並有「當」字，梁先生以四庫本爲底本，失檢。武井驥《纂註本》、祕書本、陳用光本、四庫本、鐵華館本、龍溪本亦並有「當」字，有「當」字於義較明，此本亦有「當」字。《群書集事淵海》一五引無「當」字，元刊本、楚府本、何良俊本、楊美益本、白口十行本並同，蓋省之也。

王若好色，與百姓同之，民唯恐王之不好色也。」王曰：「寡人有疾，寡人好勇。」孟子曰：「王若好勇，於王何有？」王曰：「若之何好勇可以王？」孟子曰：「《詩》曰：『王赫斯怒，爰整其旅，以按徂旅，以篤周祜，以對于天下。』此文王之勇也。文王一怒而安天下之民，今王亦一怒而安天下之民，民唯恐王之不好勇也。」

盧文弨曰：「周祜、對于，俗本皆訛。」

武井驥曰：「《孟子》『按』作『遏』、下『旅』作『莒』。《詩·大雅·皇矣篇》

『祐』作『祜』、『篤』下有『于』字。毛萇曰：『旅，師。按，止也。旅，地名也。』」

梁容茂曰：「《拾補》云：『周祜、對于，俗本皆訛。』案：《詩・大雅・皇矣》：祐作『祜』。其餘今節不誤。」

蔡信發曰：「《孟子》『祐』作『祜』。案：說見《詩・大雅・皇矣》章四，『祐』亦作『祜』，此乃形近而誤。」

茂仁案：「以按徂旅」，《太平御覽》四三七引《孟子》作「以遏徂莒」。李富孫《詩經異文釋》一二「以按徂旅」條云：「案：《釋詁》曰：『按，遏止也。』聲近而義同。毛〈傳〉云：『旅，地名。』《韓非子》曰：『文王克莒。』《孟子》疏云：『春秋隱公二年書莒子盟于密。』則莒者，密之近地。莒、旅音之轉。《孟子》時本當作莒。」據是，「旅」當據改作「莒」。「以篤周祜」，武井驥《纂註本》、何允中本、陳用光本「祜」亦並作「祐」，非是，形近而訛也，又《詩經・大雅・皇矣篇》「篤」下有「于」字。

（二）孫卿與臨武君議兵於趙孝成王前

孫卿與臨武君議兵於趙孝成王前，

武井驥曰：「楊倞曰：『漢宣帝名詢，劉向編錄，故以荀卿爲孫卿。』」

梁容茂曰：「孫卿，《荀子》作『孫卿子』。下同。避漢宣帝諱改也。」

蔡信發曰：「《荀子》『孫卿』作『孫卿子』，《通鑑》作『荀況』。子，男子之美稱；孫卿之稱孫卿子，猶韓非之稱韓非子，公孫龍之稱公孫龍子，其理一也。荀子，名況，時人尊之爲卿，故稱荀卿。《史記・本傳》稱荀卿，《漢書・藝文志》稱孫卿，《史記》〈索隱〉、《漢書》顏〈注〉、《直齋書錄解題》皆以避宣帝諱；《日知錄》二十七、《荀子箋釋・序》、江瑔《讀子巵言》、梁叔任《荀子約注傳徵》、《史記會注考證》皆以荀、孫二字，乃一音之轉。後說得之。」

茂仁案：劉先生文起《荀子正補・自序》曰：「荀子姓荀氏，荀或作孫（顧炎武曰：『荀子爲孫，如孟卯之爲芒卯，司徒之爲申徒，語音之轉也。』）名況，字卿（江瑔曰：『劉向不言蘭陵人書名爲卿而曰喜字爲卿，則卿爲荀子之字可知。』」蔡先生則云荀子，「時人尊之爲卿，故稱荀卿」，「卿」之爲尊稱，抑爲荀子之字，未知孰是。孫卿即荀子，荀、孫之說，蔡先生說蓋是也，陳直先生《史記新證・孟子荀卿列傳》亦以「蓋當時因荀、孫音相近，故可相通」解之。孫，古爲心母、文部；荀，古爲心母、眞部，二者一聲之轉，且眞、文韻近，可相通用也。

王曰：「請問兵要。」

　　武井驥曰：「《韓詩》卷三『請』作『敢』、『兵』下有『之』字。」

　　梁容茂曰：「《外傳》三作：『敢問兵之要』。」

　　茂仁案：敢，爲冒昧之辭。《儀禮・士虞禮》〈記〉云：「敢用絜牲剛鬣。」〈注〉云：「敢，冒昧之辭。」〈疏〉云：「凡言敢者，皆是以卑觸尊，不自明之意。」此王之問，以「敢」起言，以示謙遜，故作「敢」，於義較長也。

臨武君對曰：「上得天時，下得地利，後之發，先之至，此用兵之要術也。」

　　盧文弨曰：「（利下）《荀子・議兵篇》有『觀敵之變動』五字，下文方可接。」

　　武井驥曰：「一本及《荀子・議兵論》有『觀敵之變動』五字。」

　　梁容茂曰：「《拾補》云：『《荀子・議兵篇》有‘觀敵之變動’五字，下文方可接。』」

　　蔡信發曰：「《荀子》、《通鑑》『利』下並有『觀敵之變動』，此仍《外傳》而脫，當補。」

　　茂仁案：「下得地利」，上言《通鑑》，爲指該書卷六〈秦紀一・秦昭襄王五十二年〉。上言並以《荀子・議兵篇》「利」下有「觀敵之變動」五字，盧文弨、蔡先生咸認當據補之，是也。蔡先生又云「此仍《外傳》而脫」，檢陳壽祺《三家詩遺說考》五引《韓詩外傳》三，「利」下亦有「觀敵之變動」五字，則今本《新序》之無此五字者，非必仍《韓詩外傳》而脫，可知也。「此用兵之要術也」，《韓詩外傳》三無「術」字。

孫卿曰：「不然。臣之所聞，古之道，凡戰，用兵之術，在於一民。

　　盧文弨曰：「《荀》作『凡用兵，攻戰之術。』」

　　武井驥曰：「《荀子》作『用兵攻戰之本』。」

　　梁容茂曰：「《荀子》作：『凡用兵攻戰之本』。」

　　茂仁案：「凡戰，用兵之術」，《荀子・議兵篇》作「凡用兵攻戰之本」，作「本」，不作「術」，盧文弨失檢，《資治通鑑》六同《荀子》，「凡」下以有「攻」字，於義爲長。「在於一民」，《韓詩外傳》三作「在於附親士民而已矣」。

弓矢不調，羿不能以中；

　　盧文弨曰：「《荀》（中）下有『微』字，下文『御遠』作『致遠』，又『勝』上有『必』字。」

　　武井驥曰：「《荀子》『中』下有『微』字。」

施珂曰：「有微字是也。《外傳》三亦有微字。『不能以中微。』與下文『不能以御遠。』句法一律。《莊子・庚桑楚篇》：『羿工乎中微。』《淮南・說林篇》：『羿之所以射遠中微者，非弓矢也。』《劉子新論・言苑篇》：『是以羿非弧矢，不能中微。』並可證此文脫微字。」

梁容茂曰：「《荀子》、《外傳》：中下俱有『微』字。此當據補，『中微』與下文『御遠』文例一律。」

蔡信發曰：「《荀子》『中』下有『微』，『御』作『致』。審以句法，『中』下當有『微』，『中微』與『御遠』對，當據《荀子》、《外傳》而補；《通鑑》無，乃涉此而脫。」

茂仁案：上言並是也。此文「中」下顯奪「微」字，《荀子・儒效篇》云：「輿固馬選矣，而不能以致遠，一日而千里，則非造父也；弓調矢直矣，而不能以射遠中微，則非羿也。」又〈王霸篇〉云：「人主欲得善射，射遠中微，則莫若羿、逢門矣；欲得善馭，及速致遠，則莫若王良、造父矣。」又〈君道篇〉云：「人主欲得善射，射遠中微者（中略），欲得善馭，及速致遠者。」《說苑・指武篇》云：「羿、逢蒙不能以枉矢弱弓射遠中微。」並「中微」與「致遠」對言，並爲其明證，「中」下當據補「微」字也。又羿，字本作羿，《說文》四篇上羽部云：「羿，羽之羿風，亦古諸侯也。一曰：射師。」祕書本「能」作「得」，能、得義同。

六馬不和，造父不能以御遠；

武井驥曰：「《荀子》『御』作『致』，《韓詩》同。」

梁容茂曰：「《荀子》、《外傳》：御，俱作『致』。」

茂仁案：《資治通鑑》六「御」亦作「致」，《淮南子・兵略篇》云：「四馬不調，造父不能以致遠。」《群書治要》三五引《文子・上義篇》云：「造父之御馬也，內得於中心，外合乎馬志，故能取道致遠。」《太平御覽》二七一引桓範〈世要論〉云：「六馬不和，造父不能以致遠。」亦並作「致遠」，據是，及審上引《荀子・議兵篇》、《韓詩外傳》三之文，疑「致遠」似爲古時常語，若是，則以作「致遠」較長也。

士民不親附，湯武不能以勝。

武井驥曰：「《荀子》『以』下有『必』字、『勝』下有『也』字，《韓詩》『勝』上有『戰』字。」

梁容茂曰：「《荀子》：以下有『必』字，《外傳》有『戰』字。」

蔡信發曰：「《荀子》、《通鑑》作『則湯武不能以必勝也』，《外傳》『以』下有『戰』。」

茂仁案：「以」下有無「必」字，或「戰」字，並通。唯審上文云「羿不能以中微」、「造父不能以御遠」，「以」下並有「中微」、「御遠」，則此以作「必勝」或「戰勝」，於文例似較優。

故善用兵者，務在於善附民而已。」

梁容茂曰：「（在務於善附民而已）《外傳》作：『要在於附親士民而已矣』。」

蔡信發曰：「《荀子》，《通鑑》作『故善附民者，是乃善用兵者也。故兵要在乎善附民而已』；《通鑑》同《荀子》，唯『乎』下無『善』；《外傳》作『由此觀之，要在於附親士民而已矣』。」

茂仁案：「務在於善附民而已」，四庫《新序》版本有二，二本並作「務在」，不作「在務」，梁先生以四庫本為底本，失檢。王念孫《讀書雜志》志八之五《荀子·議兵》「故兵要在乎善附民而已」云：「元刻無善字。念孫案無善字者是也。下文臨武君曰：『豈必待附民哉，正對此句而言，則無善字明矣。宋本有善字者，涉上文善附民者而衍。《群書治要》亦無善字。』」王念孫說是也，檢《群書治要》三八引《孫卿子》有「善」字，唯天頭眉批云：「舊無善附之善，補之。」顯見其舊本無「善」字也，又下文「豈必待附民哉」，正承此為言，亦無「善」字，《韓詩外傳》三作「要在於附親士民而已矣」，《資治通鑑》六作「故兵要在乎附民而已」，亦並無「善」字，為其明證，「善」字當據刪也。

臨武君曰：「不然。夫兵之所貴者，勢利也，所上者，變詐攻奪也。

武井驥曰：「《荀子》『上』作『行』，下同，無『攻奪』二字。楊倞曰：『奇，計也。』驥按：上、尚同。」

梁容茂曰：「（所上者變詐也）《外傳》：勢利，作『謀詐』。何本：夫作『大』，非。」又曰：「《荀子》：上作『行』。」

蔡信發曰：「《荀子》、《通鑑》無『夫』，『上』作『行』，無『攻奪』；《外傳》作『夫兵之要，變故也；其所貴，謀詐也』，與此異。」

茂仁案：四庫《新序》版本有二，二本「詐」下並有「攻奪」二字，梁先生以四庫本為底本，失檢。楚府本、祕書本「夫」亦並作「大」，非是，形近致訛也。

善用之者，奄忽焉莫知所從出，孫吳用之，無敵於天下。

武井驥曰：「《荀子》『之』作『兵』、『奄忽焉』作『感忽悠闇』，《韓詩》作『善用之者，猶脫兔，莫知其出。』」

梁容茂曰：「（善用之者奄忽莫知所從出）《荀子》：之，作『兵』：奄忽作『感忽

悠闇』。」

蔡信發曰：「《荀子》、《通鑑》作『感忽悠闇』，《外傳》作『猶脫兔』。」

茂仁案：「善用之者」，此「之」，指「兵」爲言，故此「之」、「兵」，並通。「奄忽焉莫知所從出」，四庫《新序》版本有二，二本「忽」下並有「焉」字，梁先生以四庫本爲底本，失檢。上言《荀子‧議兵篇》、《資治通鑑》六「奄忽焉」並作「感忽悠闇」，《韓詩外傳》三作「猶脫兔」，並通，唯審文氣、文義，本文所載爲佳。

由此觀之，豈必待附民哉！」

茂仁案：龍溪本「哉」作「者」，非是，形近而訛。

孫卿曰：「不然。臣之所言者，王者之兵，君人之事也。君之所言者，勢利也，所上者，變詐攻奪也。

武井驥曰：「《荀子》作『仁人之兵，王者之志也』，《韓詩》作『仁人之兵，聖王之事也』。」又曰：「《荀子》『言』作『貴』、『勢』上有『權謀』二字。」又曰：「《荀子》作『所行攻奪變詐者，諸侯之事也』。」

梁容茂曰：「《荀子》：言者，作『道』；王者，作『仁人』；君人之事也，作『王者之志也』。《外傳》：言，作『道』；王者，作『仁人』；君人，作『聖王』。」又曰：「《荀子》作：『君之所貴者，權謀勢利也』。」又曰：「《荀子》作：『所行攻奪變詐也』。」

蔡信發曰：「《荀子》作『臣之所道，仁人之兵，王者之志也；君之所貴，權謀勢利也；所行，攻奪變詐也，諸侯之事也』；《通鑑》同《荀子》，唯無末八字；《外傳》作『君之所道者，諸侯之兵，謀臣之事也；臣之所道者，仁人之兵，聖王之事也』，前者與此近，後者與此異。」

茂仁案：檢《資治通鑑》六作「君之所貴，權謀勢利也」，與《荀子》較，無末十二字，非如上云「無末八字」也。

仁人之兵，不可詐也，彼可詐者，怠慢者也，落單者也，

盧文弨曰：「《荀》作『露亶』，楊倞以露袒解之。」

武井驥曰：「《荀子》作『路亶』，楊倞曰：『路，暴露也。亶讀爲袒。露袒，謂上下不相覆蓋。』驥按：落、路字相似，傳寫之誤也。單、亶音通。」

梁容茂曰：「《拾補》云：『《荀》作露亶，楊倞以露袒解之。』案：今《荀子》作『路亶』。」

蔡信發曰：「《荀子》作「路亶者也」，《外傳》無此句，《通鑑》作「露袒者也」。」

楊〈注〉「路，暴露也。亶，讀爲祖。露祖，謂上下不相覆蓋。〈集解〉：『郝懿行曰：
'路亶，《新序》作落單。蓋離落單薄之意。楊〈注〉非。'王念孫曰：'路單，猶
贏憊也。上不恤民，則民皆贏憊，故下句云："君臣上下之間，滑然有離德也。"
《孟子‧滕文公篇》："是率天下而路也。"趙〈注〉云："是率導天下之人以贏路
也。"（今本贏路作贏困之路，乃後人所改，辯見《管子‧五輔篇》。）《管子‧五
輔篇》云："匡貧窶，振罷露，資乏絕。"《韓子‧亡徵篇》云："好罷露百姓。"
《呂氏春秋‧不屈篇》云："士民罷潞。"路、露、潞並通，是路爲贏憊也。《爾雅》
云："癉，病也。"〈大雅‧板篇〉："下民卒癉。"毛〈傳〉云："癉（茂仁案：
原文作瘨），病也。"病亦謂贏憊也。〈緇衣〉引《詩》"下民卒癉"，〈釋文〉癉作
亶。瘨、癉、亶並通。〈秦策〉："士民潞病於內。"高〈注〉云："潞，贏也。"
潞病與路亶亦同義。《新序‧雜事篇》作落單。《晏子‧外篇》云："路世之政，單
事之教。"或言路亶，或言路單，或言落單，其義一而已矣。楊說皆失之。'』案：
落、路、露同音；單、亶、祖亦同音。在聲，單爲端紐，亶爲照紐，祖爲定紐，俱
爲舌音；在韻，並收寒部。故諸書所作不一，義則相同，王氏所考，甚是。《通鑑》
之作『露祖』，顯因楊〈注〉而改《荀子》原文。郝說見《荀子補注》。王說見《讀
書雜志》八。」

茂仁案：「落單者也」，《群書治要》三八引《孫卿子》亦無此句，與《韓詩外傳》
三同。上引王念孫說是也，蔡信發曰：「《通鑑》之作『露祖』，顯因楊〈注〉而改《荀
子》原文。」是也。落、路、露，古並爲來母、鐸部，音同可通。單，古爲禪母、
元部；亶，古爲端母、元部；祖，古爲定母、元部。單、亶、祖並音近之字也，可
相通用。

君臣上下之間，渙然有離德者也。

盧文弨曰：「（渙）《荀》作『滑』。」

武井驥曰：「《韓詩》『間』作『際』、『渙然』作『突然』，《荀子》作『滑然』。
楊倞曰：『言彼可欺者，皆如此之國。』顏師古曰：『渙然，散貌。〈秦誓〉曰：'受
有億兆夷人，離心離德。'』」

梁容茂曰：「《荀子》：渙，作『滑』。」

蔡信發曰：「《荀子》、《通鑑》『渙』作『滑』，《外傳》『渙』作『突』。楊〈注〉：
『滑，亂也。音骨。言彼可欺者，皆如此之國。』〈集解〉：『王引之曰：'滑，當爲
渙。〈說卦〉曰："渙者，離也。"〈雜卦〉曰："渙，離也。"下文"事大敵堅則
渙然離耳"，是渙爲離貌，故曰："渙然有離德。"俗書"渙"字作"渙"、"滑"

字作“淈”，二形略相似，故“渙”譌爲“淈”。《新序・雜事篇》正作“渙然有離德”，《韓詩外傳》作“突然有離德”，突乃奐之譌。渙、奐古字相通。’是。」

茂仁案：上言〈集解〉引王引之語，原載王念孫《讀書雜志》八補《荀子・議兵》「君臣上下之閒，淈然有離德者也」條。

若以桀詐桀，猶有幸焉，若以桀詐堯，譬之若以卵投石，若以脂澆沸，若羽蹈烈火，入則焦沒耳，夫又何可詐也？

盧文弨曰：「（澆）《荀》作『撓』，當從之。」又曰：「（蹈烈火）《荀》作『赴水火』。」

武井驥曰：「《荀子》『澆』作『撓』，《韓詩》同。」

施珂曰：「《漢魏叢書》程本、陳本，脂並作指，澆並作撓。《喻林》四十引同。盧云：『澆，《荀》作撓，當從之。』案：盧說是也。《外傳》正作『以指撓沸。』脂乃指之誤，澆乃撓之誤。」

蒙傳銘曰：「鐵華館本『指撓』作『脂澆』。」

梁容茂曰：「（猶有幸馬）《荀子》：澆，作『撓』。蹈烈火，作『赴水火』。則，作『焉』。《外傳》：亦作『撓』。下句作『抱羽毛而赴烈火』。焦沒，作『燎』。」

蔡信發曰：「《荀子》『若』作『故』，『猶』下有『巧拙』，無次『若』，『石』下無『若』，『澆』作『撓』，『羽蹈烈火』作『赴水火』，『則』作『焉』，無末句；《通鑑》同《荀子》，唯無上四『若』，『澆』作『橈』；《外傳》作『夫以跖而詐桀，猶有工拙焉；以桀而詐堯，如以指撓沸，以卵投石，抱羽毛而赴烈火，入則燋也。夫何可詐也』，與此義同而文略異。案：焉、則通，見《經傳釋詞》二。」

茂仁案：四庫《新序》版本有二，二本並作「幸焉」，不作「幸馬」，梁先生以四庫本爲底本，失檢。「以脂澆沸」，《荀子・議兵篇》、《韓詩外傳》三並作「以指撓沸」，《資治通鑑》六作「以指橈沸」，《喻林》四〇引作「以指撓沸」，元刊本、楚府本、何良俊本、楊美益本、白口十行本、程榮本、祕書本、陳用光本、四庫本、百子本並同。俞樾《諸子平議》一三《荀子》「若以焦熬投石焉」云：「樾謹按：楊〈注〉曰：『猶以焦熬之物投石也。』然以投石爲喻，不必言焦熬之物，〈注〉義未安。上文云：『以桀詐堯，譬之若以卵投石，以指撓沸。』此文以焦熬投石，疑有奪誤。當云：『以指焦熬，以卵投石。』焦讀爲撨，《廣雅・釋詁》曰：『撨，拭也。』《說文》火部：「熬，乾煎也。」然則以指撨，其義猶以指撓沸也。」俞樾說是也。唯審下文云「『入』則『焦沒』耳」，則此「指」以作「脂」、「澆」以作「撓」爲是也。指、脂，形近而訛；澆、撓、橈，並「撓」之形訛也，並當據改。

故仁人之兵，鋌則若莫邪之利刃，嬰之者斷，銳則若莫邪之利鋒，當之者潰，

武井驥曰：「《荀子》『利』作『長』，《韓詩》同。」又曰：「一本銳作兌，通用。楊倞曰：『潰，壞散也。』《廣韻》曰：『銳，利也。』」

梁容茂曰：「（銳則莫邪之利鋒）《荀子》：鋌，作『延』；利，作『長』。」又曰：「《荀子》：銳，作『兌』。」

蔡信發曰：「《荀子》句上有『故仁人上下，百將一心，三軍同力，臣之於君也，下之於上也，若子之事父，弟之事兄，若手臂之扞頭目而覆胸腹也。詐而襲之，與先驚而後擊之一也。且仁人之用十里之國，則將有百里之聽；用百里之國，則將有千里之聽；用千里之國，則將有四海之聽，必將聰明警戒，和傳而一』，『兵』下有『聚則成卒，散則成列』，『鋌』作『延居』，『利』作『長』，『銳』作『兌』；《通鑑》十九與《荀子》同；《傳》『兵』下有『聚則成卒，散則成列』，『鋌』作『延居』，『利』作『長』，『銳』下有『居』。楊〈注〉：『兌，猶聚也。與隊同。謂聚之使短潰壞散也。』〈集解〉：『盧文弨曰：'延，讀延袤之延。東西曰延。嬰，今攖字。謂橫布則其鋒長，攖之者皆斷也。兌，讀爲銳。謂直擣則其鋒利，遇之者潰也。《外傳》兩居字，與下文圓居一例，可知〈注〉未是矣。'郝懿行曰：'延者，長也。兌與銳同。《荀》書皆然，古字通也。延，《新序》作鋌，誤字，或叚借耳。延訓長，故云"若莫邪之長刃"；兌訓利，故言"若莫邪之利鋒"。楊〈注〉非。《韓詩外傳》作延居、銳居，與下圓居爲儷，其義甚明。'俞樾曰：'楊訓兌爲聚，不如盧說之長。惟依《外傳》延居、銳居爲說，則非也。延則若莫邪之長刃、兌則若莫邪之利鋒，與上文聚則成卒，散則成列句法一律，不得有居字。下文云；"圓居而方止"，此自以圓居、方止相對成義。《外傳》因圓居之文，改作方居以對之，遂於此文延下、銳下各衍居字。盧據以說《荀子》，誤矣。延之言長也，故若長刃；銳之言利也，故若利鋒。以文義論，亦不當有居字。'』案：郝說見《荀子補注》。俞說見《諸子平議》十三。諸書並有『聚則成卒，散則成列』，此脫，當補。」

茂仁案：四庫《新序》版本有二，二本「莫」上並有「若」字，梁先生以四庫本爲底本，失檢。上引〈集解〉所載，延、銳之解，以盧文弨之說最旳，延、銳下無「居」字之論，則以俞樾之說最確。審「鋌則若莫邪之利刃」與下文「銳則若莫邪之利鋒」對言，此爲言軍隊陣勢之形，「銳」爲直擣義，則「鋌」以作「延」爲延長之義爲是。本文「鋌」，顯爲「延」之誤，當據改，又以「延」爲「延長」之義故，是以「利刃」從《荀子》等書作「長刃」，於義較長。楚府本誤乙「若莫」爲「莫若」，爲涉聯想而致誤也。

圓居而方止，若盤石然，

武井驥曰：「《韓詩》作『圓居則若丘山之不可移也，方居則若盤石之不可拔也』，《荀子》『止』作『正』、下有『則』字。」

蔡信發曰：「《荀子》『圓』作『圜』，『止』下有『則』，《外傳》作『圜居則若丘山之不可移也，方居則若磐石不可拔也』，《通鑑》同《荀子》。」

茂仁案：「居」當改作「凥」，說見卷一「昔者舜自耕稼陶漁而躬孝友」章，「居於闕黨」條校記。圓，古爲匣母、文部；圜，古爲匣母、元部，二者一聲之轉耳，可相通用。又《韓詩外傳》三所載，較此爲詳。

觸之者隴種而退耳，夫又何可詐也？

盧文弨曰：「宋本《荀子》楊倞〈注〉引《新序》，作『隴鍾』，元刻與今本同。」

武井驥曰：「朝鮮本『隴』作『龍』，《韓詩》作『觸角折節而退爾。』楊倞曰：『隴種，遺失貌，如隴之種物然。』《正字通》曰：『龍鍾即隴種』二字聲之轉。《北史・李穆傳》：『籠東軍士。』籠東猶隴種。《說文》曰：『瀧涷，沾漬也。』兵敗披靡而退，如冒雨衣濕之狀，《通雅》論之詳。」

梁容茂曰：「（觸之者隴種而退）《拾補》云：『宋本《荀子》楊倞〈注〉引《新序》作隴鍾，元刻與今本同。』案：《荀子》作『觸之者角摧，案角鹿埵隴種束籠而退耳。』」

蔡信發曰：「《荀子》作「觸之者角摧，案角鹿埵隴種束籠而退耳」，《外傳》作「觸摧角折節而退爾。夫又何可詐也」，《通鑑》「隴種」作「角摧」，無下句。楊〈注〉：『其義未詳，蓋皆摧敗披靡之貌。或曰：鹿埵，垂下之貌，如禾實垂下然。埵，丁果反。隴種，遺失貌，如隴之種物然。或曰：即龍鍾也。束籠，與涷瀧同，沾溼貌，如衣服之沾濕然。』〈集解〉：『盧文弨曰：「垂下之貌，舊脫垂字，今補。案：《說文》禾實垂下謂之稇，丁果切，楊意埵讀爲稇，故音義皆與之同也。又即龍鍾也，舊脫龍字，龍鍾乃當時常語，今補。又案：《方言》：瀧涿謂之霑漬；《廣韻》：涷瀧，霑漬也。故楊云：涷瀧，沾溼貌。舊誤作涷隴，今改正。沾，亦霑之誤字也。」劉台拱曰：「鹿埵上角字，涉上而誤衍；案，語詞。」郝懿行曰：「鹿埵、隴種、束籠，蓋皆摧敗披靡之貌。」顧氏炎武引《舊唐書・竇軌傳》：「我隴種車騎，未足給公。」《北史・李穆傳》：「籠涷軍士，爾曹主何？在爾獨住。」此蓋蓋周、隋時人，尚有此語。此等皆古方俗之言，不必強解。』案：劉說見《荀子補注》，顧說見《日知錄》二十七。」

茂仁案：四庫《新序》版本有二，二本「退」下並有「耳」字，梁先生以四庫

本爲底本，失檢。

故仁人之兵，或將三軍同力，上下一心，

武井驥曰：「《荀子》作『故仁人上下，百將一心，三軍同力』，陳仁錫曰：『「或將」二字疑「夫」。』驥按：此疑有錯簡，或百蓋音訛。」

梁容茂曰：「《荀子》作：『故仁人上下，百將一心，三軍同力』。案：或將，疑當作『諸將』。」

蔡信發曰：「（「故仁人之兵……夫又何可詐也」）《荀子》、《通鑑》置於上文『入則焦沒耳』下，《外傳》無此六十八字，並與此異。詳前。」

茂仁案：上引陳仁錫言「或將」疑爲「夫」字，審此「或將」、「夫」，義近，並可通，唯下文「上下一心」，則此「或將」爲指上位率領者爲言，如是與下文「上下一心」方可接，據是，則作「或將」義較長；又梁先生云「或將，疑當作『諸將』」，據是則此作「諸將三軍同力」，於義亦達，唯此文義已足，不煩改字也。《資治通鑑》六作「故仁人之兵，上下一心，三軍同力」，無「或將」二字，亦通也。

臣之於君也，下之於上也，若子之事父也，若弟之事兄也，若手足之捍頭目而覆胷腹也，

武井驥曰：「《荀子》『捍』作『扞』，《漢書》同。」

梁容茂曰：「《荀子》：足，作『臂』；捍，作『扞』。案：足實難以捍頭目，作『臂』是也。」

茂仁案：《資治通鑑》六「足」亦作「臂」，「捍」亦作「扞」。梁先生云「足實難以捍頭目，作『臂』是也」，可備一說，審此以「若手足之捍頭目而覆胷腹也」爲句，則此，以手捍頭目，而以足覆胷腹，正是也，非必以足捍頭目也，即此「手足」並舉，爲承上文「臣之於君也，下之於上也，若子之事父也，若弟之事兄也」而來，故此「手」上、「足」下，共捍頭目與覆胷腹，正手足上下合一之表現，與上文「上下一心」、「臣之於君」、「下之於上」、「子之事父」、「弟之事兄」正相呼應，故此作「足」是也，不當如《荀子‧議兵篇》之作「臂」也，至若《資治通鑑》六之作「臂」者，顯承《荀子》而錄也。捍、扞，義通；楚府本「胷」作「胸」，一字之異體也。

詐而龒之與先驚而後擊之，一也，夫又何可詐也？

茂仁案：《荀子‧議兵篇》「龒」作「襲」，《資治通鑑》六同，各本亦並同。龒，蓋「襲」之省刻。

且夫暴亂之君，將誰與至哉？彼其所與至者，必其民也。

　　梁容茂曰：「《外傳》作：『且夫暴國將孰與至哉』。」

　　蔡信發曰：「《荀子》、《通鑑》『君』作『國』，《外傳》作『且夫暴國將孰與至哉』。」

　　茂仁案：檢《荀子・議兵篇》、《資治通鑑》六「君」並作「君」，不作「國」。又上言《韓詩外傳》六作「且夫暴國將孰與至哉」，審下文云「民之親我」、「好我」，「我」即指「君」爲言，故此作「君」，於義較長，本文作「且夫暴亂之君」，作「君」是也。

民之親我，驩然如父母，

　　武井驥曰：「《荀子》『民』上有『其』字，《漢書》作『驩若親戚』，《韓詩》『我』下有『也』字。」

　　梁容茂曰：「《外傳》：驩，作『歡』；母，作『子』。」

　　蔡信發曰：「《荀子》、《通鑑》『驩』作『歡』，《外傳》『驩』作『歡』，『母』作『子』。驩，歡之同音假借，並爲曉紐桓韻。《說文》：『驩，馬名。歡，喜樂也。』」

　　茂仁案：「民之親我」，《荀子・議兵篇》「民」上有「而其」二字。考上下文義，「民」上有「而」字，於文氣較順。「驩然如父母」，驩，爲歡之借字，蔡先生之說是，檢《太平御覽》九八三引《孫卿子》「驩」作「欣」，欣、歡，義通也。上言《韓詩外傳》三「父母」作「父子」，檢下文「自賊其父母也」，與此相應爲言，故此作「父母」，於義較長。

好我芳如椒蘭，反顧其上，如灼黥，如仇讎，人之情雖桀跖，豈有肯為其所惡而賊其所好者哉？是猶使人之孫子自賊其父母也。

　　梁容茂曰：「（豈有肯爲其所惡而賦其所好者哉）《荀子》、《外傳》：孫子，俱作『子孫』，當從之。」

　　蔡信發曰：「諸書『孫子』並倒。《荀子》、《通鑑》『也』下有『彼必將來告之。夫又何可詐也？故仁人用國曰明，諸侯先順者安，後順者危，慮敵之者削，反之者亡』。」

　　茂仁案：四庫《新序》版本有二，二本並作「賊」，不作「賦」，梁先生以四庫本爲底本，失檢，下文「是猶使人之孫子自賊其父母也」失亦同。《韓詩外傳》三「孫子」亦乙作「子孫」，審此文義，作「子孫」是也，當據乙正。又蔡先生言「《荀子》、《通鑑》『也』下有『彼必將來』」云云，所引爲《荀子・議兵篇》之文，《資治通鑑》

六所載，無上「之」字及「慮」字。

《詩》曰：『武王載斾，有虔秉鉞，如火烈烈，則莫我敢曷。』此之謂也。」

　　梁容茂曰：「《荀子》：斾，作『發』；曷，作『遏』。」

　　蔡信發曰：「《荀子》、《通鑑》『斾』作『發』，『曷』作『遏』。見《詩‧商頌‧長發》，原文同此。楊〈注〉：『遏，止也。』發、斾同音假借，在聲，發爲非紐，斾爲並紐，並屬脣音；在韻，古音並收曷部。曷、遏亦爲同音假借，在聲，曷爲匣紐，遏爲影紐，並爲喉音；在韻，曷、遏亦並收曷部。《說文》：『斾，繼旐之帛也。發，射發也。曷，何也。遏，微止也。』毛〈傳〉訓曷爲害，不及此作止釋爲明。」

　　茂仁案：斾，爲「斾」之俗字，此詩出自《詩經‧商頌‧長發》，字作「斾」。毛〈傳〉訓斾爲旗。俞樾《群經平議》一一《毛詩‧長發》「武王載斾」云：「《說文》土部『坺』下引作『武王載坺』徐鍇《繫傳》曰：『今《詩》作伐字。』是徐氏所見尙有作伐之本。疑作伐者是也。坺與斾並假借字。（中略）《書》言『湯始征』，《詩》言『武王載伐』，其義一也。《荀子‧議兵篇》引作『武王載發』，〈嘻嘻篇〉：『駿發爾私。』〈箋〉云：『發，伐也。』是發、伐聲近義通。《荀子》作『發』，益知其當爲『伐』矣。」王念孫《讀書雜志》四之四《漢書‧刑法志》「載斾」條云：「《詩》曰：『武王載斾，有虔秉鉞。』念孫案：『斾』本作『發』，今作『斾』者，後人依《毛詩》改之也。《荀子‧議兵篇》、《韓詩外傳》並引《詩》『武王載發』，此《志》上下文所引，皆〈議兵篇〉文，故其字亦作『發』。『發』謂興師伐桀也。〈豳風‧七月〉〈箋〉曰：『載之言則也。』武王載發，武王則發也。〈律歷志〉述周武王伐紂之事曰：『癸巳，武王始發。』與此『發』字同義。《毛詩》作斾者，借字耳。【毛〈傳〉訓斾爲旗，非也。說見《經義述聞》】。據師古〈注〉云：『湯建號興師，本由仁義，雖執戚鉞以敬爲先。』興師二字，正釋『發』字，而不言『載斾』，則所見本是『發』字明矣。」俞樾、王念孫之說甚是也，王氏所言之《經義述聞》，見諸該書卷七《毛詩》「武王載斾」條。發，古爲幫母、月部；斾，古爲並母、月部，二者音近，可相通用。「則莫我敢曷」，上言《荀子‧議兵篇》、《資治通鑑》六「曷」並作「遏」。陳喬樅《詩經四家異文考》五云：「遏，《毛詩》作『曷』，古文渮借字。《太平御覽》三百四十一引《詩》亦作『遏』字。」李富孫《詩經異文釋》一六「則莫我敢曷」云：「案：〈釋詁〉曷、遏同訓止，毛、鄭俱訓『曷』爲害，則遏爲同音通用。」二說並是。遏，古爲影母、月部；曷，古爲匣母、月部，二者音近可通，唯檢《說文》，遏訓「微止也」（二篇下辵部），曷訓「何也」（五篇上曰部），據是，曷，爲「遏」

之借字也。

孝成王、臨武君曰：「善。請問王者之兵。」孫卿曰：「將率者，末事也，臣請列王者之事，君人之法。」

　　武井驥曰：「此章『請問』以下二十六字可削，不然則此下宜以《荀子》補之。」

　　梁容茂曰：「此二十六字似可刪去，或疑有脫文。」

　　蔡信發曰：「《校補》：『此二十六字似可刪去，或疑有脫文。』是。」

　　茂仁案：「請問王者之兵……君人之法」，《荀子・議兵篇》「君人之法」下，尚有一大段王者諸侯之作爲，與國勢強弱、存亡相關之論述，其云：「『君賢者，其國治；君不能者，其國亂。隆禮貴義者，其國治；簡禮賤義者，其國亂。治者強，亂者弱，是強弱之本也。上足卬則下可用也，上不足卬則下不可用也，下可用則強，下不可用則弱，是強弱之常也。隆禮效功，上也；重祿貴節，次也；上功賤節，下也，是強弱之凡也，好士者強，不好士者弱，愛民者強，不愛民者弱；政令信者強，政令不信者弱；民齊者強，民不齊者弱；賞重者強，賞輕者弱；刑威者強，刑侮者弱；械用兵革攻完便利者強，械用兵革窳楛不便利者弱；重用兵者強，輕用兵者弱；權出一者強，權出二者弱，是強弱之常也。齊人隆技擊，其技也，得一首者則賜贖錙金，無本賞矣。是事小敵毳，則偷可用也；事大敵堅，則渙焉離耳，若飛鳥然，傾側反覆無日，是亡國之兵也，兵莫弱是矣，是其去賃市傭而戰之，幾矣。魏氏之卒，以度取之，衣三屬之甲，操十二石之弩，負服矢五十個，置戈其上，贏三日之糧，日中而趨百里，中試則復其戶，利其田宅，是數年而衰，而未可奪也。改造則不易周也，是故地雖大，其稅必寡，是危國之兵也。秦人，其生民也陿隘，其使民也酷烈，劫之以埶，隱之以阨，忸之以慶賞，鰌之以刑罰，使天下之民，所以要利於上者，非鬥無由也。阨而用之，得而後功之，功賞相長也，五甲首而隸五家，是最爲衆彊長久，多地以正，故四世有勝，非幸也，數也。故齊之技擊，不可以遇魏氏之武卒；魏氏之武卒，不可以遇秦之銳士；秦之銳士，不可以當桓文之節制；桓文之節制，不可以敵湯武之仁義，有遇之者，若以焦熬投石焉。兼是數國者，皆千賞蹈利之兵也，傭徒鬻賣之道也，未有貴上安制綦節之理也，諸侯有能微妙之以節，則作而兼殆之耳，故招近募選，隆埶詐，尚功利，是漸之也。禮義教化，是齊之也，故以詐遇詐，猶有巧拙焉，以詐遇齊，辟之猶以錐刀墮太山也，非天下之愚人莫敢試，故王者之兵不試。湯武之誅桀紂也，拱挹指麾，而彊暴之國莫不趨使，誅桀紂若誅獨夫，故〈泰誓〉曰：『獨夫紂。』此之謂也。故兵大齊則制天下，小齊則治鄰敵，若夫招近募選，隆埶詐，尚功利之兵，則勝不勝無常，代存代亡，相爲雌雄

耳矣，夫是之謂盜兵，君子不由也。故齊之田單，楚之莊蹻，秦之衛鞅，燕之繆蟣，是皆世俗之所謂善用兵者也，是其巧拙強弱，則未有以相君也，若其道一也，未及和齊也，掎契司詐，權謀傾覆，未免盜兵也。齊桓、晉文、楚莊、吳闔閭、越句踐，是皆和齊之兵也，可謂入其域矣，然而未有本統也，故可以霸而不可以王，是強弱之效也。』孝成王、臨武君曰：『善。』」（見《荀子集解》一〇，頁4左半至頁9右半），《資治通鑑》六文略異。審此大段文字，顯爲上文「王者之事，君人之法」所設，今《新序》無之，顯奪，當據補也。楚府本「王」作「三」，非，蓋形近致誤。

（三）昔者秦、魏爲與國

昔者秦、魏為與國，齊、楚約而欲攻魏，魏使人求救於秦，冠蓋相望，秦救不出。

茂仁案：「齊、楚約而欲攻魏」，《史記・魏世家》、《通志》七七並作「齊、楚相約而攻魏」，無「欲」字。審下文云「今齊、楚之兵已在魏郊矣」，則齊、楚之攻魏爲已然之事，「欲」字蓋衍也，據是，《史記・魏世家》、《通志》七七所載爲是，此衍「欲」字，當據刪。

魏人有唐且者，年九十餘，

武井驥曰：「〈魏策〉『且』作『雎』，《史》同。」

梁容茂曰：「〈魏策〉、《史記》：俱作『唐雎』。」

蔡信發曰：「《史記》『唐且』作『唐雎』。雎從且得聲，且、雎古通，唐且之作唐雎，猶范且之作范雎。范且，見《韓子・外儲說左上》；范雎，見《史記》本傳。」

茂仁案：《史記・魏世家》、《長短經・七雄略篇》〈注〉「且」並作「雎」，下同，《冊府元龜》八八七與本文同，《通志》七七、《類林雜說・烈直第十三》則作「睢」。張文虎《舒藝室隨筆》四《史記・范雎蔡澤列傳》云：「雎字，宋本、毛本作『雎』【《漢書・古今人表》同】它本睢、雎襍出，黃琴姚本《戰國策》作『雎』，《通鑑》作『睢』，《集覽》音雖。案：武梁祠堂畫像有范且，錢氏跋尾云：『戰國、秦漢人多名且【穰且、豫且、夏無且、龍且】，或加佳旁【范雎、唐雎。案：〈魏策〉唐雎亦作唐且】。』然則作睢者，誤。」知且、雎古通用，且，古爲清（精）母、魚部；雎，古爲清母、魚部，二者音同可通。又雎、睢音、義全異，辨見王觀國《學林》一〇，是知《通志》七七、《類林雜說・烈直第十三》之作「睢」者，爲「雎」之形訛字也。

謂魏王曰：「老臣請西說秦，令兵先臣出，可乎？」魏王曰：「敬諾。」遂約車而遣之。且見秦王，秦王曰：「丈人罔然，乃遠至，此甚苦矣。魏來求救數矣，寡人知魏之急矣。」

　　武井驥曰：「《史》『罔』作『芒』，〈魏策〉同，通。」

　　施珂曰：「《漢魏叢書》程本、陳本，遂並作遠。〈魏策〉罔作芒。」

　　蒙傳銘曰：「遠字，《戰國策・魏策四》、《史記・魏世家》皆如此作，宋本同。何良俊本、崇本書院本、涵芬樓本、鐵華館本、百子全書本並誤作『遂』。」

　　梁容茂曰：「（丈人罔然乃遂至此）何本、程本、百子本：遂，俱作『遠』。」

　　蔡信發曰：「《國策》、《史記》『罔然』值『芒然』。罔、芒古通。《漢書・司馬相如傳》〈注〉：『芒然，猶罔然也。』」

　　茂仁案：「丈人罔然」，《長短經・七雄略篇》〈注〉、《通志》七七「罔然」亦並作「芒然」，《後漢書・裴駰傳》李賢〈注〉引《戰國策》則作「忙然」。蔡先生言「罔、芒古通。《漢書・司馬相如傳》〈注〉：『芒然，猶罔然也』，是也，罔、芒、忙，古俱為明母、陽部，並音同可通。「乃遠至」，四庫《新序》版本有二，二本並作「遠」，不作「遂」，梁先生以四庫本為底本，失檢。元刊本、楊美益本、白口十行本、龍溪本「遠」亦並作「遂」，遂、遠，形近致訛也。何良俊本、百子本並作「遠」，不作「遂」，蒙先生云作「遂」者，蓋失檢也。

唐且苔曰：「大王已知魏之急而救不至，是大王籌筴之臣失之也耳。

　　施珂曰：「耳為且之形誤。《漢魏叢書》程本、陳本並作且，〈魏策〉同。」

　　茂仁案：「唐且苔曰」，《戰國策・魏策四》、《史記・魏世家》「苔」並作「對」，《通志》七七同，《冊府元龜》八八七作「答」，何良俊本、程榮本、祕書本、陳用光本、鐵華館本、百子本、龍溪本並同。苔即答，與「對」義通，說見卷二「楚王問群臣曰」章，「江乙苔曰」條校記。「是大王籌筴之臣失之也耳」，《史記・魏世家》、《長短經・七雄略篇》〈注〉「籌筴」並作「用策」，《通志》七七同。孫詒讓《札迻》二《韓詩外傳》云：「筴，與策字同。漢隸策字多作莢。」是。筴、策、莢同，下同。施先生云「程本、陳本並作且，〈魏策〉同」，是也，檢《冊府元龜》八八七「耳」亦作「且」，且「且」當屬下連讀，武井驥《纂註本》、元刊本、楚府本、何良俊本、楊美益本、白口十行本、祕書本、四庫本、百子本亦並同，審此文義，作「耳」非是，為「且」之形訛也，上引並其明證也，當據改。

夫魏，一萬乘之國也，稱東藩，受冠帶，祠春秋者，為秦之彊足以為與也。

武井驥曰：「《史》『國也』下有『然所以西面事秦』八字。」

蔡信發曰：「《史記》『也』下有『然所以西面而事秦』八字。」

茂仁案：「一萬乘之國也」，《長短經・七雄略篇》〈注〉、《通志》七七「也」下亦並有「然所以西面而事秦」八字，《長短經・七雄略篇》〈注〉「藩」下尚有「築帝宮」三字。審下文云「祠春秋者」，有「者」字，與上文「一萬乘之國也」並觀，知此為一轉折語句，故本文「國也」下舊奪此八字，當據補也。「為秦之彊足以為與也」，《戰國策・魏策四》、《長短經・七雄略篇》〈注〉「彊」並作「強」，元刊本、楚府本、何良俊本、楊美益本、白口十行本、程榮本、祕書本、陳用光本、四庫本、百子本並同，下同。彊、強，古並為群母、陽部，音同可通。

今齊、楚之兵已在魏郊矣，大王之救不至，魏急則且割地而約齊、楚，王雖欲救之，豈有及哉？是亡一萬乘之魏，而彊二敵之齊楚也，竊以為大王籌筴之臣失之矣。」秦王懼然而悟，遽發兵救之，馳騖而往。

盧文弨曰：「（懼）與瞿通，此逕改作瞿，非。」

武井驥曰：「〈魏策〉作『喟然』。」

梁容茂曰：「何本、百子本：懼作『瞿』。《拾補》二：『與瞿通，此經（茂仁案：經，《拾補》作徑）改作瞿，非。』案：四庫本仍作『懼』。」

茂仁案：「秦王懼然而悟」，祕書本、陳用光本「懼」亦並作「瞿」，懼从瞿得聲，可相通用。四庫本「秦」作「吳」，此處驟出吳，非是，他本並不誤也。「馳騖而往」，楚府本「騖」作「騖」，白口十行本作「鶩」，並與「騖」形近而致誤也。

齊、楚聞之，引兵而去，魏氏復故。

武井驥曰：「〈魏策〉『引』上有『乃』字、『故』作『全』，《史》作『全』。」

茂仁案：《史記・魏世家》「故」作「定」，不作「全」，武井驥恐失檢。《通志》七七亦作「定」，與《史記》同。故、全、定，並通。

唐且一說，定彊秦之筴，解魏國之患，散齊、楚之兵，一舉而折衝消難，辭之功也。

梁容茂曰：「（唐且一說定彊秦之筴）何本、百子本：彊，俱作『強』，筴，俱作『筴』。案：作『強』是。又據上文作『筴』是也。」

茂仁案：四庫《新序》版本有二，二本並作「彊」，不作「彊」，梁先生以四庫本為底本，失檢。元刊本、楚府本、楊美益本、白口十行本、程榮本、祕書本「彊」

並作「彊」，非是，形近而訛也。元刊本、何良俊本、楊美益本、白口十行本、程榮本「筴」並作「莢」，莢、筴同，說見上。

孔子曰：「言語：宰我、子貢。」

茂仁案：「子貢」，貢，當改作「贛」，說見卷二「昔者鄒忌以鼓琴見齊宣王」章，「子貢」條校記。

故《詩》云：「辭之集矣，民之洽矣；辭之懌矣，民之莫矣。」

茂仁案：楚府本、何良俊本、白口十行本、程榮本、陳用光本、四庫本、鐵華館本、百子本、龍溪本「云」並作「曰」。「辭之集矣」，《詩經·大雅·板》「集」作「輯」，李富孫《詩經異文釋》一三「辭之輯矣」云：「《說文》十部引作『詞之卙矣，從十，咠聲。』《新序·雜事》引作『辭之集矣。』案：《說文》（中略）車部別載『輯』字，訓車和輯。《玉篇》云：『卙，辭之集。』是當從《說文》作卙。毛爲假借字，左氏襄十九年〈傳〉：『其天下輯睦。』〈釋文〉：『輯本作集。』《後漢·盧芳傳》〈注〉：『輯，古集字。』《文選》〈上林賦〉〈注〉：『輯，與集同。』錢士坫曰：『卙，本字。借用輯。（下略）。』」職此，輯、集，並爲「卙」之借字也。「辭之懌矣」，陳喬樅《詩經四家異文考》四〈大雅·板〉「辭之繹矣」云：「毛《詩》〈釋文〉『繹』本亦作『懌』。案：正義本作『懌』，與陸本文異，《詩經考文》云：『古本作 "懌"。』阮氏校勘記曰：『案：古無懌字，以繹爲之釋文是也。』」黃位清《詩文錄》說略同，陳壽祺撰、陳喬樅述《三家詩遺說攷》云《新序》之作「懌」，其文云：「或後人轉寫順毛改之耳。」所持與阮元校勘記同。

唐且有辭，魏國賴之，故不可以已。

茂仁案：元刊本、楚府本、何良俊本、楊美益本、白口十行本、祕書本、陳用光本、四庫本「賴」並作「頼」。頼，未見於字書，唯版刻習見，蓋即「賴」之俗寫。

（四）燕易王時

燕易王時，國大亂，

武井驥曰：「《史》曰：『燕噲讓國，於其相子之而國大亂。齊國伐之，燕士卒不戰，城門不閉，齊遂大勝之。』易王，文公子；燕噲，父。」

梁容茂曰：「燕易王，當作『燕王噲』。〈燕策〉：『燕王噲死，齊大勝燕，子之亡，二年，而燕人立太子平，是爲燕昭王。』《史記·燕昭公世家》：『（潘）王因令章子，

將五都之兵，以因北地之眾，以伐燕，士卒不戰，城門不閉，燕君噲死，齊大勝燕，子之亡，二年而燕人共立太子平，是爲燕昭王。』是其證。」

蔡信發曰：「燕易王，文公子。《史記・燕世家》：『二十九年，文公卒，太子立，是爲易王。易王立十二年卒，子燕噲立。』考燕國之所以大亂，乃燕王噲三年，采信蘇代之言，厚任子之；五年，聽從鹿毛壽之語，屬國子之，而己不聽政，反爲其臣；七年，國遂大亂。上事詳見《國策》、《史記》，然此失察，乃作燕易王。蓋涉〈燕世家〉『易王初立，齊宣王因燕喪伐我，取十城』而誤。《校補》是。」

茂仁案：梁先生、蔡先生說並是也，上言〈燕策〉，見〈燕策一〉。《史記・蘇秦列傳》、《通志》七七、《永樂大典》四九○九亦並以燕大亂，齊伐燕，所殺燕王爲「燕噲王」，並其明證，今作「燕易王」，非是。燕易王，爲燕王噲之父，說見《史記・燕召公世家》，此誤「燕噲王」爲「燕易王」，蓋以父子時代相近而致誤也，當據改。

齊閔王興師伐燕，屠燕國，載其寶器而歸。

茂仁案：「齊閔王興師伐燕」，《戰國策・燕策一》言起兵代燕者爲「齊宣王」。趙翼《陔餘叢考》五「齊湣王伐燕之誤」云：「齊伐燕一事，孟子手自著書以爲齊宣王，此豈有錯誤。乃《史記》則以爲湣王，遂致後人紛紛之疑。按：《國策》韓、齊爲與國篇，燕噲以國與子之，國中大亂，適秦、魏伐韓，田臣思曰：『秦伐韓，則楚、趙必救，而齊可以乘燕之亂，是天以燕賜我也。』齊王乃起兵攻燕。三十日而舉燕，此篇所言齊王尚未確指宣王，而燕王噲既立篇，則明言子之之亂，儲子勸齊宣王，因而仆之，并載《孟子》勸王伐燕之語。宣王因令章子將五都兵伐之，是伐燕之爲宣王無可疑也。《史記》所以係之湣王者，則以湣王之走死，實因樂毅伐齊，而樂毅之伐齊，實因齊破燕而爲燕昭王報怨，想齊伐燕與燕破齊之事，相距不甚遠，而湣王在位二十九年，燕、齊相報不應如是之久。故不得不以伐燕爲湣王，不知此亦在《國策》，特史遷未詳考耳。《國策》言齊破燕之後二年，燕昭王始立，又昭王築宮事郭隗篇，言昭王與百姓同甘苦二十八年，然後以樂毅將破齊七十餘城。是齊破燕，至燕破齊之歲，相去本有三十餘年，則破燕者，宣王；而爲燕所破者，湣王。《國策》原自明白，蓋宣王破齊之後不久即卒，湣王嗣位二十九年，乃爲燕所破。計其年歲，正與燕昭王二十八年之數約略相符。史遷漫不加考，故於〈燕世家〉則云子之之亂。孟子謂湣王曰：『此文武之時，不可失也。』王因令章子將兵伐之而田齊世家則宣、湣兩王俱不載伐燕之事，忽於湣王二十九年，突出樂毅爲燕伐齊一段，可見史遷並未細核年歲，遂難於敘次，強以係之湣王，而不知《國策》之文，原自與《孟子》相合也。況將兵之章子，即匡章也。匡章在威王時已將兵伐秦，若如《史記》所云，

則歷威王三十六年、宣王十九年、湣王二十六七年，其人不且歷宦八九十年乎？有是理乎？【《通鑑》以《史記》所載與《孟子》不合，乃以威、王宣王之卒各移下十年，謂伐燕係宣王十九年事，然宣王在位僅十九年，而燕人立太子平又在伐燕後二年，則燕畔仍在湣王時與《孟子》所記宣王慚於孟子之語不合，故顧寧人又謂當以宣王之卒，再移下十二、三年，此說更屬武斷。古國君在位之年，豈後人可憑空增損，總由於不曾留意燕昭即位二十八年，始報怨一語，遂有此紛紛也，以此一語爲據，則《孟子》所記宣王伐燕，正是實事而《史記》移爲湣王之誤，自不待言，并無俟諸家之強移年歲矣。】趙翼說甚旳，錢穆《先秦諸子繫年》三「齊伐燕乃宣王六年非湣王十年辨」一文，亦辯之甚詳，可相參稽也。據是，「齊閔王」爲「齊宣王」之誤，本文蓋承《史記‧燕召公世家》而誤也，當據改。

易王死，及燕國復，太子立爲燕王，是爲燕昭王。昭王賢，即位，卑身厚幣以招賢者，

　　茂仁案：元刊本、楊美益本、白口十行本「幣」並作「弊」。弊、幣並从敝得聲，可相通用。

謂郭隗曰：「齊因孤國之亂，而襲破燕。孤極知燕小，力少不足以報，然得賢士與共國，以雪先王之醜，孤之願也，先生視可者，得身事之。」

　　盧文弨曰：「以『醜』代『恥』字，《賈子書》亦多如此。」又曰：「王訛。」

　　武井驥曰：「《史》『然』下有『誠』字、『醜』作『恥』。」

　　梁容茂曰：「〈燕策〉、《史記》：醜，俱作『恥』。《拾補》云：『以醜代恥字，《賈子書》亦多如此。』此蓋漢人用字之慣例。」又曰：「何本、程本：生，俱作『王』，誤。《拾補》云：『王訛。』。」

　　茂仁案：「以雪先王之醜」，《資治通鑑》三、《蒙求集註》上引《史記》、《通志》七七、《冊府元龜》二四一、《永樂大典》四九○八引《通鑑‧報王三年》、又四九○九引蘇子由〈古史〉、《陔餘叢考》三六「稱孤」，「醜」亦並作「恥」，《文選》孔文舉〈論盛孝章書〉李善〈注〉引《史記》作「讎」，審醜、恥，義同，作「讎」，並通也。「先生視可者」，陳用光本「生」亦作「王」，非是，王、生，形近致訛也。

隗曰：「臣聞：古之人君，有以千金求千里馬者，三年不能得，

　　武井驥曰：「吳本『求』作『售』，《文選》任彥昇〈天監三年策秀才文三首〉〈註〉引作『市』。」

　　茂仁案：《事類賦》二一〈注〉引《戰國策》亦作「市」，求、市，義通，至若

上言作「售」者，非是也。

涓人言於君曰：『請求之。』君遣之。三月，得千里馬，馬已死，買其骨五百金，反以報君。

蔡信發曰：「《國策》，《通鑑》『骨』並作『首』。是事首見《國策》，《史記》不載，以《國策》爲準，且買首亦視買骨之義長，此誤。」

茂仁案：「三月」，《杜工部草堂詩箋·昔遊》三五〈注〉引作「三日」，審此文義，作「三日」，非是，「日」蓋「月」之連類而及而致誤也。「買其骨五百金」，《後漢書·張奐傳》李賢〈注〉引、《太平御覽》八二八、《永樂大典》四九〇九並引《戰國策》「買其骨」亦作「買其首」，《文選》孔文舉〈論盛孝章書〉李善〈注〉引《戰國策》作「買死馬之首」，《事類賦》二一〈注〉引《戰國策》作「市其首」。市、買，義同。蔡先生云「是事首見《國策》，《史記》不載，以《國策》爲準，且買首亦視買骨之義長，此誤」，竊以爲買骨較買首之義長。古有《相馬經》，所載相馬之法，以馬骨骼之長短寬厚及整馬骨架之勻稱與否爲度，若僅由馬首之骨觀之，實難定此馬之優劣，故本文作「買其骨」，當非誤也，且下文云「所求者生馬，安用死馬」、「死馬且市之五百金，況生馬乎」，言死馬，並不言死馬之「首」也，且此二句並「死馬」、「生馬」對言，益知「死馬」之當爲全屍骨也，否則與「生馬」之全軀，亦弗對矣。且本文，於字之出入處，似亦不當以首見者爲準的也。《杜工部草堂詩箋·昔遊》三五〈注〉引、《群書集事淵海》三引並作「買其骨」，《冊府元龜》二四一同，《太平御覽》八一一引作「買骨」，並其證也。

君大怒，曰：『所求者生馬，安用死馬，捐五百金！』

武井驥曰：「《後漢書》〈註〉『金』下有『乎』字、『用』作『市』，〈燕策〉作『事』、『死馬』下有『而』字。」

梁容茂曰：「〈燕策〉：用，作『事』；捐上有『而』字。」

茂仁案：上言「用」或作「市」、或作「事」。事，訓采也、用也，《增韻》云：「事，采也。」《史記·淮陰侯傳》云：「無所事信。」《老子》五十九章：「治人事天。」〈注〉曰：「事，用也。」據是，用、事，義同，作市，亦通。審下文「死馬且市之五百金」，則此作「市」，似較長。

涓人對曰：『死馬且市之五百金，況生馬乎？天下必以王爲能市馬，馬今至矣。』於是不期年，千里馬至者二。今王誠欲必致士，請從隗始。隗且見事，況賢於隗者乎？豈遠千里哉！』

武井驥曰：「吳本『二』作『三』，〈燕策〉同。」

施珂曰：「《漢魏叢書》陳本二作三。〈燕策〉同。」

梁容茂曰：「〈燕策〉：二，作『三』，《御覽》八一一引同。何本亦作『三』。」

蔡信發曰：「何本、〈燕策〉、《通鑑》『二』並作『三』。『三』，表多；作『三』，義長。」

茂仁案：陳用光本作「二」，不作「三」，施先生云作「三」，失檢；《太平御覽》八一一引亦作「二」，不作「三」，梁先生亦失檢。汪中〈釋三九〉云：「數之列多，略不過三。」「三」表多義，「三」義較「二」為長，蔡先生說也。《文選》孔文舉〈論盛孝章書〉李善〈注〉、《杜工部草堂詩箋・惜別行送劉僕射》四○〈注〉、《事類賦》二一〈注〉、《永樂大典》四九○九並引《戰國策》、《冊府元龜》二四一「二」亦並作「三」，白口十行本亦同。

於是昭王為隗築宮而師之，樂毅自魏往，鄒衍自齊往，

蔡信發曰：「《國策》、《史記》、《通鑑》同此；《說苑・君道》、〈尊賢〉並以毅自趙至，與此異。孫詒讓、朱駿聲皆以毅先由趙適魏，謂從趙歸燕亦可。二說分見《札迻》、《說苑校評》。」

茂仁案：「樂毅自魏往」，上言孫詒讓、朱駿聲之說可慮。設若樂毅之前亦曾至韓、齊，方至趙再至魏，則書作「樂毅自韓往」，或書作「樂毅自齊往」亦可耶？必不然矣。《大戴禮記・保傳篇》「燕昭王得郭隗而鄒衍樂毅以齊至」〈解詁〉云：「盧〈注〉云：『昭王，易王之子，燕王平也。能師事郭隗而為之立宮室，於是修先君之怨為齊以求士也。《韓詩外傳》云以魏、齊至之。』聘珍案：《史記》〈列傳〉云：『齊有三騶子，其次騶衍，後孟子如燕，昭王擁彗先驅，請列弟子之座而受業，築碣石宮，身親往師之。樂毅去趙適魏，聞燕昭王以子之之亂，而齊大敗燕，燕昭旺怨齊未嘗一日而忘報齊也。於是屈身下士，先禮郭隗以招賢者，樂毅於是為魏昭王使於燕，燕王以客禮待之，樂毅辭讓，遂委質為臣，燕昭王以為亞卿。』」聘珍案語，略見《史記・樂毅傳》，且本〈傳〉樂毅嘗自言「臣竊觀先王之舉也，見有高世主之心，故假節於魏，以身得察於燕。」此語又見本書本卷「樂毅使人獻書燕王」章。職此，樂毅已自言自己乃自「魏」往「燕」，故當以「自魏往」為是。故「自趙往」之說，不攻自破矣。《後漢書・隗囂傳》〈注〉引、又〈張奐傳〉〈注〉引、《事類賦》九〈注〉引、《群書集事淵海》三引、《全後漢文》孔融〈與曹公書論盛孝章〉（別見《文選》）、《杜工部草堂詩箋・晚晴》三五引《春秋後語》、《通志》七七、《冊府元龜》二四一、《永樂大典》四九○九亦並作「自魏往」，並為其明證也。

劇辛自趙往，

蔡信發曰：「《志疑》：『樂毅諸人往燕，《史》本《國策》，然有可疑者，如劇辛自趙來，其年當非幼少，乃至後燕王喜十三年，將兵伐趙，爲趙將龐煖所殺，計去昭王即位時已七十年，恐未必如是之壽，則其來似不在此時。』」

茂仁案：上引梁玉繩《史記志疑》，見卷一九〈燕召公世家〉「劇辛自趙往」條。《說苑・君道篇》云：「於是燕王常置郭隗上坐，南面。居三年，蘇子聞之，從周歸燕；鄒衍聞之，從齊歸燕；樂毅聞之，從趙歸燕；屈景聞之，從楚歸燕。」〈尊賢篇〉略同。樂毅等之歸燕，以昭王置郭隗上坐後，三年始至，且所至者，未見載及劇辛，而增蘇子、屈景二人，顯見劇辛之至燕，或在其後，職是，梁玉繩之揣度，頗可見從。

士爭走燕。

武井驥曰：「〈燕策〉『走』作『湊』。」

蒙傳銘曰：「《史記》『走』作『趨』，《後漢書・隗囂傳》〈注〉引作『赴』。」

梁容茂曰：「走，〈燕策〉作『湊』；《史記》作『趨』。」

茂仁案：《通志》七七、《永樂大典》四九○九引蘇子由〈古史〉「走」亦並作「趨」，《後漢書・張奐傳》〈注〉引、《太平御覽》一六二引《史記》並作「歸」，《資治通鑑》三作「趣」。《淮南子・精神篇》「衰世湊學。」〈注〉：「湊，趨也。」《漢書・楊雄傳》〈注〉：「湊，趣也。」趨、趣、湊，文異而義同。並與走、歸、赴義通也。

燕王吊死問孤，與百姓同甘苦，

武井驥曰：「〈燕策〉『孤』作『生』。」

施珂曰：「〈燕策〉孤作生。」

梁容茂曰：「孤，〈燕策〉作『生』。」

茂仁案：上言「孤」作「生」者，審此「吊死問孤」於義較「吊死問生」爲長，唯「死」、「生」對言，較此爲優，此作孤、生，並通也。四庫本、鐵華館本、龍溪本「吊」並作「弔」。弔、吊，正、俗字，說見《字彙・丑集》口部「吊」。

二十八年，燕國殷富，士卒樂軼輕戰。於是遂以樂毅爲上將軍，與秦、楚、三晉合謀以伐齊，樂毅之筴，得賢之功也。

蔡信發曰：「〈燕策〉、〈燕世家〉並與此同。〈年表〉：『燕昭王二十八年，與秦、三晉擊齊，燕獨入至臨菑，取其寶器。』〈趙世家〉：『惠文王十五年，燕昭王來見，趙與韓、魏、秦共擊齊，齊王敗走，燕獨深入，取臨菑。』〈田世家〉：『四十年，燕、

秦、楚、三晉合謀，各出銳師以伐，敗我濟西。湣王出亡之衛，衛君辟宮舍之，稱臣而共具。湣王不遜，衛人侵之。湣王出走鄒、魯，有驕色。鄒、魯君弗內，遂走莒，楚使淖齒將兵救齊。』〈樂毅傳〉：『趙惠文王以相國印授樂毅。樂毅於是并護趙、楚、韓、魏、燕之兵以伐齊，破之濟西。』樂毅本擬合秦、楚、三晉以伐齊，然實與伐齊者，乃秦、三晉與燕，而無楚。故本文同於〈燕策〉、〈燕世家〉，而異於〈年表〉、〈趙世家〉。且〈田世家〉前後所記不一，或有楚，或無楚；〈樂毅傳〉有楚而無秦，是皆失考。又本書同卷下章『於是，乃使樂毅使諸侯，遂合四國之兵以伐齊，大破之。』可證伐齊但有五國，而非六國，無楚明矣。本章之誤，蓋緣〈燕策〉、〈燕世家〉而來。」

　　茂仁案：「與秦、楚、三晉合謀以伐齊」，《史記・樂毅傳》、《錦繡萬花谷・續集》三三、《冊府元龜》二四二、又二五三、又三六一俱云：「（樂毅於是）并護趙、楚、韓、魏、燕之兵以伐齊。」失書秦。王叔岷先生《史記斠證・樂毅傳》云：「《荀子・王制篇》楊〈注〉引《史記》云：『齊湣王四十年，樂毅以燕、趙、楚、魏、秦破齊』（失書韓）。（中略）《通鑑》云：『樂毅將秦、魏、韓、趙之兵以伐齊』（失書楚、燕）」。所書各異，《資治通鑑》四所載無楚國，審本書卷五「齊閔王亡居衛」章所載，楚非徒未合攻齊，且為與燕共分齊之侵地，更使淖齒將兵救齊（說又見《史記・田敬仲完世家》）。據是，則楚蓋與燕合謀耳，實未與之合攻齊也，本文云「與秦、楚、三晉合謀以伐齊」，蓋此云楚為「合謀」之國也，非實伐齊之國也，故本文有「楚」，不誤也，《戰國策・燕策一》、《史記・燕召公世家》並有「楚」，亦不誤也。

（五）樂毅爲昭王謀

樂毅為昭王謀，必待諸侯兵，齊乃可伐也。於是乃使樂毅使諸侯，遂合連四國之兵以伐齊，大破之，閔王亡逃，僅以身脫，匿莒。

　　施珂曰：「〈燕策〉四作五。」

　　梁容茂曰：「〈燕策〉作：『合五國之兵而攻齊』。《史記・樂毅列傳》作『樂毅於是並護趙、楚、韓、魏、燕之兵，以伐齊。』」

　　茂仁案：本書本卷「燕易王時」章，「於是遂以樂毅為上將軍，與秦、楚、三晉合謀以伐齊」條校記，知合連伐齊者，所載甚異，或無秦、或無韓、或無楚，然姑不論何國未參與伐齊，所得之國皆為五國。且由該條校記知，楚但合謀耳，而實未出兵參與伐齊事。職此，伐齊者為：燕、秦、魏、韓、趙等五國，故此句「四國」疑為「五國」之誤，《戰國策・燕策二》云：「昌國君樂毅為燕昭王，合五國之兵而

攻齊，下七十餘城。」《太平御覽》二七四引《戰國策》同，《全晉文》張輔〈名士優劣論〉云：「或以毅相弱燕，合五國之兵，以破強齊，雪君王之恥。」《太平御覽》四四七引張輔〈名士優劣論〉同，《長短經‧臣行篇》〈注〉云：「或以樂毅相弱燕，破強齊，合五國之兵，雪君王之恥。」《緯略‧代將篇》云：「樂毅爲燕王合五國之兵攻齊，下七十餘城。」亦並以五國合兵攻齊，並爲其明證也，當據改。

樂毅追之，遂屠七十餘城，臨淄盡降，唯莒、即墨未下，盡復收燕寶器而歸，復易王之辱。

梁容茂曰：「〈燕策〉上：『齊城之不下者唯獨莒、即墨。』《史記‧樂毅列傳》作『唯獨莒、即墨未服。』唯〈燕策〉下云：『……下齊七十餘城，盡郡縣之，以屬燕，三城未下。』據此，則〈燕策〉前後自不一也。」

茂仁案：「唯莒、即墨未下」，《戰國策‧燕策二》作「三城未下」高〈注〉云：「聊、即墨、莒」，《史記‧燕召公世家》作「齊城之不下者，獨唯聊、莒、即墨」，《通志》七七同，《全後漢文》呂布〈與琅邪相蕭建書〉、《全三國文》夏侯寶〈樂毅論〉、《長短經‧七雄略篇》〈注〉、《資治通鑑》四、《冊府元龜》二四四、《緯略‧代將篇》、《永樂大典》四九〇九引蘇子由〈古史〉，並以城之不下者，獨莒、即墨兩城，並與本書同。《史記志疑》一九〈燕召公世家〉「齊城之不下者，獨唯聊、莒、即墨」云：「考《史‧樂毅》、〈田單傳〉及〈齊〉、〈燕策〉，並無『聊』也，惟〈燕策〉又有「三城未下」之語。《史》或因此增加以實之。蓋牽合燕將守聊城不下事，而與莒、即墨亂也。然《後書‧李通傳論》〈注〉引《史》，此文無『聊』字，豈所見本異歟？〈注〉引《史》云：『下齊七十餘城，其不下者，唯獨莒、即墨。』與今本異。【《魏志‧呂布傳》〈注〉引《英雄記》亦作二城不下。】審《戰國策‧齊策六》云：「燕攻齊，取七十餘城，唯莒、即墨不下，齊田單以即墨破燕，殺騎劫。初燕將攻下聊城，人或讒之，燕將懼詐，遂保守聊城，不敢歸。田單攻之歲餘，士卒多死，而聊城不下。」《資治通鑑》六所載略異，又《太平御覽》三五〇引《魯連子》曰：「燕伐齊，取七十餘城，唯莒與即墨不下。齊田單以即墨破燕軍，殺燕將軍騎劫，復齊城。唯聊城不下，燕將城守數月（下略）。」《戰國策‧燕策二》之作「三城未下」及《史記‧燕召公世家》、《通志》七七載攻齊城之不下者有「聊」，蓋即此事之誤說，蓋攻聊不下者爲田單，而《戰國策‧燕策二》、《史記‧燕召公世家》誤以爲燕軍，遂衍聊城，《通志》七七又緣此二書而誤。「盡復收燕寶器而歸」，白口十行本「收」作「收」，下同，並非是，妝、收，形近而訛也。「復易王之辱」，燕國大亂，在燕王噲之時，「易王」爲「噲王」之誤，說見本卷「燕易王時」章，「燕易王」條校記，

當據改。

樂毅謝罷諸侯之兵，而獨圍莒、即墨。時田單為即墨令，患樂毅善用兵，田單不能詐也，欲去之，昭王又賢，不肯聽讒。

　　盧文弨曰：「兩本俱作『欲法之』，疑誤。」

　　梁容茂曰：「《拾補》云：『兩本俱作欲法之，疑誤。』」

　　茂仁案：「田單為即墨令」，審《史記・田單列傳》，田單並未為即墨令，但於即墨大夫敗死後，城中相與推田單為將軍以禦燕軍耳，此云「時田單為即墨令」，恐誤。「欲去之」，楚府本、白口十行本「去」並作「法」，盧文弨云「兩本俱作『欲法之』，疑誤」者，或即指此二本言。《說文》十篇上廌部云：「灋，刑也，平之如水。從水，廌所以觸不直者去之，從廌、去。法，今文省。」以廌以觸不直者去之，是「法」有「去之」之意，《六臣註文選》楊子雲〈羽獵賦〉「非堯、舜、成湯、文王三驅之意也」張詵〈注〉云：「法三面網，留一面，但取背己者，餘皆舍之。」「法三面，留一面」即湯去三面網之事也，本書卷五「湯見祝網者置四面」章，作「湯乃解其三面，置其一面」，《大戴禮・保傅篇》並〈注〉「解」則作「去」，《史記・殷本紀》、《新書・諭誠篇》、又〈胎教篇〉、《說苑・尊賢篇》、《金樓子・興王篇》、《通志》三、《貞觀政要》四〈注〉、《冊府元龜》四二並同，《文選》楊子雲〈羽獵賦〉李善〈注〉引《呂氏春秋》「解」作「拔」。「解」、「拔」、「去」義通，並去之意也，與「法」義通也，上引《文選》張詵〈注〉即其明證，作「法」，不誤也。

會昭王死，惠王立，田單使人讒之惠王，惠王使騎劫代樂毅，樂毅去之趙，不歸燕。

　　武井驥曰：「燕惠王〈策〉作『樂毅奔趙，趙封為諸君』。」

　　梁容茂曰：「〈燕策〉作：『樂毅奔趙，趙封以為望諸君。』《史記》作『遂西降趙。』」

　　茂仁案：上言〈燕策〉，見〈燕策二〉；《史記》，見〈樂毅傳〉。《史記・燕召公世家》「去之趙」作「亡走趙」，《冊府元龜》二四四作「西降趙」，《太平御覽》二七四引《戰國策》作「奔趙」。去之趙、亡走趙、奔趙，義並通。

騎劫既為將軍，田單大喜，設詐，大破燕軍，殺騎劫，盡復收七十餘城。是時，齊閔王已死，

　　盧文弨曰：「（王）公訛。」

　　蒙傳銘曰：「盧校是也。宋本『公』作『王』，何良俊本、崇本書院本、涵芬樓

本、鐵華館本、武井驥本並同。」

　　梁容茂曰：「何本、程本、百子本：王，俱作『公』，非是。《拾補》云：『公訛。』」

　　茂仁案：何良俊本作「公」，不作「王」，蒙先生云作「王」，失檢。祕書本、陳用光本「王」亦並作「公」，他本並作「王」與本文同，盧文弨云「公訛」，是也，《史記・燕昭公世家》、又〈田敬仲完世家〉、又〈六國年表〉並作「齊湣王」，並作「王」，不作「公」，即其證也。

田單得太子於莒，立為齊襄王，

　　茂仁案：梁玉繩《史記志疑》一九〈燕召公世家〉「湣王死于莒乃立其子爲襄王」云：「湣王爲淖齒所殺，襄王立于莒，乃前五年事，此敘于田單復齊後，誤也。」是。《史記・田敬仲完世家》云：「湣王之遇殺，其子法章變名姓爲莒太史（中略），淖齒既已去莒（中略），於是莒人共立法章，是爲襄王。以保莒城，而布告齊國中，王已立在莒矣（中略）。襄王在莒五年，田單以即墨攻破燕軍，迎襄王於莒入臨菑，齊故地盡復屬齊。」職此，知襄王乃莒人所立，非田單所迎立，且襄王爲於田單復齊之前五年已立，非在其復齊之後。《史記・六國年表》載殺燕騎劫事，亦繫於齊襄王五年，是知本文以襄王之立爲田單復齊後，且由其所迎立，誤矣。

而燕惠王大慚，自悔易樂毅以致此禍，惠王乃使人遺樂毅書，

　　武井驥曰：「〈燕策〉以此爲燕王喜遺樂間書也。吳師道曰：『《新序》以此爲燕惠王遺樂毅書。』考之毅答惠王書云：『今足下使人數之以罪。』而《史》所載惠王讓毅無『數罪』之語。又〈趙世家〉孝成王十五年，廉頗破殺栗腹，虜慶秦樂間，則是間爲將而被虜。〈燕世家〉則云：『奔趙。』據〈策〉、《史》所記多舛，故知此書樂間事，而《新序》之說爲是云。」

　　梁容茂曰：「〈燕策〉以此爲燕王喜遺樂間書。《史記會注考證》云：『岡白駒曰：……愚按燕王喜遺樂間書，與〈燕策〉所載，意同文殊，《新序・雜事三》，文與〈策〉同，而以爲惠王遺樂毅書，敘之樂毅答書前。梁玉繩曰：『吳師道從〈策〉、《新序》，以謂〈策〉前者先生舉國一節，乃後章之首錯簡也。』又曰：『毅答惠書云：足下使人數之以罪，而《史》載惠王讓毅，無數罪之語，故知非樂間事。《新序》爲是。』』」

　　蔡信發曰：「《通鑑》同此；〈燕策〉、《史記》以爲燕王喜遺毅子間書，異此。〈考證〉：『《史》燕王喜遺樂間書，與〈燕策〉所載，意同文殊。《新序・雜事三》，文與〈策〉同，而以爲惠王遺樂毅書，敘之樂毅答書前。梁玉繩曰：『吳師道從〈策〉、《新序》，以謂〈策〉前者先生舉國一節，乃後章之首錯簡也。』又曰：『毅答惠書

云：足下使人數之以罪，而《史》載惠王讓毅，無數罪之語，故知非樂閒事。《新序》
爲是。《日知錄》亦稱燕王遺樂閒書，即樂毅事，傳者誤以爲其子，然《史》、《策》
書辭既殊，而《策》復有留趙不報之言。余疑燕惠遺毅、燕喜遺閒，或係二事，未
可混并爲一。蓋《國策》不載遺閒書，止載遺毅書，而誤分爲兩章。《史》又止載前
半，截去寡人不佞以下，其實書辭條暢婉麗，不可刪也。此百餘字，當是喜遺閒書，
但文雖別，而意則同，豈古之視草者亦襲舊詔乎？』』

　　茂仁案：「惠王乃使人遺樂毅書」，蔡先生曰：「《通鑑》同此；〈燕策〉、《史記》
以爲燕王喜遺毅子閒書，異此。」檢《資治通鑑》四〈周紀四〉，燕惠王使人讓樂毅
之書，其內容與〈樂毅傳〉同，並與本文異。《戰國策・燕策三》、《全上古三代文》
燕王喜〈以書謝樂閒〉所載，其內容與本文同，唯以爲燕王喜遺樂閒書，而與本文
爲燕王遺樂毅書，異。《日知錄》二六《史記》云：「燕王遺樂閒書，恐即樂毅事。
而傳者誤以爲其子，然以二事相校，在樂毅當日，惠王信讒易將，不得不奔，其後
往來復通燕，亦未失故君之禮。若樂閒，不過以言之不聽，而遂懟君絕君，雖遺之
書而不顧，此小丈夫之悻悻者矣。」《翁注困學紀聞》一一〈攷史〉「樂閒入趙，燕
王以書謝焉，《新序》以爲惠王遺樂書」云：「馬氏《繹史》曰：『《史記》、《國策》
皆以爲燕王喜與樂閒書，按二書往復，辭旨頗相酬答，當以《新序》爲是。』」上言
《史記志疑》，見卷三〇〈樂毅列傳〉「燕王恨不用樂閒，樂閒既在趙，乃遺樂閒書」
條。上引諸說並以本文爲樂毅事，是也。

曰：「寡人不佞，不能奉順君志，故君捐國而去，寡人不肖明矣。敢謁其願，
而君弗肯聽也，故使使者陳愚志，君誠諭之。

　　盧文弨曰：「〈策〉作『君試論之』。」
　　武井驥曰：「〈燕策〉作『試論之』。」
　　梁容茂曰：「〈燕策〉：作『試論之』。」
　　茂仁案：「而君弗肯聽也」，元刊本、楊美益本「而」並作「而而」，白口十行本
作「焉而」，諸本重出「而」字及「焉而」，其上「而」字及「焉」字，當屬上連讀，
作「焉」爲是，而作「而」者，蓋以其與「焉」通而改之也，然此以作「焉」爲是，
作「而」不類矣，今本無「焉」字，省之耳。「君誠諭之」，文不辭，檢《戰國策・
燕策三》作「君試論之」，疑「誠」爲「試」之形訛也。

語曰：『仁不輕絕，智不輕怨。』君於先王，世之所明知也。寡人望有非，則
君覆蓋之，不虞君明弃之也；望有過，則君敎誨之，不虞君明罪之也。

　　茂仁案：「不虞君明弃之也」，元刊本、楚府本、何良俊本、楊美益本、白口十行本、祕書本、百子本「弃」並作「棄」，下同，武井驥《纂註本》、程榮本、陳用光本、四庫本並作「棄」，下同。弃、罪，鮑本《戰國策》互乙，說見《戰國策新校證》（姚氏本兩字並作「罪」）。審「寡人望有非，則君覆蓋之」與「不虞君明弃之也」未若「不虞君明罪之也」義合，反之亦然。故鮑本《戰國策》先作「罪」，後書「棄」，於義較長。弃、棄，古、今字；棄，爲棄字篆文「𣑥」之隸定。

寡人之罪，百姓弗聞，

　　武井驥曰：「〈燕策〉作『寡人之罪，國人莫不知，天下莫不聞。』」

　　施珂曰：「〈燕策〉作『寡人之罪，國人莫不知，天下莫不聞。』此文『弗聞』上疑脫莫字。」

　　梁容茂曰：「〈燕策〉：作『寡人之罪，國人莫不知，天下莫不聞。』是也。」

　　蔡信發曰：「《國策》作『且寡人之罪，國人莫不知，天下莫不聞』，與此異。」

　　茂仁案：「百姓弗聞」，上文云「故君捐國而去，則寡人不肖明矣」、下文云「明怨以棄寡人，寡人必有罪矣」，則《戰國策·燕策三》所載，於義較長。

君微出，明怨以弃寡人，寡人必有罪矣，然恐君之未盡厚矣。

　　盧文弨「矣」作「也」，曰：「宋作『矣』。」

　　梁容茂曰：「何本、百子本：矣，作『也』。《拾補》云：『宋本作矣。』」

　　茂仁案：《戰國策·燕策三》「矣」亦作「也」，祕書本、陳用光本、四庫本並同，元刊本、楚府本、何良俊本、楊美益本、白口十行本、程榮本、鐵華館本、龍溪本並作「矣」與本文同。矣、也，並通。

諺曰：『厚者不損人以自益，仁者不危軀以要名。』故覆人之邪者，厚之行也；救人之過者，仁之道也。世有覆寡人之邪，救寡人之過，非君，惡所望之！

　　武井驥曰：「〈燕策〉『厚』下有『人』字、『仁』下有『者』字。」

　　蔡信發曰：「《國策》『惡』作『心』。」

　　茂仁案：審此載「世有覆寡人之邪，救寡人之過，非君，惡所望之」，則覆邪救過者，爲指樂毅言，故此文「厚」下當有「人」字、「仁」下當有「者」字，於義較長且明，且如是方與下文接，當據《戰國策·燕策三》補。又「惡」之作「心」，不辭，疑壞字所致誤也。

今君厚受德於先王之成尊，輕棄寡人以快心，則覆邪救過，難得於君矣。

　　盧文弨曰：「（以）舊作之，訛。」

　　武井驥曰：「〈燕策〉『德』作『位』、『之成』作『以成』。」

　　梁容茂曰：「〈燕策〉：德，作『位』；之，作『以』。《拾補》云：『舊作之，訛。』」

　　茂仁案：「厚受德於先王之成尊」，文不辭。盧文弨云「（以）舊作之，訛」，是也。審此句與下句「輕棄寡人以快心」對言，則「之」為「以」字之訛，當據改。

且世有厚薄，故施異；行有得失，故患同。

　　盧文弨曰：「〈策〉作『且世有薄而故厚施；行有失而故惠用。』」

　　武井驥曰：「〈燕策〉作『且世有薄而故厚施。』」又曰：「〈燕策〉作『行有失而故惠用』。」

　　梁容茂曰：「〈燕策〉作：『且世有薄，而故厚施；行有失，而故惠用。』」

　　蔡信發曰：「《國策》作『且世有薄於故厚施；行有失而故惠用』，不及此義明。」

　　茂仁案：姚本《戰國策‧燕策三》作「且世有薄於故厚施；行有失，而故惠用」，鮑本《戰國策‧燕策三》「於」作「而」，於義較明，說見《戰國策新校證》。龍溪本「薄」作「簿」，古通，下同。

今寡人任不肖之罪，而君有失厚之累，於為君擇無所取。國有封疆，猶家之有垣牆，所以合好覆惡也。

　　茂仁案：「國有封疆」，《戰國策‧燕策三》「國」下有「之」字。審此句與下文「猶家之有垣牆」並列，則「國」下有「之」字，於文例較長。祕書本「疆」作「彊」，非是，形近致訛也。「猶家之有垣牆」，武井驥《纂註本》、元刊本、楚府本、何良俊本、楊美益本、白口十行本、程榮本、祕書本、陳用光本、鐵華館本、百子本、龍溪本「牆」並作「墻」。牆、墻，正、俗字。

室不能相和，出訟鄰家，未為通計也。

　　武井驥曰：「〈燕策〉『訟』作『語』，《史》載燕王喜〈遺樂間書〉曰：『室有語不相盡，以告鄰里。』」

　　梁容茂曰：「〈燕策〉：訟，作『語』。《史記》作：『室有語不相盡，以告鄰里，二者寡人不為君取也。』」

　　蔡信發曰：「《國策》『訟』作『語』。檢：《史記‧樂毅傳》燕王喜遺樂間書，有『室有語，不相盡以告鄰里』句，文義同此，『告』、『語』義通，則此作『訟』，欠妥。」

茂仁案：《說文》三篇上言部云：「訟，爭也，从言公聲。」段〈注〉云：「公言之也。《漢書・呂后紀》：『未敢訟言誅之。』鄧展曰：『訟言，公言也。』」訟既訓公言，則「出訟鄰家」，意即與鄰家公開談論室不能相和之事，意即家醜公然外揚也，義較「出語鄰家」及「出告鄰家」為勝。

怨惡未見而明棄之，未為盡厚也。寡人雖不肖，未如殷紂之亂也，君雖未得志，未如商容、箕子之累也。

茂仁案：「未如商容、箕子之累也」，《戰國策・燕策三》「商」作「商」，元刊本、楚府本、何良俊本、程榮本、陳用光本、四庫本、鐵華館本、百子本、龍溪本並同，祕書本「如」作「若」。商、商，形近致訛；如、若，義同。

然不內盡寡人，明怨於外，恐其適足以傷高義，而薄於行也。非然，苟可以成君之高，明君之義，寡人雖惡名，不難受也。

盧文弨曰：「（盡）〈策〉作『蓋』。」

武井驥曰：「〈燕策〉『然』下有『則』字、『盡』作『蓋』、『高義』作『於高』。」

梁容茂曰：「〈燕策〉作：『不內蓋寡人。』」又曰：「〈燕策〉：無『義』字。」

蔡信發曰：「《國策》『然』下有『則』，『盡』作『蓋』。」

茂仁案：「然不內盡寡人」，文不辭，審下文「明怨於外」與此句對言，則作「蓋」，是也，盡，蓋「蓋」之形訛，《戰國策・燕策三》作「蓋」，即其證也，當據改。

本以為明寡人之薄，而君不得厚；揚寡人之毀，而君不得榮，是一舉而兩失也。

武井驥曰：「〈燕策〉『本』下有『欲』字、『毀』作『辱』。」

梁容茂曰：「（揚寡人之毀而君不得榮也）〈燕策〉：毀，作『辱』。」

蔡信發曰：「《國策》『毀』作『辱』。」

茂仁案：四庫《新序》版本有二，二本「榮」下並有「是一舉而兩失」六字，梁先生以四庫本為底本，失檢。審此「明寡人之薄」與「而君不得厚」對，薄、厚對言；「揚寡人之毀」與「而君不得榮」對，毀、榮對言。《戰國策・燕策三》「毀」作「辱」，毀、辱義通。唯審上文「薄」、「厚」對舉，則此當以「辱」、「榮」對言。職此，「毀」改作「辱」，於文例較優。祕書本「揚」作「楊」，非是，形近而訛也。

義者不毀人以自益，況傷人以自損乎！願君無以寡人之不肖，累往事之美。

梁容茂曰：「〈燕策〉：毀，作『虧』。」

蔡信發曰：「《國策》『毀』作『虧』。」

茂仁案：毀、虧，義通，「義者不毀人以自益」之「毀」，與下文「況傷人以自損乎」之「損」互文。

昔者柳下季為理於魯，

武井驥曰：「韋昭曰：『柳下季，魯大夫展無駭之後，柳下惠也。名獲，字季禽，食邑柳下，諡曰惠，事見《論語》。』」

梁容茂曰：「〈燕策〉：季，作『惠』，下同。理，作『吏』。理、吏，通用。理，或作『李』。」

蔡信發曰：「《國策》作『昔者，柳下惠吏於魯』。柳下季，姓展，名獲，字季，又字禽，居柳下，諡曰惠。柳下季，即柳下惠。」

茂仁案：「昔者柳下季為理於魯」，《丹鉛續錄》一引《韓非子》作「柳下惠吏於魯」。

三絀而不去，

武井驥曰：「〈燕策〉『絀』作『黜』，通。」

蔡信發曰：「《國策》『絀』作『黜』，下同。絀、黜同音假借，《說文》：『絀，絳也。黜，貶下也。』在聲，絀為知紐，黜為徹紐，並為舌音；在韻，並收沒部。」

茂仁案：「三絀而不去」，《論語·微子篇》、《丹鉛續錄》一引《韓非子》「絀」亦並作「黜」，絀、黜古並為透母、物部，音同可通，下同。

或曰：『可以去矣』。柳下季曰：『苟與人異，惡往而不絀乎！猶且絀也，寧故國耳。』

梁容茂曰：「（柳下曰）〈燕策〉：曰上有『惠』字，人下有『之』字。何本、程本、百子本：曰上俱有『季』字。當據補『惠』字。」

茂仁案：「柳下季曰」，四庫《新序》版本有二，二本並作「柳下季」，不作「柳下」，梁先生以四庫本為底本，失檢。元刊本、楚府本、何良俊本、楊美益本、白口十行本並無「季」字，他本並有之。古漢語有割裂詞語修辭法，尤以姓名之使用為多，有截其前一字者，如晏嬰之稱嬰、周勃之稱勃；有截其中間一字者，如榮啟期之稱榮期、酈食其之稱酈其；有截其末一字者，如申包胥之稱申包、藺相如之稱藺相等等，並為其比，諸例尚多，說見錢大昕《十駕齋養新錄》一二「古人姓名割裂」條。又梁先生所校底本無「季」字，而云「當據補『惠』字」，作「柳下惠」，審此上、下文並稱「柳下季」，無稱「柳下惠」者，此不當例外也，本文作「柳下季」是

也。又梁先生所校底本爲四庫本，今檢四庫本有二版本，一爲乾隆四十一年四月所上《欽定四庫全書薈要本（景印摛藻堂本）》，一爲乾隆四十六年九月所上《欽定四庫全書本》，然此二本並作「柳下季」，而非如梁先生之作「柳下」者，梁先生失檢矣。

柳下季不以絀自累，故自前業不忘，不以去爲心，故遠近無議。

　　盧文弨曰：「（自）衍。」

　　武井驥曰：「〈燕策〉下『絀』上有『三』字、無下『自』字。」

　　梁容茂曰：「〈燕策〉：『以』下有『三』字。」又曰：「《拾補》云：『自，衍。』」

　　蒙傳銘曰：「宋本有『自』字，鐵華館本同。衡諸文義，不宜有『自』字，〈燕策〉無『自』字，是也。陳鱣校亦無『自』字。」

　　茂仁案：「柳下季不以絀自累」，四庫本「絀」上亦有「三」字，有無「三」字，並通也。「故自前業不忘」，元刊本、楚府本、何良俊本、楊美益本、白口十行本、程榮本、祕書本、陳用光本、百子本、龍溪本並有「自」字，與本文同，審此有「自」字，文不辭，盧文弨云「（自）衍」，是也，四庫本正無「自」字，即其證也，當據刪。

寡人之罪，國人不知，而議寡人者天下。

　　盧文弨校「者」下補「徧」字，曰：「舊脫，應從〈策〉補。」

　　武井驥曰：「〈燕策〉『天』上有『徧』字。」

　　梁容茂曰：「〈燕策〉：者下有『徧』字。《拾補》據〈策〉補『徧』字。」

　　蔡信發曰：「《國策》『者』下有『遍』。是。」

　　茂仁案：有無「徧（遍）」字，並通。《說文》有「徧」、無「遍」，其二篇下彳部云：「徧，帀也」，職是，作「徧」爲正。徧、遍，古並爲幫母、眞部，音同可通，遍，蓋即徧之後起本字也。

諺曰：『仁不輕絕，知不簡功。』

　　武井驥曰：「〈燕策〉『曰』下有『論不脩心，議不累物』二句、『諺』作『語』、作『簡棄大功者輟也』、下『仇』又作『輟』。」

　　施珂曰：「〈燕策〉諺作語，曰下更有『論不脩心，議不累物。』八字。」

　　梁容茂曰：「〈燕策〉：諺，作『語』，仁上有『論不修心，議不累物』八字；知，作『智』。知、智通用。」

　　蔡信發曰：「《國策》作『語曰：‘論不脩心，議不累物，仁不輕絕，智不簡功’』，

較此詳。」

　　茂仁案:「諺曰:『仁不輕絕,知不簡功』」,審「仁不輕絕」,與「知不簡功」對言,唯「輕絕」與「簡功」未對。下文有「輕絕厚利」句,疑「絕」當改作「利」,「輕利」、「簡功」對言,是也。絕,疑涉上文「仁不輕絕,智不輕怨」而誤也。

簡功棄大者仇也,輕絕厚利者怨也,仇而棄之,怨而累之,宜在遠者,不望之乎君。

　　梁容茂曰:「〈燕策〉作:『簡棄大功者輟也』。下『仇而棄之』之仇亦作『輟』。」

　　蔡信發曰:「《國策》作『棄大功者,輟也』。此承上文『知不簡功』而言,又下文『輕絕厚利者,怨也』,與上文『仁不輕絕』相應,則此當以本章為是。」

　　茂仁案:「簡功棄大者仇也」,《永樂大典》四九〇九引《戰國策》亦作「簡棄大功者輟也」,下「仇」字亦作「輟」。審此句與「輕絕厚利者怨也」對言,則以作「簡棄大功者輟也」,於文例為長也。

今寡人無罪,君豈怨之乎?願君捐忿和怨,追順先王以復教寡人。寡人意君之曰:『余將快心以成而過,不顧先王以明而惡。』

　　盧文弨曰:「(之)衍。」

　　梁容茂曰:「《拾補》:之,衍;意讀與抑同,〈策〉作抑君曰。」

　　蔡信發曰:「《國策》『寡人』上讀,不重。《拾補》以『之』為衍文,是。」

　　茂仁案:「寡人意君之曰」,盧文弨說亦是也,審此「之」字,為句中語氣詞,無義,非必為衍文也,有「之」字,亦通也。又《戰國策·燕策三》「寡人」不重,當屬上連讀,審此文,「寡人」重出,於義較明,於文意亦較順,本文所載為長也。

使寡人進不得循初,退不得變過,

　　武井驥曰:「〈燕策〉『變』作『改』。」

　　梁容茂曰:「〈燕策〉:循初,作『修功』;變,作『改』。」

　　蔡信發曰:「《國策》『循初』作『脩功』,『變過』作『改過』。」

　　茂仁案:審「進不得循初」與「退不得變過」對言,「循初」與「變過」弗對,疑誤。《戰國策·燕策三》「循初」作「脩功」,甚是,正與「變過」對。循初,蓋即「脩功」之形訛也,當據改。

此君所制,唯君圖之。此寡人之愚志,敬以書謁之。」

　　武井驥曰:「〈燕策〉『制』作『揣』、下有『也』字。」

梁容茂曰:「〈燕策〉作:『君之所揣也』。志,作『意』。」

蔡信發曰:「《國策》作『君之所揣也』。」

茂仁案:「此君所制」,《戰國策・燕策三》「制」作「揣」。揣,爲「制」字篆文隸定所致形訛,王念孫《讀書雜志》二之三《戰國策・燕》「君之所揣也」云:「(上略)鮑解『君之所揣』句云:『言君量我也。』姚云:『揣,曾作剬。』念孫案:鮑說甚謬,揣者剬之譌,剬者制之譌,言君之幸教寡人與否,皆在於君,故曰:『君之所制也,唯君圖之。』《新序・雜事篇》作『此君所制,唯君圖之』,是其明證也。篆文制字作𠛬,隸作制,形與剬相近,因譌而爲剬矣。【〈齊策〉:「夫制楚者,王也。」《鴻烈・主術篇》:「其立君也,所以制有司,使無專行也。」今本制字並譌作剬。《大戴禮・五帝德篇》:「依鬼神以制義。」《史記・五帝紀》譌作剬,〈正義〉以剬爲古制字,非也。】」王念孫之說甚是也。

(六)樂毅使人獻書燕王

樂毅使人獻書燕王,【一有報字】曰:

盧文弨曰:「『燕王』上一有報字。」

武井驥曰:「《史》作『樂毅報遺惠王書』,〈燕策〉作『望諸君乃使人獻書報燕王』,此以下〈策〉別見。」又曰:「吳本『曰』上有『報』字,舊校云:『一有報字』,正合。」

蒙傳銘曰:「涵芬樓本『書』下有『報』字。陳鱣校云:『「書」下一有報字。』與盧說同,蓋即指此本。宋本燕王下〈注〉云:『一有報字。』程榮校本、鐵華館本同。崇本書院本燕王下逕作『報曰』。《史記・樂毅傳》則作『樂毅報遺燕王書曰』。《戰國策・燕策》作『望諸君乃使人獻書報燕王曰』。」

梁容茂曰:「(樂毅使人獻書燕王報曰)何本、程本、百子本云:『一有報字。』是則有無『報』字之本也。《拾補》云:『另提行,燕王上一有報字。』案:此不必提行,仍接上文意也。今四庫本,『報』字在燕王下。」

茂仁案:【一有報字】,四庫《新序》版本有二,二本並無「報」字,唯〈注〉作「一有報字」與本文同,梁先生以四庫本爲底本,失檢。元刊本、楚府本、何良俊本、楊美益本、白口十行本並作「報」,附入正文,武井驥《纂註本》、祕書本並無此注,他本則與本文同。《戰國策・燕策二》作「望諸君乃使人獻書報燕王曰」,《史記・樂毅傳》作「樂毅報遺燕惠王書曰」,《通志》九四同,《玉臺新詠》六〈春怨〉作「樂毅報燕惠王書」,《資治通鑑》四作「樂毅報書曰」,《冊府元龜》二四四作「樂

毅報遺惠王書曰」，並有「報」字。《初學記》二〇〈奉使第五〉云：「凡國之將命遺
使，往日『奉命』，來曰『復命』，一曰『報命』。」職此，有「報」字是也，《史記‧
燕召公世家》云：「還報燕王。」又〈韓長儒傳〉：云「漢使還報。」又〈平津侯主
父列傳〉云：「使匈奴，還報，不合上意。」本書卷十「漢五年」章，云：「使者至，
韓信、彭越皆喜，報曰：『請今進兵。』」《容齋隨筆》五〈韓信周瑜〉云：「信使閒
人窺知其不用廣武君策，還報，大喜。」《太平御覽》八七引《史記》云：「令一人
行前，還報曰：『前有大蛇。』」又二九一引《韓子》云：「趙主父使李疵視中山可攻
不？報曰：『可攻也。』」又二九四引《漢書》云：「帝使劉敬復往使匈奴，還報曰：
『兩國相擊，此宜誇矜見所長。』」並爲人臣覆命曰「報」之例，並爲本文之明證，
本文之注文【一有報字】，當據改作「報」字，附入正文，上引元刊本、楚府本、何
良俊本、楊美益本、白口十行本並作「報」，附入正文，即此塙證也，當據改。

「臣不肖，不能奉承王命，以順左右之心，恐抵斧鉞之罪，以傷先王之明，
有害足下之義，

　　武井驥曰：「《史》『不肖』作『不佞』，〈燕策〉同，『王命』作『先王之教』。」
　　梁容茂曰：「〈策〉、《史》：肖，俱作『佞』。」
　　蔡信發曰：「《國策》『肖』作『佞』。」
　　茂仁案：「臣不肖」，上言《戰國策》，見〈燕策二〉；《史記》，見〈樂毅傳〉。《通
　　志》九四、《冊府元龜》二四四「肖」亦並作「佞」，下同。《小爾雅‧廣言》：「佞，
　　才也。」「不肖」、「不佞」，義通。

故遁逃，自負以不肖之罪，而不敢有辭說。

　　武井驥曰：「〈燕策〉『逃』下有『奔趙』二字。」
　　梁容茂曰：「〈燕策〉：逃下有『奔趙』二字。」
　　蔡信發曰：「《國策》『逃』下有『奔趙』。《史記》作『故遁逃走趙』，此不逮《策》，
　　《史》之義明。」
　　茂仁案：《通志》九四、《冊府元龜》二四四「逃」下亦並有「走趙」二字。審
　　本卷「樂毅爲昭王謀」章，云：「田單使人讒之惠王，惠王使騎劫代樂毅，樂毅去之
　　趙，不歸。」《史記‧燕召公世家》「去之趙」作「亡走趙」，又〈樂毅傳〉、《冊府元
　　龜》二四四並作「西降趙」，並云所往之國爲趙國。職此，「逃」下有「奔趙」或「走
　　趙」，於義較明。

今王數之以罪，恐侍御者不察先王之所以畜臣之理，不白乎臣之所以事先王之心，故不敢不以書對。

武井驥曰：「《史》『恐』上有『臣』字，〈燕策〉同，『畜』下有『幸』字。」

梁容茂曰：「〈策〉、《史》：畜下俱有『幸』字。」

蔡信發曰：「《國策》、《史記》『畜』下有『幸』字。」

茂仁案：「今王數之以罪」，《戰國策・燕策二》「王」下有「使使者」三字，《史記・樂毅傳》「今王」並作「今足下使人」，《通志》九四、《冊府元龜》二四四並同，審燕惠王嘗使使者遺樂毅書，本卷「樂毅爲昭王謀」章，所載即是，故此文所言數罪者，爲指此書信也，非指使者也，故本文所載爲是也。「恐侍御者不察先王之所以畜臣之理」，《通志》九四、《冊府元龜》二四四「畜」下並有「幸」字。審「畜」有好、寵義，與「幸」義複，又此句與下句「不白乎臣之所以事先王之心」對言，故無「幸」字，於文例、文義均較長也。「故不敢不以書對」，《戰國策・燕策二》、《史記・樂毅傳》、《通志》九四、《冊府元龜》二四四並作「故敢以書對」，義並同。

臣聞賢聖之君，不以祿私親，功多者授之；

武井驥曰：「《史》『授』作『賞』。」

蔡信發曰：「《史記》『授』作『賞』。」

茂仁案：「臣聞賢聖之君」，元刊本「聖」作「理」，理、聖，形近而訛。「功多者授之」，《通志》九四、《冊府元龜》二四四「授」亦並作「賞」，授、賞，並通。

不以官隨愛，能當者處之。

武井驥曰：「〈燕策〉『愛』上有『其』字。嘉靖本『能』作『而』，朝鮮本同。」

梁容茂曰：「（而當者處之）〈燕策〉作：『能當之者處之』。《史記》作：『其能當者處之』。」

蔡信發曰：「《史記》作『其能當者處之』。」

茂仁案：「能當者處之」，四庫《新序》版本有二，二本並作「能當者」，不作「而當者」，梁先生以四庫本爲底本，失檢。元刊本、楚府本、何良俊本、楊美益本「能」並作「而」。盧文弨《龍城札記》二「而與能古音義同」云：「耐爲古能字。見《禮記・禮運》〈注〉。又案：『而』字亦與『能』同。〈齊策四〉：『而治可爲管商之師。』《呂氏春秋・不侵篇》作『能治』。《呂氏春秋・去私篇》：『南陽缺令，其誰可而爲之。』又〈不屈篇〉：『施而治農夫者也。』又〈士容論〉：『柔而堅，虛而實。』高誘〈注〉皆以『而』爲『能』，其〈注〉《淮南》亦同。《新序三》：『不以官隨愛，而

當者處之。』今本『而』有作『能』者，後人改之也。〈禮運〉〈正義〉謂《說苑》
『能』字皆爲『而』，今《說苑》書中不見有『能』字作『而』者，亦皆爲後人改之
矣。《論衡・福虛篇》載田文之言云：『如在戶，則宜高其戶，誰而及之者。』此皆
古書之未盡改者也。」能、而古通，說又見王念孫《讀書雜志》三之四《史記・樂
毅列傳》「而能」條。而，古爲日母、之部；能，古爲泥母、之部。古日部歸泥部，
職此，而、能音同，可相通用也。

故曰：『察能而授官者，成功之君也；論行而結交者，立名之士也。』

　　武井驥曰：「《史》、〈策〉無『曰』字。」

　　梁容茂曰：「〈策〉、《史》：俱無『曰』字。」

　　茂仁案：「故曰」，《通志》九四、《冊府元龜》二四四亦並無「曰」字。

臣以所學，觀先王舉措，有高世主之心，

　　茂仁案：程榮本「王」作「生」，非是，生、王，形近而訛也，他本並不誤，下
文「先王過舉」同。

故假節於魏，以身得察於燕。

　　茂仁案：「以身得察於燕」，王念孫《讀書雜志》三之四《史記・樂毅列傳》「以
身得察」云：「察，讀爲交際之際。際，接也。【見《爾雅》及《左傳・昭四年》〈注〉、
《孟子・萬章篇》〈注〉。】言假魏節使於燕，而以身得接見先王也。際與察古同聲
而通用【《淮南子・原道篇》：『施四海，際天地。』《文子・道原篇》作『施於四海，
察於天地』。】」察，古爲初母、月部；際，古爲精母、月部，二者音近可通，王念
孫說是也。

先王過舉，擢之賓客之中，立之群臣之上，不謀父兄，以爲亞卿，臣自以爲
奉令承教，可幸無罪，故受命而不辭。

　　武井驥曰：「《史》『擢』作『厠』。」

　　茂仁案：《通志》九四、《冊府元龜》「擢」亦並作「厠」，厠有「置」義，《說文
解字・敘》云：「分別部居，不相雜厠也。」擢、厠，並通，唯審此句「擢之賓客之
中」，與下文「立之群臣之上」相應爲言，意爲先拔擢於賓客之中，後立之於群臣之
上，以顯燕昭王之識人，別顯自己之才識，若「擢」改易作「置」，於義雖亦可通，
唯不若作「擢」爲長也。

先王命臣曰：『我有積怨，深怒於齊，不量輕弱，欲以齊為事。』臣對曰：『夫齊者，霸王之餘業，戰勝之遺事，閑於兵革，習於戰攻。

武井驥曰：「〈燕策〉『霸王』作『霸國』、『業』作『教』、『戰勝』作『驟勝』，《史》作『最戰』、『事』下有『也』字、『閑』作『練』。」

梁容茂曰：「（夫齊霸王之餘業）〈策〉：王，作『國』；業，作『教』；戰，作『驟』。《史記》：戰，作『最』。〈策〉：革，作『甲』。《史記》：閑，作『練』。」

蔡信發曰：「《國策》『業』作『教』，『教』下有『而』，『戰』作『驟』；《史記》『戰』作『最』。王念孫以『最』為『冣』之誤；冣與驟同，驟勝者，數勝也。說詳《讀書雜志》三。是。」

茂仁案：四庫《新序》版本有二，二本「夫齊」下並有「者」字，梁先生以四庫本為底本，失檢。「霸王之餘業」，《通志》九四、《冊府元龜》二四四「王」亦並作「國」、「驟」亦並作「最」、「事」下亦並有「也」字、「閑」亦並作「練」、「革」並作「甲」。王念孫以最為冣之誤；冣與驟同，驟勝者，數勝也，是也。審「戰」與「習於戰攻」之「戰」義複，《戰國策・燕策二》作「驟」為長也。

王若欲攻之，必與天下圖之。圖之莫若徑結趙，且淮北宋地，楚、魏之願也。

武井驥曰：「〈燕策〉『與』作『舉』。」

梁容茂曰：「〈燕策〉：與作『舉』。」

茂仁案：「圖之莫若徑結趙」，《史記・樂毅傳》「圖」上有「與天下」三字，《通志》九四、《冊府元龜》二四四並同，有此三字，於義較明。上言《戰國策・燕策二》「與」作「舉」，舉从與得聲，可相通用也。

趙若許約，楚、魏盡力，四國攻之，齊可大破也。』

梁容茂曰：「〈策〉：盡上有『宋』字。」

蔡信發曰：「〈燕策〉『魏』下有『宋』，《史記》作『趙若許，而約四國攻之』。〈燕策〉有『宋』，乃涉上文『淮北宋地』而衍。」

茂仁案：《通志》九四、《冊府元龜》二四四亦並作「趙若許，而約四國攻之」，與《史記・樂毅傳》同。《戰國策・燕策二》「魏」下有「宋」字，此驟出「宋」，不類，當如蔡先生所云，為「涉上文『淮北宋地』而衍」也。

王曰：『善。』臣乃受命，具符節，南使趙，

盧文弨校「王」上有「先」字，曰：「舊脫，從《策》補。」

蒙傳銘曰：「盧說是也。上下文俱稱『先王』，此亦當稱『先王』。陳鱣校亦補『先』

字。」

　　茂仁案：「王曰」，盧文弨據《戰國策》校「王」上有「先」字，是。審本文屢稱「燕昭王」爲「先王」，獨此稱「王」，不類，「王」上顯奪「先」字，《史記‧樂毅傳》、《通志》九四、《冊府元龜》二四四並作「先王以爲然」，即其證也，當據補。

顧反，起兵攻齊，以天之道，先王之靈，

　　盧文弨曰：「《史記‧樂毅傳》（反）下有『命』字。」

　　武井驥曰：「〈燕策〉『反』下有『命』字。」

　　蒙傳銘曰：「反命，猶言反報。君王在上，凡事人臣不能自專，故曰反命。原文云：『臣乃受命，具符節，而使趙，顧反（命），起兵攻齊。』意謂樂毅使趙歸來，報命於君王，然後起兵攻齊。有『命』字是也。陳鱣校亦有『命』字。」

　　梁容茂曰：「〈策〉、《史》：反下俱有『命』字。」

　　茂仁案：「顧反」，《通志》九四、《冊府元龜》二四四「反」下亦並有「命」字。「顧反命」爲承上文「臣乃受命」而言，且人臣出使，反報，並作「覆命」或「還報」，說見本章【一有報字】條校記。《國語‧魯語上》云：「明日有司復命。」韋昭〈注〉云：「復，反也。（中略）明日反命於公也。」是「覆（復）命，即反命也」。據是，「反」下當有「命」字，當據補。

河北之地，隨先王而舉之，濟上之兵，受命而勝之，輕卒銳兵，長驅至齊，

　　梁容茂曰：「〈燕策〉：『隨先王舉而有之於濟上』。《史記》：疊『濟上』二字。」

　　蔡信發曰：「《國策》作『河北之地，隨先王舉而有之於濟上』，《史記》作『河北之地，隨先王而舉之濟上』。〈策〉、《史》並不及此通順。」

　　茂仁案：「河北之地，隨先王而舉之，濟上之兵，受命而勝之」，《戰國策‧燕策二》作「河北之地，隨先王舉而有之於濟上，濟上之軍，奉令擊齊，大勝之」。《史記‧樂毅傳》作「河北之地，隨先王而舉之濟上，濟上之軍，受命擊齊，大敗齊人」，《通志》九四、《冊府元龜》二四四並同，諸書所載並較此爲詳。「長驅至齊」，《戰國策‧燕策二》、《史記‧樂毅傳》「齊」並作「國」，《通志》九四、《冊府元龜》二四四並同。齊，謂至齊都之意，猶言至國也，則齊、國，義並通，說見王念孫《讀書雜志》二之三《戰國策‧燕》「長驅至齊」條。

齊王遁逃走莒，僅以身免，珠玉貨寶，車甲珍器，皆收入燕，大呂陳於元英，故鼎反於歷室，齊器設於寧臺，薊丘之植，植於汶篁。

　　武井驥曰：「《史》『歷』作『磿』，〈燕策〉作『曆』。吳師道曰：『歷、磿、曆古

字通用。』」

梁容茂曰：「《史記》：歷，作『厤』。百子本作『磨』。磨，誤。」

茂仁案：「故鼎反於歷室」，姚本《戰國策》「歷」作「厤」，鮑本《戰國策》作「厤」，〈樂毅傳〉作「厤」，《通志》九四、《冊府元龜》二四四並作「磨」，陳用光本同。王叔岷先生《史記斠證‧樂毅傳》云：「厤，古歷字。厤，俗字。」梁玉繩《史記志疑》三〇「故鼎反乎磨室」云：「磨當作厤。說在〈功臣表〉厤侯下。」《史記‧樂毅傳》〈集解〉引徐廣曰：「厤，歷也。」〈索隱〉云：「厤室亦宮名，《戰國策》作歷室也。」〈正義〉引《括地志》云：「歷室，燕宮名也。」鮑本《戰國策》〈校注〉引《括地志》作「厤室」。陳直先生《史記‧樂毅列傳》〈新證〉曰：「《齊魯封泥集存》33 頁，有『磨城丞印』，蓋即歷城丞，是磨、歷二字，因形近易於混淆。」據是，厤、歷、磨三字古易混，未知孰是也。

五伯以來，功業之盛，未有及先王者也。

梁容茂曰：「（未有及先王者）〈策〉、《史》：俱無『業之盛』三字。」

蔡信發曰：「《國策》、《史記》作『功未有及先王者也』。」

茂仁案：四庫《新序》版本有二，二本「者」下並有「也」字，梁先生以四庫本為底本，失檢。「五伯以來」，《戰國策‧燕策二》、《史記‧樂毅傳》「五」上並有「自」字，《通志》九四、《冊府元龜》二四四並同，有「自」字，於文意較順。「功業之盛」，《通志》九四、《冊府元龜》二四四亦並無「業之盛」三字，「功」字屬下連讀。

先王以為快其志，以臣不損令，故裂地而封臣，使比小國諸侯。

武井驥曰：「〈燕策〉『快』作『順』，《史》作『慊』、『損』作『頓』。」

梁容茂曰：「（以臣不損命）快，〈策〉作『愜』；《史》作『慊』。」

蔡信發曰：「『快』，《國策》作『愜』，《史記》作『慊』。」

茂仁案：四庫《新序》版本有二，二本並作「令」，不作「命」，梁先生以四庫本為底本，失檢。「先王以為快其志」，《戰國策‧燕策二》「快」作「愜」，不作「順」，武井驥云作「順」，失檢。《通志》九四、《冊府元龜》二四四亦並作「慊」，快、愜、慊，並通。「使比小國諸侯」，楚府本「比」作「北」，非是，北、比，形近而訛也。

臣聞賢聖之君，功立不廢，故著於春秋；蚤知之士，名成而不毀，故稱於後世。

武井驥曰：「〈燕策〉『侯』下有『臣不佞，自以為奉令承教，可以幸無罪矣，故

受命而不辭』二十二字。」

　　梁容茂曰：「（功立而不廢）〈燕策〉：聖，作『明』。」

　　蔡信發曰：「（臣聞）《國策》句上有『臣不佞，自以爲奉令承教，可以幸無罪矣，故受命而弗辭』二十二字，《史記》文義同之。察上下文義，應有此二十二字，此脫。」

　　茂仁案：「臣聞賢聖之君」，《史記・樂毅傳》有「臣竊不自知，自以爲奉命承教，可幸無罪，是以受命不辭」二十二字，《通志》九四、《冊府元龜》二四四並同，並較此爲詳。「功立不廢」，四庫《新序》版本有二，二本「立」下並無「而」字，梁先生以四庫本爲底本，失檢。《戰國策・燕策二》、《史記・樂毅傳》「立」下並有「而」字，《通志》九四、《冊府元龜》二四四並同。是。「功立而不廢」與下文「名成而不毀」句法正一律，當據補。又百子本「立」作「力」，審「功立」與「名成」對言，作「力」，不類。力爲「立」之音誤也。

若先王之報怨雪醜，夷萬乘之齊，收八百年之積，及其弃群臣之日，

　　梁容茂曰：「醜，〈策〉、《史》俱作『恥』。。」

　　茂仁案：「及其弃群臣之日」，元刊本、楚府本、何良俊本、楊美益本、白口十行本、程榮本、祕書本、百子本「弃」並作「棄」。陳用光本、四庫本並作「棄」。弃、棄，古、今字；棄，爲棄字篆文「𡘤」之隸定。

餘令詔後嗣之義法，

　　梁容茂曰：「〈策〉：義法，作『遺義』。《史記》作：『餘教未袁（茂仁案：袁當爲衰之訛）』。」

　　蔡信發曰：「《國策》『義法』作『遺令』。《史記》作『餘教未衰』。」

　　茂仁案：「餘令詔後嗣之義法」，《戰國策・燕策二》「義法」作「遺義」，不作「遺令」。《通志》九四、《冊府元龜》二四四亦並作「餘教未衰」。

執政任事，循法令，順庶孽，【史作餘教未衰，執政任事之臣，修法令，慎庶孽】，施及萌隸，皆可以教後世。

　　施珂曰：「《漢魏叢書》程本、陳本無此注。」

　　梁容茂曰：「《史記》：循，作『修』；順，作『慎』。《拾補》云：『宋本此下〈注〉云：《史》作餘教未衰，執政任事之臣，修法令，慎庶孽。』慎、順，通用。」

　　蔡信發曰：「《國策》『事』下有『之臣』，『循』上有『所以能』，『孽』下有『者』；《史記》『事』下有『之臣』，『循』作『修』，『順』作『慎』。」

　　茂仁案：「執政任事」，《通志》九四、《冊府元龜》二四四「事」下亦並有「之

臣」二字，審此文義，有「之臣」二字，於義較明。祕書本「執」作「执」，执蓋執之俗寫也。「【史作……愼庶孽】」，元刊本、楚府本、何良俊本、楊美益本、白口十行本、祕書本、四庫本、百子本亦並無此注。

臣聞善作者不必善成，善始者不必善終。昔伍子胥說聽於闔閭，吳為遠跡至郢，夫差不是也，賜之鴟夷，沈之江。

盧文弨曰：「（沈）〈策〉與《史》並作『浮』。」

武井驥曰：「《史》『沉』作『浮』。」

梁容茂曰：「沉，〈策〉、《史》俱作『浮』。」

蔡信發曰：「《國策》、《史記》、《通鑑》『沉』並作『浮』，又《史記·伍子胥傳》記此事，亦作『浮』。是事首見《國語·吳語》，作『乃使取申胥之尸，盛以鴟鵝，而投之於江』，究夫差之所以如此，顯有暴屍洩恨之意，《呂覽·知化》作『夫差乃取其身，而流之江』，《莊子·外物》作『故伍員流于江』，並以『流』字說《國語》之『浮』，義實相通，而與此異，是。至本章之所以作『沉』，乃涉《莊子·盜跖》『子胥沈江』而誤。」

茂仁案：蔡先生說是也，又上言《資治通鑑》，見諸卷四〈周紀四〉。《太平御覽》六〇引董覽《吳地記》云：「子胥以忠諫見亡，遂賜死，浮尸于江。」又七六一引《史記》云：「取子胥尸，盛以鴟夷革，而浮之江中。」《通志》九四、《冊府元龜》二四四並作「賜之鴟夷，而浮之江」，並為其明證。作「沉」，疑為淺人所改，下文「沈子胥而不悔」亦同。《新書·耳痹篇》云：「伍子胥見事之不可為也，何籠而自投水，自扶而掛東門，身鴟夷而浮江。」以其浮江為自願，而非夫差之命，則與此異。

故夫差不計先論之可以立功也，沈子胥而不悔；

武井驥曰：「《史》、〈策〉『計』作『悟』。」

梁容茂曰：「計，〈策〉作『悟』；《史》作『寤』。」

茂仁案：「故夫差不計先論之可以立功也」，「故」字當移至下句「沈」字之上，「夫差不計先論之可以立功也，故沈子胥而不悔」與下文「子胥不蚤見王之不同量也，故入江而不化」，句法正一律，《戰國策·燕策二》、《史記·樂毅傳》、《資治通鑑》四、《通志》九四、《冊府元龜》二四四並如是作，即其明證也，當據移置也。《資治通鑑》四、《通志》九四「計」並作「寤」，《冊府元龜》二四四作「悟」，寤為悟之借字。「沈子胥而不悔」，《太平御覽》六〇引董覽《吳地記》作「夫差悔焉，與群臣於江設祭」，則與此異。

子胥不蚤見王之不同量也，故入江而不化。

盧文弨曰：「（王）〈策〉與《史》並作『主』。」

武井驥曰：「〈燕策〉『化』作『改』，司馬貞曰：『言子胥懷恨，故雖投江，而神不化，猶爲波濤之神也。』」

梁容茂曰：「王，〈策〉、《史》俱作『主』。化，〈策〉作『改』。」

蔡信發曰：「《國策》『化』作『改』。《讀書雜志》三：『〈索隱〉曰：『言子胥懷恨，故雖投江，而神不化，猶爲波濤之臣也。』念孫案：小司馬誤解化字。化者，變也。至於入江而不化，猶言至死不變耳。〈燕策〉作『故入江而不改』，改，亦變也。上文曰：『吳王不寤先論之可以立功，故沉子胥而不悔』，不悔與不化，意亦相近。』是。」

茂仁案：上言《讀書雜志》三，見該書卷三之四《史記‧樂毅列傳》「不化」條。「子胥不蚤見王之不同量也」，《資治通鑑》四、《通志》九四、《冊府元龜》二四四「王」亦並作「主」，楚府本同，王、主，並通。

夫免身而全功，以明先王之跡，臣之上計也；

梁容茂曰：「全，《史》作『立』。」

蔡信發曰：「《國策》無『而』；《史記》無『而』，『全』作『立』。」

茂仁案：「夫免身而全功」，《資治通鑑》四、《通志》九四、《冊府元龜》二四四亦並無「而」字，「全」亦並作「立」。審此文義，作「全」，於義較長。

離虧辱之誹，墮先王之明，臣之大恐也。

盧文弨曰：「（虧）《史》作『毀』。」又曰：「（誹下）《史》有『謗』字。」

武井驥曰：「《史》『誹』下有『謗』字。吳師道曰：『離、罹通，遭也。』」

梁容茂曰：「虧，〈策〉、《史》俱作『毀』；誹，〈策〉作非；《史記》誹下有『謗』字。明，〈策〉、《史》俱作『名』。」

茂仁案》：「離虧辱之誹」，《資治通鑑》四、《通志》九四、《冊府元龜》二四四「虧」亦並作「毀」，「誹」下亦並有「謗」字。《戰國策‧燕策二》「虧」作「毀」，「誹」作「非」，審此句與下文「墮先王之明」並列，則本文句例較長。誹、非，古並爲幫母、微部，音同可通，《說文》三篇上言部云：「誹，謗也。」段〈注〉云：「誹之言非也，言非其實。」又十一篇下非部云：「非，韋也。」段〈注〉云：「韋，各本作違，今正。違者，離也。」職是，誹、非，正、假字。

臨不測之罪，以幸為利，義之所不敢出也。

    茂仁案：四庫本「敢」作「可」，並通。

臣聞：「君子絕交無惡言，去臣無惡聲。」

    武井驥曰：「《史》、〈策〉作『古之君子，交絕不出惡聲』。」又曰：「《史》作『忠臣去國，不潔其名』。」

    梁容茂曰：「〈策〉、《史》俱作：『古之君子交絕不出惡聲，忠臣之去國也，不潔其名。』惟《史記》無下『之』字；潔，作『絜』，又無『也』字。」

    蔡信發曰：「《國策》作『臣聞：古之君子，交絕不出惡聲；忠臣之去也，不潔其名』，《史記》同，唯『潔』作『絜』。」

    茂仁案：《戰國策・燕策二》作「臣聞：『古之君子，交絕不出惡聲；忠臣之去也，不潔其名』」，《史記・樂毅傳》作「臣聞：『古之君子，交絕不出惡聲；忠臣去國，不絜其名』」，梁先生云《史記》「無下『之』字」，今檢，有之，梁先生失檢，又《戰國策・燕策二》所載無「國」字，又失檢矣；蔡先生言《史記》同《戰國策》，審《史記・樂毅傳》無下『之』字及『也』字，又「去」下有「國」字，並與《戰國策・燕策二》異。《資治通鑑》四、《通志》九四、《冊府元龜》二四四所載並同《史記》，唯「絜」作「潔」，諸書所載，文義並較此為明。「去」上有「忠臣」二字，是。「忠臣去國無惡聲」與上文「君子絕交無惡言」句法正一律，據是，「去」上有「忠臣」二字、又「去臣」之「臣」改作「國」，於文例較優，當據補改。

臣雖不肖，數奉教於君子。臣恐侍御者親交之說，不察疏遠之行，

    武井驥曰：「《史》、〈策〉『不肖』作『不佞』、『君子』下有『矣』字。」又曰：「《史》、〈策〉『交』作『左右』。」

    梁容茂曰：「〈策〉、《史》俱作：『恐侍御者之親左右之說』。」

    蔡信發曰：「《國策》、《史記》『交』並作『左右』。是。」

    茂仁案：「臣雖不肖」，《資治通鑑》四、《通志》九四、《冊府元龜》二四四「不肖」亦並作「不佞」，《小爾雅・廣言》：「佞，才也。」「不肖」、「不佞」，義通。「數奉教於君子」，《資治通鑑》四、《通志》九四、《冊府元龜》二四四「君子」下亦並有「矣」字，審此文氣，有「矣」字較完。「臣恐侍御者親交之說」，《資治通鑑》四、《冊府元龜》二四四亦並作「恐侍御者之親左右之說」。

故敢以書謝。」

    武井驥曰：「〈燕策〉『謝』作『報』、下有『惟君之留意焉』六字。」

　　梁容茂曰：「〈策〉作：『故敢以書報，唯君之留意焉。』《史記》作：『故敢獻書以聞，惟君王之留意焉。』」

　　蔡信發曰：「《國策》作『故敢以書報，唯君之留意焉』，《史記》作『故敢獻書以聞，唯君王之留意焉』，《通鑑》作『唯君王之留意』。據是，『謝』下當有『唯君（王）之留意（焉）』句。」

　　茂仁案：「故敢以書謝」，《資治通鑑》四作「唯君王之留意焉」，與《史記·樂毅傳》同。《冊府元龜》二四四亦作「故敢獻書以聞」，且「謝」下亦有「唯君王之留意焉」七字，審此文義，「謝」下有此七字，於義較長。

（七）齊人鄒陽客游於梁

齊人鄒陽客游於梁，人或讒之於孝王，孝王怒，繫【一有而字】將欲殺之。

　　梁容茂曰：「（齊人鄒陽游於梁）何本、百子本：游，俱作『遊』。下同。游、遊，通用。」

　　茂仁案：「齊人鄒陽客游於梁」，四庫《新序》版本有二，二本「陽」下並有「客」字，梁先生以四庫本爲底本，失檢。陳用光本「游」亦作「遊」。遊，游之俗字，說見《說文》七篇上水部「游」字段〈注〉。「【一有而字】」，元刊本、楚府本、何良俊本、楊美益本、白口十行本、程榮本、祕書本、陳用光本、四庫本、百子本並作「而」，附入正文，鐵華館本、龍溪本則並與本文同。

鄒陽客游，見讒自冤，乃從獄中上書，其辭曰：「臣聞忠無不報，信不見疑，臣常以為然，徒虛語爾。

　　武井驥曰：「《史》本傳、《文選》三十九、《漢書》並『爾』作『耳』。」

　　蔡信發曰：「《史記》、《漢書》、《文選》『爾』並作『耳』。爾、耳相通。《經傳釋詞》七：『爾，猶而已也。耳，猶而已也。』」

　　茂仁案：上言《史記》、《漢書》，並見〈鄒陽傳〉，又《文選》三十九，見鄒陽〈於獄上書自明〉。檢《通志》九七、《縱橫家佚書輯本七種·鄒陽書》「爾」亦並作「耳」，《冊府元龜》八七二與本文同，《古書虛字集釋》七云：「『爾』猶『耳』也，詞之終也。」「臣常以爲然，徒虛語爾」，《漢紀·孝景皇帝紀》作「蓋有以然，今定虛矣」。

昔者荊軻慕燕丹之義，白虹貫日，太子畏之；衛先生為秦畫長平之計，太白食昂，昭王疑之。

武井驥曰：「《文選》『計』作『事』。」

施珂曰：「《史記‧鄒陽列傳》、《漢書‧鄒陽傳》、《文選》鄒陽〈獄中上書〉計皆作事。」

梁容茂曰：「《漢書》本傳、《文選》：計，俱作『事』。」

茂仁案：《通志》九七、《縱橫家佚書輯本七種‧鄒陽書》「計」亦並作「事」，《漢紀‧孝景皇帝紀》「計」作「策」，策，猶計也，義通，並與「事」通。「太白食昂」，《史記‧鄒陽傳》、《漢紀‧孝景皇帝紀》「食」並作「蝕」，陳用光本、百子本並同。《釋名‧釋天》云：「日月虧曰食，稍稍侵虧，如蟲食草木葉也。」據是，食、蝕，古、今字。

夫精變天地，而信不諭兩主，豈不哀哉！

武井驥曰：「《文選》『精』下有『誠』字。」

施珂曰：「《漢書》、《文選》精下皆有誠字。《史記》諭作喻。同。」

梁容茂曰：「《漢書》、《文選》：精下有『誠』字。」

蔡信發曰：「《史記》『諭』作『喻』。諭之作喻，猶評之作呼，叫之作訆。蓋從言與從口之字，其義相同，故相通作。」

茂仁案：《漢紀‧孝景皇帝紀》「精」下亦有「誠」字、「諭」亦作「喻」，諭、喻古並為余母、侯部，音同可通。

今臣盡忠竭誠，畢義願知，

盧文弨曰：「（竭）謁訛。」又曰：「（義）《文選》作『議』。」

施珂曰：「《史記》、《漢書》皆作議。」

梁容茂曰：「《拾補》謂：竭作謁，訛。案：四庫本不誤。《漢書》、《文選》：義，俱作『議』。」

蔡信發曰：「《史記》、《漢書》、《文選》『義』並作『議』。是。」

茂仁案：「今臣盡忠竭誠」，陳用光本、百子本「竭」並作「謁」，「盡忠」與「竭誠」對言，作「謁」，非是。「畢義願知」，《通志》九七、《冊府元龜》八七二、《縱橫家佚書輯本七種‧鄒陽書》「義」亦並作「議」，四庫本同。義、議，古並為疑母、歌部，音同可通。

左右不明，卒從吏訊，為世所疑，

　　茂仁案：「卒從吏訊」，《冊府元龜》八七二「訊」作「訕」，《說文》三篇上言部云：「訊，問也。」又「訕，謗也。」據是，作「訊」為是。訕、訊，蓋形近而訛。

是使荊軻、衛先生復起，而燕、秦不悟也，願大王熟察之。

　　梁容茂曰：「《漢書》、《文選》：悟，俱作『寤』。」

　　蔡信發曰：「《漢書》、《文選》『悟』並作『寤』。寤、悟同音假借，並為疑紐暮韵，《說文》：『悟，覺也。寤，寐覺而有言曰寤。』」

　　茂仁案：「而燕、秦不悟也」，《通志》九七、《縱橫家佚書輯本七種·鄒陽書》「悟」亦並作「寤」。據上引《說文》，則悟、寤，正、假字也。

昔者玉人獻寶，楚王誅之；

　　武井驥曰：「《史》『玉人』作『卞和』，事見〈雜事〉第五。」

　　梁容茂曰：「《史記》：玉人，作『卞和』。」

　　蔡信發曰：「《史記》『玉人』作『卞和』，下同，『誅』作『刖』。事見《韓子·和氏》，乃楚王斷卞和之足，而非誅之，此作『誅』，非是。《漢書》、《文選》又涉此而誤。」

　　茂仁案：《說文》三篇上言部云：「誅，討也。」段〈注〉云：「凡殺戮糾責皆是。」據是，誅，非必即殺也，糾責亦屬之，《廣雅·釋詁》一下云：「誅，責也。」《周禮·天官·大宰》云：「誅以馭其過。」〈注〉云：「誅，責讓也。」《論語·公冶長篇》云：「於予與何誅。」〈集解〉云：「誅，責也。」即其比也，唯此處「誅」，當訓「傷」，《周易·雜卦》云：「明夷，誅也。」〈注〉云：「誅，傷也。」刖足為斷人足也，則詁「誅」為「傷」蓋是，非必訓其為「殺」也，作「誅」，不誤也，唯《史記·鄒陽傳》作「刖」，於義較明耳。《六臣註文選》鄒陽〈於獄上書自明〉呂向〈註〉曰：「卞和得玉璞，獻之楚武王，武王以為非玉，刖其右足。誅，亦刑也。」呂向言蓋亦可從。

李斯竭忠，胡亥極刑。

　　蔡信發曰：「《志疑》：『以李斯自況，而稱其竭忠，鄒陽之失言也。』是。」

　　茂仁案：上言《史記志疑》，見該書卷三〇〈魯仲連列傳〉「李斯竭忠」條。

是以箕子佯狂，

　　梁容茂曰：「《漢書》、《文選》：佯，俱作『陽』。何本、百子本俱作『佯』。」

蔡信發曰：「《漢書》、《文選》『佯』作『陽』。《說文通訓定聲・壯部・弟十八陽下》曰：『《漢書・田儋傳》，儋陽爲縛其奴〈注〉：「陽，即僞耳。」字亦變作佯。』」

茂仁案：「是以箕子佯狂」，《史記》「佯」作「詳」，《大戴禮記・保傅篇》、《通志》九七、《縱橫家佚書輯本七種・鄒陽書》亦並作「陽」，陳用光本作「佯」，佯蓋佯之形訛。〈索隱〉云：「詳，音陽，謂詐爲狂也」，王叔岷先生《史記斠證・鄒陽傳》云：「詳、陽古通。佯，俗字。」

接輿避世，恐遭此變也。

盧文弨曰：「（變）《漢書・鄒陽傳》及《文選》俱作『患』。」

武井驥曰：「《史》、《漢》、《文選》『變』作『患』。」

施珂曰：「《史記》亦作患。」

梁容茂曰：「《漢書》、《文選》：變，俱作『患』。」

蔡信發曰：「《史記》『避』作『辟』，『變』作『患』；《漢書》、《文選》『變』並作『患』。辟、避之同音假借，經傳屢見。變，當作患。」

茂仁案：「接輿避世，恐遭此變也」，《史記》「避」作「辟」，「變」作「患」。《漢紀・孝景皇帝紀》、《通志》九七、《冊府元龜》八七二、《縱橫家佚書輯本七種・鄒陽書》「變」亦並作「患」。辟、避，古、今字；變、患，並通。

願大王熟察玉人、李斯之意，而後楚王、胡亥之聽，無使臣為箕子、接輿所歟。

盧文弨曰：「（歟）《漢書》、《文選》作『笑』。」

武井驥曰：「《史》、《漢》、《文選》『歟』作『笑』。」

施珂曰：「《史記》亦作笑。」

梁容茂曰：「（無使臣爲箕子接輿所嘆）《漢書》、《文選》：嘆，俱作『笑』。」

蔡信發曰：「《史記》、《漢書》、《文選》『歟』並作『笑』。『笑』義視『歟』長。」

茂仁案：四庫《新序》版本有二，四庫全書本作「歟」，四庫全書薈要本作「笑」，二本並不作「嘆」，梁先生以四庫本爲底本，失檢。《漢紀・孝景皇帝紀》、《通志》九七、《冊府元龜》八七二、《縱橫家佚書輯本七種・鄒陽書》「歟」亦並作「笑」，四庫本同。《說文》八篇下欠部云：「歟，吟也，謂情有所悅，吟歟而歌詠。」段〈注〉云：「悅當作說。『謂情』已下十字，各本無。今依李善〈注〉盧諶〈覽古詩〉所引補。蓋演《說文》語也。古歟與嘆義別。歟與喜、樂爲類，嘆與怒、哀爲類。如〈樂記〉云：『一唱而三歟，有遺音者矣。』又云：『長言之不足，故嗟歟之；嗟歟之不

足，故不知手之舞之，足之蹈之。』《論語》：『喟然歎曰。』皆是此歎字。〈檀弓〉曰：『戚斯嘆，嘆斯擗。』《詩》云：『而無永嘆，唧其嘆矣，憯我寤嘆。』皆是嘆字。」又《說文》二篇上口部云：「嘆，吞歎也。」段〈注〉云：「歎近於喜，嘆近於哀，故嘆訓吞歎，吞其歎而不能發。」據此，歎，爲情有所悅，與喜、樂爲類，則歎、笑，並通也。

臣聞比干剖心，子胥鴟夷，臣始不信，乃今知之。願大王熟察之，少加憐焉。諺曰：『有白頭而新，傾蓋而故。』何則？知與不知也。

盧文弨曰：「『有』字，與《漢書》同。而與如，古通用。」

武井驥曰：「《文選》虞子諒（茂仁案：虞爲盧之誤）〈荅魏子悌詩〉〈註〉引，上『而』作『如』，下『如』（茂仁案：如爲而之誤）作『若』。《漢書》『諺』作『語』，二『而』作『如』。《文選》並同，無『有』字。」

蒙傳銘曰：「《史記‧鄒陽傳》，二『而』字並作『如』。」

梁容茂曰：「《漢書》、《文選》：兩『而』字，俱作『如』。《拾補》云：『而與如古通用。』」

蔡信發曰：「《史記》、《漢書》、《文選》二『而』並作『如』。而、如並爲日紐，可相通用。《經傳釋詞》七：『而，猶如也。』」

茂仁案：「有白頭而新，傾蓋而故」，武井驥所引《文選》，見李善〈注〉引〈鄒陽上書〉。檢《杜工部草堂詩箋》二二〈贈王二十四侍御契四十韻〉〈注〉引〈鄒陽傳〉、《通志》九七、《冊府元龜》八七二、《縱橫家佚書輯本七種‧鄒陽書》「而」亦並作「如」，而，古爲日母、之部；如，古爲日母、魚部，二者雙聲可通；如、若，義同。《風俗通義‧過譽篇》作「白頭如新，交蓋如舊」。

昔者樊於期逃秦之燕，藉荊軻首以奉丹之事；

施珂曰：「《漢魏叢書》程本藉作籍。」

梁容茂曰：「（藉荊軻首以奉丹之事）何本、程本：藉，俱作『籍』，誤。」

茂仁案：四庫《新序》版本有二，二本並作「籍」，不作「藉」，梁先生以四庫本爲底本，失檢。《冊府元龜》八七二「藉」亦作「籍」，何良俊本、祕書本、四庫本、龍溪本並同。審古文字从艸从竹往往不分，如「狼籍」又作「狼藉」，《史記‧蒙恬傳》〈索隱〉云：「言其惡聲狼籍，布於諸國。」《史記‧淳于髡傳》：「男女同席，履舄交錯，杯盤狼藉，堂上燭滅。」又如「簿書」之「簿」，古文皆从艸不从竹，說詳《十駕齋養新錄‧簿》三，是知藉、籍古通，本書卷一「昔者舜自耕稼陶漁而躬

孝友」章，云「舜孝益篤」，元刊本「篤」作从艸之「薦」，《冊府元龜》二七〈注〉引、《群書集事淵海》一引並同，即其比也，「藉」之作「籍」，不誤也。

王奢去齊之魏，臨城自剄以卻齊而存魏。王奢、樊於期非薄於齊、秦而故於燕、魏也，所以去二國死兩君者，行合於志而慕義無窮也。

　　茂仁案：祕書本「剄」作「剄」，非是，剄、剄，形近而訛也。

是以蘇秦不信於天下，為燕尾生；白圭戰亡六城，為魏取中山。何則？誠有以相知也。

　　蔡信發曰：「《漢書·古今人表》〈補注〉：『梁玉繩曰：「七國前後，兩白圭，〈貨殖傳〉之白圭，當魏文侯時，為魏取中山，此周人，白姓，圭名。《呂覽》載白圭與惠施、孟嘗問答，《韓子》言白圭之行，隄塞其穴，無水難，〈魏策〉載二事在魏昭王時，此魏人，白姓，丹名，圭字，〈表〉列孟子、魏惠王之間，為魏白圭無疑，惟趙岐、高誘誤〈注〉周人。《法言》云：『子之治產，不似丹圭。已先錯矣。』」』〈鄒陽傳〉〈補注〉：『〈魏世家〉：「樂羊為魏文侯拔中山」。《說苑·復恩篇》：「吳起為魏將攻中山」，為軍人吮疽，無白圭取中山事。圭與孟子同時問答。據《呂覽·先識篇》，白圭之中山，中山之王欲留之，白圭辭去，又之齊，齊王欲留之仕，又辭而去。人問其故，圭云：「二國有五盡，必亡。」後中山果亡於趙，齊湣王為燕所破殺。與孟子時事吻合。是圭實當後中山亡時，若前中山之見滅於魏，時代不相及也。此蓋別一白圭，與樂羊、吳起同時為魏將兵者。』案：趙岐傳會前後白圭為一，有清閣若璩，業辨其非，說詳《鐙窗叢話》。梁氏以此白圭，即《史》、《漢》〈貨殖傳〉之白圭，竊以為失之。蓋圭拔中山，為一大事。史冊諸子，豈有一無所見之理？或《史》、《漢》但記其小道而捨其大功之理？王氏（茂仁再案：指王先謙，下同。）以魏文侯時別一白圭，亦屬臆測。檢：王氏既主樂羊為魏拔中山於先，復主此乃與樂羊、吳起同時為魏將兵之白圭於後，則拔中山者，究為樂羊？抑白圭？實無定說，豈不矛盾？竊以白圭之拔中山，全屬子虛，鄒陽妄說，期於上文蘇秦之事相對，致使後世學者偏翻典籍，或時似，或名同，而無一事相合者，遂曲為彌縫，異說紛雜。」

　　茂仁案：「白圭戰亡，為魏取中山」，《史記·鄒陽傳》〈集解〉引張晏云：「白圭為中山將，亡六城，君欲殺之，亡入魏，文侯厚遇之，還拔中山。」〈索隱〉云：「案事見《戰國策》及《呂氏春秋》也。」王先謙《漢書·鄒陽傳》〈補注〉云：「〈魏世家〉樂羊為魏文侯拔中山。《說苑·復恩篇》吳起為魏將攻中山，為軍人吮疽，無白圭取中山事。圭與孟子同時問答。據《呂覽·先識篇》，白圭之中山，中山之王欲留

之，白圭辭去，又之齊，齊王欲留之仕，又辭而去。人問其故，圭云：『二國有五盡，必亡。』後中山果亡於趙，齊湣王爲燕所破殺。與孟子時事吻合。是圭實當後中山亡時，若前中山之見滅於魏，時代不相及也。此蓋別一白圭與樂羊、吳起同時爲魏將兵者。」王叔岷先生《史記斠證·鄒陽傳》云：「〈魏策一〉及〈中山策〉，並稱『樂羊爲魏將攻中山』，無白圭取中山事。亦不見於他〈策〉。《呂氏春秋·先識篇》所載白圭事，與此亦不符。亦不見於他〈篇〉。此蓋別一白圭。」又梁玉繩《漢書·古今人表》〈補注〉引云：「七國前後，兩白圭。〈貨殖傳〉之白圭，當魏文侯時，爲魏取中山，此周人，白姓，圭名。《呂覽》載白圭與惠施、孟嘗問答，《韓子》言白圭之行，隄塞其穴，無水難。〈魏策〉載二事在魏昭旺時，此魏人，白姓，丹名，圭字，〈表〉列孟子、魏惠王之間，爲魏白圭無疑，惟趙岐、高誘〈注〉周人。《法言》云：『子之治產，不似丹圭。』已先錯矣。」蔡先生云：「竊以白圭之拔中山，全屬子虛，鄒陽妄說，期於上文蘇秦之事相對，致使後世學者偏翻典籍，或時似，或名同，而無一事相合者，遂曲爲彌縫，異說紛雜。」上列諸說並存可也，唯審《史記·鄒陽傳》〈集解〉引張晏之言，以白圭爲中山將，亡六城，中山君欲殺之，白圭遂亡入魏，以文侯厚遇之故，遂還拔中山。考此戰，當爲魏文侯使樂羊將兵攻中山之役，而白圭以戰亡六城，逃入魏，文侯厚遇（由《韓非子·內儲說下》云：「白圭相魏。」可知），遂使之旋與樂羊將，合攻中山也。以白圭嘗爲中山將，對中山之戰法、地形必知悉甚詳，今白圭已投效於魏，魏使其合攻，自是必然，語謂知己知彼，百戰百勝，本書卷七「申包胥者」章，即述此理，蓋云吳敗楚，昭王出亡，申包胥如秦乞師以救楚，後子滿、子虎率車往，子滿曰：「吾未知吳道。」遂使楚人先與吳戰而後會之，終大敗吳師云云。今樂羊攻中山，已拔六城，然未盡拔也，白圭遂以知敵之優勢加入合攻之列，顯爲必然。是以〈集解〉有「遂還拔中山」之語。而《史記·鄒陽傳》、《漢書·鄒陽傳》之不載此事，蓋以原爲魏將兵攻中山者爲樂羊，白圭乃中山將陣前折節者，是以《史記》、《漢書》並繫此事於樂羊可知。今鄒陽上書言「白圭戰亡六城，爲魏取中山」，蓋即折節合攻一事，當非指白圭自爲將而攻之也，今鄒陽突顯此事，如下文所云，爲欲以此示梁孝王，若君、臣有以相知之心，則臣願爲君披心腹以效君耳，鄒陽舉此事以爲「佐證」，當非虛言，誠有之矣。

蘇秦相燕，燕人惡之於燕王，燕王按劍而怒，食之以駃騠；

　　武井驥曰：「《史》、《漢》、《文選》『食』下無『之』字。」
　　茂仁案：《通志》九七、《縱橫家佚書輯本七種·鄒陽書》「食」下亦並無「之」字，審「食之以駃騠」與下文「投以夜光之璧」對言，則此「食」下無「之」字，

於文例較長。楚府本「駃」作「駚」，非是，駃、駚，形近而訛也。

白圭顯於中山，中山人惡之於魏文侯，投以夜光之璧。何則？

盧文弨曰：「『文侯』當重。」又曰：「（投）《漢書》作『文侯賜』。」

武井驥曰：「《史》疊「文侯」二字，《漢書》『投』作『賜』。」

施珂曰：「《史記》正重文侯二字。」

梁容茂曰：「《漢書》、《文選》：俱疊『文侯』二字。投，《漢書》作『賜』。《拾補》云：『文侯當重。』」

蔡信發曰：「《漢書》『投』作『賜』。顏〈注〉：『以拔中山之功而尊顯也。』〈考證〉：『投以夜光之璧者，憤怒之極，不暇擇物也。』案：審以下文『豈移於浮辭哉』，復佐證以《漢書》之『賜』字，得悉顏〈注〉是，〈考證〉誤。」

茂仁案：「投以夜光之璧」，《通志》九七、《冊府元龜》八七二、《縱橫家佚書輯本七種・鄒陽書》「文侯」亦並重，審上文「燕人惡之於燕王，燕王按劍而怒，食之以駃騠」，重出「燕王」，故此「文侯」亦當重出也。又《通志》九七、《縱橫家佚書輯本七種・鄒陽書》、《太平御覽》八○六引《史記》「投」亦並作「賜」。投，訓作饋贈，《正字通》云：「投，贈也。」《詩經・衛風・木瓜》：「投我以木瓜。」據是，投、賜，義同也。

兩主二臣，剖心折肝相信，豈移於浮辭哉！

施珂曰：「《漢魏叢書》程本、陳本，折皆作析，《漢書》、《文選》皆同。折即析之誤。《史記》作坼。坼、析同義。」

茂仁案：《太平御覽》四七五引《史記》作「折」與本文同，《縱橫家佚書輯本七種・鄒陽書》「折」亦作「析」，武井驥《纂註本》、元刊本、楚府本、何良俊本、楊美益本、白口十行本、祕書本、四庫本、百子本並同。《漢書・鄒陽傳》顏〈注〉云：「析，分也。」《廣雅・釋詁一上》云：「析、坼，分也。」又《說文》六篇上手部「析」云：「析，破木也。一曰折也。」蓋析，為以斤破木；折，為以斤斷草，其斷、破義並通，據是，折、坼、析，義並同也。

故女無美惡，居宮見妒；士無賢不肖，入朝見嫉。

盧文弨曰：「（居）《漢書》、《文選》作『入』。」

武井驥曰：「《史》、《漢》、《文選》『居』作『入』。」

施珂曰：「《史記》亦作入。」

梁容茂曰：「《漢書》、《文選》：居，俱作『入』。」

蔡信發曰：「《史記》、《漢書》、《文選》『居』並作『入』。『入』視『居』長多矣。」

茂仁案：《漢紀・孝景皇帝紀》、《通志》九七、《冊府元龜》八七二、《縱橫家佚書輯本七種・鄒陽書》「居」亦並作「入」。「居」當改作「凥」，說見卷一「昔者舜自耕稼陶漁而躬孝友」章，「居於闕黨」條校記。《漢紀・孝景皇帝紀》、《文選》鄒陽〈於獄上書自明〉、《冊府元龜》八七二「妒」並作「妬」，元刊本、楚府本、何良俊本、楊美益本、白口十行本、程榮本、祕書本、陳用光本、百子本並同，下同。妒，正字，通作妬。

昔者司馬喜臏於宋，卒相中山；

盧文弨曰：「（臏下）《漢書》、《文選》有『腳』字。」

武井驥曰：「《史》、《漢》、《文選》『臏』下有『腳』字。」

施珂曰：「《史記》亦有腳字。」

梁容茂曰：「《漢書》、《文選》：臏下俱有『腳』字。《文選》：昔下有『者』字。《拾補》云：『（昔下），宋有者字，與《文選》同。』」

蔡信發曰：「《史記》『昔』下有『者』，『臏』作『髕』，下有『腳』；《漢書》『臏』作『髕』，下有『腳』；《文選》『臏』下有『腳』。臏，髕之俗字。《說苑・尊賢》『髕』下亦有『腳』，則此，當補『腳』字。喜，《國策・中山策》作嫳，同音相通。檢：〈中山策〉：『司馬嫳三相中山。』《韓子・內儲說下》：『司馬喜，中山君之臣也。』《呂覽・應言》：『司馬喜難墨者師於中山王前以非攻。』並無髕腳事，則此不悉鄒氏據何而言？顯為用典之誤。《說苑・尊賢篇》與此同。腳、腳正俗字。」

茂仁案：《漢書・鄒陽傳》「臏」作「臏」，不作「髕」。《冊府元龜》八七二作「臏」下亦有「腳」字。《漢書・鄒陽傳》、《漢紀・孝景皇帝紀》、《通志》九七、《縱橫家佚書輯本七種・鄒陽書》並無「者」字，「臏」下亦並有「腳」字。各本亦並無「者」字。蔡先生曰：「臏，髕之俗字。（中略）當補『腳』字。」審「臏」為古代削除膝蓋骨之肉刑，作「臏」，於義已足，非必補「腳」字，一如卞和之受「刖」刑，「刖」下非必補「足」字也。

范雎拉脅折齒於魏，卒為應侯。

武井驥曰：「《史》『拉』作『摺』，〈應侯傳〉作『折脅摺齒』（中略），《說文》曰：『拉，摧也。』《廣雅》曰：『折也。』」

施珂曰：「《史記》、《文選》拉皆作摺。」

梁容茂曰：「《文選》：拉，作『摺』。」

蔡信發曰：「《史記》『拉脇』作『摺脅』，《漢書》『脇』作『脅』，《文選》『拉』作『摺』，《說苑》『拉脅』作『折脇』，『折』作『拉』。〈索隱〉：『〈應侯傳〉作『折脅摺齒』，是也。』《漢書補注》：『晉灼曰：『摺，古拉字。』』案：《說文》：『拉，摧也。摺，敗也。』義可相通，聲則迥異，晉灼以『摺』爲古『拉』字，視爲一字，誤。脇之作脅，猶胸之作胷，實爲一字之異體。故諸書所作雖左，義實一致，〈索隱〉之說，欠妥。」

茂仁案：《漢紀‧孝景皇帝紀》「拉脅折齒」作「折脅」，《說苑‧尊賢篇》作「折脅拉齒」，《白氏六帖》一〇、《太平御覽》四九七引《史記》並同，《冊府元龜》八七二作「折脇拉齒」，《海錄碎事》八上作「摺脅折齒」。《史記‧鄒陽傳》〈索隱〉云：「〈應侯傳〉作『折脅摺齒』，是也。《說文》：『拉，摧也。』」《漢書‧鄒陽傳》〈補注〉云：「錢大昭曰：『《文選》拉作摺。案：《春秋公羊傳‧莊公元年》：『拉幹而殺之。』《史記‧公子彭生》：『抱魯桓公上車摺其脅。』〈楊雄傳〉：『范雎以折摺而危穰侯。』晉灼曰：『摺，古拉字。』」晉灼言「摺」爲古「拉」字，未知所據，或涉《說文》十二篇上手部「搚，摺也，一日拉也」而來。審《說文》十二篇上手部載「拉，摧也」、「摧，擠也」、「摺，敗也」，職此，「拉脅」文不辭。上言〈楊雄傳〉云「折摺」，〈應侯傳〉云「折脅摺齒」，是也，「拉脅摺齒」當據改作「折脅摺齒」，《資治通鑑》五〈周紀五〉、《冊府元龜》九四八並作「折脅摺齒」，《天中記》二二引《史記》作「折脇摺齒」，並其明證也。

此二人者，皆信必然之畫，捐朋黨之私，挾孤獨之交，

故不能自免於嫉妒之人也。

盧文弨曰：「狐，訛。」

梁容茂曰：「（挾孤獨之意）何本：孤，作『狐』，誤。《拾補》云：『狐，訛。』」

茂仁案：四庫《新序》版本有二，二本並作「交」，不作「意」，梁先生以四庫本爲底本，失檢。何良俊本、白口十行本、程榮本、祕書本、陳用光本、百子本「妒」並作「妬」。妒，正字，通作妬。

是以申徒狄蹈流之河，徐衍負石入海，不容於世，義不苟取，比周於朝，以移主上之心。

盧文弨曰：「《漢書》、《文選》作『雍』。」

武井驥曰：「《漢書》『流』作『雍』，《史》作『自沈於河』。」

施珂曰：「《史記》〈索隱〉引此文『蹈流之河。』作『抱甕自沈於河。』是也。」

梁容茂曰：「《漢書》、《文選》：流，俱作『雍』。《史記》作『申徒狄自沈於河』。〈索隱〉曰：『《新序》作抱甕自沈於河。』是則今《新序》，蓋非舊本矣。」

蔡信發曰：「《史記》『蹈流』作『自沈於』，《漢書》、《文選》『流』並作『雍』。〈索隱〉：『《新序》作‘抱甕自沈於河’，不同也。』《漢書》服虔〈注〉：『雍之河，雍州之河也。』顏〈注〉：『雍者，河水溢出爲小流也。』王念孫讀『雍』爲『甕』，以『蹈甕』與『抱甕』之義，實爲相近，又引《漢紀》『故徐衍負石入海，申徒狄蹈甕之河』爲證，說詳《讀書雜志》四。案：服、顏二說，誤；王說，是。蓋此『蹈流』下接『之河』，非獨遣詞不類，文義欠順，且與下句不對，形式亦乖，復參〈索隱〉所引，《漢書》、《文選》所作，足見此作『蹈流之河』，顯出後人所妄改，明矣。」

茂仁案：「是以申徒狄蹈流之河」，《漢紀・孝景皇帝紀》、《通志》九七、《冊府元龜》八七二、《縱橫家佚書輯本七種・鄒陽書》「流」亦並作「雍」，四庫本同。王念孫《讀書雜志》四之九《漢書・賈鄒枚路傳》「蹈雍之河」云：「是以申徒狄蹈雍之河，徐衍負石入海。服虔曰：『雍之河，雍州之河也。』師古曰：『雍者，河水溢出爲小流也。言狄初因蹈雍遂入大河也。《爾雅》曰：‘水自河出爲雍，雍音於龍反’。』念孫案：雍，讀爲甕。謂蹈甕而自沈於河也。井九二甕敝漏，釋文甕作雍。〈北山經〉縣雍之山。郭璞曰：『音汲甕』。《水經・晉水篇》作『縣甕』。是『甕』與『雍』古字通也。《史記》作『申徒狄自沈於河』。〈索隱〉曰：『《新序》作‘抱甕自沈於河。’』【今《新序・雜事篇》作蹈流之河，後人改之也。】彼言『抱甕』，此言『蹈甕』，義相近也。蹈甕之河，負石入海，皆欲其速沈於水耳。《莊子》謂申徒狄負石自投於河，意與此同。《漢紀・孝成紀》荀悅曰：『雖死，猶懼形骸之不深，魂神之不遠。』故徐衍負石入海，申徒狄蹈甕之河，此尤其明證也。服虔以爲蹈雍州之河，師古以爲初蹈雍遂入河，皆失之遠矣。」王念孫說甚旳，「流」當據改作「雍」。審《韓詩外傳》一云：「遂抱石而沈於河。」《鶡冠子・備知篇》云：「申徒狄以爲世溷濁不可居，故負石自投於河。」《荀子・不苟篇》云：「故懷負石而赴河，是行之難爲者也，而申徒狄能之。」又〈說山篇〉云：「申徒狄負石自沈於淵。」《白氏六帖》二〈津渡三八〉、〈河四○〉並以申徒狄「抱（負）石」投河，並與本文異。楚府本「狄」作「秋」，非是，秋、狄，形近而訛也。

故百里奚乞食於道路，繆公委之以政，甯戚飰牛車下，而桓公任之以國。

施珂曰：「《史記》、《漢書》、《文選》飰皆作飯。飯、飰正俗字。」

蒙傳銘曰：「《史記》、《漢書》、《文選》『飰』並作『飯』，宋本作飰。飰與飯同，《說文》無飰字，《集韻》：『飯或从卞。』」

蔡信發曰：「《史記》無『道』，《文選》無『道』、『繆』作『穆』。」又曰：「《漢書》無『而』。參以上文，無『而』，是。典見《呂覽・舉難》，本書卷五。」

茂仁案：「繆公委之以政」，《漢紀・孝景皇帝紀》「繆」亦作「穆」，繆、穆古通，說見卷二「昔者唐、虞崇舉九賢」章，「秦繆公用之而霸」條校記。「甯戚飯牛車下」，《漢紀・孝景皇帝紀》、《通志》九七、《冊府元龜》八七二、《縱橫家佚書輯本七種・鄒陽書》「飯」亦並作「飯」，各本則並與本文同，飯、飯，正、俗字。《說文》三篇下用部云：「甯，所願也。从用，寧省聲。」今「甯」作「審」，蓋由篆文隸變所致形訛，非是也，《史記・鄒陽傳》、《漢書・鄒陽傳》、《通志》九七、《縱橫家佚書輯本・鄒陽書》「審」並作「甯」，陳用光本、四庫本、鐵華館本、百子本、龍溪本並同，即其證也，當據改。

此二人者，豈藉宦於朝，假譽於左右，然後二主用之哉？

盧文弨曰：「（宦）兩本俱作『官』，《漢書》、《文選》作『素宦』。」

武井驥曰：「吳本『宦』作『官』，嘉靖本、朝鮮本同。《史》『藉』作『借』，《漢書》、《文選》作『素』。」

梁容茂曰：「（豈藉官於朝）《漢書》、《文選》：藉官，俱作『素宦』。假，《漢書》作『借』。何本、程本：官，亦俱作『宦』。」

茂仁案：「豈藉宦於朝，假譽於左右」，四庫《新序》版本有二，二本並作「宦」，不作「官」，梁先生以四庫本為底本，失檢。《史記》「假」作「借」。《漢書》、《通志》九七、《冊府元龜》八七二、《縱橫家佚書輯本七種・鄒陽書》「藉宦」亦並作「素宦」、「假」亦並作「借」，《漢紀・孝景皇帝紀》、《文選》鄒陽〈於獄上書自明〉「藉宦」並作「素官」，「假」亦並作「借」，龍溪本「藉」作「籍」，楚府本、何良俊本、白口十行本「宦」並作「官」。《說文》七篇下宀部云：「宦，仕也。」又十四篇上自部云：「官，吏事君也。」職此，宦、官，義通；假、借，義同；藉、籍古通，說見上。

感於心，合於行，堅於膠漆，昆弟不能離，豈惑於眾口哉！

武井驥曰：「《文選》『行』作『意』、『堅於』作『堅如』。」

施珂曰：「《文選》行作意。《史記》堅作親。」

梁容茂曰：「《文選》：行，作『意』。堅下有『於』字，《漢書》、《文選》俱作『如』；漆，俱作『桼』。」

蔡信發曰：「《史記》『堅』作『親』；《漢書》『堅於』作『堅如』，『漆』作『桼』；《文選》『行』作『意』，『於』作『如』。漆、桼同音假借，並為清紐質韻，《說文》：

『桼，本汁可以髹物。漆，漆水出右扶風杜陵岐山，東入渭，一曰入洛。』」

　　茂仁案：「堅於膠漆」，《漢紀・孝景皇帝紀》、《通志》九七「於」亦並作「如」，《縱橫家佚書輯本七種・鄒陽書》「漆」亦作「桼」。據蔡先生引《說文》「桼」（見六篇下木部）、「漆」（見十一篇上水部）之文，知桼、漆，正、假字也。「昆弟不能離，豈惑於眾口哉」，《漢紀・孝景皇帝紀》作「眾口所不能離，豈惑於浮辭哉。」

故偏聽生姦，獨任成亂。

　　茂仁案：《漢紀・孝景皇帝紀》「故」作「夫」，並通。

昔魯聽季孫之說，逐孔子；宋信子冉之計，逐墨翟。夫以孔墨之辯，而不能自免，何則？

　　武井驥曰：「《史》及《文選》『逐』作『囚』，《史》同。『子冉』作『子罕』。文穎曰：『子冉，子罕也。司馬貞曰：『〈荀卿傳〉云：「墨翟，孔子時人，或云在孔子後。」又襄二十九年《左傳》：「宋饑，子罕請出粟。」時孔子適八歲，則墨翟與子罕不得相輩，或以子冉爲是，不知何如也？』』又曰：「《史》、《漢》、《文選》有『於讒諛而二國以危』八字。驥按：此恐脫簡。」

　　施珂曰：「《史記》子冉作子罕，逐作囚。《漢書》、《文選》逐亦並作囚。逐字疑涉上文『逐孔子』而誤。」又曰：「《史記》、《漢書》、《文選》免下皆有『於讒諛，而二國以危。』八字。」

　　梁容茂曰：「《漢書》：信，作『任』；逐，《漢書》、《文選》俱作『囚』。《史記》、《漢書》、《文選》：免下俱有『於諂諛而二國以危』八字。此恐有脫文。」

　　蔡信發曰：「《史記》『冉』作『罕』。《史記》、《漢書》、《文選》『逐』作『囚』，『免』下有『於諂諛而二國以危』。〈索隱〉：『左氏司城子罕，姓樂，名喜，乃宋之賢臣也。《漢書》作子冉，不知子冉是何人。文穎曰：『子冉，子罕也。』〈荀卿傳〉云：『墨翟，孔子時人，或云在孔子後。』又襄二十九年《左傳》：『宋饑，子罕請出粟。』時孔子適八歲，則墨翟與子罕不得相輩，或以子冉爲是，不知何如也？』〈補注〉：『《齊・召南》曰：『子冉，《史記》作子罕，故文穎以爲一人。』先謙曰：『顧炎武云：「案子罕是魯襄公時人，墨翟在孔子之後，子冉當另是一人。文穎〈注〉，非也。」』』〈考證〉云：『沈欽韓曰：『《史記》作子罕爲是。〈索隱〉疑其不與墨翟同時，不知春秋後，復有一子罕也。』梁玉繩曰：『《漢書・陽傳》及《新序》三，子罕作子冉，豈冉、罕音近通用乎？而此子罕必子罕之後，以字爲氏。如鄭罕氏常掌國政也，墨翟與之並世，證一；李斯上二世書，《韓子・外柄》、〈外儲右下〉、

〈說疑〉、〈忠孝〉等篇。《韓詩外傳》七、《淮南・道應》、《說苑・君道》皆言司城子罕劫君擅政，證二；而前人誤以為樂喜，《困學紀聞》六，謂子罕賢大夫，辨李斯諸說為誣罔，而不知劫君之子罕，並墨翟世，乃樂喜之後為司城者。高誘〈注〉《呂子・召類》云：「春秋子罕，殺宋昭公。」攷宋有兩昭公，前昭公當魯文時，後昭公當戰國時，皆與樂喜不同世，諸書但言宋君，高氏以昭公實之，殊妄。況〈召類篇〉言子罕相宋平、元、景三公，孔子稱其仁節。則政是樂喜，奈何以為殺君？或者樂喜之後，當後昭公時，有劫君之事歟？然不可以注春秋仁節之子罕也。囚墨翟事，無所見。』考經傳有子罕，無子冉，《史記》作子罕，是。墨翟之見逐抑被囚，古籍不載，是以各書所引不一，莫可定之。進言之，子罕有無進計宋君，以陷墨翟？宋君又指何公？均將疑竇叢生，難以確定。竊以是乃鄒陽私合劫君之子罕與棲遑之墨翟為一事，求與上文相對，故後世注家，遍翻典籍，皆無以明其原委，縱有所釋，率郢書燕說，不足採信。鄒陽〈獄中上書自明〉，首見《史記》，作『子罕』，而此誤改為子冉，《漢書》因之，《文選》又沿《漢書》，故諸說紛紜，莫衷一是。《校補》以免下俱有此八字，疑有脫文。案：『免』下有『於讒諛』三字，方使『免』字之義顯著，不然，含混不清；復下接『而二國以危』五字，始使魯聽季孫之說、宋信子冉之計之弊明確，不然，文勢欠強，是以《史》、《漢》、《文》並有此八字，是，當補；《校補》所疑，亦可隨之而解。」

茂仁案：「宋信子冉之計，逐墨翟」，《漢紀・孝景皇帝紀》「子冉」亦作「子罕」。《漢書・鄒陽傳》「信」作「任」，《通志》九七、《冊府元龜》八七二、《縱橫家佚書輯本七種・鄒陽書》並同，審此句為承上文「獨任成亂」而來，故作「任」，於文例較長。《漢紀・孝景皇帝紀》、《通志》九七、《冊府元龜》八七二、《縱橫家佚書輯本七種・鄒陽書》「逐」亦並作「囚」。上引梁玉繩之言，見《史記志疑》三〇，其謂「豈『冉』、『罕』音近通用」，審罕，古為曉母、元部；冉，古為日母、談部，子冉或即「子罕」之音訛也。「而不能自免」，《史記・鄒陽傳》、《漢書・鄒陽傳》、《漢紀・孝景皇帝紀》、《文選》鄒陽〈於獄上書自明〉、《通志》九七、《冊府元龜》八七二、《縱橫家佚書輯本七種・鄒陽書》並無「而」字，「免」下亦並有「於讒諛，而二國以危」八字，武井驥謂此恐有脫文，梁先生承之，蔡先生則謂當據此八字，審此文義已足，非必補入，並存可也。祕書本「辯」作「辨」，古通。

眾口鑠金，積毀銷骨。

施珂曰：「《漢魏叢書》程本、陳本消並作銷。消、銷古通。」

梁容茂曰：「（積毀消骨）《漢書》、《文選》、何本、程本、百子本：消，俱作『銷』。」

　　茂仁案：四庫《新序》版本有二，二本並作「銷」，不作「消」，梁先生以四庫
本爲底本，失檢。《藝文類聚》五八引《漢書》、《冊府元龜》八七二「銷」並作「消」，
何良俊本、鐵華館本、龍溪本並同。《說文》十四篇上金部云：「銷，鑠金也。」《文
選》鄒陽〈於獄上書自明〉李善〈注〉云：「《國語》泠州鳩曰：『眾心成城，眾口鑠
金。』賈逵曰：『鑠，消也。眾口所惡，金爲之銷亡，積毀消國，亦云消骨。』又曰：
『讒毀之言，骨肉之親，謂之消滅，國亦然也。』」據是，銷與消通，並訓消滅也。

是以秦用由余而霸中國，

　　武井驥曰：「《史》、《漢》、《文選》『用』下有『戎人』二字。」

　　施珂曰：「《史記》、《漢書》、《文選》用下並有『戎人』二字，當據補。『秦用戎
人由余而霸中國。』與下文『齊用越人子臧而彊威、宣。』句法一律。」

　　梁容茂曰：「《史記》、《漢書》、《文選》：用下俱有『戎人』二字。《史記・商君
列傳》：『（五段（茂仁案：段當爲殺之訛）殺大夫）相秦六七年，而東伐鄭，三置晉
國之君，一救荊國之禍；發教封內而巴人致貢，德施諸侯而八戎來服；由余聞之欵
關請見。』」

　　蔡信發曰：「《史記》、《漢書》、《文選》『由』上並有『戎人』，《漢書》『霸』作
『伯』。繆公用戎人由余，見《史記・秦本紀》。下文作『越人子臧』，則此宜作『戎
人由余』以對，當據三書而補。霸，伯之雙聲假借，並爲幫紐，《說文》：『伯，長也。
霸，月始生魄然也。』。」

　　茂仁案：「是以秦用由余而霸中國」，《通志》九七、《冊府元龜》八七二、《縱橫
家佚書輯本七種・鄒陽書》「用」下亦並有「戎人」二字，誠施先生所論「秦用戎人
由余而霸中國」與下文「齊用越人子臧而彊威宣」句法正一律，是也，「用」下當據
補「戎人」二字。又《通志》九七、《冊府元龜》八七二、《縱橫家佚書輯本七種・
鄒陽書》「霸」亦並作「伯」。霸、伯，古並爲幫母、鐸部，音同可通，本章文中，
霸、伯並出，此例於古籍多有，說見王觀國《學林》二「伯」條，及楊愼《丹鉛續
錄》三「霸伯同」條。

齊用越人子臧而彊威宣。

　　武井驥曰：「《史》『子臧』作『蒙』，下同。（中略）張晏曰：『子臧，或是越人
蒙字也。』」

　　施珂曰：「《史記》子臧作蒙，下同。」

　　蔡信發曰：「《史記》『子臧』作『蒙』、『強』作『彊』；《漢書》、《文選》『強』

作『彊』。〈索隱〉：『越人蒙，未見所出。《漢書》作子臧。又張晏云：'子臧，或是越人蒙字也。'』〈補注〉：『沈欽韓曰：'《鹽鐵論·相刺篇》："越人夷吾，戎人由余，待譯而後通，並顯於齊、秦。"則子臧又名夷吾。'沈曾植曰：'《潛夫論·論榮篇》："由余生於五狄，越象產於八蠻，而功顯齊、秦，德立諸夏。"越象與由余並舉，疑即子臧。《史記》作越人蒙，蒙蓋象字之誤。'』案：子臧何人，說者不鮮，唯彼所據之《鹽鐵論》、《潛夫論》，皆在鄒文之後，且皆以與由余並舉者認之。然彼所引之籍，安知非據鄒文而杜撰？又與由余並舉者，可爲子臧，亦可不爲子臧。是以沈欽韓以夷吾乃子臧之名，然亦安知夷吾非別有其人？沈曾植疑蒙乃象之誤，然亦安知象不爲蒙之謬？取證之孤，於焉可見。要之，二氏之訓，並乏經史之力證，但可錄而參之，不可據以爲說。強、彊同音假借，並爲群紐陽韻，《說文》：『強，蚚也。彊，弓有力也。』』

茂仁案：「齊用越人子臧而彊威宣」，《冊府元龜》八七二「彊」亦作「強」，元刊本、楚府本、何良俊本、楊美益本、白口十行本、程榮本、祕書本、陳用光本、四庫本、百子本並同，下同，王叔岷先生《史記斠證·鄒陽傳》云：「古人名與字相應，蒙借爲冢，《說文》：『冢，覆也。』臧借爲藏。覆與藏義正相應，則象乃蒙之誤矣。」王先生之說得之矣。

此二國豈拘於俗，牽於世，繫奇偏之辭哉？

武井驥曰：「《史》『奇』作『阿』，《漢書》『辭』上有『浮』字。」

施珂曰：「《漢書》之下有浮字。」

梁容茂曰：「《漢書》：拘，作『係』；辭上有『浮』字。」

蔡信發曰：「《史記》『奇』作『阿』；《漢書》『拘』作『係』，『辭』上有『浮』。〈補注〉：『係、繫二字，不當連用，《史記》、《文選》'係'作'拘'，是也。奇偏，無義。《史記》作阿偏，'奇'與'阿'形近致誤也。』是。」

茂仁案：「此二國豈拘於俗」，《通志》九七、《冊府元龜》八七二、《縱橫家佚書輯本七種·鄒陽書》「拘」亦並作「係」，拘、係，義通。「繫奇偏之辭哉」，《通志》九七、《縱橫家佚書輯本七種·鄒陽書》「辭」上亦並有「浮」字。上言《漢書》〈補注〉云「奇偏，無義。《史記》作阿偏，『奇』與『阿』形近致誤也」，蔡先生從之，王叔岷先生《史記斠證·鄒陽傳》云：「《廣雅·釋詁二》：『畸、偏、阿，衺也。』奇、畸古通。『阿偏』、『奇偏』並不正之意。奇非阿之誤。」是也。《冊府元龜》八七二「奇」作「倚」，亦通也。元刊本、楚府本、何良俊本、楊美益本「二」並作「一」，非是，蓋「二」之壞字所致誤，或涉數字連類而誤也。

公聽共觀，垂名當世。

　　盧文弨曰：「（共）《漢書》、《文選》作『並』。」

　　武井驥曰：「《史》、《文選》『共』作『並』，《漢書》同。『名』作『明』。」

　　施珂曰：「盧云：『《漢書》、《文選》共作並。』《史記》亦作並。」

　　梁容茂曰：「《史記》、《漢書》、《文選》：共，俱作『並』。名，《漢書》作『明』。」

　　蔡信發曰：「《漢書》、《文選》『名』並作『明』。觀以上下文義，名、明並通。」

　　茂仁案：《通志》九七、《冊府元龜》八七二、《縱橫家佚書輯本七種・鄒陽書》「共」亦並作「並」，且「名」亦並作「明」，審此文義，作「名」，於義較長。

故意合，則胡、越為兄弟，由余、子臧是也；

　　武井驥曰：「《史》、《文選》『兄』作『昆』，《漢書》『也』作『矣』，下同。」

　　梁容茂曰：「兄，《文選》作『昆』。」

　　蔡信發曰：「《史記》『兄』作『昆』，『子臧』作『越人蒙』，『也』作『矣』；《漢書》『也』作『矣』；《文選》『兄』作『昆』，『也』作『矣』。昆弟、兄弟義同。也、矣可通。」

　　茂仁案：《冊府元龜》八七二「兄」亦作「昆」；《通志》九七、《冊府元龜》八七二、《縱橫家佚書輯本七種・鄒陽書》「也」亦並作「矣」，下同。也、矣並為語尾助詞，可通，說見《古書虛字集釋》三。楚府本「子」作「予」，非是，予、子，形近而訛也。

不合，則骨肉為仇讐，朱、象、管、蔡是也。

　　武井驥曰：「《史》作『骨肉出逐不收』。李善曰：『丹朱，堯子，讐敵未聞。』」

　　梁容茂曰：「《漢書》、《文選》：仇讐，俱作『讐敵』。」

　　蔡信發曰：「《史記》『為仇讐』作『出逐不收』，『也』作『矣』；《漢書》、《文選》『仇讐』作『讐敵』，『也』作『矣』。李善〈注〉『丹朱，堯子。讐敵未聞。』案：象封有庳，見《孟子・萬章上》；朱未見逐，見《書・堯典》；是以《史記》作『出逐不收』，欠當。至《漢書》、《文選》作『讐敵』，則又不適『丹朱』。要之，鄒文用典欠妥，所在多見。」

　　茂仁案：蔡先生說是也。又《通志》九七、《縱橫家佚書輯本七種・鄒陽書》「為仇讐」亦並作「為讐敵」，《冊府元龜》八七二則作「為敵讐」。

今人主如能用齊、秦之明，後宋魯之聽，則五伯不足侔，三王易為比也。

　　武井驥曰：「《史》『如』作『誠』、『明』作『義』、『侔』作『稱』。」

梁容茂曰：「《漢書》：無『比』字。」

蔡信發曰：「《史記》『如』作『誠』，『明』作『義』，『侔』作『稱』，無『比』；《漢書》『如』作『誠』，『侔』下有『而』，無『比』；《文選》『如』作『誠』，『伯』作『霸』。《說文》：『侔，齊等也。』不侔，不相等，與『不稱』義同。伯、霸正假字。」

茂仁案：「今人主如能用齊秦之明」，《文選》鄒陽〈於獄上書自明〉、《通志》九七、《冊府元龜》八七二、《縱橫家佚書輯本七種・鄒陽書》「如」亦並作「誠」，如、誠，義通。「三王易爲比也」，《史記・鄒陽傳》亦無「比」字，《通志》九七、《縱橫家佚書輯本七種・鄒陽書》並同，且「三」上並有「而」字，《漢書・鄒陽傳》、《冊府元龜》八七二「三」上亦有「而」字，有「而」字，於文氣較順。

是以聖王覺悟，

梁容茂曰：「《漢書》：悟，作『寤』。」

茂仁案：「是以聖王覺悟」，《通志》九七、《縱橫家佚書輯本七種・鄒陽書》「悟」亦並作「寤」，悟、寤，古並爲疑母、魚部，音同可通，《說文》七篇下宀部云：「寤，寐覺而有言曰寤。」段〈注〉：「古書多段寤爲悟。」又十篇下心部云：「悟，覺也。」段〈注〉云：『古書多用寤爲之。』據是，悟、寤，正、假字也。

捐子之之心，能不說於田常之賢，

武井驥曰：「《史》『心』下有『而』字。」

梁容茂曰：「《文選》：能，作『而』；說，作『悅』。能、而，古通用。說、悅，古今字。」

蔡信發曰：「《史記》『心』下有『而』；《漢書》『捐』作『損』，『能』作『而』；《文選》『能』作『而』，『說』作『悅』。《讀書雜志》三：『能，與而同。《漢書》作『而』，《新序》作『能』，其實一字也。下文『獨化於陶鈞之上，而不牽於卑亂之語』，《新序》『而』作『能』，是其證也。《史記》作『而能』者，一本作『而』，一本作『能』，而後人誤合之耳。能字，古讀若而，故與而通。說見《經義述聞》能不我知下。』說、悅古今字，見《說文》說字〈注〉。」

茂仁案：「捐子之之心」，楚府本奪一「之」字，非是。「能不說於田常之賢」，蔡先生引王念孫《讀書雜志》，見該書卷三之四《史記・樂毅列傳》「而能」條。《通志》九七、《冊府元龜》八七二、《縱橫家佚書輯本七種・鄒陽書》「能」亦並作「而」，盧文弨《龍城札記》二「而與能古音義同」云：「耐爲古能字。見《禮記・禮運》注。

又案：『而』字亦與『能』同。〈齊策四〉：『而治可爲管商之師。』《呂氏春秋・不侵篇》作『能治』。《呂氏春秋・去私篇》：『南陽缺令，其誰可而爲之。』又〈不屈篇〉：『施而治農夫者也。』又〈士容論〉：『柔而堅，虛而實。』高誘〈注〉皆以『而』爲『能』，其〈注〉《淮南》亦同。《新序三》『不以官隨愛，而當者處之。』今本『而』有作『能』者，後人改之也。〈禮運〉〈正義〉謂《說苑》『能』字皆爲『而』，今《說苑》書中不見有『能』字作『而』者，亦皆爲後人改之矣。《論衡・福虛篇》載田文之言云：『如在戶，則宜高其戶，誰而及之者。』此皆古書之未盡改者也。」而，古爲日母、之部；能，古爲泥母、之部，古日部歸泥部，職此，而、能古音同，盧說是也。

封比干之後，脩孕婦之墓，故功業覆於天下。

蔡信發曰：「《史記》、《漢書》、《文選》『脩』並作『修』。〈索隱〉：『封比干之後，後，謂子也。不見其文。《尚書》作‘封比干之墓’，又唯云：‘刳剔孕婦’，則武王雖反商政，亦未必修孕婦之墓也。』案：脩，修之假借。〈索隱〉引《尚書》『封比干之墓』，乃〈武成篇〉句，此外，別見《逸周書・克殷》、《呂覽・慎大》、《禮記・樂書》、《尚書大傳》三、《淮南・主術》、〈道應〉、《史記・殷本紀》、〈周本紀〉、〈樂書〉、〈留侯世家〉、《漢書・張良傳》、《說苑・尊賢》、《越絕書・吳內傳》、《家語・辯樂》、《長短經・時宜》、《書鈔》十三引《帝王世紀》，然均無封比干之後事；又『刳剔孕婦』，乃〈泰誓〉之句，遍翻典籍，亦不見有修孕婦之墓事，是乃鄒氏用典之誤。」

茂仁案：蔡先生之說可從也，唯云「鄒氏用典之誤」，愚疑此或爲鄒氏設言，蓋取其意，非必有其事也，以此觀之，鄒氏之言亦未必誤也；唯檢之經史，鄒氏未詳考其事，據是，視其爲誤，亦可矣。《淮南子・泰族篇》亦言封比干之墓，而未言及封其後者，亦未言及脩孕婦之墓。唯梁玉繩《史記志疑》三○言及封比干之後，脩孕婦之墓云：「二事經傳無攷。《通志・氏族略》謂譜家云：『比干爲紂所戮，其子堅逃長林之山，遂爲林氏。』其說出於林寶《元和姓纂》。鄭氏已糾其妄。又《書・泰誓》〈疏〉引《帝王世紀》云：『紂剖比干妻以視其胎，或者脩簪婦之墓，即是比干墓歟？』」若《帝王世紀》所載爲眞，則鄒陽言「刳剔孕婦」一事，不誤矣。白口十行本「干」作「于」；楚府本「脩」作「修」。于、干，形近而訛也；脩，爲「修」之借字也。

何則？欲善無猒也。

盧文弨曰：「俗作『厭』。」

茂仁案：「欲善無猒也」，《史記‧鄒陽傳》、《漢書‧鄒陽傳》「猒」並作「厭」，《通志》九七、《冊府元龜》八七二、《縱橫家佚書輯本七種‧鄒陽書》並同，楚府本、何良俊本、程榮本、陳用光本、四庫本、百子本亦並同，猒、厭，古、今字。

夫晉文公親其讎而彊霸諸侯，齊桓公用其仇而一匡天下。

茂仁案：元刊本、楚府本、何良俊本、楊美益本、白口十行本、程榮本、祕書本、陳用光本、四庫本、百子本「彊」並作「強」，古通，下同。

何則？慈仁殷勤，誠加於心，不可以虛辭借也。至夫秦用商鞅之法，東弱韓、魏，立彊天下，而卒車裂商君；

武井驥曰：「《史》『立』作『兵』，《漢書》、《文選》『商君』作『之』。」

施珂曰：「《史記》、《漢書》、《文選》『而卒車裂商君。』皆作『卒車裂之。』而不再言商君。與下文『越用大夫種之謀，擒勁吳，霸中國，卒誅其身。』句法一律。」

梁容茂曰：「《史記》：立，作『兵』。」

蔡信發曰：「《史記》『立』作『兵』，『強』作『彊』，『商君』作『之』；《漢書》『強』作『彊』，無『而』，『商君』作『之』；《文選》『強』作『彊』，『商君』作『之』。據《史記‧秦本紀》，秦孝公三年，行商鞅之法，核〈年表〉，當韓莊侯十二年；二十四年，孝公卒，當韓昭侯二十一年，其間秦、韓無甚大戰，唯與晉有鴈門之役。至拔韓之宜陽，乃秦惠文王三年事，故此不當韓、魏並舉。上有商鞅，下以『之』代之，是。」

茂仁案：前、後「商」字，《史記‧鄒陽傳》、《漢書‧鄒陽傳》、《文選》鄒陽〈於獄上書自明〉並作「商」，《通志》九七、《冊府元龜》八七二、《縱橫家佚書輯本七種‧鄒陽書》並同，元刊本、何良俊本、楊美益本、白口十行本、程榮本、祕書本、陳用光本、四庫本、鐵華館本、百子本、龍溪本亦並同，商、商，形近而訛，當據改，下同。「立彊天下」，《史記‧鄒陽傳》「立」作「兵」，王叔岷先生《史記斠證‧鄒陽傳》云：「兵蓋立之誤，或淺人所改。《列子‧說符篇》：『此而不報，無以立懂於天下。』〈釋文〉：『懂，勇也。』與此立字用法同。」是。「而卒車裂商君」，《通志》九七、《冊府元龜》八七二、《縱橫家佚書輯本七種‧鄒陽書》「商君」亦並作「之」。蔡先生據《史記‧秦本紀》，云秦孝公三年，當韓莊侯十二年；二十四年，孝公卒，當韓昭侯二十一年，其間秦、韓無甚大戰，唯與晉有鴈門之役。至拔韓之宜陽，乃秦惠文王三年事，故此「不當韓、魏並舉」。

越用大夫種之謀，擒勁吳，霸中國，卒誅其身。是以孫叔敖，三去相而不悔，

蔡信發曰：「《志疑》：『《莊子・田子方》、《呂覽・知分》皆云‘孫叔敖三爲令尹，三去令尹。’《荀子・堯問》亦有三相楚之語，故鄒陽述之，《史・循吏傳》載之。它如《淮南・道應》、〈氾論〉、《說苑・尊賢》、〈雜言〉並仍之，然不足信也。《呂覽》高〈注〉：‘《論語》云令尹子文，不云叔敖。’《隸釋》〈漢延熹三年叔敖碑〉，取材最博，獨不及三去相事。《困學紀聞》七，謂事與子文相類，恐此一事。《四書釋地又續》曰：‘叔敖爲令尹，見宣十一年癸亥，叔敖死于莊王，手約令尹僅七、八年，以莊王之賢，豈肯暫已叔敖？意係子文事，傳訛爲叔敖耳。’《大全辨》載一說，謂叔敖實三仕三已，傳訛爲子文。不信《論語》，眞顚倒見矣。又《經史問答》曰：‘子文亦未嘗三爲令尹，子文于莊公三十年爲令尹，至僖公二十三年讓子玉，凡二十八年，子玉死，蔿呂臣繼之，子上繼之，大孫伯繼之，成嘉繼之，是後楚令尹不見于《左傳》。文公十二年，追紀子文卒，鬬般爲令尹，意者成嘉之後，嘗再起子文爲令尹，而仁山先生以爲子上之後者誤也。然則子文爲令尹者再，其初以讓人，其後卒于位。’據全氏說，則子文之事，見于《論語》、《國語》，尙難盡憑，況叔敖乎？然《國語》鬬且曰：‘子文三舍令尹，無一日之積。’又曰：‘成王每出子文之祿，必逃，王止而後復。’則二十八年中，必有逃而後復者，三仕三已，概可想見，當以《論語》爲信。』」

茂仁案：上引梁玉繩之說，別見左先生松超《說苑集證・尊賢篇》「孫叔敖三去相而不毀」條校記。左先生又云：「孫叔敖三爲令尹三去令尹，又見《漢書・賈山傳》、《鹽鐵論・毀學篇》。又顧炎武亦以爲孫叔敖，乃令尹子文之誤，見《日知錄》二五『人以相類而誤』條。」是。愚謂鄒陽此文蓋設言者，蓋皆取其意，而未詳考其實，謂其誤，可也。然就設言角度觀之，亦未必爲誤矣。

於陵仲子辭三公，為人灌園。

武井驥曰：「顏師古曰：『於陵，地名也。子仲，陳仲子也。其先與齊同族。』《列士傳》云：『字子終。』」

施珂曰：「《史記》、《漢書》、《文選》皆作於陵子仲。子仲疑仲子之誤倒。即《孟子・滕文公篇》所謂『居於於陵』之陳仲子也。」

梁容茂曰：「《漢書》、《文選》：仲子，俱作『子仲』。」

蔡信發曰：「《史記》、《漢書》、《文選》『仲子』並倒。」

茂仁案：「於陵仲子辭三公」，《漢紀・孝景皇帝紀》、《通志》九七、《冊府元龜》八七二、《縱橫家佚書輯本七種・鄒陽書》「仲子」亦並乙作「子仲」，《漢書古今人

表疏證》作「於陵子中」。《漢書‧鄒陽傳》顏〈注〉云：「子仲，陳仲子也。其先與齊，同族兄載爲齊相，仲子以爲不義，乃將妻子適楚居于於陵，自謂於陵子仲。」左先生松超云：「《史記》、《漢書‧鄒陽傳》及《文選》鄒陽〈獄中上書自明〉並作『於陵子仲辭三公，爲人灌園。』即此所本。『仲子』作『子仲』。案：『於陵仲子』《孟子》作『陳仲子』，〈滕文篇〉下：『孟子曰：仲子，齊之世家也。兄戴、蓋祿萬鍾。（趙〈注〉：食采於蓋，祿萬鍾。）以兄之祿爲不義之祿，而不食也；以兄之室爲不義之室，而不居也。避兄離母，處於於陵。』是本稱『仲子』，遷處於陵，故號『於陵仲子也』。《新序‧雜事》三：『於陵仲子辭三公，爲人灌園。』與本書同。《世說新語‧豪爽》亦作『於陵仲子』，〈注〉引皇甫謐《高士傳》同。」是。

今世主誠能去驕傲之心，懷可報之意，

武井驥曰：「《史》、《漢》、《文選》『世』作『人』。」

蔡信發曰：「《史記》、《文選》『世』並作『人』，『傲』並作『憿』；《漢書》『世』作『人』。『世主』，當依諸書作『人主』。憿，傲之俗字，猶驕之作憍。」

茂仁案：「今世主誠能去驕傲之心」，《通志》九七、《冊府元龜》八七二、《縱橫家佚書輯本七種‧鄒陽書》「世」亦並作「人」。傲、憿，正、俗字。

披心腹，見情素，隳肝膽，施德厚，

蔡信發曰：「《史記》、《漢書》『隳』作『墮』。《漢書‧蒯通傳》『墮肝膽』〈補注〉：『王念孫曰：‘墮者，輸也。謂輸肝膽以相告也。《左》昭四年〈傳〉：“屬有宗祧之事於武城，寡人將墮幣焉。”服虔〈注〉“墮，輸也。言將輸受宋之幣於宗廟。”是古謂輸爲墮也。〈淮陰侯傳〉作“披腹心，輸肝膽”，尤其明證矣。又〈鄒陽傳〉：“披心腹，見情素，墮肝膽”，義與此同，師古亦誤訓爲毀。’』是。案：王說見《讀書雜志》四。隳，墮之俗字。《說文》墮〈注〉：『用墮爲崩落之義，用隳爲傾壞之義，習非成是，積習難反也。』」

茂仁案：《通志》九七、《冊府元龜》八七二、《縱橫家佚書輯本七種‧鄒陽書》「隳」亦並作「墮」。隳，爲「隓」之俗字；墮，則爲「隓」之隸變，說並見《說文》十四篇下阜部「隓」字段〈注〉。

終與之窮通，無變於士，

盧文弨曰：「（變）《漢書》、《文選》作『愛』。李善〈注〉：『於士所求，無所愛惜也。』」

武井驥曰：「《史》、《漢》、《文選》『通』作『達』。」又曰：「《史》、《漢》、《文

選》『變』作『愛』。李善曰：『於士所求，無所愛惜也。』」

　　施珂曰：「《史記》亦作愛。又案《史記》、《漢書》、《文選》通皆作達。通猶達也。又《漢魏叢書》程本士作十，蓋士之壞字。」

　　梁容茂曰：「《漢書》、《文選》：通，俱作『達』；《史記》、《漢書》、《文選》：變，俱作『愛』。李善〈注〉：『於士所求無所愛惜也。』」

　　蔡信發曰：「《史記》、《漢書》、《文選》『通』並作達。此以『通』說『達』，義無二歧。」

　　茂仁案：「終與之窮通，無變於士」，《漢紀‧孝景皇帝紀》、《通志》九七、《冊府元龜》八七二、《縱橫家佚書輯本七種‧鄒陽書》「通」亦並作「達」，「變」亦並作「愛」。

則桀之狗，可使吠堯；

　　蔡信發曰：「《漢書》『狗』作『犬』，《文選》『狗』作『猗』。〈補注〉引宋祁：『犬字，當從浙本作狗，則近古而語直。』是。案：猗，與狗同。《韻會》：『猗，本作狗。』」

　　茂仁案：《通志》九七、《冊府元龜》八七二、《縱橫家佚書輯本七種‧鄒陽書》「狗」亦並作「犬」。《龍龕手鑑新編》編號06956云：「猗、狗，古口反，犬也。二同。」《字彙‧巳集‧犬部》云：「猗，同狗。」知猗與狗同。《漢書‧鄒陽傳》〈補注〉引宋祁曰：「犬字當從浙本作狗，則近古而語直。」職此，作「狗」，於義較長。

跖之客，可使刺由。況因萬乘之權，假聖王之資乎！

　　蔡信發曰：「《史記》『跖』作『蹠』，上有『而』；《漢書》、《文選》『跖』上並有『而』。跖、蹠音同，可相通用，在聲，並爲照紐；在韻，並屬昔韻。《史記‧伯夷傳》〈索隱〉：『蹠，與跖同。』。」

　　茂仁案：《冊府元龜》八七二「跖」上亦有「而」字。何良俊本、程榮本、祕書本、陳用光本書、百子本「刺」並作「刺」，非是，刺、刺，形近而訛也。

然則荊軻之沈七族，

　　盧文弨曰：「『之』字衍。」

　　武井驥曰：「《文選》『軻』下無『之』字，《漢書》同。『沉』上有『何』字、無『荊』字、『沉』作『湛』。顏師古曰：『此說云湛七族無荊字也，尋諸史籍，荊軻無湛族之事，不知陽所云者，定何人也。』應劭曰：『荊軻爲燕刺秦王，不成而死，其七族坐之。沉，沒也。』張晏曰：『七族，上至曾祖，下至曾孫。』」

　　施珂曰：「《史記》、《漢書》、《文選》沉皆作湛。同。」

梁容茂曰：「《漢書》、《文選》俱作：『然則軻湛七族』。《拾補》云：『之字衍。』」

蔡信發曰：「《史記》『沉』作『湛』；《漢書》無『荊』、『之』，『沉』作『湛』；《文選》無『之』，『沉』作『湛』。〈索隱〉：『七族，父之姓一也，姑之子二也，姊妹之子三也，女之子四也，母之姓五也，從子六也，及妻父母，凡七族也。』《漢書》張晏〈注〉：『七族，上至曾祖，下至曾孫。』〈補注〉：『張說曾祖至曾孫，無同在一時被誅之理，〈索隱〉說是。』《志疑》：『《論衡・語增》云：「秦王誅軻九族之事，復滅其一里。」與此不同。而《漢書》作「軻湛七族。」師古曰：「此無荊字，尋諸史籍，荊軻無湛七族之事，不知陽所言何人？」《野客叢書》又云：「湛之為義，言隱沒也。軻得罪秦，凡軻親屬皆竄跡隱邐，不見于於世，非謂滅其七族，高漸離變姓名，匿于宋子，政此意。」未知孰是。』案：沉，沈之俗字。湛、沈，古今字。《說文》：『湛，沒也。』王氏以上自曾祖，下訖曾孫，無同時被誅之理，而以張說為非，殊不知七族俱存，則同誅之；不存，則不究之。據王氏所云推之，設縶縈一人而坐法，七族不全，則〈索隱〉之說，豈不又謬？軻事，詳見《國策・燕策三》、《史記・刺客傳》，均不言及湛七族事，是乃鄒氏用典之謬。」

茂仁案：「然則荊軻之沈七族」，《通志》九七、《縱橫家佚書輯本七種・鄒陽書》亦並無「之」字，「沈」亦並作「湛」。王叔岷先生《史記斠證・刺客傳》引施之勉云：「朱珔曰：『余謂以暴秦之威，脅燕滅軻族，當為事之所有。鄒陽漢初人，必有所聞。王充語，惟七族、九族稍別，而意正同。特史傳偶闕未載耳。小顏因其無姓而疑為他人，非也。王楙說亦近迂。且至軻之同類，如高漸離等，尚俱深匿；則族之不免可知。此不必委曲以解之。』」王念孫《讀書雜志》四之九《漢書・賈鄒枚路傳》「荊軻」條略同。蔡先生曰：「軻事，詳見《國策・燕策三》、《史記・刺客傳》，均不言及湛七族事，是乃鄒氏用典之謬。」愚疑此亦為鄒陽設言，非必有其事也。《論衡・語增篇》「七族」作「九族」，與此異也。上言《野客叢書》語，見該書卷四「荊軻」條。

要離燔妻子，豈足為大王道哉！

武井驥曰：「一本及《史》『離』下有『之』字。」

蔡信發曰：「《史記》『燔』作『燒』。二字義通。」

茂仁案：「要離燔妻子」，與上文「荊軻之沈七族」對言，故「離」下當有「之」字，當據補。《史記》作「要離之燒妻子」，即其明證。

明月之珠，夜光之璧，以闇投人於道路，

　　盧文弨曰：「（「明」上有「臣聞」二字）二字何本脫。」

　　武井驥曰：「《漢》『明』上有『臣聞』二字，《文選》同。」

　　梁容茂曰：「《拾補》於明上補『臣聞』二字。云：『二字，何本脫。』案：四庫本亦無此二字。」

　　茂仁案：「明月之珠」，《史記‧鄒陽傳》、《通志》九七、《冊府元龜》八七二、《縱橫家佚書輯本七種‧鄒陽書》「明」上亦並有「臣聞」二字，審此文義，以有「臣聞」二字爲是，當據補。

眾無不按劍相眄者，何則？無因至前也。

　　盧文弨曰：「『眄』訛，下同。」

　　梁容茂曰：「（眾無不按劍相眄者）何本：眄，作『盼』，下眄字亦作『盼』。百子本：眄，作『盼』，下眄字作『盼』。《拾補》云：『盼、訛。下同。』」

　　茂仁案：四庫《新序》版本有二，二本並作「眄」，不作「眄」，梁先生以四庫本爲底本，失檢。百子本上、下「眄」字，並作「盼」，梁先生云此作「盼」，失檢。《史記‧鄒陽傳》、《漢書‧鄒陽傳》「眄」並作「眄」，《通志》九七同，鐵華館本、龍溪本並同，《太平御覽》八〇二引《史記》作「盼」，祕書本、百子本並同。眄、眄，形近而訛也，當據改，下同；盼，爲「眄」之形訛。《說文》四篇上目部：「眄，目偏合也。」，又云：「盼，恨視也。」職此，作「眄」，於義爲長，下同。

蟠木根柢，輪囷離奇，而為萬乘器者，以左右先為之容也。

　　武井驥曰：「《文選》『者』下有『何則』二字。」

　　蒙傳銘曰：「抵當爲柢之誤。《史記》、《漢書》、《文選》抵並作『柢』，鐵華館本同。」

　　蔡信發曰：「《史記》『抵』作『柢』，『奇』作『詭』；《漢書》、《文選》『抵』並作『柢』。抵、柢之形誤。離奇、離詭，其義無別。」又曰：「《史記》、《文選》句上並有『何則』。審以上下文義，當有『何則』。《漢書》涉此而脫。」

　　茂仁案：「蟠木根柢」，楚府本、何良俊本、程榮本、陳用光本、百子本「柢」並作「抵」，抵，爲「柢」之形訛。《史記》「奇」作「詭」。奇、詭，義同。「以左右先爲之容也」，《史記‧鄒陽傳》、《文選》鄒陽〈於獄上書自明〉此句上並有「何則」二字。蔡先生云「審以上下文義，當有『何則』」，是也。審上文「明月之珠，夜光之璧，以闇投人於道路，眾無不按劍相眄者，何則？無因至前也」，與此「蟠木根柢，

輪囷離奇，而爲萬乘器者，以左右先爲之容也」並列，上文「者」下有「何則」二字，此不當例外，又下文云「故無因而至前，雖出隨侯之珠，夜光之璧，祇足以結怨而不見得；故有人先游，則以枯木朽株，樹功而不忘」，顯承上爲言者，「故無因而至前」爲因，「眾無不按劍相眄者」爲果；「以左右先爲之容也」爲因，「故有人先游」爲果，益證此爲二並列句，據是，此「者」下當據補「何則」二字也。

故無因而至前，雖出隨侯之珠，夜光之璧，

梁容茂曰：「（雖出隋侯之珠夜光之璧）《漢書》：『夜光之』三字作『和』。」

茂仁案：四庫《新序》版本有二，二本並作「隨」，不作「隋」，梁先生以四庫本爲底本，失檢。《文選》鄒陽〈於獄上書自明〉「隨」作「隋」，《通志》九七、《冊府元龜》八七二並同，楚府本、祕書本亦並同。《淮南子·覽冥篇》高誘〈注〉云：「隋侯，漢東之國，姬姓諸侯也。」于大成先生《淮南子校釋》云：「《文選》班孟堅〈西都賦〉〈注〉、張平子〈南都賦〉〈注〉、又〈四愁詩〉〈注〉、曹子建〈與楊德祖詩〉〈注〉、潘安仁〈夏侯常侍誄〉〈注〉，《後漢·班固傳》、《御覽》四百七十二引『隋侯』亦並作『隨侯』，〈注〉同，是也（中略），此即左氏桓六年傳鬥伯比所謂『漢東之國隨爲大者』，《水經》涓水東南過隨縣西，〈注〉云：『縣，故隨國矣』，（中略），古隨國皆作隨，至隋文帝始改作隋。」于先生說甚旳。檢《能改齋漫錄》一「古無隋字」云：「隋字古無之，文帝受禪，以魏周齊，不遑寧處，惡之。遂去走以單書隋字，猶後漢都洛，以火德，故去水加佳也。」職此，作「隨」是也。說並見卷一「秦欲伐楚」章，「隨侯之珠」條校記。

祇足以結怨而不見得；

盧文弨「得」作「德」，曰：「兩本作『得』，古通。」

武井驥曰：「《史》『祇足以』三字作『猶』。」

施珂曰：「《漢魏叢書》程本、陳本得並作德。得、德古通。」

梁容茂曰：「（祇足以結怨而不見得）《漢書》：得，作『德』。《文選》、何本、程本、百子本，亦俱作『德』。《拾補》云：『兩本作得，古通。』」

蔡信發曰：「《史記》『祇足以』作『猶』，《漢書》『祇足以結怨』作『祇怨結』，《文選》無『以』。秖，祇之形誤。祇，祗之或字，適也。唐後以祗訓祇，音支。說詳《說文》祗〈注〉。《集韻》：『祇，適也。或从禾。』」

茂仁案：四庫《新序》版本有二，二本並作「德」，不作「得」，梁先生以四庫本爲底本，失檢。《文選》鄒陽〈於獄上書自明〉「祇足以結怨」作「祇足結怨」，《通

志》九七作「秖恐怨」，《冊府元龜》八七二作「祇足以結冤」，《縱橫家佚書輯本七種・鄒陽書》作「秖怨結」，諸書「得」亦並作「德」，楚府本、何良俊本、白口十行本、程榮本、祕書本、陳用光本「秖」並作「秖」，四庫本並作「祇」，百子本作「祇」，鐵華館本、龍溪本並作「祇」。鐵華館本、龍溪本「而」並作「而而」。武井驥《纂註本》、何良俊本、程榮本、陳用光本、四庫本、百子本「得」亦並作「德」。秖，爲「秖」之形訛；祇，爲「祇」字之形訛。秖，爲「祇」之俗字，祇，適也，說見《說文》十三篇上衣部「祇」字段〈注〉。得、德，古並爲端母、職部，音同可通，盧文弨云「（德、得）古通」，是也。

故有人先游，則以枯木朽株，樹功而不忘。

盧文弨曰：「『遊』俗，下竝同。」

武井驥曰：「《史》『游』作『談』，《文選》同。」

施珂曰：「《漢魏叢書》程本、陳本則下並有以字。案《史記》、《文選》游皆作談。《文選》李善〈注〉：『談，或爲游。』作游與此文合。」

梁容茂曰：「《拾補》云：『遊，俗。下並同。』」

茂仁案：「故有人先游」，祕書本、陳用光本、百子本「游」並作「遊」，遊，游之俗字，說見《說文》七篇上水部「游」字段〈注〉，盧文弨云「遊俗」，是也。《文選》鄒陽〈於獄上書自明〉李善〈注〉云：「談，或爲游。」游、談，於此義通，意即「先容」，故下文云「素無根柢之容」，說又見桂馥《札樸》三。「則以枯木朽株」，《漢書・鄒陽傳》、《文選》鄒陽〈於獄上書自明〉並無「以」字，《通志》九七、《縱橫家佚書輯本七種・鄒陽書》並同，元刊本亦同。「樹功而不忘」，楚府本「樹」作「封」，樹、封，義通。

今使天下布衣窮居之士，

武井驥曰：「《文選》『士』下有『身在貧賤』四字，《漢書》『賤』作『贏』。」

施珂曰：「《史記》、《漢書》、《文選》士下皆有『身在貧賤』四字，《漢書》賤作贏。」

梁容茂曰：「《漢書》：使，作『夫』。士下有『身在貧贏』四字。《文選》：士下有『身在貧賤』四字。當據《漢書》補四字。」

茂仁案：《史記・鄒陽傳》、《通志》九七、《冊府元龜》八七二、《縱橫家佚書輯本七種・鄒陽書》「使」亦並作「夫」，元刊本、鐵華館本並同，「使」，猶「夫」也，爲提示之詞，說見《古書虛字集釋》九。又《通志》九七、《冊府元龜》八七二、《縱

橫家佚書輯本七種・鄒陽書》「士」下亦並有「身在貧羸」四字，與《漢書・鄒陽傳》同，有此四字，於義較長。又「居」當改作「凥」，說見卷一「昔者舜自耕稼陶漁而躬孝友」章，「居於闕黨」條校記。

雖蒙堯、舜之術，挾伊、管之辯，

武井驥曰：「《史》『辯』下有『懷龍逢、比干之意，欲盡忠當世之君而』十五字。」

施珂曰：「《史記》、《文選》辯下並有『懷龍逢、比干之意，欲盡忠當世之君而』十五字，《漢書》有『懷龍逢、比干之意而』八字。」

梁容茂曰：「《漢書》：此下有『懷龍逢比干之意』七字。《文選》：此下有『懷龍逢比干之意，欲盡忠當世之君』兩句。」

茂仁案：「挾伊、管之辯」，《通志》九七、《冊府元龜》八七二、《縱橫家佚書輯本七種・鄒陽書》「辯」下亦並有「懷龍逢、比干之意而」八字。《史記》、《文選》增益十四字，較此義明。楚府本、何良俊本、白口十行本「挾」並作「俠」。祕書本「辯」作「辨」。俠、挾，形近而訛也；辨、辯，古通。

素無根柢之容，而欲竭精神，開忠信，輔人主之治，則人主必襲按劍相眄之跡矣。

茂仁案：祕書本、陳用光本、百子本「眄」作「盼」，鐵華館本、龍溪本並作「眄」，作「眄」於義較長，說見上。

是使布衣不得當枯木朽株之資也。

武井驥曰：「《史》、《文選》『當』作『爲』，《漢書》『衣』下有『之士』二字。」

施珂曰：「《漢魏叢書》程本、陳本爲並作當。」

茂仁案：《漢書・鄒陽傳》、《通志》九七、《縱橫家佚書輯本七種・鄒陽書》「當」亦並作「爲」，元刊本、鐵華館本、龍溪本並同。「當」，猶「爲」也，說見《古書虛字集釋》六。

是以聖王制世御俗，獨化於陶鈞之上，能不牽乎卑亂之言，

盧文弨曰：「（亂）《漢書》、《文選》作『辭』。」

武井驥曰：「《史》『言』作『語』，《文選》作『卑辭之語』。」

施珂曰：「《漢魏叢書》程本、陳本而並作能，而猶能也。盧云：『《漢書》、《文選》亂作辭。』案：王先謙《漢書補註》以作亂爲是。與本書合。惟據《說文》：『辭，訟也。』辭之本義既爲辯訟，則作『卑辭之言』於義亦通。」

梁容茂曰：「《漢書》、《文選》：能，作『而』；亂，作『辭』；言，作『語』。」

蔡信發曰：「《文選》『亂』作『辭』。辭，亂之形誤。李善以卑辭作〈注〉，誤。蓋『卑辭』下接『之言』，不辭。」

茂仁案：《史記・鄒陽傳》、《通志》九七、《縱橫家佚書輯本七種・鄒陽書》「能」亦並作「而」、「言」亦並作「語」，元刊本、鐵華館本、龍溪本並同。《漢紀・孝景皇帝紀》「亂」亦作「辭」、「言」亦作「語」。能、而，古通，說見上。以「辭」與其下「言」字義複之故，「辭」，疑爲「亂」之形訛也。

不惑乎眾多之口，

武井驥曰：「《漢書》『惑』作『奪』。」

施珂曰：「《史記》、《漢書》、《文選》惑皆作奪。」

梁容茂曰：「《漢書》、《文選》：惑，作『奪』。」

茂仁案：「惑」，《漢紀・孝景皇帝紀》、《通志》九七、《冊府元龜》八七二、《縱橫家佚書輯本七種・鄒陽書》亦並作「奪」。奪、惑，並有「亂」義。王叔岷先生《史記斠證・鄒陽傳》云：「《禮記・仲尼燕居》：『給奪慈仁。』鄭〈注〉：『奪猶亂也。』《說文》：『惑，亂也。』」審《說文》四篇上大部云：「奪，手持隹失之也。」職此，作「惑」，於義較長。

故秦皇帝任中庶子蒙恬之言，以信荊軻之說，故匕首竊發。

武井驥曰：「《文選》『恬』作『嘉』、下『故』作『而』。《漢書》『蒙』下無『恬』字。〈燕策〉曰：『荊軻既至秦，持千金之資幣物，厚遺秦王寵臣中庶子蒙嘉，嘉爲先言於秦王曰：「燕願舉國爲內臣，如君縣。」及獻燕督尤之地圖，圖窮而匕首見，秦王驚自引而起。軻乃引其匕首，以提秦王。』」

施珂曰：「《史記》、《文選》皆作蒙嘉。」

梁容茂曰：「《史記》、《文選》：蒙恬，俱作『蒙嘉』。百子本同。《漢書》無『恬』字。王先謙《漢書補注》曰：『蒙嘉事并見〈燕策〉、《新序》，此文《史記》、《文選》皆作蒙嘉。』案〈燕策〉云：『（荊軻）既至秦，持千金之資幣物，厚遺秦王寵臣中庶子蒙嘉，嘉爲先言於秦王曰……』是則作蒙嘉爲是。」

蔡信發曰：「（上引梁先生文）《史記・刺客傳》詳載軻刺秦皇事，亦作中庶子蒙嘉，同〈燕策〉。〈蒙恬傳〉：『始皇七年，蒙驁卒。驁子曰武。武子曰恬。恬嘗書獄典文學。蒙恬弟毅。始皇二十六年，蒙恬因家世得爲秦將，攻齊，大破之，拜爲內史。』據年表，軻刺秦皇，時在燕王喜二十八年，當秦始皇二十年。參之，可悉軻

刺秦王時，恬未嘗任中庶子。然則，本文之蒙恬，當爲蒙嘉之誤。《漢書》蒙下無嘉，乃脫。因《文選》該文據《漢書》而錄，蒙下有嘉可證。〈補注〉引顧炎武云：『《史記》：秦王寵臣中庶子蒙嘉，爲先言於秦王。非蒙恬，亦非蒙名，〈傳〉文脫嘉字耳。』是。」

　　茂仁案：「故秦皇帝任中庶子蒙恬之言」，梁先生引見〈燕策三〉，其說是也。「故匕首竊發」，《史記・鄒陽傳》、《漢書・鄒陽傳》、《通志》九七、《縱橫家佚書輯本七種・鄒陽書》「故」亦並作「而」，審上文義，作「而」，於文氣較順。

周文王校獵涇渭，載呂尚而歸，以王天下。

　　武井驥曰：「《史》、《文選》無『校』字。《六韜》曰：『文王田于渭陽，卒見太公，坐第以漁。』〈秦策〉曰：『范雎謂秦王曰：「臣聞呂尚之遇文王也，立爲太師。」』」

　　施珂曰：「《史記》、《漢書》、《文選》皆無校字。」

　　梁容茂曰：「《漢書》：無『校』字。《文選》：無『王校』二字。」

　　蔡信發曰：「《史記》、《漢書》、《文選》並無『校』。」

　　茂仁案：「周文王校獵涇渭」，《通志》九七、《冊府元龜》八七二、《縱橫家佚書輯本七種・鄒陽書》亦並無「校」字，《文選》鄒陽〈於獄上書自明〉無「王校」二字。「載呂尚而歸」，《漢書・鄒陽傳》無「而」字，《通志》九七、《縱橫家佚書輯本七種・鄒陽書》並同，《冊府元龜》八七二「而」作「以」，而、以，古通。

秦信左右而弒，周用烏集而王。何則？

　　武井驥曰：「《史》『弒』作『亡』，《漢書》、《文選》同。」

　　梁容茂曰：「《漢書》、《文選》：弒，作『亡』。」

　　蔡信發曰：「《史記》『秦』上有『故』，『弒』作『殺』；《漢書》、《文選》『弒』並作『亡』。據《國策・燕策三》、《史記・刺客傳》，始皇信蒙嘉之言，接見荊軻，軻展圖執匕，以刺始皇，然事未成，故此用弒字，有欠妥貼。《史記》作殺，意更含渾。至《漢書》、《文選》作『亡』，則屬非是。蓋秦之覆滅，乃二世昏庸，錯任趙高所致。」

　　茂仁案：「秦信左右而弒」，《通志》九七、《冊府元龜》八七二、《縱橫家佚書輯本七種・鄒陽書》「弒」亦並作「亡」。審此句爲承上文荊軻刺秦皇而來，以行刺事未遂之故，故作「亡」，與事實違。秦之滅，亡於二世，說見本書卷五「秦二世胡亥之爲公子也」章。梁玉繩《史記志疑》曰：「荊卿刺秦不中，何得言殺，《漢書》、《文選》作『亡』，尤非。」蔡先生以軻展圖執匕，以刺始皇，然事未成，故用「弒」字，

有欠妥貼，用「殺」字，則意更含渾。梁玉繩、蔡先生並可備一說。審此處作「弒」者，爲正殺君之名，作「殺」者，爲述殺君之實，經傳殺、弒轉寫，頗爲混亂，說見《說文》三篇下殺部「弒」字段〈注〉，是以殺、弒並可也。又此「弒」字，爲指「行刺一事」，非必指「臣殺君」之「弒」義爲言，本書卷八「齊崔杼弒莊公」章，載崔杼弒莊公，陳不占往赴君難，載云「聞戰鬥之聲，恐駭而死」，顯見「弒」事正發生中，本文「弒」字，意當與該章同也。

以其能越攣拘之語，馳域外之議，獨觀於昭曠之道也。

施珂曰：「《漢魏叢書》程本、陳本，見皆作語。《史記》、《漢書》、《文選》皆同。」

茂仁案：「以其能越攣拘之語」，元刊本、鐵華館本、龍溪本「語」並作「見」，他本並與本文同。「馳域外之議」，《文選》鄒陽〈於獄上書自明〉「議」作「義」，議、義，古並爲疑母、歌部，音同可通。「獨觀於昭曠之道也」，元刊本、鐵華館本、龍溪本「於」並作「乎」，並通。

今人主沈於諂諛之辭，牽於帷牆之制，

武井驥曰：「《漢書》『牆』作『廧』。」

施珂曰：「《漢魏叢書》程本、陳本『主上』皆作『人主』。」又曰：「《史記》牆作裳。」

梁容茂曰：「何本：諛，作『陜』。」

茂仁案：「今人主沈於諂諛之辭」，《冊府元龜》八七二「人主」作「大王」，元刊本、鐵華館本、龍溪本「人主」並作「主上」。「牽於帷牆之制」，《通志》九七、《縱橫家佚書輯本七種・鄒陽書》「牆」亦並作「廧」，《文選》鄒陽〈於獄上書自明〉、《冊府元龜》八七二「牆」並作「墻」，楚府本、何良俊本、白口十行本、程榮本、祕書本、陳用光本、百子本並同。廧、牆，義同。牆、墻，正、俗字。

使不羈之士，與牛驥同皁，

茂仁案：「與牛驥同皁」，楚府本「皁」作「牟」，非是，牟、皁，形近致訛也。

此鮑焦之所以忿於世，而不留於富貴之樂也。

梁容茂曰：「《漢書》：忿，作『憤』，無『而不留於富貴之樂』八字。」

蔡信發曰：「《史記》、《文選》無上『之』，次『於』；《漢書》『忿』作『憤』，『世』下有『也』，無下句。《漢書》脫，當補。」

茂仁案：《漢書・鄒陽傳》、《通志》九七、《冊府元龜》八七二、《縱橫家佚書輯

本七種‧鄒陽書》亦並無「之」字，元刊本、鐵華館本、龍溪本並同。《通志》九七、《縱橫家佚書輯本七種‧鄒陽書》「忿」亦並作「憤」，「世」下亦並有「也」字，而並無「而不留於富貴之樂也」九字。忿，古為滂母、文部；憤，古為並母、文部，二者音近可通。

臣聞盛飾以朝者，不以私汙義，

武井驥曰：「《文選》上『以』作『入』。」

施珂曰：「《漢魏叢書》程本、陳本入並作以，涉下以字而誤。《史記》私作利。利、義對文。」

梁容茂曰：「（不以私行義）《漢書》、《文選》：以朝，作『入朝』；行，作『汙』。作汙是也。何本、程本、百子本：俱作『汙』。」

蔡信發曰：「《史記》、《漢書》、《文選》『餙』作『飾』。餙，飾之俗。《俗書刊誤》四：『飾，俗作餙。』」

茂仁案：「臣聞盛飾以朝者」，《冊府元龜》八七二「飾」作「餙」、程榮本、祕書本、陳用光本、百子本並同。《史記‧鄒陽傳》、《漢紀‧孝景皇帝紀》、《通志》九七、《縱橫家佚書輯本七種‧鄒陽書》上「以」字亦並作「入」，元刊本、鐵華館本、龍溪本並同，作「入」，於義較長。「不以私汙義」，四庫《新序》版本有二，二本並作「汙」，不作「行」，梁先生以四庫本為底本，失檢。《史記‧鄒陽傳》「私」作「利」，楚府本、何良俊本、白口十行本「汙」並作「行」，審此句與下文「不以利傷行」對言，據是，作「私」、作「汙」，於義並較長也。

砥礪名號者，不以利傷行。

武井驥曰：「《史》『利』作『欲』。」

蔡信發曰：「《史記》『利』作『欲』；《漢書》『砥』作『底』，『礪』作『厲』；《文選》『礪』作『厲』。砥，底之重文；礪，厎或厲之後起俗字。《說文》：『厎，柔石也。厲，旱石也；厲，或不省。』引伸作磨練解。《漢書》作底，《說文》釋底為山居，則底當厎之形誤。《漢書》、《文選》作厲，乃厲之隸變。」

茂仁案：《通志》九七、《縱橫家佚書輯本七種‧鄒陽書》「砥」亦並作「底」。《史記‧鄒陽傳》、《通志》九七、《縱橫家佚書輯本七種‧鄒陽書》「礪」亦並作「厲」。蔡先生據《說文》，云「砥」為「厎」之重文，「底」為「厎」之形訛，又以「厲」為「厲」之隸變，是也。

故里名勝母，而曾子不入；

武井驥曰：「吳本無『而』字，《文選》同。《史》『里』作『縣』。」

蔡信發曰：「勝母，《淮南‧說山》、《論衡‧問孔》、《鹽鐵論‧晁錯》、《後漢書‧鍾離意傳》、《東觀漢記‧鍾離意傳》，以爲閭名；《史記‧鄒陽傳》、本書〈節士〉，以爲縣名；《說苑‧談叢》以爲邑名，並與此異。不入，《御覽》六十三引《論語比考讖》、《顏氏家訓》文章，並作斂襟。至《尸子》：『孔子至於勝母，暮矣，而不宿。』以之屬孔子，則又一說。」

茂仁案：審本文作「縣」，非是。「縣」爲秦之行政單位，先秦無之，故此作「縣」，誤也，作「縣」，蓋以後世編制改之也。《太平御覽》四一三引《淮南子》亦言不入勝母之閭者爲孔子，亦與此異也。

邑號朝歌，墨子回車。

蔡信發曰：「《劉子‧鄙名》、《論語比考讖》、《顏氏家訓‧文章》，本書〈節士〉，並以爲顏淵事。」

茂仁案：上言《論語緯比考讖》，見該書卷二十五。《史記‧鄒陽傳》「墨」上有「而」字，《冊府元龜》八七二同。審此「邑號朝歌，而墨子回車」與上文「里名勝母，而曾子不入」，句法正一律，是也，當據補。

今使天下寥廓之士，籠於威重之權，脅於勢位之貴，

武井驥曰：「《文選》『寥』作『恢』、『籠』作『誘』，《史》作『攝』、『勢位』二字倒，《漢書》『使』上有『欲』字。」

施珂曰：「《漢魏叢書》程本、陳本皆無欲字。『位勢』皆作『勢位』。」

蔡信發曰：「《史記》『今』下有『欲』，『籠』作『攝』，『脅』作『主』；《漢書》『今』下有『欲』，『脅』作『脅』；《文選》『今』下有『欲』，『寥』作『恢』，『籠』作『誘』。『今』下有『欲』，文氣較順，此當據諸書而補。《史記》『脅』作『主』，其義較遜。又三書『勢位』並倒。」

茂仁案：「今使天下寥廓之士」，《漢紀‧孝景皇帝紀》、《通志》九七、《冊府元龜》八七二、《縱橫家佚書輯本七種‧鄒陽書》「今」下亦並有「欲」字，元刊本、鐵華館本、龍溪本並同，他本則並無「欲」字，審上文義，「今」下有「欲」字較長也。「籠於威重之權」，《漢紀‧孝景皇帝紀》「籠」亦作「誘」，審「籠於威重之權」與下文「脅於勢位之貴」對言，作「誘」亦通，《史記‧鄒陽傳》「籠」作「攝」者，攝，蓋「儷」之借字也。「脅於位勢位之貴」，《漢紀‧孝景皇帝紀》、《文選》鄒陽〈於

獄上書自明〉、《通志》九七、《縱橫家佚書輯本七種‧鄒陽書》「脇」亦並作「脅」，元刊本並同，《冊府元龜》八七二作「挾」，白口十行本作「勝」。元刊本、鐵華館本、龍溪本「勢位」亦並乙作「位勢」，《通志》九七作「位埶」，《縱橫家佚書輯本七種‧鄒陽書》作「位埶」。脇、脅，一字之異體。勝，爲脅之形訛，作「脅」，於義較長；埶，爲「埶」之形訛。埶，古爲疑母、月部；勢，古爲書母、月部，二者音近可通也。

回面汙行，以事諂諛之人，求親近於左右，則士有伏死崛穴巖藪之中耳，

武井驥曰：「《漢書》『崛』作『堀』，顏師古曰：『堀與窟同，澤無水曰藪。』」

梁容茂曰：「（則王有伏死崛穴巖藪之中耳）《漢書》、《文選》：王，俱作『士』，是也。程本、百子本同。」

蔡信發曰：「《史記》『回』上有『故』，『人』下有『而』，『士』下無『有』，『崛』作『堀』，『藪』作『巖』；《漢書》、《文選》『人』下並有『而』，『崛』並作『堀』。」

茂仁案：「求親近於左右」，《漢紀‧孝景皇帝紀》、《通志》九七、《縱橫家佚書輯本七種‧鄒陽書》「求」上亦並有「而」字，有「而」字，於文氣較順。「則士有伏死崛穴巖藪之中耳」，四庫《新序》版本有二，二本並作「士」，不作「王」，梁先生以四庫本爲底本，失檢。《通志》九七、《縱橫家佚書輯本七種‧鄒陽書》「崛」亦並作「堀」，《漢紀‧孝景皇帝紀》「崛」作「窟」、「藪」作「石」，《冊府元龜》八七二「崛」作「掘」，楚府本「藪」作「籔」。掘，爲堀之形訛；窟，爲堀之俗字，作「堀」，是，說並見《說文》十三篇下土部「堀」字段〈注〉。「崛」、「堀」，義近也。

安有盡精神而趨闕下者哉！」書奏孝王，孝王立出之，卒爲上客。

盧文弨曰：「（精神）《漢書》、《文選》作『忠信』。」

武井驥曰：「《史》『安』下有『肯』字，《文選》、《漢書》『精神』作『忠信』。」

施珂曰：「《史記》亦作『忠信』。」

梁容茂曰：「《漢書》、《文選》：精神，作『忠信』。」

蔡信發曰：「《史記》『安』下有『肯』，『精神』作『忠信』；《漢書》、《文選》『精神』並作『忠信』。通觀全篇，所舉例證，無不以忠信爲主，亦無不以忠信喻己，則此自以『忠信』視『精神』爲長，以使主旨顯現。而此出以『精神』，失之。」

茂仁案：「安有盡精神而趨闕下者哉」，《漢紀‧孝景皇帝紀》「安」下亦有「肯」字、「精神」亦作「忠信」，《通志》九七、《冊府元龜》八七二、《縱橫家佚書輯本七種‧鄒陽書》「精神」亦並作「忠信」，《漢紀‧孝景皇帝紀》「趨」作「趣」。審上文

云「而欲竭精神，開忠信，輔人主之治」，據是，此言「精神」、「忠信」並可也。趨、
趣，古通。

【申徒狄蹈流之河，流字史作雍字】。

施珂曰：「《漢魏叢書》程本、陳本皆無〈注〉。」

茂仁案：元刊本、楚府本、何良俊本、楊美益本、白口十行本、程榮本、祕書
本、四庫本、百子本亦並無此注也。